台州市文史研究馆资助出版

台州市文史研究馆课题研究成果

台州市哲学社会科学规划课题研究成果

台州

TAIZHOU
MINSU WENHUA
GAILUN

民俗文化概论

周仲强　孙明辉　彭连生　李秋宁　著

ZHEJIANG UNIVERSITY PRESS
浙江大学出版社
·杭州·

图书在版编目(CIP)数据

台州民俗文化概论 / 周仲强等著. —杭州：浙江
大学出版社，2023.7
ISBN 978-7-308-23556-3

Ⅰ.①台… Ⅱ.①周… Ⅲ.①风俗习惯—概论—台州
Ⅳ.①K892.455.3

中国国家版本馆 CIP 数据核字(2023)第 035884 号

台州民俗文化概论

周仲强 等著

责任编辑	胡　　畔(llpp_lp@163.com)	
责任校对	赵　　静	
封面设计	项梦怡	
出版发行	浙江大学出版社	
	（杭州市天目山路 148 号　邮政编码 310007）	
	（网址：http://www.zjupress.com）	
排　　版	浙江时代出版服务有限公司	
印　　刷	浙江临安曙光印务有限公司	
开　　本	710mm×1000mm　1/16	
印　　张	21	
字　　数	450 千	
版 印 次	2023 年 7 月第 1 版　2023 年 7 月第 1 次印刷	
书　　号	ISBN 978-7-308-23556-3	
定　　价	88.00 元	

序

　　人是文化的动物,具体地说,人是现实生活中环境与历史以及文化传播、碰撞和在地化的动物。而这种在地化最明显、最直接、最生动,也是最现实的就是民俗文化。古人说,"千里不同风,百里不同俗",突出表达的就是地方性的民俗文化差异。如果需要了解、理解一地人的生活、审美、道德、伦理、追求,那就需要了解、理解一地人的民俗文化。

　　中国历史悠久,民族众多,文化差异大。而这种差异大,就在于不同的民族生活于不同的区域,大江南北、沿海岛屿、高原山地、草原丘陵,人们不仅生活于这些不同的区域,而且创造了大量适应这些区域的不同文化,从而适应这些环境的生存,过程中祖祖辈辈强化这些差异性文化,最终适应差异、传承差异、认同差异。汉民族是所有民族中分布最广泛、人口最多、差异最大的族群集合,它在历史发展过程中,像滚雪球一般吸纳并包容各种差异文化于一体,在核心认同趋近的同时,形成十大方言片,形成三秦文化区、燕赵文化区、三晋文化区、齐鲁文化区、吴越文化区、荆楚文化区、巴蜀文化区以及岭南、东北等差异性的文化区域。而大的文化区在更小的范围内因为流域、历史、地理地形等,形成可以细分得更小的文化差异性区域。比如吴越文化区从大的方面可以分为吴文化区和越文化区,以浙江为主体的越文化区则可以细分为杭嘉湖区片、宁绍区片、金丽衢区片、台州区片和温州区片等,这种在一定的区域内区分更小的区域的标准,是这些区域内存在的文化上的差异性,而这种文化差异性,更多地就体现在地方性的民俗文化,包括存在于区域内的民俗文化的细节性差异上。我曾经在接受文旅中国采访时以浙江杭州与温州过年习俗的差异性为例做过比较,同样都是《浙江风俗简志》记载,杭州是这样过年的:

　　　　正月初一为春节,俗称年初一。早晨起来开门施放爆竹,称为"开门爆"。将除夕封门时倚于门上的甘蔗置于厅上画桌两旁,取"渐入佳境"之意(甘蔗一节比一节甜)。再拿除夕预书的"开门大吉"红纸条,贴于大门之上。家人依次行拜年礼。早餐必取甜食，如糖莲子、糖年糕或甜汤团，应"一年甜到底"。除夕煮饭，必多于平日，取"吃剩有余"之意，饭盛于新箩中，把橘子、年糕放在上面，年初一蒸而食之，称为吃隔年饭。晚间，在祖宗神像前供酒和菜饭。有的人家日日如此，直至正月十八。晚上，家家早睡，名为赶鸡宿，大约因为除夕岁少睡。旧时有敲更鼓者，一般都从二更起，只有年初一夜敲一更，因这天不到一更，就已人静安寝。是日不动刀（不起杀性），不扫地（怕财气扫走），不动针线（怕一年辛苦）。初三为小年朝，宅旁有井人家，早晨拿香烛素菜供于井栏，并将井上除夕所封的红纸条揭去，名曰"开井"。

初五称为五路财神日，各家各户，尤其商家，这天要烧纸敬神，名为"烧五纸"，也有说"烧青龙纸"，因商店的招牌称为青龙故名。各店（除茶馆、酒店、杂货店新年不关门外）至初五始开店门，称为"做好日"。是日，家家须购寸金糖供祖先，取"日进寸金"之意。

新岁之中，人人须拜年，至亲密友必亲躬，泛泛者则派人拿名片道贺，此名片称为"飞片"，大户人家还特置一门簿，以记客人的往来和飞片，于其首页虚拟"亲到者"四人：一曰寿百龄老太爷，住百岁坊巷；一曰富有余老爷，住元宝街；一曰贵无极大人，住大学士牌楼；一曰福照邻老爷，住五福楼，以图吉利讨口彩。

温州则是这样过年的：

在温州，从初一到初五例为节假。初一清晨五时，家家户户放开门炮，象征送旧迎新。各家先拜祖宗，再拜"六神"（灶神、檐头神、白虎神、井神、土地神、财神）。在中庭摆小方桌，盛米一碗，盖以红纸，周围粘固，端供桌上，烧香点烛，虔诚膜拜，叫做"接三清"（即源于道教的三尊神）。直到初四，才送神拆坐。家内，晚辈按序向长辈叩拜行礼。清晨吃松糕或汤圆。

客来献橄榄茶，点心是桂圆肉或莲子，也有用肉丸加洋粉丝。与邻里亲友往来拜节，互贺新禧，俗称"拜年"。并互相留饮新年酒，叫"春宴"。

老年人到各庙宇，拜殿神，祈祷保佑平安，较大的庙宇，如东瓯王庙、忠靖王庙、关帝庙等都有鼓吹伴奏，拜神者要给礼包。

有钱人家在中堂上高挂含赤金字寿屏（家有长寿老人才用）或大幅书画，屏前有长条桌，左端万年青，缀以红花，右端置一个精细雕刻的插屏,中间或摆时针,或摆大元宝。左右有一对大蜡烛锡台,有的重百余斤,高与人齐,插上大蜡烛。长条桌前排列两张方桌,两边除同样陈列大蜡烛台、大蜡烛外,还有一对明角灯(俗称"堂灯"),两桌中间又有个大元宝(用一斗糯米、籼米或红糖制成),插银花,缠彩红,上放几个黄柑。另外则陈列若干江西窑的花盆,上植各种花卉,在花盆上贴写"吉利"两字的红纸条。在长条桌和方桌前面,挂着刺绣的大红缎桌帏,左右两角配置雕刻精细的金漆栏杆。中堂两旁挂满书画,两边排列大座椅和茶几,披上大红缎刺绣的椅披,几上放置几碟茶点。

读书人用大红纸,书写吉利辞词,如写"一年四季,读书大吉"之类,叫"新春开笔"。每户人家用红糖、糯米制成大小元宝,取招财进宝之意,大元宝陈列在中堂,小元宝放在谷仓、米缸、书橱、箱笼、衣柜、抽屉、坛钵等处。人们都穿新衣,儿童穿大红色衣服,年轻妇女满身红艳,连老妇也系着大红裙,因为红色象征吉利。

从初一到初五,每夜寝室中燃灯,直至天明,名曰"岁灯"。正月初五,每户人家把除夕摆在中堂的祖先画像各种珍品、字画等收藏起来,叫做"收珍"。收珍时,家中人要祭拜,下辈外亲也来祭拜。

因此,杭州人与温州人过年的差异非常明显,主要有这么几方面:

第一,杭州在初三有井的人家要祭井神,实际上叫"开井",在初五祭五路财神;温州则在初一清晨祭六神,包括井神、财神等。

第二,各自有祭祀祖先的习俗,但温州还增加了"接三清"的道教信仰内容。

第三,杭州拜年有"飞片",温州则无,但温州在拜年时有"春宴"之俗。

第四,温州在春节时有摆珍宝之类的民俗,杭州则无,因此,到初五,温州还形成了"收珍"的习俗。

第五,两地的象征与禁忌也存在着一定的差异,如杭州的"渐入佳境"、不动针线等;而温州则用寿屏、大元宝等来象征富有、长寿,用红纸条象征吉利,用新春开笔象征读书进步,用红衣服象征吉利等。

第六,杭州敲一更鼓,温州则无;温州初一至初五点"岁灯",杭州则无,等等。

实际上,当我们说中国人过年的时候,突出的是共性,而本质上是细节决定了全国不同地方的过年习俗和文化,每个地方传承和发展的都是具有差异性的过年文化,认同的也是这种文化。

《台州民俗文化概论》就是这样一本通过区域性差异地存在的地方民

俗,来呈现地方文化差异性以及存在的意义和价值的著作。除序言外,共有十章,内容涉及台州地方民俗方面的衣食住行、岁时节俗、婚丧礼仪、地方戏曲等,同时在地方性差异性民俗或文化的叙述方面更是用心,如呈现地方性传统工艺,摹写台州心灵世界和普适的中国文化内核,记录台州的做会、契约和方言,突显台州的重商精神,强调传承、发展与保护这些生存于台州又传承发展于台州的特色文化,因此,《台州民俗文化概论》的内容基本上覆盖了台州生活文化的方方面面,是一本大于学院研究中的民俗内涵的著作,它的特点与特色是不言而喻的。

第一,以台州民俗文化为主干,以记录台州生活中存续于历史和现实方方面面的地方文化为目的。这一点从上述对于此著作内容涉及的婚丧喜庆、人生礼俗、岁时节日等内容可以清晰地感受到,通过《台州民俗文化概论》我们可以了解台州何以成为台州、台州人何以成为台州人。台州是台州的区域地理环境形成的,台州也是台州的历史文化形成的,台州更是台州人的文化形成的。如果仅仅了解台州的地理环境、仅仅了解台州的历史,还是不能全面地了解台州人,只有了解并理解台州的民俗文化,才能了解和理解台州人和台州人的灵魂。

第二,以台州独特的地方民俗文化为核心,记录并呈现台州之所以成为台州的精神脉络。在《台州民俗文化概论》中,每一章内容都以地方差异性的核心文化为底色,突显台州生活文化的个性化,而其中有一些章节,特别有台州特色,如台州的美食、中秋节、元宵节、和合文化,以及台州的工艺文化、世态百相和重商精神等。这些存续于台州人生活并融入台州人精神甚至是灵魂深处的地方文化,影响了世代居住于台州的每一个人,形塑了台州人的个性、爱憎、理想、追求和价值伦理。因此,《台州民俗文化概论》呈现的不仅是台州差异性地方文化的各种形态,也呈现台州人的精神世界和道德伦理的深层结构和核心,这需要诸位读者细细品味。

第三,重记录、重图文并茂,更重梳理和分析。《台州民俗文化概论》是一本通过民俗文化记录来呈现台州地方生活百态的著作,同时,它也通过图片的形式,以我们常说的图文并成、图文互见的形式来呈现台州地方的、特色的文化。虽然我在通读过程中不是太仔细,但依然感受到作者在文字运用方面的娴熟和准确,同时,通过一些图片的方式,更突显了这种文化的形象性、生动性和准确性。如果说,文字方面的描述,有时需要读者的想象力,因此,对于事件、事物等的理解可能会产生差异,那么,形象的图片则让人一览无遗地感受地方文化真实、客观的差异性存在。

更难能可贵的是,作者还在此基础上,对于一些地方性的、差异性的台州民俗文化的形成,除了从传说等建立台州人文化皈依的认同,还从学术论述与研究中,寻找这种认同的科学性或特殊性,在呈现的同时,进行地方生活文化的梳理和分析,以体现民俗文化概论的特点和意义。

可以说,《台州民俗文化概论》是一部多人合作的记录小区域地方性民俗文化的著作,有的作者我认识多年,如孙明辉先生,是有着浓厚地方文化认知和深入研究的学人,但大部分我不熟悉,而且,一些重要的作者并非本领域的学者,他们在其他的学术领域有着卓著的成果,如周仲强教授,但他们都有着很深的台州情结和对于地方文化尤其是优秀的地方文化很深的情怀,促使他们合作完成了这一具有探索性的成果。这是第一部冠以概论的台州民俗文化著作,虽然与概论相比,还有一些学理性特色、功能,甚至在一些章节、内容等安排的逻辑上的讨论余地,但依然会在台州民俗文化的记录、梳理与讨论方面,对于其他地方的民俗文化记录和研究具有借鉴意义。

是为序!

陈华文

2022 年 3 月 21 日于浙江师范大学

自　序
诗性,山海氤氲的欲望表达

　　民俗是什么,学界有多种解释,无论何种解释,都离不开生活,离不开人,而人就其本质来说,是文化的动物。文化是人创造的,是人类智慧的成果,而一旦创造出来,就会形成一种精神气候、一种社会环境,反过来影响人的观念、思维方式和行为方式。人类本是文化的创造者、主动者,这时却成了文化的熏陶者、被动者。埃米尔·涂尔干说:"文化是我们身外的东西——它存在于个体之外,而又对个体施加着强制力量。"卡·恩伯、梅·恩伯夫妇在《文化的变异》一书中也曾说过:"我们每个人都诞生于某种复杂的文化之中,它将对我们往后一生的生活和行为产生巨大的影响。"可见,凡是生活在社会中的人,在不同层次、不同程度上都可以说是有"文化"的人,是某种特定文化的载体。在人和环境这对矛盾中,人只有不断提高自己的"文化水平",从被动传承者成为自觉吸纳者,对"文化"具有清醒的认识和科学的判断,才能适应环境,同时又能改造环境,进入一种"从心所欲不逾矩"的人生境界。而了解掌握文化知识,传承创新文化传统,提高文化自信,正是通向这种境界的一条重要的途径。

　　两年前,我们集合了几位志同道合的民俗研究者,曾经想一步到位,写作《台州民俗史》,在拟定框架时,发现我们手头掌握的资料严重不足,无法形成一个整体。台州民俗的史料典籍记载十分匮乏,专门性的民俗文化图书只有叶泽成主编的《台州民俗大观》和台州地区文物管委会主编的《台州民俗》,前者着力于介绍台州的诸多民俗事象,洋洋大观,是台州民俗的开山之作,但严格意义上讲它不是学术性著作,基本上没形成理论体系,后者只是123页的简读本,没有公开出版,是一种非系统化的民俗记录。古代专论台州民俗的有两本:一是最早涉及台州风俗的三国沈莹所作的《临海水土异物志》,虽书名与当时临海郡有关,但事实上是最早关于台湾历史和风物的文献记载,记录临海的风俗不多,只有"安家之民"一节阐述临海郡民俗。二是南朝宋孙诜的《临海记》，大部分内容已经散失，只留下 29 条轶文，轶文涉及的最为明确的民俗内容是简单记载了台州的重阳赏菊风俗。古代台州没有产生诸如《荆楚岁时记》这样较为完整的习俗记载专著。在民国之前，民俗及其文化形态向来游离于文人学者的视野之外，能见到的大多是散见于史籍的零星材料，形不成系统。因此，如果我们想查阅台州记载民俗内容的文献，只能找到一些零散的片段。假如根据这些只言片语就对各年代的民俗内容及形式作出划分与论断，那只能是据史推断或自圆其说，很多时候缺乏理论支撑。特别是史前的台州民俗文化，那是空白地带，只能根据非常有限的考古资料进行推论，然后形成相对合理的结论。

所以退其次，我们准备写作《台州民俗文化概论》。"民俗文化概论"这一主题的确立，是本书迈出的第一步。这一步固然重要，但毕竟还处在"规划"阶段。进入写作阶段以后，我们越来越认识到，民俗文化确实是一个"复杂的总体"，是我们生活的总和，我们面对的是一团"混沌"，剪不断，理还乱，恰似沉疴的病体，又"缺医少药"。外部可供参考的书也少，区域民俗史写作大概只到省一级层面，第一本可能还是唯一的一本据说是陈华文等著的《浙江民俗史》，于我们有一定的参考价值，而后无来人了。地市一级民俗史到目前还未见到。研究区域民俗的，如仲富兰《水清土润——江南民俗》，寿永民《越地民俗文化概论》等，宏观理论多，微观理论少，但其视野、方法为我们提供可供借鉴的路径。仲富兰还写过《上海民俗——民俗文化视野下的上海日常生活》，这是一本难得的区域民俗文化专著，有史、有相、有图，但可惜是上海的民俗。几年前，我们写过《诗性婚俗——台州洞房经的审美研究》《刘阮传说》《台州民俗的地域特色》等，参编过《台州文化新论》，相比之下，缺少权威材料以资参考的台州区域"民俗文化"研究，在相当程度上还是一块"处女地"。要作"大成"式的梳理，就得靠自己来开垦，来耕耘，从别人没走过的地方走出路来。比如本书的框架，我们就曾提过多种方案，经过反复讨论修改，最后才决定用十章提挈全书，力争能包容更多的层面。这十章包括：台州民俗特点、衣食住行、生活习惯、岁时节俗、婚丧礼仪、地方戏曲、民俗艺术、和合生活、处世方式、世态百相、古风余韵与民俗创新等，较为全面、系统地展示台州民俗文化的多彩风姿，多角度、多层级地诠释其内涵及其发展，也将作为台州民俗研究的代表性著作呈现给读者，促进地方文化研究。

然而，人世沧桑，淘尽多少往事，民俗有时毕竟是青山遮不住逝水，很多民俗老了、逝了,一如在滚滚红尘中的花果飘零,也仿佛是在前生就已签下的悲哀契约。一处破败不堪的庭院,也许就是旧时钟鸣鼎食的王谢人家,而山头上不起眼的一座小小坟墓,深埋的也许就是曾惊天动地的某位先人。一方面是街头夜市小贩的叫卖声、高腔越调声声依旧,另一方面却是社戏、舞狮、秧歌、高跷、敲锣打鼓、赶大集等民俗文化清冷寡欢;一方面是清明时节的熙攘人群、墓前袅袅轻烟依然如约而来,另一方面却是采莲、浣纱和晴耕雨读的人们早已"不知何处去";一方面是在春秋时序中的鲳鱼、鳓鱼、鲈鱼、带鱼和膏蟹仍在锅里忙活,另一方面在夕阳之后却再也没有了夜唱蔡中郎的嗓音嘶哑的说书艺人。还有那良辰美景中的三台九名堂,风雨黄昏中的围炉夜话,高亢硬邦的台州乱弹,一方庭院中的悠然词调,以及在台州大地上所有曾鲜活过的有声、有形、有色、有味的事物。如果它们的存在不能上升到生活的诗性,那么还有什么东西更值得世人保存呢?

漫步在辽阔、富饶的台州大地上,我们也总是会听到一种"快把我表现出来"的真挚请求。而这时,这种请求就像吹皱一潭春水,激起一阵涟漪,山海氤氲中潜藏在心底的欲望蒸腾上升,我们必须放弃诸多事体,先做这么一件事情。

所以,我们做了,还投入了极大热情。

在写作时,我们不是光靠热情,我们还认真思考了以下几方面:

一是服从写作宗旨。既然名为《台州民俗文化概论》,就不能不突出民俗文化中的人的因素,也就是"人化"的生活化文化,更强调台州属性。这些章节,大致概括了台州人生活的方方面面,因而有着丰富的文化蕴藏。其中每部分内容,既是自成体系的独立世界,凝聚着台州人民的无穷智慧,而融于一书之中又可显示出民俗文化这"复杂的总体"的清晰的轮廓,做到微观的解剖和整体的展示相结合。

二是突出见微知著。把民俗放在历史中沉淀,史中淘金。这种"淘金"式的理念,就意味着我们写民俗文化概论时也需要将一些并非"垃圾"的大观念和方法论作为研究的前提,或者说,它在细微叙事的背后需要暗隐些许宏大叙事的成分,可以见微知著。无论我们努力到什么程度,都是试图"以小见大"或者是"以小藏大"。

三是以史带论,史论结合。我们不削足适履般生搬史料,把历史上的民俗事象不加选择地征用,成为填充自己学说的道具。我们强调以史带论,论从史出,紧跟历史原点,力图使民俗文化的源流及发展脉络清晰呈现,形成

"六经注我,我注六经"式的有据可查、有论可感的新样式。

四是雅俗共赏。在追求学院派的理论建构的同时,更注重生活本身的审美价值的展示,充分挖掘民俗的时代性、生动性、可感性,写出个性与共性互融的东西,力争史料性、系统性、可读性的有机融合。

这样,我们的努力可能就有了更多的意义。

一是彰显台州民俗文化的诗性品质。从诗性的视角理解台州的旨趣。山海之地、雨水充沛、土地肥沃、河网纵横,地理环境孕育了"饭稻羹鱼""走海捕鱼""粉墙黛瓦""舟楫代步""戏里人生""顶礼膜拜"的台州民俗生活特色,形成了文化上的宽厚包容,风俗上的粗犷精细,工艺美术上的百变精致。长期的历史创造中,成就了委婉清丽的词调、高亢清亮的乱弹、珠圆玉润的道情,唱出了坚韧、灵动、感性的台州人的心境。风云沧桑的山海之地、彪悍勇进的无畏精神、刚健迅猛的台州南拳,彰显不一样的"台州式硬气"。云霓披霞的台州刺绣、千姿百态的剪纸、流光溢彩的无骨花灯,渗透了台州柔美的气质。建筑、雕刻反映台州人的智慧与灵巧……

二是挖掘台州精神。台州人粗犷、剽悍、敢为天下先的秉性;好学善思、机智灵活、合和天下的思维方式;与时俱进、融会贯通的文化态度;务实生物、开放兼容的创造精神。这一切不仅是昨天的,而且是当下的。从历史的回溯转而落脚于当下:兼容并蓄的精神衍生出开放的文化心态,从而能够积极地应对全球化的文化挑战;台州之务实,使其不拘成法,锐意创新,与之一脉相承的进取与担当精神,加速了台州现代化的进程,促进了社会发展。

台州文化既有根源性的智慧、主体性的价值,又刚健生动,有创造、求新的动力,这正是台州文化的特色所在。

三是凸显民俗本体价值。在当下后工业化时代,民俗叙事有什么新的特点?民俗文化研究有什么现实意义?民俗文化对于文化自信、文化进步、社会发展到底有什么作用?等等。这些问题既是民俗文化本体论研究的核心问题,也是民俗学者在学术领域、社会领域角色定位的决定性因素。我们做不到全部解释,但也力所能及地从某个角度、某些层面作出回应。树立适合时代发展的风俗和规制,包容并蓄多元文化。传承和发展民俗文化,既有时代精神,又有人文意识,这正是民俗文化的本位价值。

民俗是群体内模式化的生活文化。就生活本身而言,它由无数件大大小小的事情构成,古人常说人生有四大幸事——"久旱逢甘霖,他乡遇故知,洞房花烛夜,金榜题名时",那是大事,但生活更多的是由无数件琐事构成。

于民俗研究者而言,每一件琐事都有可能是有意思的,但对琐事特别感兴趣的民俗研究者,也不可能认为所有的琐事都有意思。在此,我们既纠结于民俗生活的细枝末节,又试图摒除生活中的许多垃圾,把一些有价值的生活事象本身变成真正能够说明历史和生活的宝贝,呈现出一种台州式的生活美学。

我们做不到令人赞叹,但会付出许多。

此为自序。

周仲强

2022 年 4 月 10 日于台州职业技术学院

目 录

第一章 绽放华彩的台州民俗

台州地处浙东沿海,独特的地理环境和人文精神,使其成为中原文化南下的承接点,闽越文化北上的聚居地,南北文化在此汇融。多种文化与本土文化和合融通,使台州民俗具备鲜明的地域文化特征,包括衣食住行、传统工艺、戏里人生、世态百相、处世精神等。这些民俗事象,凝结成台州式硬气、灵气、大气、和气的人文精神,进取创新、义利并举的文化品格,在时光长河中凝固为民众生活的态度和行为。

所以,民俗也叫风俗,民俗也好,风俗也罢,都是关乎生活的,生活背后有大的逻辑构成。台州人着眼于生活的本真,在长期生产、生活过程中传承和创造了摇曳多姿的具有山海一体特色的生活文化,绽放出华彩的篇章。

第一节 因天台山得名的台州

台州是浙江省地级市,东濒东海,北邻绍兴市、宁波市,南靠温州市,西接金华市和丽水市。台州全境 3 个市辖区、3 个县级市、3 个县。截至 2020 年,全市常住人口 662.29 万人,陆地面积 9413km²,浅海大陆架海域 80000km²,人口排名浙江第四。台州依山濒海,地貌是七山二水一分田,地势由西向东倾斜,平原丘陵相间,沿海有温黄平原、椒北平原等,西北山脉连绵,有浙东最高峰——括苍山。

台州拥有山海之势,奇山秀水,风景绝佳,历史上有"海上名山"之美称。孙绰说:"天台山者,盖山岳之神秀者也。"杜甫称"台州地阔海冥冥,云水长和岛屿青",李白有"龙楼凤阙不肯住,飞腾直欲天台去",白居易念"日出江花红胜火,春来江水绿如蓝,能不忆江南",文天祥赋诗"海山仙子国,邂逅寄孤蓬。万象画图里,千崖玉界中",清代冯赓雪赞台州"风景直冠东南"。温黄平原盛产粮食,是浙江主粮区之一,丘陵山地盛产水果,是著名的水果之乡,黄岩蜜橘历史上是中国名果,近年来仙居杨梅悄然崛起,玉环文旦、涌泉蜜橘享誉全国。东海盛产海鲜,鲜美无比,全国闻名,台州拥有辽阔富饶的渔场,台州人靠海吃海,渔业发达,渔业产量居浙江首位,渔俗丰富多彩。

如果第一次接触台州,可能还真不知道台州的"台"字发阴平声 tāi,往往念成阳平声 tái。台州的"台",念"胎"音。台为多音字,发音 tāi,指地名、山名;发音 tái,本义是指一种建筑形式,形状高且平,后来多有引申。台州的"台"发阴平声是因历史上有较为明确的说法,台州"因天台山得名",唐"武德五年(622)置台州,因境内有天台山故取名台州"。台州、天台的名字都出自天台山,《郡县释名·浙江卷下》解释:"天台县义同台州,'取天台山名也。'"天台山山势高大,西南接括苍雁荡,西北接四明金华,蜿蜒东海滨,如衣之有缘。以山形如八叶覆莲,有八支八溪及上台、中台、下台等,似三星之台宿。按旧《图经》载陶隐居曰:"(天台山)高一万八千丈,周回八百里,山有八重,四面如一,当斗牛之分,上应台宿,故曰天台。"《十道志》谓其"顶对三辰,或曰当牛女之分,上应台宿,故曰天台,一曰'大小台'"。所谓的"台宿",指三台星。《云笈七签》中有:"三台有六星,两两而起势。横亘北斗第二魁星之前。一曰天柱,乃王公之位,在天曰三台,在人曰三公。西近文昌二星曰上台,为司命,主寿;次二星曰中台,为司中,主宗室;东二星为下台,为司禄,主兵。"台州天台山桐柏宫的道教南宗将其人格化后有"三台星君"。《后汉书·刘玄传》:"夫三公上应台宿,九卿下括河海,故天工人其代之。"李贤注引《春秋汉含孳》:"三公在天为三台,九卿为北斗。"

"顶对三辰"中的三辰,即日、月、星。南朝沈约《齐故安陆昭王碑》云:"昭昭若三辰之丽于天,滔滔犹四渎之纪于地。"唐代孙华《进呈御览诗一百韵》云:"紫极三辰正,黄图九域清。"可见天台山的名字,颇有来历。

其实,唐代之前,并无台州之名,都以章安、回浦、临海称之。隋朝开始有人认为郡治范围太小,机构人员冗杂,不利于国家管理,建议合郡为州。《隋书·杨尚希传》记宰相杨尚希曾上表:"窃见当今郡县,倍多于古。或地无百里,数县并置。或户不满千,二郡分领。……今存要去闲,并小为大,国家则不亏粟帛,选举则易得贤才。"提出要精简机构,节约开支,去郡设州。当时临海属永嘉郡,可惜隋朝还未来得及实行合郡为州政策就灭亡了。到唐武德四年(621)开始合郡为州,称"海州",武德五年(622)正式改名台州。

唐时"台州"称谓出现后,辖区大致框定,台州之名沿用至今。1500多年来,也不是全部称为台州,台州历史上有多个别称,有史可查的至少有 6个,分别是天台、赤城、丹丘、临海、章安、回浦。前 3 个是常用名,后 3 个唐代以后很少用。

　　"天台"是古时台州人最喜欢使用的别称。因为它与天台县的县名相同，容易混称，现在很少用，但在古代，用天台代替台州，倒是常见的。以"天台"作为台州的通称或别称，当滥觞于唐代。《杨素传》云："（杨素）又破永嘉贼帅沈孝彻，于是步道向天台，指临海郡。"[1]这是目前能查到的最早称台州为天台的记载，唐刘禹锡诗句中说："闻道天台有遗爱，人将琪树比甘棠。"大家知道，天台立县最早叫作始平县，后改名始丰，直到公元908年才以"天台"为县名。刘禹锡写此诗时还没有"天台"这个县名。诗中涉及的徐员外（徐裕）在这一年由台州刺史调任衢州刺史，所赠刘禹锡之物均属台州土产，诗中的"天台"即为台州。李白《琼台》："龙楼凤阙不肯住，飞腾直欲天台去。"其中的"天台"，如果按照字面理解，意思是李白非常向往天台山，但在台州人的心里，都认为李白在歌颂台州。宋朝舒亶《寄台州使君》诗云："闻说天台太守家，全家日日在烟霞。"诗题的"台州使君"与诗中的"天台太守"是一样的。贾收《送友人赴天台幕》诗亦云："天台仙籍上，又见姓刘人。……太守乡儒丈，何妨婉画频。"（见《天台续集》）明代临海人王士昌撰《王侯平图记》说："天台土瘠人窭，当瓯越之冲，然其先多贤，俗尚忠厚，喜廉让，无豪暴诈欺，故浙中称乐郊必曰天台。"浙中范围应是台州。更有趣的是，凡台州籍文人，若谓籍贯，十有八九皆作"天台人"。对此，民国《台州府志》在卷一〇四曾指出："'天台'乃一郡之统称。"《天台县志稿》凡例也明确："'天台'为六邑共称久矣。"以天台指称台州在古代是非常自然的。近人项士元先生《台州经籍志》中则说得更加详明："吾台以天台山得名，古来撰述之家，籍隶台州，多题'天台'。"

　　"赤城"是台州的另一种别称。顾况《临海所居》诗三首中第二首："此去临溪不见遥，楼中望见赤城标。不知叠嶂重霞里，更有何人度石桥。"提到赤城，《民国临海县志》解释：题称临海，指一郡，非指一邑也。[2]此中赤城所指当时临海郡，即现在的台州。宋陈耆卿编纂的台州总志《赤城志》以赤城命名，明谢铎续编，亦名《赤城新志》。此外还有《赤城集》《赤城后集》《赤城诗集》《赤城论谏录》等，所收都是与整个台州有关的作品。关于"赤城"成为台州别称的原因，《四库全书提要》在解释《赤城志》时说："此为所撰台州总志，以所属临海、黄岩、天台、仙居、宁海五县……其曰'赤城'者，《文选》孙绰《天台山赋》称'赤城霞起而建标'……"也就是说"赤城"之称源于晋孙绰的《天

---

① 魏徵：《隋书》卷四十八《杨素传》。

② 何奏簧纂修：《民国临海县志》（下），丁伋点校，中国文史出版社2006年版，第301页。

台山赋》。

"丹丘"用作台州别称,现在知道的人较少。宋赵抃《过台州登巾子晚游东湖》诗说:"巾顶广轩逢杪秋,万家云屋接丹丘;主人欲尽行人乐,更向东吴共泛舟。"稍迟于赵抃的林景熙《宿台州城外》诗云:"荒驿丹丘路,秋高酒易醒。"他们诗中的"丹丘"均指台州。又如,宋宝元二年(1039),台州兴建州学,建成后,由当时的知台州事李防写了一篇碑文,叫《丹丘州学记》。南宋大理学家朱熹在给石天民的信中说:"自到浙中,觉得朋友间却别是一种议论,与此不相似,心窃怪之。昨在丹丘,见诚之直说义利和利害只是一事,不可分别。"[①]这里丹丘就是台州。清代著名学者洪颐煊对此作过一番考证,他指出:"孙绰《游天台山赋》:'仍羽人于丹丘,寻不死之福庭。'……《吴越备史》:王名俶(即吴越国王钱俶),开运四年(947)三月出镇丹丘,丹丘即台州。曾宏父《鹿鸣宴》诗:'三郡看魁天下士,丹丘未必坠家声。'皆以'丹丘'如'赤城',为台州一郡之总名。""丹丘"为台州之别称,也是脱胎于晋著名文学家孙绰的《游天台山赋》。

台州的别称还有"临海""章安"与"回浦"。"临海"是因为台州的前身叫临海郡;"章安"和"回浦"则因两汉时期整个台州(还包括现在的温州和丽水等地区)属于回浦县与章安县。据卢如平《台州行政建置沿革考略》研究:台州先秦时为瓯越地。汉武帝时设回浦乡。西汉始元二年(前85),以鄞县回浦乡设回浦县,是为台州建县之始。东汉建武年间,回浦县改名章安县。三国设临海县。太平二年(257),会稽郡东部设临海郡,是为台州建郡之始。武德五年(622)正式改名台州。历史上"临海""章安"与"回浦"实际上是台州的前身。

1949年,设浙江第六专区。同年,第六专区改为台州专区,1954年,撤销台州专区,1962年,复设台州专区,1978年改为台州地区。1994年8月,经国务院批准,撤销台州地区,设立地级台州市。台州市政府搬至椒江,辖路桥、椒江、黄岩3区,临海、温岭2市,天台、仙居、三门、玉环4县。2017年4月,玉环撤县设市。现今台州市辖3区3市3县。

第二节 多学科视野下的台州民俗

研究民俗的民俗学是跨学科的,这就需要多学科共建。事实上不仅是

---

① 朱熹:《朱文公文集》卷五十三《答石天民》,国家图书馆出版社2006年版。

民俗学,各种学科在其叙事背后都有着宏大的假设。我们研究民俗需要观察村落、民居、生活、习俗,但不仅仅局限于村落、民居、生活、习俗,而是关于人文社会科学,核心是文化。虽然最后从村落、民居、生活、习俗的琐事分析出非常有意义的细节,继而归纳其生活习惯及行为的原理。但更重要的是跨学科对话能够使人纠正许多认识上的偏差,发现更多的问题,尤其是一些原来没有发现和想到的问题,从而更全面地认识生活的本原。无论如何,研究民俗,各个学科之间的合作可能比通常想象的重要得多,它们可以互相补充以便形成关于事物的全面知识,如果单是就民俗论民俗,那就会失之于浅层。如果是跨学科,它能迫使相关学科的研究人员以更有效的眼光和角度去理解事物,因为学科之间虽是独立的,但都有紧密联系。

1. 历史学与民俗

钟敬文认为,历史学是研究人类历史发生、发展和演变规律的一门科学。① 人类一切社会生活与文化创造都是历史,包含丰富的人类文明成果,民俗生活自然也是历史的一部分,其历史也经多种方式得以保存,其中流传在民间的民俗就记录着民众的历史。梦绕魂牵的社戏、庄严静默的节日庆典、生活习性的俗成惯制、乡音乡情的方言俗语、功于技艺的民间文艺等,成为世世代代传承的民俗。民俗历史具有非文字传承、变异性和现实性的特点。"民俗是传统",民俗学家提出这一观点,让民俗研究走进历史的帷幕中,在岁月的沧桑巨变中、在纷繁复杂的政治事件和社会事件中认识民俗、体悟民俗、解读民俗。作为传统,民俗不是完全被动地传递,更倾向于主动传承,在集体有意识的选择中或者无意识的自我竞择中逐渐完成个体和群体的双向传承,实现从历史到现实的转换,民俗的这种传统特性,被社会和民众普遍接受。因此,民俗不会主动选择时机,而是随时随地都在接受社会、时代和个人的选择。竞择中,民俗活力就有了依托,传承就有了载体。

因此、历史学与民俗文化学既有区别又关系密切,二者的主要研究对象、研究方法和任务有很大不同。民俗从表面上看属于琐碎的生活事象,但仔细探索其中掩盖和保留着的生活习俗、行为习俗、道德信俗、社会心理、民俗传承等,仍然具有重要意义,民俗文化及民俗历史都归属于历史学研究范畴。

其实,民俗文化研究相较于历史学,其宽广程度毫不逊色,许多生活现象及问题单纯用民俗学去解释或解决往往不够全面,如果运用跨学科方法

---

① 钟敬文:《民俗学概论·绪论》,上海文艺出版社 1998 年版,第 7 页。

把历史学视觉和民俗视觉结合起来观察,就会产生意想不到的效果。从解决问题入手,历史学和民俗文化研究是可以携手共进的。历史学者在研究时经常利用区域的民俗材料,去解释区域的历史变迁,通过比较研究来进一步深化观点,这是应该提倡的。在台州,晋代和南宋的两次大规模中原人南迁、明清闽越人海上北上,使中原和闽越风俗与台州本土生活相融,形成新的习俗,对台州的历史发展,特别是文化历史的演变和发展影响深远。

2. 文化人类学与民俗

文化源于生活,人类的生活是一切文化之源,任何文化都是生活的反映。文化人类学从整体上对人类文化的起源、发展、流变以及文化特征、类型、结构等进行研究,它所探讨的是人类社会一切文化现象。文化人类学是一朵迟开的花,它作为学科园地中的新兴力量,小荷才露尖尖角,大有后来居上之势。文化人类学能够用文化整体观引领各个社会科学学科的研究走向全面、走向深入,且显性的事实已经证明这一点,它能够表现人类在历史时空中的文化多样性,确实能使社会科学领域研究获得诸多创新发展的方向,包括研究民俗的学科——民俗学。

所以,作为人民大众生活文化的民俗自然包括在文化人类学的研究范畴中。二者都是以普遍的田野调查和收集整理资料作为前提,文化人类学如果没有足够的民俗资料做支撑,那它的研究是不可能进行到底的。同时,文化人类学研究民俗的目的仅仅在于将民俗作为人类的遗存来证明人类的过去,而不在于研究民俗自身。这就意味着文化人类学需要和民俗研究关注类似的研究领域,文化人类学也就必须要加深与民俗研究的相互融通。这就是说,民俗文化在内容上与文化人类学学科内容存在非常多的交集点,共同之处是对于生活方式和生活文化的理解相互参鉴、互为促进。从近百年中国民俗文化研究历史看,许多人类学家同时也从事着民俗研究,包括顾颉刚、钟敬文、乌丙安等大家。民俗文化学作为一门交叉学科,注重研究民间文化现象,尤其注重研究生活意义上的文化,民俗是一种生活文化,以日常生活形态存活于民间,依靠习俗传承和民众手口传授而代代相承。学科间的相互渗透,使民俗事象研究的深度和广度得到了加强,从多个方面弥补了人类学对于民俗研究的不足,反过来又促使人类学不断深化。钟敬文先生曾提倡民俗文化研究要认真进行田野调查,田野调查要大力借鉴人类学的研究方法。同时他又认为,人类学视野中的田野调查又永远由无数的民俗事象构成,二者似乎绕不开。清代临海学者王克恭总结前人的经验著成

《鲞经》①,向我们介绍有关石首鱼鲞的典籍著录、鱼鲞制作时地、工序流程、贩卖品质等知识技艺,还较为全面地介绍了捕鱼的船网器具、浪潮风信、捕鱼水期等,收集整理渔业遗规、海洋奇异、渔人习俗,提出渔业利弊以及渔业扩张意见等,巨细靡遗,对于当今海洋渔业科技、海洋气象、渔民风俗、非遗技艺等都有非常独到的历史参考价值。晒鱼鲞,是台州渔民从古到今的渔业活动,与日常生活紧紧连接在一起,成为一种习俗。晒鱼鲞是人类学关注的渔业活动,它从一个侧面反映了人类海洋活动的创造性,阐释了人类在文化创造中的能动性。同时也是民俗文化要解构的海洋渔俗,反映了人类在海洋活动中形成的生活方式,凸显出与海拼搏形成的人文精神,得以代代相传。温岭白鲞制作技艺现已经列为浙江省非遗代表性项目,是一种典型的渔俗文化,从人类活动到民俗,是多学科把它们融合在一起。

如今跨学科研究成为一种时尚,交流与互动成为民俗文化研究者不断践行的成功路径。交叉学科、边缘学科不断以新面貌出现,显示跨学科的作用越来越不可替代。民俗研究着眼于非语言及文本传承、致力于考古与考现、关注文化与生活,透过语境看民俗变迁,不断用新的视觉、新的方法审视民俗事象活态展示形式,探究其生成机制,把历史、社会、文化作为民俗生成与发展的人类文化活动的成果,以此在文本上重构人类生活,这样,才可以把自身研究推向一个新的高度。所以,民俗学家高丙中认为,中国民俗学有人类学的倾向,而人类学又有民俗学的渊源。

3. 社会学与民俗

社会学研究,一方面,它研究社会领域的客观规律;另一方面,它研究社会问题及其解决办法。其研究领域涉及范围宽广,诸如社会与文化、社会结构、互动与网络、群体与组织、整体与分层、行为与运动、个人与社会、家庭结构、社会关系模式、社会变迁与社会现代化,等等。社会生活是民俗的一个载体,民俗研究主要关注中下层民众的社会生活,民俗文化是依附于人类的生产方式、行为习惯、情感信仰等的大众化文化,传承性和变异性是其鲜明的社会现象,反复出现的生活和行为模式以及相关的情感和信仰现象使他们倾注热情对此加以研究和阐释。

二者关系密切,民俗文化研究的主要理论与方法借鉴社会学。民俗既是社会的一个组成部分,反过来又影响社会生活。作为一种无意识文化,民俗文化广泛而深刻地影响着思想观念、社会活动和社会发展。《台州府志》

———————————
① （清）王克恭:《鲞经》,民国王屏藩增辑,彭连生、杨世学整理,文汇出版社2020年版。

载:"清室定鼎以来,首重宾兴,士争自濯磨……民安俭朴,风俗几与明初等。"解释了清初的民俗与社会生活,说明社会发展会深刻影响民俗生活。这一现象到 20 世纪下半叶以来表现得更加明显,新的社会制度与意识形态影响使传统节俗发生全面而深刻的变革,一些旧的民俗在淡化或消失,陋俗被禁止,良风厚俗得到继承或发扬,或被注入了新的内涵。例如春节,在团圆庆贺的原意上,增加了拥军优属、向老干部与老职工拜年、访问特困群众等内容;元宵节在燃灯娱乐的活动中,注入了展示成就等宣传的内容;清明节在祭扫先人坟墓的同时,增加了瞻仰烈士陵园活动并融入爱国主义教育等。因此,社会学研究从来没有忽视民俗文化的研究成果,充分注意到民俗因素对社会的作用,并加以研究运用。例如,发扬重视教育的传统,开展希望工程捐助,救助失学儿童。重视建设家庭文化,注意春节团聚,增进社会稳定。注意乡规民约的作用,维护农村的社会秩序。注意节日消费习俗,把节日休闲消费与拉动经济结合起来等等。

也因为社会学和民俗关系密切,也就自然而然地产生了一门新的学科"民俗社会学",提出这一概念的是学者黄石。黄石将"风、俗、礼、制"四个概念作为民俗社会学的理论框架。其实,在这种概念提出之前,就有学者不自觉地在实践这一点。如台州学者周琦在他的《东瓯丛考》①中,从社会层面出发,依据考古资料,分别考证越巫、鸡卜、苍璧、硬陶熏炉等民间民俗事象,又根据文献查考了居住、饮食、服饰、丧葬、岁时等习俗,来观察不同性质、不同表现形式的民俗之间的相互关联,以及和社会发展的进程勾连,强调民俗研究亦需要从社会整体出发。研究台州婚俗的《诗性婚俗——台州洞房经的审美研究》,②作者的立场是,研究区域婚庆礼俗,不能单挑出结婚当天的礼仪来观察,须放在地方文化发展中作整体的、综合的考察,既要阐述其发展,也要呈现其热闹华彩的地方风情,更要透视其内涵的美学价值,注意其先后连接的礼节,考虑礼俗与社会组织、社会环境、社会变迁之间的关系。正如黄石指出,"恒常的礼俗,便与整个社会制度、文化体系相联结,相因相应,相属相成,内而与社会意识相谐协,外而与物质环境相适应,一有矛盾,便呈破裂,裂缝一现,崩解随之"③。

4.语言学与民俗

语言学研究语言,但语言研究不限于语言学,哲学、人类学、民俗学、社

---

① 周琦:《东瓯丛考》,上海古籍出版社 2016 年版,第 356—365 页。
② 周仲强:《诗性婚俗——台州洞房经的审美研究》,中国社会科学出版社 2015 年版。
③ 黄石:《端午礼俗史》,东方文化书局 1973 年版,第 218 页。

会学等都把语言作为主要或重要研究对象,在语言研究中创造性地运用的一些方法极大地促进社会科学的发展。语言的多学科交叉研究至今已有多种成果。语言是无处不在的,它必然活跃在民俗领域,因此民俗事项必然要在语言中有所表现。

语言学的研究方法对于民俗学而言具有很大的启发意义,为民俗的起源与变迁研究提供了借鉴。更为重要的是,语言本身是一种民俗事象,特别是方言。方言体现了特定地区民俗及文化特点,有一种"天然去雕饰"的原味本色,质朴天然的土味、乡野乡情的俚俗,构成日常生活丰富多彩的意象空间。透过方言来研究民俗,可以更加清晰地了解和把握区域民俗产生、发展及演变的镜像,有浓郁的生活味道,为民俗研究提供一条笔直的通道。民俗通过民众生活而传承,离不开文字和非文字的传承方式,民俗的主要表现形式是语言,方言在其中的地位显著而重要。这二者关系是:方言是民俗事象的载体,民俗是方言表达的重要内容。民俗审美活动扎根于民众的日常生活,表现的是土风、亲情和乡俗,散发着大地的元气、乡野的芬芳、清新的格调。"虽俚字乡语,不能离俗,而得古风遗意……即使子建、太白降为俚调,恐也不能过也。"①借助民俗来收集方言,是方言研究的一个传统。

归结到台州方言,我们体味到另一种风味。有一种味道台州话叫"切骨稀淡",意为做食物时没放盐或放少了;有一种肉麻台州话叫"毛孔刺刺动"或"头皮迟迟动",意为听别人讲过度的话语,人的皮肤都起褶皱。"临海词调"又称"才子调""仙鹤调",属于民间创作,是台州民间艺术的一朵奇葩,其"民间性"决定了它以另一套话语系统展开自己独特的演唱和抒情。它由海盐腔、昆曲和民间小调等曲种的声腔、音乐,结合本地方言,逐渐演变而成,已有五百多年的历史。《临海文化发展史》记载:"词调发端于南宋乐师张镃所创造的海盐腔,元初杂剧家杨梓加以整理发展,明中叶海盐腔盛行于嘉、温、台一带,明末演变成词调。"②临海词调是一种坐唱艺术,音乐优美柔婉、缠绵动听,声腔讲究"字清、腔圆、音准、板稳",强调"句句有神,字字有功"。"台州乱弹",唱腔高亢清亮,把"台州式硬气"中"硬"的特色表现得丰富而透彻。这些需要我们深入民间的本体中去,即用真正意义上的民间立场、民间心理加以关照。

---

① 王世贞:《艺苑厄言》卷七,载吴文治主编:《明诗话全编》(四),江苏古籍出版社 1997 年版,第 4287 页。
② 项士元:《临海文化发展史》,手稿,现藏临海市博物馆。

第三节 文化汇融，和合共生

千百年来，绝大多数台州人祖祖辈辈生活在"乡土"的大地上，台州"乡土"决定了台州人的主体特性。与乡土联系的民间从某个角度讲就是我们的生命共同体，老百姓共同创造了生活、创造了民俗。台州民俗是台州人民的生活面貌、生活方式，在生活层面表现为生活方式、技巧和习惯。民俗文化具有区域化特点，由于地理环境不同，民俗也有差异。《汉书·地理志》说："凡民函五常之性，而其刚柔缓急音声不同，系水土之风气，故谓之风；好恶取舍，动静亡常，随君上之情欲，故谓之俗。"①指出地理环境与民俗的关系。王士性的风俗地理理论"一方水土养一方人"，强调因自然地理环境不同，分别形成各自不同的文化特点。他在《广志绎》中曾说："浙中惟台一郡连山，围在海外，另一乾坤。……舟楫不通，商贾不行，其地止农与渔，眼不习上国之奢华，故其俗犹朴茂近古。"②说明民俗的形成和发展受地理环境影响更为深远，这不仅包括民俗的传承，也包括民俗的创造及其发展，台州地理环境和人文精神互为建构共同形成台州民俗文化。台州民俗既是相对稳定性的存在，也在不断创造性发展，它是以越文化为底色，融中原文化、闽越文化于一体的区域性文化，也是上层文化和民间文化的混合体。

一、形态稳定，创造发展

台州的地理环境和气候条件等变化是有限的，民俗也表现为相对稳定。《万历黄岩志·序》记："民静而安，俗朴而俭。"③这种民俗形态基本上贯彻整个封建社会，其变化不明显。三国沈莹《临海水土异物志》，在"安家之民"一节阐述临海郡民俗。"安家之民，悉依深山，架立屋舍于栈格上，似楼状。"描述南方因多雨而建的干栏式结构，这种结构在距今约4000年的路桥灵山遗址、约3000年的玉环三合潭遗址均有发现，干栏式建筑技术代表了江南建筑文化特色。在历史发展过程中，很多民俗形态其发展相对稳定。台州依山濒海的地理风貌使得"稻作渔耕"的饮食习俗几千年未有变化。婚俗

---

① （汉）班固：《汉书·地理志》，中华书局1962年版，第1614页。
② （明）王士性：《广志绎》，上海古籍出版社2013年版，第82页。
③ 台州市黄岩区地方志编纂：《万历黄岩志》，中国文史出版社2012年版，第1页。

"洞房经"历经千余年,延续至今,基本程式变化不大,"厚养薄葬"风气延续上千年等,都说明这一点。

这种稳定性缺少系统的文字记载。民俗属于生活,与老百姓的日常生活紧密联结在一起,司空见惯,正因为这些民间生活太平常与熟悉,所以在历史记载时往往被忽视,导致民俗在文字记载中十分匮乏,专门性的民俗资料基本上不存在。像最早涉及台州风俗的如三国沈莹所作的《临海水土异物志》,虽书名与当时临海郡有关,但事实上是最早关于台湾民族、风物的文献记载,记录临海的风俗不多,只有"安家之民"一节:"安家之民,悉依深山,架立屋舍于栈格上,似楼状。居处、饮食、衣服、被饰与夷洲民相似。父母死亡,杀犬祭之,作四方函盛之。饮酒歌舞毕,乃悬著高山岩石之间,不埋土中,作冢墩也。男女悉无履,今安阳、罗江县民是其子孙也。皆好猴头羹,以菜和中,以醒酒……"①"安家之民"大致记述五个方面的内容:一是说明当时百姓的居住民俗;二是说明当时生产方式是"稻作渔耕",饮食主食还是以稻米为主,副食是水产品;三是当时越人以"以船为车,以楫为马"的交通风俗;四是当时百姓剪发、文身、左衽、无履(跣足)的服饰风俗;五是说明当时东瓯古国存在的悬棺葬俗,这是现存最早的具有较高史料价值的记述。南朝孙诜著有《临海记》,以短短的篇幅记载了台州的重阳赏菊风俗等。② 古代台州没有产生诸如《荆楚岁时记》这样较为完整的习俗记载专著。在民国之前,民俗及其文化形态向来游离于文人学者的视野,形不成系统,能见到的大多散见于史籍之外的零星材料。

台州民俗的稳定性受地理环境影响最明显。越国时期的越地已经形成了一个比较成熟的社会,据民国《临海县志》卷一记载,春秋到西汉,台州属于越地,与越地民俗构成一个整体。并形成了自己的非常明显的特征,大略可以从以下几个方面来梳理。

一是习水便舟的交通习俗。越人居住的地区背山面海,河流纵横,湖泊密布。《越绝书》记越王句践从吴国返回后,召计倪曰:"西则迫江,东则薄海,水属苍天,下不知所止。交错相过,波涛浚流,沉而复起,因复相还。浩浩之水,朝夕既有时,动作若惊骇,声音若雷霆。"③形成了"以船为车,以楫

① 此书已失传,元台州人陶宗仪、清末民初杨晨,都做过此书的辑佚工作。现在的版本是张崇根所作的《临海水土异物志辑校》,农业出版社1981年版,第6—7页。
② (南朝)孙诜《临海记》记述:"(临海)郡北四十步有湖山,山甚平正,可容数百人坐。民俗极重,每九日菊酒之辰,宴会于此山者,常至三四百人。"
③ 李步嘉:《越绝书校释》卷第五,中华书局2013年版,第109页。

为马"的交通习俗。《淮南子·齐俗训》也云:"越人便于舟。"相传,我国许多地方流行的赛龙舟习俗也来自越人。闻一多认为:"端午节本是吴越民族举行图腾祭的节日,而赛龙舟便是这祭仪中半宗教、半社会性的娱乐节目。"①

二是饭稻羹鱼、喜食水产的饮食习俗。仙居下汤遗址中挖掘出近万年前的碳化水稻,说明台州远祖已经种植水稻。《史记·货殖列传》中说:"楚越之地,地广人稀,饭稻羹鱼,或火耕而水耨。"这是水稻种植技术高度发达的标志,与后世并无太大的区别。《吴越春秋》中记载,越"有鸟田之利",《水经·浙江水注》《水经注·浙江十》进一步解释说:"有鸟来,为之耘,春拔草根,秋啄其秽。"这个神话很可能是农人耘田耕种的劳动写照,反映了越国时期已经有了成熟的水稻种植技术。《吴越春秋》卷九中也记叙了当时的劳作:"春种八谷,夏长而养,秋成而聚,冬蓄而藏。"《史记·货殖列传》"正义"中又言:"楚越水乡,足螺鱼鳖,民多采捕积聚,棰叠包裹,煮而食之。"台州沿海一带,一直是海上天堑,"因山为垣,就海为濠"。社会晏安,生民乐业,既有鱼盐之饶,又有海舶之利,《浙江通志》说:"盖晋汉之际于海收鱼盐之饶。晋唐以降,于海通番舶之利。"②

三是断发文身和裸体的生活习俗。《墨子·公孟篇》云:"越王句践,剪发文身。"《韩非子·说林》载:"越人被发。"《史记·越王句践世家第十一》云:"越王句践……文身断发,披草莱而邑焉。"断发文身一直被认为是先秦时期越人最醒目的标志。越地处亚热季风气候区,四季分明,降水充沛,夏季多雨而闷热,这是越人断发习俗的自然原因。另一个原因是为了"避害",《汉书·地理志下》载:越人"文身断发,以避蛟龙之害"。越地有水产之利,捕捞活动非常频繁,断发有利于水下的活动,在身上文图"象龙子"以减少水下大型生物的攻击,有利安全。这是文化人类学对民俗的"功能"解析,颇具合理性。

四是鸟图腾的出现。前面已经谈到,鸟崇拜在河姆渡文化时期已经出现,从诸多文献记载看,越国时期已经形成了比较稳定的鸟图腾。干宝《搜神记》载:"越地深山中有鸟,大如鸠,青色,名曰'冶鸟'。……越人谓此鸟是越祝之祖也。"《韩诗外传》中曾记载了越裳"献白雉于周公"以表示部族臣服于周王朝的传说。从这两个记载可以看出,越人不仅把"鸠""雉"视为祖先,也将其作为部族的标志,这是鸟图腾形成的最重要证据。在《越绝书》《吴越春秋》《水经注》《搜神记》等书中多次提到的"鸟田"传说中我们可以看到,鸟

---

① 闻一多:《端午考》,《文学杂志》第2卷第3期。
② 雍正《浙江通志》卷97《海防》。

在古代越人生活中的重要作用,这也可以看做鸟图腾形成的社会基础。

考古发现表明,鸟在越国时期是一种非常重要的图饰,并且象征着权力和尊严。越地出土的"铜伎屋"的上端饰有"大鸠尾",被认为是一种图腾柱。1990 年在越地漓渚出土了一件青铜鸠杖的杖首,顶端立一鸠,两翅微展,形若展翅欲飞。这种形制的青铜鸠杖在楚越地区多有发现,这进一步说明了鸟具有法律般的威严感,是某种身份的标志。另外,越人的文字被称为鸟书,语言被称为鸟语,应该与鸟崇拜有着密切的联系。越国时期,越人社会的重要特征就是"鸟图腾""鸟语"和鸟形文字的使用,这在台州发现的先秦岩画中多次出现。但这在当时是一种文化的基本元素,是一种民俗的特征。(图 1-1)

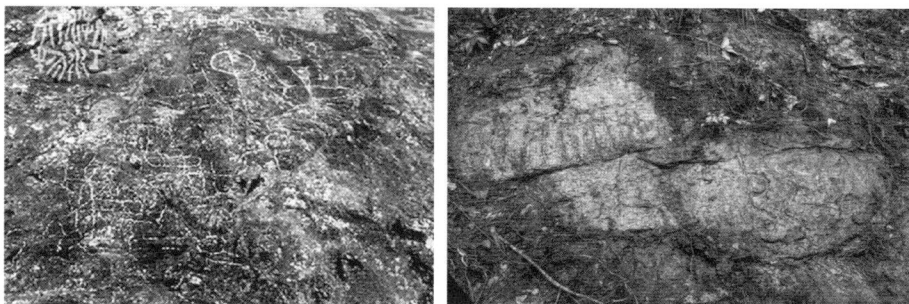

图 1-1　仙居不断发现的先秦岩画中出现多幅鸟图腾画面

五是鬼神信仰的广泛流行。越国时期基本上是"信巫术、敬鬼神"(清钱培名《越绝书札记》),根据春秋战国时期社会的发展进程,越人占卜之风亦盛,巫师在国家中占有重要的地位。《越绝书》记录了越神巫所居之地称为巫里,那里所建的亭祠直到后汉仍然存在。神巫死后,有他们专用的墓葬地,称为巫山。《史记》记载:"昔东瓯王敬鬼,寿至百六十岁。后世怠慢,故衰耗。乃令越巫立越祝祠,安台无坛,亦祠天神上帝百鬼,而以鸡卜。上信之,越祠鸡卜始用焉。"

秦汉时期,越地民俗从社会生活的层面而言,正如《史记·货殖列传》所载:"楚越之地,地广人稀,饭稻羹鱼,或火耕而水耨,果隋嬴蛤,不待贾而足,地势饶食,无饥馑之患,以故呰窳偷生,无积聚而多贫。是故江淮以南无冻饿之人,亦无千金之家。"①江南地区虽然食物充足,无饥馑之患,却导致"呰窳偷生"。从精神文化层面而言,如《汉书·地理志》所载:"吴粤之君皆好

---

① （汉）司马迁：《史记·货殖列传》第六十九,华文出版社 2010 年版,第 439 页。

勇,故其民至今好用剑,轻死易发。"①《三国吴志》所载:"海岳精液,善生俊美。是以忠臣系踵,孝子连闾。"说明越地民风淳朴、人才辈出,越国文化的影响仍然非常明显。

宋代是越地发展过程中的重要时期,《宋史·地理志》载:(越)"地有湖陂灌溉之利,丝布鱼盐之饶。"宋嘉泰《会稽志》云:"民勤俭,好学笃志,尊师择友,弦诵比屋相闻。不事奢靡,士大夫家占产甚薄,缩衣节食,以足伏腊。"由于自唐代开始海塘修筑的完成以及湖泊的围垦,湖面收缩,良田大量增加,平原水乡的格局基本形成。民间的贫富差距不大,文化气息浓厚,说明好学之风久已形成。这个时期越地的社会民俗已经受到汉民族民俗的绝对影响,民俗的形式和内容已经趋同。

但在稳定之余,台州民俗也会推陈出新,大致基于两种情况:一是台州人民创造力旺盛;二是一种典型的文化现象出现后,包括国家意志的强制推行、外来文化的传入并本土化和为适应社会变化发展而内生的习俗等。只有这样才会有新的民俗产生,最终影响民俗文化的创造和创新。而文化融合又是另一番景象,中原士族在东晋和南宋两次大规模南迁,避难台州(台州王姓、李姓等大姓族谱,其祖先大都来自北方)。据《临海县志》记载:"两宋时两次大规模迁入,大观三年(1109),客户达一万八千八,相当晋合郡数;南宋嘉定十五年(1222)近两万户,嗣后即无大迁徙。"②闽南难民北上从海上逃难到台州沿海居住(玉环坎门、陈屿,温岭箬山、石塘等地居民来自福建)。《光绪太平续志·祠祀》记载:"天后宫,在石塘桂岙,以地多桂花,故名。明正统二年(1437),闽人陈姓始居此。其后居民日众,始建小庙以祀天妃。"这些地方的方言依然是闽南话,风俗都是闽越遗存。南北文化在台州适应、同化(或异化)、交融,经台州人民的创造性发挥,形成新的台州文化。

台州因其独特的地理条件和历史进程,形成较为稳定而又不断创新发展的民俗文化,三面临山一面环海的封闭式环境,形成极强的自适性环境和社会结构。

二、文化汇融,个性独显

台州处于南北文化交汇点,在与中原文化长期、全面的交流和融合中逐

---

①　(汉)班固:《汉书·卷28下》,中华书局1962年版,第1666页。

②　临海县志编撰委员会:《临海县志》,浙江人民出版社1989年版,第83页。

渐形成区域显著的越文化特征。《史记·封禅书》记载："越人俗鬼，而其祠皆见鬼，数有效。昔东瓯王敬鬼……"①讲的是民间信仰；《史记》称："越楚有三俗，……陈在楚夏之交，通鱼盐之货，其民多贾。"②说的是生活和生产；西汉刘安《淮南子》记越族："断发文身。……荆人鬼，越人機，人莫之利也。"③《越绝书》记勾践喟然叹曰："夫越性脆而愚，水行而山处，以船为车，以楫为马，往若飘风，去则难从，锐兵任死，越之常性也。"④指出其性格特征。从台州各地出土的文物，可以印证这些说法。台州独特的地理环境在一定程度上规定了台州民俗文化的形成和发展，南北文化在台州适应、同化（或异化）、交融，经台州人民的创造性发挥形成新的台州文化，形成了自己鲜明的特色。

（一）南北融合的本土性

商周时期是南北融合之滥觞。台州地区人口数量增多，社会经济有了一定的发展，台州、温州一带已有"东瓯"之称，西周时期受封为"东瓯小方国"，政治上已与中原政权构成相当关系。在西周末年，江淮一带的徐国因避战乱，徐偃王率众数万南迁，其中一支迁入台州，一些历史文献如宋代《舆地纪胜》明确指明了徐偃王城所在："西周徐偃王墓在系东南胜果寺后院山。"即在今温岭市大溪镇，现存土台及石笋。南宋陈耆卿的《嘉定赤城志》卷三十九《纪遗门·遗迹》中说："（古城）在黄岩县南三十五里大唐岭东。外城周十里，高仅存二尺，厚四丈；内城周五里，有洗马池、九曲池。故宫基址崇一十四级，城上有乔木可数十围，故老云即徐偃王城也。城东偏有偃王庙。"民国《台州府志》云："偃王古城，在今太平县西北三十五里，又县南五里有叶、鲍二将军庙，或谓即偃王将也。"虽然这尚待进一步考证，但我们从温岭出土的青铜蟠龙菱纹大盘及路桥小人尖西周土墩墓众多器物来看，⑤西周时期曾有中原地区人口迁入台州确是无可置疑的。这种情况《庄子·逍遥游》也有所记："宋人资章甫（一种帽子）而适诸越，越人断发文身，无所用之。"《淮南子·说山训》记："鲁人身善制冠，妻善织履，往徙于越而大困穷，

---

① （汉）司马迁：《史记·封禅书》第六，华文出版社 2010 年版，第 105 页。
② （汉）司马迁：《史记·货殖列传》，华文出版社 2010 年版，第 439 页。
③ （汉）刘安：《淮南子·人间训上》。
④ 李步嘉：《越绝书校释》卷第八，中华书局 2013 年版，第 132 页。
⑤ 1984 年 3 月，在大唐岭南面温岭琛山乡楼旗村出土一青铜蟠龙大盘，高 26 厘米，口径 61.5 厘米，重 45 斤，菱纹，经鉴定为仿西周之铜器。1990 年 5 月，在路桥小人尖山顶土墩墓中出土西周文物 75 件，以原始青瓷为主。

以其所修而游不用之乡。"他们的到来为台州带来了农业、教育、科技等方面较先进的理念和文明。中原的礼仪文化、岁时习俗和丧葬礼仪等陆续传入台州。

越地民俗的巨变期当在秦汉,社会层面的影响是秦始皇统一六国后进行文化的统一和向越地移民的重大政策。自然环境层面的影响是东汉马臻修筑鉴湖后改变了越地自然生态,使得越地从原本的盐碱之地变为鱼米之乡,《越绝书》等文献提到越国的农作物有粢、黍、赤豆、麦、大豆等多种。民俗的特性也随之改变。

汉魏时期,南北融合加深,带来人口集聚和经济繁荣。西汉"东瓯国"都城台州温岭大溪,①大致管辖台州、温州、丽水等地。东汉末年北方战乱不断,群雄割据,逐鹿中原,中原士族和百姓被迫背井离乡,一部分南迁避难至台州。因为台州偏隅一方,三面环山一面临海,地理环境封闭,社会稳定,能给南迁的难民提供最起码的生活保障。《晋书》记载临海(郡)民俗:"火耕而水耨,渔猎山樵,饮食颇给。"这些南迁的士族给台州带来中原的文化,促进了台州社会发展。南朝宗懔《荆楚岁时记》所记载的正月初一、五月五日、七月七日等岁时节日,其时已经在台州流行。

唐代时期,兴教重文兴起。隋唐之际,被贬谪台州的官员和来台州游学的文人逐渐增多,带来了中原文化,促进了文化的交流,包括民俗的融合。其中被贬谪到台州任司户参军的广文博士郑虔,他为台州文教事业发展作出了巨大贡献。郑虔到台州后首办官学,择弟子而教之,大到冠、婚、丧、祭之类的礼仪,小到升、降、揖、逊之类的礼节,启蒙而辅之以示范。从此以后,台州的民俗逐渐世俗化、程式化,民风淳朴,学习科举之风兴起。② 宋陈公辅《祝文》认为郑虔办官学"教以正学,启以民彝。人始知学,去陋归儒。家

---

① 汉高祖五年(公元前 202 年),闽越首领"无诸"因为在刘邦与项羽的战争中立功,被立为"闽越王",在今天的福建建立了闽越国。后来,闽越渐渐有了一个小分支,首领为"摇",这便是东瓯国最初的来源。《史记·东越列传》记载,汉惠帝三年(公元前 192 年)摇被封为东海王,都东瓯,号为东瓯王。从此,台州、温州和丽水三地有了最早的行政建制——东瓯。54 年后,因种种原因,东瓯撤王归汉,举族北迁江淮,结束了它短暂的历史。2006 年 9 月,浙江省文物考古研究所对塘山古墓进行试掘。塘山古墓距古城遗址约一千米,大溪古城遗址为西汉东瓯国城址,2013 年 5 月,大溪东瓯古城遗址被列入第七批全国重点文物保护单位。

② 宋楼观的《祠斋壁记》称:"时台人朴陋,少习礼文,古粤之风,犹未尽变,公之衣冠言动,特出于俗,人反嫌之,故当时为之语曰:'一州人怪郑若齐,郑若齐怪一州人。'尝自联云:'著作无功千里窜,形骸违俗一州嫌。'且窃叹曰:'东鲁圣人泽加天下,而台不被其泽者?……夫君子所过者化,今吾谪此,则教化之责,吾当任之。'因选民同子弟教之,大则冠婚丧祭之札,小则升降揖逊之仪,莫不身帅。……于是大闻文教,而台民俗日淳,士风渐振。"

家礼乐,人人诗书"①。以郑虔始,台州兴教重文之风逐渐形成。《台州府志》本传记:"民俗日淳,士风渐进。"昔日的"蛮民"开始知书识礼,尊老扶幼,薪火相传,开始了文明生活。这是中原习俗经过人为努力而进入台州并被本土化的一条很具体的记载。

宋朝南北交融更加频繁。南宋定都临安以后,北方人口大规模进入台州,据《临海县志》记载:"两宋时两次大规模迁入,大观三年(1109),客户达一万八千八,相当晋合郡数;南宋嘉定十五年(1222)近两万户,嗣后即无大迁徙。"耆儒硕辅、文章之士,纷至沓来,成为"文物之邦",在南北民俗的再次大交流中,北方文化和习俗在台州的影响更加深广,良风美俗风行城乡。《嘉定赤城志》云:"……自是(南宋)机变繁滋,有逐末而哄于争者,幸王化密迩,风雅日奏,薰郁涵浸,遂为文物之邦。"②"乡户不足于才,而有余行,其真朴逊厚,里党多化焉。"③《赤城新志》亦云:"至宋南渡,密迩邦畿,治化声教之所先被,大贤君子之所过化,于是风气亦随以变,而习俗之美,遂视昔倍蓰矣。"④不少儒学文人出任台州地方官吏,推广儒家文化。封建宗法制度和男尊女卑、三从四德等封建礼教给台州的民俗打上了深深的烙印。特别是寡妇守节,在官府的大力倡导下,节妇牌坊林立,地方志书均以大量篇幅记载"节妇烈女"事迹。

元代开始,经济衰落,人口减少,南宋时有 26.6 万户,到元代不到 20 万户。自然灾害不断,台州风俗渐趋浮靡,与南宋大异。《逊志斋集》中记:"在宋中世,相高以文辞;逮乾道、淳熙,闻大贤君子之风而悦之,本乎礼义,间巷之间弦诵之声相接,宋之旧俗微矣。"⑤南宋时,台州百姓重道德,尚名节,褒衣危巾,讲论性命,言行必接;到了元代则以功利诱天下,众欢趋之而习于浮夸。此时,台州开始种植棉花,民间纺织业发达。方国珍割据江东,船队庞大,台州海上贸易发达。

明代时期,风俗俭朴。士风渐趋好转,王士昌在《平图记》中说:台州"土瘠人窭,然其先多贤,俗尚忠孝,喜廉让,无豪暴诈欺,故浙中称乐郊"。一个地方能达到"尚忠孝,喜廉让",并且"无豪暴诈欺",可见当时府城民风之淳厚质朴。台州风俗在谢铎《赤城新志》卷四风俗有记载:"一洗百年之陋

---

① 郑瑛中:《略论郑虔与台州唐代文化》,《唐代文学研究》年刊,2020 年。
② (清)陈耆卿:《嘉定赤城志》,上海古籍出版社 2016 年版,第 1165 页。
③ (清)陈耆卿:《嘉定赤城志》,上海古籍出版社 2016 年版,第 539 页。
④ (明)谢铎:《赤城新志》卷四,徐三见点校,上海古籍出版社 2016 年版,第 81 页。
⑤ (明)方孝孺:《逊志斋集》,徐光大校点,宁波出版社 2000 年版。

俗……是吾台明初风俗之美，视宋岂不为有光哉!"王士性在《广志绎》中认为台州"俗尚居奢俭之半"。叶良佩《嘉靖太平县志·风俗》中认为，由于商品经济的发展，社会财富的再分配，开始冲击明初森严的等级界限，盖房衣饰"违礼""失制"，表示社会开始出现上层建筑范围的变动。

清朝时期，民俗与明相似。据《台州府志》载:"清室定鼎以来，首重宾兴，士争自濯磨……民安俭朴，风俗几与明初等。"说明当时的习俗与明朝相似，改变较少。清康熙雍正年间设立玉环厅，大陈岛、玉环岛等自然条件较好的岛其人口增长较快，海上贸易继而兴起，经济得到恢复发展，当时与海洋相关的产业如海上捕捞、晒盐、造船等行业发展迅猛，许多具有水乡海岛特色的民俗事象重又显示光彩。闽南难民北上从海上逃难到台州沿海居住（玉环坎门、陈屿，温岭石塘等地居民来自福建），带来闽南的石头屋和海洋习俗，温岭、玉环一带形成了多种风俗并存的多样化格局。石塘石头屋现在成为国家历史文化街区，这些地方的方言依然是闽南话，风俗都是闽越遗存。

鸦片战争后，台州黄岩"种花法行，烟祸尤烈，而士风颓靡，细民失业，多由放此。浮惰之民多，则血气之急盛;礼义之教衰，则武健之风长"（《黄岩同治志稿》）。那时民俗礼仪衰败，民间习武风气浓郁。与此同时，台州捕鱼技术的提高使更多台州人走向海洋，民间的渔俗越加发达，风俗再次随社会变化而变化。

在石塘，源于福建泉州民俗酬神活动中的扛台阁、抬火鼎踩路活动，逐步演变为温岭的"迎财神"抬火镬助阵活动，和温岭本土元宵"迎灯"文化相融合，发展成为"村与村之间以火镬抢头阵为核心，以台阁表演为竞争方式、以文艺踩街为娱乐形式"的渔村传统元宵节日习俗。[①] 形制恢宏、古风盎然。箬山陈姓渔民明中叶时由惠安迁入台州带入这些习俗，而这些习俗在原住地泉州、惠州都已经式微。

20世纪，风俗大革。台州民俗与全国其他地区一样，发生了根本性的变革。特别是自20世纪下半叶以来，新的社会制度与意识形态影响使传统节俗发生全面而深刻的变革，一些旧的民俗在淡化或消失，陋俗被禁止，良风厚俗得到继承或发扬，或被注入了新的内涵。例如春节，在团圆庆贺的原意上，增加了慰问驻军及烈属军属、向老干部与老职工拜年、访问特困群众等内容;元宵节在燃灯娱乐的活动中，注入了展示成就等宣传的内容;清明

① 邵银燕:《石塘元宵"扛火镬"习俗》，浙江大学出版社2019年版，第1页。

节在祭扫先人坟墓的同时,融入对革命先烈的瞻仰和纪念。

古代台州的风俗到宋代已基本定型,此后元、明、清各代变化甚少,部分礼仪习俗更加烦琐。由于对外贸易得到长足发展,文化的多元性更加明显。明代又有不少闽南籍渔民北上定居台州沿海,带来闽越文化,使台州南部沿海闽南风格突出。

(二)上下贯通的"草根"性

古代台州交通闭塞,经济落后,民风强悍,文教事业不发达,人称"南蛮"之地。在唐代以前上层文化对此影响甚少,民俗文化地方性特征明显。中原文化和闽越地方文化传至台州,经台州文化同化后,产生新的文化形态,所呈现的基本特征是上下文化融合后的新草根属性。民俗本就是草根文化,而台州"新草根"指的是中原文化、闽越文化和古越文化融合后经本土化形成新的区域文化特征。这种特征无处不在。《越绝书》记载:"越人得髯蛇,以为上肴,中国得而弃之无用。"越地老百姓得到大蛇会视作美味吃掉,中原人却丢弃不吃,台州与中原大同之下有差别。台州气质的形成也得益于不同文化融会贯通后形成独一份的"台州式硬气"。改革开放以来,多种文化汇聚台州,文化的多样性也促进民间产生巨大的创造力,中国民营经济在台州发祥,民营经济的"台州模式"形成足可证明这一观点。

1.上层文化下沉。

秦汉以来,随着人口的多次大规模迁移以及政治社会的统一、经济文化的融合,越人作为一个独立的部族已经不复存在。尤其在主流的精英文化层面,大一统的中华民族随着朝代的更替、社会的演进以及中央集权制度的高度发展越来越呈现出文化的统一性,民俗与政治教化形成了互动,并被逐渐纳入儒家思想体系中。"孔子曰:'移风易俗,善莫于乐。'言圣王在上,统理人伦,必移其本而易其末,此混同天下一之乎中和,然后王教成也。"①刘勰亦提出:"风有薄厚,俗有淳浇,明王之化,当移风使之雅,易俗使之正,是以上之化下,亦为之风焉,民习而行,亦为之俗焉。"②"广教化,美风俗"渐成定式。如清人蒋智由所言:"人心风俗以之造政治宗教,而政治宗教又还而以之造人心风俗,是故人心风俗常握国家莫大之权,而国家万事其本原亦因趁是焉。"③台州社会从秦汉时期的边远蛮荒之地,逐渐向统一中国的中心

---

① (汉)班固:《汉书·地理志》,中华书局1962年版,第1614页。
② (北齐)刘昼:《刘子新论》,吉林大学出版社1992年版,第685页。
③ (清)蒋智由:《海上观云集初编》,广智书局1902年版。

区域靠拢。

文化下沉有两个层面。一是中原的儒家文化和相关政治制度等进入台州，统治者对台州采取同化政策，强调"教化"，与台州民间文化融合。二是中原士族大规模迁入台州和台州人入仕人数剧增，中原的上层文化、士民文化融入台州民间文化。王元化认为"精英的文化是通过民间文化的渠道渗透到老百姓那里"①。官员迁任、士绅衣锦还乡、朝廷庆典、政令颁行、教育等都从不同角度把上层文化传递到民间。好巫术、信鬼神是东瓯国的习俗，这种民间信俗的源头主要是汉武帝崇信鬼神。汉应劭《风俗通义》卷九曾讽刺汉武帝崇信鬼神："武帝时迷于鬼神，尤信越巫，董仲舒数以为言，武帝欲验其道，令巫祖仲舒，仲舒朝服南面咏经，不能伤害，而巫者忽死。"皇帝信鬼，广而推之全国各地亦信鬼。

这样的例子很多，在汉代的官制中开始有九月九日赐百官茱萸的定制；三国魏文帝《九月与钟繇书》解释重阳习俗，说是"九为阳数，而日月并应、俗嘉其名，以为宜于长久，故以享宴高会"，由上而下在民间推行重阳登高宴饮的习俗。

北宋仙居县令陈襄，是当时的著名学者，他在仙居注重兴办学校，发展教育，并且亲自撰写《劝俗文》，依靠师统与道统的接续，对民众施行教化，强调岁时节俗、礼仪庆典、宗教信仰等遵循古礼。如"乡间有礼，岁时寒暄，以恩义往来，燕饮序老少，坐立拜起""贫穷患难，亲戚相助""婚姻死丧，邻保相助""行者逊路，少避长，贱避贵，轻避重，去避来"等等。又如天台县令郑至道极力提倡"重婚姻""正丧服""崇衷信""崇俭素"。南宋时，理学家朱熹来台州，讲道推广理学，理学逐渐成为风尚。据记载，民间婚丧嫁娶、岁时节俗、礼仪庆典等逐渐形成"遵文公（朱熹）家礼"之风气。

顾炎武也非常重视道德教化、操守与风俗三者之间的关系，他认为："教化者，朝廷之先务；廉耻者，士人之美节；风俗者，天下之大事。朝廷有教化，则士人有廉耻；士人有廉耻，则天下有风俗。"②一般而言，民间的东西更加写实、世俗化，而上层文化则更加含蓄，文化寓意更加深刻。上层文化和民间文化的融合，是一个多层次、多方面的融合过程。民间文化接受来自上层文化的教化和强迫性指令，反过来民间文化构成上层文化的基础。民间文化吸收上层文化并加以推广，譬如民间流行的门神钟馗，专司打鬼驱邪，是百姓尊崇的镇宅守门的家神。新年大门贴钟馗像的习俗据传始于唐代，民

---

① 王元化：《文汇读书周报》，1998 年 10 月 3 日。
② （明）顾炎武：《日知录》卷十三《廉耻》。

间传说,唐玄宗病重,梦见一个大鬼吃掉要害他的小鬼,梦醒后大病霍然而愈,玄宗命令画家吴道子把梦中大鬼的形象画下来,就是门神钟馗。传入民间后,家家新年大门贴钟馗像。《搜神记》佚文记载:"今俗法,每以腊冬除夕,饰桃人,垂苇索,画虎于门,左右置二灯,象虎眼,以祛不祥。"

2.下层文化上传

组成民间文化的核心是民俗文化,它的使用主体都是下层民众。民间文化要上传成为上层文化,起码需要几个条件:一是符合国家统治需要;二是符合上层统治者日常需求,包括生活和娱乐需求;三是上递的民间文化属于精品。

民间文化堂而皇之走进上层文化的殿堂,其途径不外乎敕封或征召,古代的宫廷艺术就是征召的代表,它的创作者往往是统治者征召的民间艺人,从民间招募工匠艺人的历史是相当悠久的。如百工、画工、伶官、太医院、御膳、宫舞等。民国《临海县志》记载,沿溪陈婆岙"泓水极清,巨浪澎湃不为动,旧以水酿酒,有'灵江风月'之名"。"灵江风月"为北宋名酒,在全国享有盛誉,在宋时成为王室贡酒,名噪一时。《中国菜谱》中有一道地道临海菜叫蛋清羊尾,因材料是蛋清,形状似羊尾,因而得名。蛋清羊尾最初产生于临海,清朝时,因其味美留香、形状精致而被厨师引入宫廷,成为清朝御宴上的风味小吃之一。

上层文化吸收民间文化并对民间文化起制约作用,民间文化上递至上层社会,上层文化在吸收民间文艺精华的同时,民间艺术的发展却遭到沉重打击。许多民间艺术精品进贡给朝廷,成为御用产品后,在民间慢慢衰落。如瓷器,官窑制作工艺自成体系,工艺精湛水平高,很多民间技师无法掌握,官窑的技术含量远高于民窑。

(三)海陆交合的混同性

台州海陆交合、生态交错,文化兼容并蓄,既有陆地文化的沉稳和致密,又有海洋文化的开放和创造。最有代表性的文化遗址有三个,下汤文化遗址、灵山文化遗址和三合潭文化遗址。距今近1万年的仙居下汤文化是以稻作和采猎为主的农耕文明,距今4000多年的路桥灵山文化是农耕、采猎、海作混合的陆海文明,距今3000年左右的玉环三合潭文化是农耕、海作混合的陆海文明,走的是一条从陆地生活到陆海生活相融的实践轨迹,这不仅表现在它承继了博大的中华文化传统,也表现在融合同化中原文化和闽越文化,共同组成台州的民俗文化。这在中国已经发现的文化遗址中非常具有代表性。

一方面,台州文化传承于古越文化,发展历史可上溯至1万年前的上山文化,并与中原、闽越文化合流,历史文化底蕴厚重;另一方面,台州处于山海之间,滨海的"七山二水一分田"的山川地貌构成独特的文化地理环境,融合而成多元文化的共同体。台州文化体现出的人文气质是:台州山民的彪悍和直白,台州海客的冒险和豪放,以及两者兼容的淳厚与博大。

从本质上看,陆海混合的台州民俗,海洋民俗特色更为鲜明。台州的海洋渔业历史久远,海洋捕捞成为渔业生产中最主要的一种经营方式。明清时期,台州的渔业生产就成为一个重要的传统产业。明代的流网捕鱼法沿用至今,渔获量排名全国前列。多种鱼鲞制作技术被列为非遗代表性项目。海洋捕鱼谚语:"廿九、十四潮,吃饭把橹摇;等到清早起,黄鱼满舱跳。""三月清明断鱼买,二月清明鱼叠街。六月海鳗毒如蛇,三月龙鱼嫩如水。"显示了渔民的智慧。海洋民俗兴盛,各种习俗灿烂花开,每年岁初和岁末,渔民们为祈求一年的丰收和平安,自觉聚合跳起大奏鼓、舞起花龙,送走凶神,为渔人安康和富足祈福。一系列渔俗充分展示了渔民的海洋情结和征服大海的自信。

联合国教科文组织非物质文化遗产名录中的中国二十四节气反映了农耕文化的习俗,但名录中的"三门祭冬",虽以表现农耕文明为主,但逐步融入部分海洋习俗,演变为陆海交合的风情。三门县位于三门湾畔,东濒大海,是海陆共生、多种文化交错并存的独特区域,百姓耕海牧渔,耕读传家,特别尊重自然和重视家族关系,因聚族而居,产生"三门祭冬"这一传统民俗,是难得的农耕文化与海洋文化相融合的习俗。

三、创新机变、别具一格

丢不掉的民俗,忘不掉的情怀。用台州人的理论,展现台州山水民俗,创新灵动、别具一格。王士性在《广志绎》中如此划分浙江风俗文化区:"杭、嘉、湖平原水乡,是为泽国之民;金、衢、严、处丘陵险阻,是为山谷之民;宁、绍、台、温连山大海,是为海滨之民。三民各自为俗:泽国之民,舟楫为居,百货所聚,闾阎易于富贵,俗尚奢侈,缙绅气势大而众庶小;山谷之民,石气所钟,猛烈鸷愎,轻犯刑法,喜习俭素,然豪民颇负气,聚党羽而傲缙绅;海滨之民,餐风宿水,百死一生,以有海利为生不甚穷,以不通商贩不甚富,闾阎与缙绅相安,官民得贵贱之中,俗尚居奢俭之半。""台、温、处山海之民,猎山渔海,耕农自食,贾不出门,以视浙西迥乎上国矣。"台州被定性为山海之民,独特的山海地理形成了"敢冒险、有硬气、善创造、不张扬"的台州人文精神。[①]台州人敢为天下先,善于在传承中谋求发展,在创新中积极求"变"。

(一)台州民俗的"抱团打天下"

台州人生活干事都喜欢"抱团打天下",也就是喜欢群体活动,这不仅表现在商贸上,也表现在民俗活动和看戏中。台州人生存意识极强,只要是有利于生存的,台州人都会做。台州地区自古以来以重视商贸著称,农工并举,重视理财,商贾云集。唐朝时期,台州仙居皤滩古镇便是一个重要的食盐运输中转码头,有"第一商贸古镇"之称。台州的人文历史和重商风气,孕育了叶适"重商"的学术思想。台州人外出做生意,总喜欢带亲戚朋友一起开辟市场,形成互相呼应的生意圈,抱团重商。

历史上中国有五大商帮,分别是晋商、徽商、浙商、鲁商、粤商。浙商先后出现湖州商帮、绍兴商帮、温州商帮、台州商帮、义乌商帮等,台州商帮的特点是勤劳、合作、低调、敢闯。台州商帮是吃苦耐劳、和气生财、敢闯敢为的典范。在明清时,台州工商业更趋活跃,当时市场众多,涌现出许多著名的商贸重镇,如临海紫阳街、黄岩潮济古街、仙居皤滩古镇等。温岭市,明清时叫太平县,当时商贾云集,县域内贸易兴盛,与全国各地之间的贸易往来亦不计其数,嘉靖《太平县志》记述:"或商于广,或商于闽,或商苏杭,或商留都(今南京市)。"[②]同时,传统工艺也大放光彩,明清传承下来的"黄岩翻簧竹雕""仙居彩石镶嵌""仙居无骨花灯"等在新时代继续闪烁光芒。民间新艺术不断涌现,仙居被誉为"中国民间艺术之乡"。

除了陆路贸易发达外,台州的海上贸易更引人瞩目。从章安郡设立起,章安港是台州对外贸易的主要港口,逐步发展对外的民间贸易。到宋代,海门港逐渐取代章安港,对内成为漕运的出发地,对外成为贸易口岸,和宁波、温州一起构成浙东对外贸易的主要港口,宋元时期,海外贸易非常兴盛。元末方国珍拥有台州、庆元(今宁波)、温州三路,拥兵十万,有舰船千余艘,这样的地方军阀,虽然有传统的"保境安民"思想,但长在台州的他具有商业意识,积极开展对外贸易,《高丽史》《朝鲜史略》等都记载方国珍派使者赴高丽,显示当时与朝鲜贸易的情况。同时台州海上传统贸易开辟了与日本的贸易。清康熙二十四年(1685),清朝设浙海关台州分关与葭芷,随后分关迁

---

① 陈伟华:《名人眼中的台州气质》,《台州日报》2015 年 7 月 14 日。

② (明)曾才汉修,叶良佩纂:《嘉靖太平县志》卷三《食货志·民业》。

海门靖波门吊桥外,俗称"台大关"。光绪二十二年(1896),台大关改为杭州关税务司署台州办事处,清末民初台州海门被称为繁华的"小上海"。台州商品经济发展迅速,贸易日趋繁荣,港口的兴盛带来了贸易的迅速发展。

虽然这些商帮都曾经风云一时,但其落后的经营模式注定它们将走向没落,而新时期出现的台州商贸和商人具有新时代的特色。

路桥十里长街是历史名街,声名远播,是中国小商品市场的发源地之一。发展到现在,十里长街含七个街区,总长达5千米,是台州商贸历史发展的缩影。

不仅商业集群发展,工业企业也同样在发展。据公开资料,我国首个农村股份合作制企业,是温岭县1982年批准成立的"牧南工艺美术厂"等四家企业,显示台州抱团发展的文化根底。到1984年前后,台州又推动了联合经营,以联户、联营、合资、合伙、合股等形式发展生产,最终走向股份合作企业。1989年,乡镇办集体全面推行股份制。集体资产股份制改革成为推动民营经济"台州现象"的起点。1994年,台州拥有股份合作企业16242家,乡镇工业总产值占台州工业总产值的90%。进入21世纪后,台州集群发展七大产业,形成了具有鲜明的民营经济特色的台州现代产业体系。

民俗活动也喜欢抱团。台州群众性民俗活动丰富多彩,出现了多个广有影响的民俗项目,如非遗项目"三门祭冬""椒江送大暑船""大奏鼓"等。

椒江"送大暑船",在大暑节集体供奉五圣,其意义是把"五圣"送出海,送暑保平安。活动时,由50多名渔民轮流抬着"大暑船",后面跟着各村和民间组织的演出队伍,排成方阵,进行丰富多彩的民间文艺表演。辗转数里,祈福人群从四面八方赶来,分列在街道两旁。"大暑船"运送至码头后,码头上举行盛大祈福仪式,仪式结束后,"大暑船"下海自由漂出海,或者被拉出海,在港口外的大海上被点燃,在大海上任其燃烧,最后沉没。五凶没于大海,祥福降临,以此祝福人们五谷丰登,生活安康。大暑节当天,参加者多达10万,盛况空前。

群体看戏更加热闹。台州人特别喜欢看戏,地方戏曲一直是台州民俗生活的有机组成部分,特别是节庆日,几乎离不开戏曲。清代王宏《山志》说台州人"民不知书,独好观剧"[1]。台州戏曲演出频繁,外来的如越剧、京剧、昆剧等和本土的乱弹、平调、车灯戏、天台词调等在台州百花齐放,演出贯穿全年(7—8月有些戏班歇夏休整)。除了在特定时期戏曲活动受到

---

[1]　(清)王宏:《山志》,中华书局1999年版。

影响外,戏曲在台州长盛不衰。民间演出花开灿烂,民营剧团规模大、数量多。

每个县都有数量众多的剧团,如民国存在的诸多乱弹剧团、新中国成立后蓬勃发展的民间越剧团等。据《临海县志》介绍:"1952 年(临海县)全县有 188 个农村剧团,从业人员 5000 余人,创作剧本 392 本。"①可以想见当时戏曲活动的盛况,其他县农村剧团数量众多,黄岩县不仅有众多的农村剧团,还有 5 个专业戏曲剧团,②剧团数量众多。

(二)民情习俗的"怪奇性"

台州有"十二怪","怪"不是怪异,而是指独特新奇,涉及生产、生活和创新精神等多个层面。

> 台州第一怪:吃饭无醋不动筷;
> 台州第二怪:喝酒论箱真豪迈;
> 台州第三怪:吃橘带皮真不赖;
> 台州第四怪:杨梅能跟乒乓赛;
> 台州第五怪:夏天台风常作怪;
> 台州第六怪:九县讲话翻译带;
> 台州第七怪:头发就像空心菜;
> 台州第八怪:本地汽车外地爱;
> 台州第九怪:世纪曙光争着卖;
> 台州第十怪:废铜烂铁当宝爱;
> 台州第十一怪:无中生有真能耐;
> 台州第十二怪:日本人年年来朝拜。③

一看就知道这十二怪大多与台州民俗有关。

台州第一怪:吃饭无醋不动筷。在台州饭店吃饭,每人面前都摆着一个专用的小醋碟,台州人喜欢吃醋,吃海鲜要蘸醋,吃白肉要蘸醋,甚至吃包子、面条有人也会倒点醋进去,无醋不成吃,这种习性根深蒂固。

台州第二怪:喝酒论箱真豪迈。台州人性格豪爽,作风粗犷,酒量了得,喝红酒以瓶计量,喝白酒以杯计量,喝啤酒则是以箱来计量,形成台州独特

---

① 临海县志编撰委员会:《临海县志》,浙江人民出版社 1989 年版,第 550 页。
② 黄岩县志编撰委员会:《黄岩县志》,上海三联书店 1992 年版,第 430 页。
③ 《台州日报》"王寒专栏",2013 年 6 月 16 日。

的酒文化。在台州玉环,外来的客人一到一般不谈生意,先喝酒,台州酒拳有"玉环拳""温岭拳""椒江拳""临海拳"等多种,节奏鲜明,韵律美妙,似乎在和声,喝得差不多了,再去休闲娱乐,第二天才谈生意。

除掉这些"怪奇"的习惯,台州的民俗大多有美好传说,台州流传着"正月十四是元宵,家家糟羹蛤蜊调"的谚语,每到元宵之夜,家家户户都吃糟羹。咸糟羹的主原料为米浆,佐料为芥菜、香干、目鱼干、虾皮、肉丝、冬笋丝、鲜蛏、油泡、豆面、蚕豆板、牡蛎、香菇等,混烧成鲜香美味的糊状小吃。糟羹民间也叫发财羹,吃过糟羹后见人就说发财羹吃了没有。

至于糟羹的起源,在民间传说中有多个版本。

版本一:大唐初年,台州经常遭到海盗的抢劫、骚扰。时任台州刺史的尉迟恭带领兵士筑城防盗,传说尉迟恭所修的城墙就是保存至今的台州府城前身。正月十四开工,海盗往往趁着老百姓闹元宵而防范意识懈怠时大举入侵。尉迟恭清楚意识到这一点,一方面派兵加强防御,另一方面加紧修筑长城。那一年正月十四夜风雪交加,老百姓看在眼里急在心里,想送酒菜但刺史大人严令禁酒,思考再三,决定用没有过滤的酒糟和酒,混合多种菜和粉,搅拌成糟羹给尉迟恭送去。士兵吃了糟羹既抗饿又御寒,筑城速度大大加快。从此,元宵节吃糟羹就相沿成俗,世代继承下来。

版本二:明代,台州成为抗倭主战场,抗倭名将戚继光率军转移至台州三门的仙人洞里,粮草不济。当地的农民见戚家军没有粮食,就想帮助戚家军,各家纷纷拿出各种蔬菜,但光有蔬菜也不能果腹。一个聪明的农民就想出了好办法,把这些蔬菜切碎,放进烧开的米粉糊里面一起搅拌烧熟,这就成了后来的糟羹。传说戚家军吃了糟羹,士气大振,大败倭寇。那一天正好是正月十四,临海就保留了正月十四夜吃糟羹的习俗。

版本三:元宵节间间亮。每年正月十五,是我国民间传统的元宵节,而在台州一带,却一直把正月十四作为元宵节,细究起来,还同戚继光抗倭有关。据说是有一年正月间,戚继光在台州一带指挥抗倭,因作战机密被泄露,戚继光见机行事,将计就计把元宵节提前一夜,诱敌深入,一举歼灭入侵之敌。为了纪念戚将军的功绩,台州的百姓从此就把元宵节提前到正月十四。当时,戚家军在海边打垮了一股入侵的倭寇,残余的倭寇因无船逃亡,只得向内地溃退。那时,天色已晚,个个如丧家之犬,有的躲进橘林,有的闯进民房。戚继光率军追到,命令士兵和百姓一道,点灯燃烛,搜索残倭。顿时,县城内外,每间房屋都灯火通明,很快将剩余倭寇全部擒获。从此以后,元宵之夜便有了"间间亮"的习惯,台州的百姓在元宵之夜也都以张灯、观灯作主要活动,至今不衰。

因戚继光抗倭影响大,民间把名小吃食饼筒也跟戚继光联系起来。戚家军抗倭大胜,台州人民欢欣鼓舞,各家做了很多菜,犒劳戚家军,但离戚家军驻地较远,各家所做的菜零零落落,味道不一,为了整齐美观,调和味道,台州老百姓先把面粉烙成一张张薄饼,把各家菜裹进去,卷成筒状,送给戚家军,形成食饼筒。

食饼筒还有另一个由来,在天台,相传是济公和尚发明了食饼筒。他出门化缘所得较多,每餐吃不完,就用面饼裹入剩菜,保存下来。上海世博会,食饼筒冠名"济公卷饼",作为中华名小吃闪亮登场。

台州小吃名扬天下,美味小吃配上美妙故事,让人浮想联翩,食意剧增,吃得心花怒放。无论本地人还是外地人,到台州吃饭,"糟羹""食饼筒"是必不可少的。

除此,台州在海洋渔俗特别是海鲜小吃方面更显独特创意。

台州沙门鱼糕,是著名海鲜小吃,味道鲜美、肉质鲜嫩,鲜而不腥,尤其适合老人和孩子食用。传说年事已高的舜帝,因为心里放不下黎民百姓而四处巡访,但向江南进发时,体力不支病倒,吃药总不见好。一个名叫伯的渔夫,奉上精心制作的鱼糕,舜帝吃后,顿觉精神焕发,旅途劳顿一扫而光。舜帝见鱼糕如此神奇,令伯将制作方法传与大众,造福百姓,自此鱼糕的制作流传至今。

晒鳗鱼干是台州海边人家的基本技能。每年深秋至冬季捕捞上来的海鳗,是制作鳗干的最佳原料。举刀从鳗鱼的背部入手,劈开头部和肌肉到腹部,取净内脏,用竹条撑开挂在通风处或屋檐下自然风干。有两种方式:一种是全干,那种鳗鱼干经久耐藏,可以吃到次年的年末。另一种是半干,糯软可口,鲜美异常,但不宜久藏。台州人特喜欢半干的鳗鱼炒芹菜。其实无论全干还是半干,只要将鳗鱼干切成小段,配点酱油、老酒和调料,随便一蒸就可以下饭,酱香浓郁。

而清代民间,浙江台州温岭出产的台鲞,闻名全国。清代袁枚在《随园食单》上曾提到:"台鲞好丑不一,出台州松门者为佳,肉软而鲜肥,出时拆之,便可当作小菜,不必煮食也。"温岭松门"鱼鲞制作技艺"列入浙江省非遗代表性名录。

第四节　山海一体，张弛有度

　　台州文化传承于古越文化，并与中原文化、闽越文化合流，历史文化底蕴厚重。台州处于山海之间，滨海的"七山二水一分田"的山川地貌构成独特的文化地理环境，融合而成多元文化的共同体，兼有山的浑厚、水的灵秀、海的恢宏、地的博大，拥有大山的挺拔与伟岸、大海的深邃和丰饶，乃至山的刚劲与纯朴、海的宽容与开放。林则徐云："壁立千仞，无欲则刚；海纳百川，有容乃大。"林则徐的话很契合台州文化的特性，它把台州山民的刚烈、海客的豪放以及两者兼容的淳厚与博大都概括了。台州山海一体的地理特征和因之形成的文化特质吸引了无数文人竞相折腰。杜甫《题郑十八著作虔》："台州地阔海冥冥，云水长和岛屿青。"李白《琼台》："龙楼凤阙不肯住，飞腾直欲天台去。"常被台州人自豪地挂在嘴边。

一、山魂海魄，刚直灵动

　　台州"负山枕海"的生存环境与以渔猎为主的生存方式，使台州人融合了海滨之民和山谷之民的个性。台州籍作家叶文玲说："任何人都是打上地域文化特性的。台州的山川地理特点，决定了台州人的性格特征。一句话，台州人具有山的刚性和水的灵性。"[①]这一气质，在台州人的身上表现得明显，特别是台商，走在全国前列。台州创建中国第一个小商品市场——路桥小商品市场，台州商人遍布全国各地，台州商人的品格具有刚灵相济的特点。商人本以逐利、灵敏著称，而在台州，商人的灵气混合着刚劲，敢于吃螃蟹。在山海之间，既要征服大山和大海，又要显示品性和意志，有"刚"又有"灵"。与天地湖海相斗，聪明机变，刚勇相济。吃别人吃不下的苦，赚别人看不上眼的钱。与灵、刚相对应，台州人还讲思变，台州人极少满足生存现状，力求改变境况，同时也铸就民营经济的台州模式。曾有记者采访台州商人，对此做了总结："台州商人的硬气和刚性，也许就来自想摆脱贫困的强烈欲望。为了成功，再怎么难，也都能过去。此外，文化的'和气'，也培养了台州人善于合作的品德。……在为人处世或生意场上的台州人，也不失

---

① 　转自陈伟华：《名人眼中的台州气质》，《台州日报》2015 年 7 月 14 日。

和气。"①

台州"四气"：山的硬气、水的灵气、海的大气、人的和气，是台州人文精神的精髓，集坚韧、刚直、灵动、和气、机变等于一身，造就了台州人"敢冒险，有硬气，善创造，不张扬"的精神。

这种精神气质融入生活，民俗是人民集体创造的生活文化，民俗不仅关系到广大人民的日常生活，而且关系到他们的文化精神。日常生活的民俗事象是其外在形态，文化精神是其内在支撑，二者缺一不可。进一步说，民俗生活会促进文化精神的升华，文化精神会深刻影响民俗的类型和内容。台州民俗既作为人们的语言、知识、生产、习俗、信仰和技能等生活传承，表达民众对于自身生存状态的理解和对于生活方式的选择。在漫长的民俗发展过程中，台州式硬气的精神气节、义利并举的价值观得以形成，并各有典型的文化现象陪伴和支撑，演绎出台州文化品格，或许无一例外。

作者王雷创作大型山水画《山魂海魄颂台州》，并题七律一首：

　　山魂海魄久神驰，佛国仙踪有所思。
　　丘壑何曾随日月，江流依旧拥城池。
　　括苍云暖天河浪，安岭泉吟七彩诗。
　　烂漫山花红欲醉，人间正道报春时！

可以作为台州文化品格的注脚。

二、台州式硬气

"台州式硬气"是人们对台州人秉性与气质的一种概括性评价，这种"硬气"指的就是台州人富有的一种坚韧不屈、吃苦拼搏的精神。"台州式硬气"的形成与台州民俗息息相关，徐三见称："台州称山海之地，存朴茂之风，自宋以降，民唯耕农是尚，人重节义，洁操刚烈，勇往直前，风气所致，至今犹然。"②《赤城新志》称："宋亡于元，缙绅先生往往窜匿山谷，或服缞麻终其身，或恸哭荒郊断陇间，如丧考妣。其民皆结垒自相战守，力尽则阖门就死而不辞。"说的是台州人的刚烈和视死如归。明朝灭亡，反清复明活动前仆后继，在台州各地持续数十年，重气节、崇传统的理念在民间生生不息，认理而不计利，形成鲁迅先生所说的"台州式的硬气"。虽然台州式硬气的代表

---

① 转自陈伟华：《名人眼中的台州气质》，《台州日报》2015 年 7 月 14 日。
② 徐三见：《"台州式硬气"与临海的志士仁人》，《台州日报》2007 年 3 月 7 日。

人物是方孝孺、柔石,他们都是宁海人,但明代和民国时宁海是台州属县,台州文化塑造了他们的气节。

在台州,硬气是一种精神内化,其形成也得益于上下文化贯通后形成的独有的文化气质。从古至今,它应该属于台州这一地域范围内古今人物的群体"画像"。

东晋时,章安任旭便以"清贞洁素,学识通博"闻名于世。他看透了官场的黑暗和腐败,于是弃官而去,始终不为爵禄所动,史书称其"立操清修,不染流俗"。宋代陈公辅,官至右司谏,他"论事剀切,嫉恶如仇",不媚权贵,刚正立身。文天祥从通州泛海至台,与张和孙相约共同举义,事泄临刑,张和孙朗然作答:"吾生为宋民,死为宋鬼",不屈而死。元代陈选以刚烈著称,为民请命,愤郁成疾。明末"生为大明之人,死作大明之鬼"的抗清志士陈函辉……相传到现在,坚韧不拔、吃苦拼搏的"硬气"精神已经成为台州的宝贵财富。

三、义利并举

"讲究实效,注重功利"的功利主义价值取向是台州传统文化精神的一个显著特点。南宋永嘉学派的代表人物叶适曾在台州路桥螺洋讲学,表达"工商皆本"的思想,进一步强化了台州民间的重商风气,体现在后来台州人身上的就是以生存为旨归的务实作风。在他的"功利之学"中认为"既无功利,则道义者乃无用之虚语","以利和义,不以义抑利"[1]。倡导士农工商,四民相互为用,缺一不可。培养出陈耆卿、吴子良、丁希亮等许多名士,对台州学术界、商业界影响颇大。叶适的财富观和价值观对于塑造台州商人和企业家的求富品格具有重要意义。台州商人特点之一,就是抱团打天下,以善理财而闻名,讲究互相支持。无论何时何地,台州人都讲信用。在改革开放初期,经商暂缺资金时,借贷很多时候是靠一句话、一个承诺,没有人刻意追求凭证。在外地创业,资金来源大都是亲戚朋友、台州商会等,亲帮亲,台州人帮台州人。特点之二,台州人不仇富,对待富人,不是仇视,而是"羡",正是这种羡慕心态的支撑,人人想当老板的愿景刺激台州人,使台州人热衷于做生意,这就是台州商人的特征。特点之三,注重事业成功。他们勤劳刻苦,他们敢闯敢为,有敏锐的市场意识,以诚实守信干事业,睿智、进取、和

---

① （南宋）叶适:《学习纪言》卷二十七。

合,坚信人生的成功在于将到手的所有牌打好。

周琦在《台州海外交往史》中记载:"清光绪二十年,宁波商人创办海门轮船(公司),往来宁台,建设码头,海门商业萌芽始苗。后台绅杨晨等集股购'永宁'轮船,往来甬椒,继又采购'永利'轮船来往椒申,每次出入,货物填溢,旅客拥挤……此外,内港小轮往来临海、黄岩各县,亦络绎不绝。"①在此基础上,台州的沿海和内河码头林立,以海门港为集散地的海外贸易兴旺发达,崇山峻岭间也是商道纵横,商埠繁荣,成为物产丰富、税赋充盈的东南商埠。路桥"十里长街"鼎盛,成为全国著名的商业繁华地,出现了一些巨商大贾,如黄崇威、陶祝华等。

1978—1994年,台州商品经济蓬勃发展,各类专业市场有800多个,占全省的五分之一,商贸繁荣带动了民营经济的大发展。中国最早的"小商品市场"1982年诞生于台州路桥,产生了巨大的先发优势。张小赪1971年创办的卷桥综合厂卫生香加工场是股份制发展的雏形,1983年1月15日,温岭牧屿牧南工艺美术厂经工商注册成立,成为中国第一家股份合作制企业。②浙东是中国海商的滋生地。

民俗文化是流动的、发展的,它在社会发展的每个阶段都会产生变异,并在变异中求得生存和发展。当中国社会处于经济转型的关键时刻,民众思想观念和生活方式的转变必然表现在民俗文化的变化上,这是不以人的意志为转移的客观现实。台州这一古老区域,熔铸了多元文化,历经沧桑的历史进程,见证了山海一体发展的历史镜像,寻找民俗文物,留下民众生活的历史,已成为当代一个严肃的课题。民俗文化不仅是历史的延续,而且还将继续延续下去。台州是一个历史悠久的民俗文化大市,正是这种民俗文化,在它形成和发展的过程中,造就了台州人文性格。

民俗的教化是文化人的重要职责,对民众施行教化,以正人心、正民俗。民俗习惯能够移易,从而适应社会伦理秩序与文化建设的需要。民俗改革是社会变革的先导,对于保持文化传统与重振社会秩序都有着重要作用。因此弘扬优秀民俗文化传统,对增强中华民族的凝聚力,有着十分重要的意义。

---

① 周琦:《台州海外交往史》,中国文史出版社2008年版,第161页。
② 温岭县社队企业管理局文件〔温社企字(82)第74号文件〕《同意建办"温岭县西缝纫机另件厂"企业的通知》中,温岭县社队企业管理局明确将温岭县牧屿牧南工艺美术厂等4家企业的性质定为"社员联营集体",即"自主生产、几个合伙、自负盈亏、联劳建办"。文件抄送到温岭县工商局后,工商局也大胆突入禁区,核发了营业执照。1983年1月15日,温岭牧屿牧南工艺美术厂经工商注册成立,全国首家股份合作制企业正式诞生。

第二章　南北融合、特色独具的衣食住行

衣食住行是生活文化的基础，这种流行甚广、内涵丰富的习惯性连称，既反映了时代的变迁，也反映了风俗人情的变迁。台州历经东晋、南宋两次大规模人口南迁；明清粤闽渔民北上，定居在台州，带来了南北不同的风俗习惯，和台州本土文化相融后，产生了既保留了中原和闽粤文化元素又焕发新的风采的习俗。乡土构成台州人的主体特性，与乡土联系的民间，从某个角度讲，就是我们生命的共同体。它来源于生活，是日常的、及物的、实用的。于是，就产生了种类繁多、以海鲜为主的风味美食；融合山海之势又面南的传统民居；宋服之冠的丝绸服饰等。衣食住行自成一体，特色独具，相较于其他地方，台州自成风格。

第一节　名闻遐迩的台州美食

因为重视吃，中国成为烹饪王国，就有了世界美食在中国的说法。可以是山珍海味，也可以是街边小吃，美食并无贵贱之分。56 个民族个个有特色美食。中国饮食文化源远流长，风味流派五光十色。中式菜肴又分川、粤、闽、皖、鲁、湘、浙、苏等 8 大系，台州属浙系，其菜肴调配四季有别，冬阴冷，菜味醇而浓，夏清凉，菜味则淡而凉。山区、平原蔬菜四时更替，适时而食。无论是山珍还是海味，讲究菜肴的色、香、味、形的搭配和呈现，追求视觉上的美感，菜肴的命名直诉食料主材，不搞花里胡哨的一套，"家烧黄鱼""清烧支鱼""清蒸青蟹""临海糟羹""笋茄烧肉""柴叶豆腐""红烧永安溪鱼"等，直白易懂。品味的方式独特，讲究原味，喜欢海鲜蘸醋混吃。时间的选择讲究遵循自然规律，喜欢在鱼、蟹、虾最肥、最好吃时大量食用。

一、海陆混同，适时而食

台州人的主食是大米，在 20 世纪 70 年代以前，山区则以番薯丝（干）为主食，也吃些麦面、米面、薯面、豆制品等其他食物，海边家常菜肴除了鱼、肉、青菜以外，多为沙蟹酱、泥螺、糟鱼生、咸菜等腌制品或鱼干、虾干、炊皮、虾皮、墨鱼干、鲞头、鱼鲞、鳗鲞等干制品，还有土豆、绿豆面、羹、菜羹、豆腐、笋干等。

台州是典型的山海水城，得山海之利。台州面向东海，属亚热带海洋性气候区，气候温和适宜，四季分明，雨量充沛，适宜鱼类生长，鱼体肉质相比其他地区更显细腻、鲜嫩。同时，台州地理环境优越，大陆架海底平坦，港湾多，滩涂多，加上江南水乡的淡水径流与海水形成混水区，饵料生物丰富，水产养殖业发达。因此，这里海鲜品种多、个体小、更显鲜活，独具风味。

海鲜的分类方法很多。最常见也是最简单的分类是从外观和品质来分类，有鱼类、蟹虾类、贝类、软体类、海藻类及其他。从处理程度和新鲜度来分类，有活海鲜、冷冻海鲜和干海鲜之分。

自古拥有海产丰富，有得天独厚的东海海鲜，所以台州人在吃海鲜方面有着天然嗜好，对于各种海鲜，或氽，或炒，或清蒸，或红烧，花样百出，也有以酒醉、腌制之生食，如醉虾、矾海蜇、腌鳓鱼等。

海边人常说："正月雪里梅，二月桃花鲻，三月鲳鱼熬蒜心，四月鳓鱼勿刨鳞，五月望潮，六月鲨鱼条，七月鲈鱼散，八月白蟹板，九月黄鱼黄蜡蜡，十月乌鳞鲫，十一月带鱼白雪雪，十二月鳗鲞掣打掣。"如"三鲳四鳓"等谚语应运而生，一月梅童鱼、二月鲻鱼、三月鲳鱼、四月鳓鱼、谷雨前后墨鱼、八月白蟹、十月前后螃蟹、冬至前后带鱼和膏蟹。这些月份是时令海鲜最肥、肉质最鲜美的时候，台州人此时最喜欢吃。

在近海和滩涂，大量产出有机质含量高的蟹虾、贝壳和小海鲜，台州人特喜欢这些，蟹虾、贝壳一般清煮，很强调鲜味和原味，吃小海鲜追求鲜活，现在渔获来源多种，南海和远洋的海鲜由于品质达不到台州人的标准，价格偏低。

温岭石塘、箬山一带是传统渔区，有多种海洋风味小吃，俗称"一粽、二面、三圆、四羹、五花色"，又称"十大小吃"。"一粽"即肉粽；"二面"即索面、绿豆面；"三圆"即肉圆、鱼圆、山粉圆；"四羹"即鳗羹、细鱼羹、蛏羹、肉羹；"五花色"即炒米饭、核桃调蛋、山粉夹、鱼面、麦虾。玉环坎门、陈屿一带渔区,姜葱鲳鱼素面、香辣花蛤、鱼皮馄饨、敲鱼面等都非常出名。

制作鱼鲞也是一种渔俗,春秋《吴地记》载:"吴王归,思海中所食鱼,问所余,所司云,'并曝干'。王索之,其味美,因书美下着鱼,是为鲞字。"海上作战时,或因粮食缺乏,或因海鲜鲜美,吴王下令士兵捕捉石首鱼以飨士兵,剩余的鱼晒干带回。石首鱼即黄鱼,用大黄鱼加工制成的白鲞,味鲜美、肉结实,是浙东最负盛名的名贵海产品。其他还有米鱼鲞、鳓鱼鲞、目鱼鲞等。袁枚《随园食单》中提到台鲞时,赞叹道:"台鲞好丑不一。出台州松门者为佳,肉软而鲜肥。生时拆之,便可当作小菜,不必煮食也;用鲜肉同煨,须肉烂时放鲞,否则鲞消化不见矣。"清代临海人王克恭著有《鲞经》一书,2020年整理出版后,温岭海边渔民如获至宝,鱼鲞制作一些失传的技艺重新得以展示。浙江省非遗代表性项目"温岭白鲞制作技艺"也更进一层。

烤头,是台州一带渔民对小鱼类剖晒成干后的一种统称,主要有龙头烤、梅童烤、带鱼丝烤等,尤以龙头烤最为闻名,不出海时经常以此为食。

台州人日常饮食离不开鱼、虾、蟹等海鲜,因此,台州人的餐桌上离不开醋,海鲜蘸醋成为台州人吃海鲜的一大特点,于是,就有了无醋不动筷的习惯。在台州,无论是星级酒店,还是排档小摊等公共饮食场合,每一位食客的前面必定要放上一小碟米醋,台州人出门在外,也必叫店家上醋,外地人对台州人吃海鲜时无醋不欢的习惯常感惊奇。

普普通通的时令蔬菜,依靠传统技艺,在人们的巧手中转化成美味佳肴。"白水洋豆腐""红烧永安溪鱼""临海糟羹""文旦香乳肉"等。风味食品以米粉、麦粉制品为主。麦焦、糟羹、麻糍、冬至圆、海鲜粽、糯米饼、松花饼、状元糕、庆糕、糕鼓、麦虾等50余种特色美食,花样繁多,成为日常百姓餐桌上的"网红"和舌尖上的家乡味道。天台美食之卤味豆腐干荣登第一季"舌尖上的中国"榜单;三门美食之望潮、跳跳鱼等小海鲜荣登第二季"舌尖上的中国"榜单;仙居美食之黄精猪脚、鱼腥草腊肉、老酒炖鸡子、艾叶豆腐、菊花土豆、猪肚鸡、通草鲫鱼、天麻老鸭,登上第三季"舌尖上的中国"榜单。

台州节令饮食也别有一番风味。

大年初一,早餐一般吃长寿面,天台吃五味粥,临海有的地方吃汤圆,也有吃粽子的,中餐不讲究,很多地方吃汤圆,晚餐就放开了,菜肴可以非常丰盛。

元宵节,最著名的菜肴是"糟羹",临海人也叫糊头羹、发财羹;仙居人的传统晚餐是咸酸粥;椒江人十四吃糟羹,十五吃甜山粉糊;也有地方会在中午吃汤圆;温岭人吃食饼筒,元宵节晚餐丰盛。

二月二，民间有"二月二龙抬头，家家户户吃糕头，大小平安不用愁"俗语，表示年前做的"浸水糕"即将吃完了。

清明，喝酒酿、吃海蛳、吃青团、吃麦饼，《天台风俗志》记载："采箐作饼，以备寒食。"

端午节，吃粽子，吃食饼筒是为了纪念戚继光；吃五黄：黄鱼、黄鳝、咸鸭蛋、黄瓜和雄黄酒；喝端午茶。

中秋节，吃月饼，在台州，月饼古时叫"糖霜饼"，陈延烈诗《八月十六吃糖霜饼》云："秋风满径井梧空，此日烹茶兴不穷。饼样团圆同皓月，吃余虫语杂墙东。"温岭吃鸭煨芋头，俗语："八月十六一肚哽，新鸭老鸭芋头梗。"临海吃"糕糯"，三门吃麦焦。

重阳节，赏菊、喝酒、登高、吃糕。吃重阳糕，《临海记》记载："民俗极重，每九日菊酒之辰，宴会于此山者，常至三四百人。"①

冬至，家家户户一般吃冬至圆。古诗云："家家捣米做汤圆，知是明朝冬至天。"

二、山陆海齐备，丰富的菜系

台州历史悠久，域内江湖、平原、丘陵相间，"七山二水一分田"。负山抱海，海岸线绵长，是浙江省海岸线最长的，占全省近三分之一。地理位置得天独厚，人文历史绵远、深厚，在饮食文化中，台州菜自成一体，虽没有形成菜肴体系，但台州菜本真鲜美，独具山海风味，深得游客喜爱，特别是台州小吃，成为饮食界的名片之一。

台州菜有历史记载可查的见于沈莹《临海水土异物志》，其中记述："……取生鱼肉盛大瓦器中，以盐卤之，历月余日，乃啖食之，以为上肴。"说明秦汉时台州土地、气候等自然条件不错，既产五谷，又多鱼肉，还掌握卤菜技术，虽环境闭塞，但饮食不输其他地区。又说："……皆好猴头羹，以菜和中，以醒酒，虽无肉麞雁不及之。其俗言：'宁自负人千石之粟，不愿负人猴头羹麞。'"说明台州人的饮食嗜好，自古善饮酒。

台州菜品式简单、名称朴实、内涵深厚，这种在民间叫"菜蔬"的菜肴。在其发展的历史中与自然、人文相融合，逐步形成独特的风味系列。台州由于四季分明、地理环境复杂多样、西部和南部民俗风情不同，加上南部经济

① （南朝）孙诜：《临海记》，清洪颐煊重辑，存辑文 29 条，这是其中一条。

发达,西部经济发展滞后,而靠海、靠山又导致食材不同,造成市县间因所处环境不同、食材不同,食品样式不同,习惯的差异性就显而易见,暗合"一方水土一方菜"的特点。概括而言,台州菜大致可分为"海鲜菜""沿海平原菜"和"山区菜"三类,除少数山区菜外,大部分菜肴制作不繁复,器物不精致,排场也不豪华,但味道至纯至味。我曾在一个渔岛小住,和当地渔民出海捕鱼,就在船上用海水洗鱼、淡水煮鱼,一方柴炉,一个铁锅,一块姜、一壶老酒、一把粗盐、一堆杂鱼混在一起,水煮至乳白,其味直入心脾,我由此知道了海鲜的真正鲜美;我也曾在山上小住,一笼山珍、一围土灶、一捆干柴、一簇姜葱、一方古法,外加自酿米酒,那真是鲜嫩多汁、爽滑酥嫩、唇齿留香、色香味俱全,让人回味无穷。

1. 海鲜菜。台州拥有广阔的海洋,东部即是盛产高品质海鲜的东海,滩涂宽广,海产资源丰富。沿海居民出海捕鱼、滩涂捡贝,近海养殖,依海靠海,食料以海鲜为主。古代台州海边先民采集浅海贝类、渔猎来保障生活。随着独木舟的出现,到造船业的发达,再到航海业的发展,海边渔民逐渐从单纯捡拾贝类转向海上捕鱼。随着渔业的发达和丰富,多余的渔获用来交易,或晒干储存,海上贸易逐渐发达。台州渔民的餐桌上,新鲜海鲜是主材,配上当地农家腌制的咸菜、炝冬瓜、咸蟹、泥螺、糟鱼、咸鳓鱼等,满当当的渔家特色菜。渔民们平时吃得较为简单,时蔬类有瓜茄豆菜以及刚捕上来的小海鲜,若碰上渔船返岸时,为庆祝家人团圆,就会有满桌的海鲜菜肴改善伙食;招待客人时,一般都会倾囊设宴,有鱼有虾,有鸡有猪,加上冷菜,满满一桌,并且一定要喝酒助兴。

因此,当地餐饮唱主角的是海鲜。海鲜品种繁多,味美肉鲜,海鲜店中点菜间中如果没有几十种海鲜,很多客人感觉选择少,吃不尽兴,会掉头而去。琳琅满目的海鲜会令食客馋涎欲滴。

台州菜属浙江菜系,以清淡、注重菜的本味为主。"海鲜菜"在台州菜谱中占有突出的地位。台州厨师既保留传统的烹饪工艺,又不断地创新现代厨艺并融入国内其他菜系中的精华。常见的海鲜做法有清蒸、煮、烩、烤、晒、煏、醉、红烧、盐腌等。首先必须善于烹制各种海鲜,贝壳鲜煮、活鱼现宰、蟹虾清烧,得其原味,如清蒸米鱼、清蒸鲍鱼、盐水虾、白煮蟹等。为了保鲜,对各种海鲜的活养技术掌握十分到位。做"海鲜菜"出名的台州饮食企业"新荣记"在全国开设高端连锁店,把海鲜推向全国。台州人特别喜欢吃滩涂和近海小海鲜,台州各地以"××小海鲜"为名的海鲜餐馆遍地都是。"海鲜菜"的选料讲究鲜活海鲜,且以东海海鲜为主,不太喜欢南海和黄海的海鲜；口味上追求鲜美、本味；烹调以水煮、家烧、清蒸等为主，辅以红烧；菜式以海鲜菜为主。强调新鲜亮色，原汁原味，自然大方。如家烧鲳鱼、清蒸青蟹、清煮白蟹、红烧水潺。玉环海鲜、三门小海鲜、温岭石塘松门海鲜等久负盛名。其中"三门小海鲜""跳跳鱼""望潮"在"舌尖上的中国"第二季中，向全世界展示台州海鲜菜的风采。"三门青蟹，横行天下"的广告语气势非凡，让三门青蟹名扬天下，青蟹养殖成为三门浅海养殖的核心产业，现在已经走出国门，非洲沿海的一些地区也成为三门青蟹的养殖基地。青蟹的做法有很多种，清蒸是其主要样式，还有红烧青蟹、姜葱青蟹、芙蓉青蟹、青蟹豆腐煲等等。

渔民对于新鲜的海味，除用最简单的烧法来保持其原汁原味外，还会做烩海鲜。烩法虽常见，但制作精细，而且配以各种佐料如菜花、香菇、肉丝等，往往会勾一点芡粉，打出的浆汁浓浓的、香香的，色香味俱全，尽显主人厨艺。

代表菜品有温岭的"长屿黄鱼""清烧支鱼""松门白鲞"，玉环的"清汤望潮""红烧海蜈蚣""花胶扣鲍鱼"，椒江的"泡虾""鲍汁海葵""原汁墨鱼"，路桥的"红烧水潺""岩蒜炒糕""油烹弹涂"，临海的"苔菜小白虾""沙蒜汤""鳗鲞炒芹菜"，三门的"酒蒸跳跳鱼""清蒸青蟹""盐焗海蛏"等。

2.沿海平原菜。俗话说："靠山吃山，靠海吃海。"长期以来，台州沿海渔民的饮食习俗既沿袭了周边农村共有的稻作文化传统，又保持了自己独特的渔海文化特色。由于平原物产丰富，靠山有山珍，靠海有海鲜，形成山海一体的饮食风俗，在浙系菜肴上自成体系。相对于西部山区，温黄平原、椒北平原一带经济相对发达，居民对菜肴质量要求也较高。这就产生了既有别于纯海鲜菜，又有别于山区菜的"沿海平原菜"。"沿海平原菜"的选料以当地河鲜、海鲜、禽畜、蔬菜为主，兼有山珍、野味之称；讲究柔嫩、时鲜，注重鲜活和饱满；在烹饪上则善用火候，讲究火功，擅长炖、焖、煨、焐、蒸、烧、炒；口味上追求时兴、嫩爽、原味，清淡平和，菜式自然大方、质朴得体。喜庆筵席时，更要杀鸡宰鸭，一般为"九大碗"，丰盛的有"十大碗""十二大碗"。如"仙居八大碗"、天台"九大碗"、路桥"十大碗"等。"天台九大碗"是天台民间宴请宾客最有影响的传统宴席。它由九道特色菜组成，分上四碗，即莲子、海参、鱼、鸡，寓意子孙满堂、吉祥有余；下五碗，即八宝饭、炒三鲜、白糖羊肉、扣肉、笋尖，寄望六畜兴旺、子孙成长。"九大碗"每道菜都有一定的含义，上菜也是严格按一定的顺序，体现了农耕社会人们的一种精神向往，通过菜肴表达主人的热情和祝愿。

随着时代的变化和渔民生活水平的提高,桌上碗数渐有增加,到 20 世纪 90 年代渔民餐桌上常常多至二三十碗。每一种美食的背后有一个不错的历史背景,让人赞不绝口,让人吃得舒适畅快。

代表菜品有温岭的"酸菜鱼""红烧鲤鱼""黄鱼鲞蒸豆腐""石粘烤蛇",玉环的"榴岛盘菜""文旦香乳肉",椒江的"香辣口味蛇""三杯田鸡煲""鸡汁川豆芽",路桥的"麻花扣肚饭""香酥锅烧鸭""家烧黄眼鲻鱼",临海的"临海糟羹""红焖蹄髈""豆面炒老鸭",黄岩的"长潭鱼头""铁板香芋""橘乡马蹄爽"等。

3.山区菜:山区民风淳朴,不偏重于某种味道,喜食乡土特产番薯、土豆、蔬菜、咸肉、山珍干货、溪鱼等,讲究实惠,重油、重色、重火功。偏重口感和口味,轻形状色彩。菜肴制作朴实无华,以家烧为主,富有乡土气息。特别讲究色、香、味、形,兼有南北之长,口味上注重咸鲜、原味、重味,以味的多、广、厚著称。烹调以炒、蒸、煮、炖、烧、炸等为主,取材广泛、调味多样。菜式粗犷,主料突出。曾经的台州菜以山珍野味著称,野生动物淡出菜谱后,台州自产的番薯、土豆、竹笋及其他绿色无污染蔬菜都成为餐桌上常见的佳肴。临海东塍的番薯豆面、白水洋的豆腐、头陀的红糖、天台的笋干等成为家喻户晓的食材。

代表菜品有"白水洋豆腐""大石垂面""老酒炖鸡子""大脸豆腐""杨梅原汁三黄鸡""黄精猪脚""鱼腥草腊肉""仙居泡鲞""永安溪鱼""橙味里脊""三门炒豆面""蜜汁红薯""筒骨萝卜""笋茄烧肉""烩蕨菜""炒九蒸干""三合大油泡""清蒸红芋头""粉皮鱼头""红烧长潭鱼头"等,还有"仙居八大碗""天台九大碗""路桥十大碗"等,都是久负盛名的菜肴经典。

三、名闻遐迩,台州小吃

台州受文化传统的浸润,享南北文化的交融,润自然地理的精华,形成了诸多的美食,三季《舌尖上的中国》都有台州的美食介绍。9 个县市区小吃各擅胜场,争奇斗艳,如椒江的姜汁核桃调蛋、食饼筒、姜汤面、豆面碎、酒酿丸子、肉炊饭。黄岩的宁溪麦鼓头、红糖烤糖、庆糕、沙埠豆腐干、马蹄酥、百合苔饼、番薯小圆。路桥的螺洋三宝、番薯松糕、豆沙麻糍卷、洋糕饼、方糕。临海的糟羹、蛋清羊尾、麦虾、麦油脂、蛋肉麦饼、羊脚蹄、红糖麻糍、豆腐圆、鲜肉馄饨、麻球、海苔饼、大石垂面、白塔火烧饼。温岭的泡虾、嵌糕、生炒绿豆面、糖龟、鱼面、开花馒头、乌饭麻糍、箸横年糕、新河卷糍。玉环的鱼皮馄饨、海鲜粽、文旦羹、三鲜鱼面、水潺饼。天台的饺饼筒、糊啦汰、扁食、五味粥、糯米蛋糕、十景糕。仙居的泡鲞、菜肉麦饼、蜜汁红薯、乌糯糕、浇豆面。三门的松花饼、麦焦、蒸包、糯米圆子、炒米面、芹菜饺子。都是深受台州人民喜爱的传统小吃。

台州的米制品也富有地方特色。如糕，就有庆糕、方糕、梅花糕、糖心糕、糯米蛋糕、发糕、洋糕、炊糕、香糕、松糕、盏糕、龙糕、橘红糕、竹管糕、勺饭糕、米浆糕、碗蒸糕、十景糕、灰青糕、绿豆糕、硬板糕等。糯米制品又有麻糍、卷糍、蒸团、米揩、硬来圆、糯米圆子、糖团、笃笃团等。

很多小吃影响面很广，民间广泛制作，如临海、天台、三门、仙居都有姜汤面、羊蹄、麦饼、麦虾等，临海、天台、椒江、黄岩、路桥、温岭等地都有食饼筒、洋糕、方糕等，其制作工艺、选料、形制上各有特点，口味虽大致相同，但也略有不同。台州小吃有"选料讲究、工艺独特、制作精致、种类繁多、风味各显"等特色。

台州小吃很有诗意，其背后大都有一个美好的故事，所以台州小吃声名远扬。首届浙江农家特色小吃百强评选中，台州有12种小吃上榜，显示台州美食的独特价值。上榜的名小吃：椒江姜汁核桃调蛋、黄岩红糖烤糖、黄岩宁溪麦鼓头、黄岩沙埠豆腐干、路桥螺洋三宝、临海蛋清羊尾、临海糟羹、温岭泡虾、玉环敲鱼皮馄饨、天台饺饼筒、仙居泡鲞、三门松花饼。其中黄岩独占四分之一。

食饼筒，又称天台饺饼筒、济公卷饼、麦饺、麦油子、麦饼筒等。是台州最具传统的特色小吃，在台州广为流行，其中以天台最为有名。相传，它与宋代"活佛"济公有关。济公在国清寺出家时，将吃剩下的菜、豆腐、豆面等，用一张面皮裹成筒状，供僧人们下一餐吃，后来传至民间，成了百姓世代相传的节日饮食。它将猪肉、猪肝、豆腐、鸡蛋、豆面、笋、莴笋、香菇、红萝卜、豆芽等，通过煮、烙、焯、拌等不同的烹饪方法加工成菜馅。沿海地区的百姓则添加虾仁、鱿鱼、海带等制成馅料，而山区的百姓会添加土豆、萝卜丝等菜馅。再将面粉和水按一定的比例搅成糊状，摊成饼皮，将菜馅逐一码放在饼皮上，卷成长筒状。食用前一般要放在热鏊上，敷上油，用文火烙至金黄。饺饼筒食材丰富，制作烦琐，菜馅有荤有素，随意搭配，营养丰富，味道鲜美。从外表看来，无论谁家做的饺饼筒都是一样的，无论什么样的菜馅都裹在一张面皮里。同时，饺饼筒也是百姓祭祖的主要供品，每逢清明、七月半、冬至、除夕，家家户户用饺饼筒祭祀祖先。在天台，饺饼筒的菜馅讲究点的，称之为"五虎擒羊"。

糟羹。台州人元宵节都有吃糟羹的习俗,相传是唐代尉迟恭在台州筑城时老百姓慰劳士兵所作,又有传说是戚继光抗倭时老百姓为戚家军所作。先把猪肉、牡蛎肉、冬笋、豆腐干、油泡、豆瓣、豆面、香菇等做成末状,炒熟,再把山粉(即番薯粉)或米粉加水调成糊,加在炒熟的食料上,调煮成羹,在快熟时撒上芥菜叶末搅拌均匀,就可以做成鲜美的咸羹。全程不盖锅盖,要不断翻烧,以防焦煳。如果要做成甜羹,就要用葡萄干、桂圆肉、莲子、板栗、红枣干等加山粉、藕粉,即可做成,也叫"山粉糊"。元宵节全国一般是正月十五,吃汤圆,意为团圆,而台州元宵节则是正月十四,吃咸的糟羹。每年正月十四闹元宵,临海先吃糟羹,再看花灯、猜灯谜。天台等地先看花灯,再吃糟羹。在台州,都认为十四过后,开始正式的新年工作,可以挣钱养家了,所以糟羹也叫发财羹。

姜汁核桃调蛋。台州的传统特色小吃,椒江尤为出名,海边人为驱体内寒气、湿气,都爱吃姜,喜欢用姜汁核桃调上鸡蛋,煮熟吃。其法是:用上好的鲜姜榨成汁,加红糖和黄酒,把鸡蛋搅拌均匀,慢慢注入其中,和姜汁完全融合,再在上面撒上核桃粒,放入锅中干蒸,姜汁核桃调蛋鼓起来,凝结成半固体,就意味着煮熟了。酒的微苦、姜的辛辣、红糖的甜和核桃的香混合传递出一种香糯可口、味道极为醇厚的口感,软糯、丝滑、辛香,透着海门老街的味道。因姜汁核桃调蛋具有去寒、暖胃、活血、健脾等功效,以前常给坐月子的妇女或者身体虚弱者食用。现在大街小巷、大小餐馆都作为特色小吃推出,把平常百姓家里一道上等的滋补品做成家喻户晓的名菜,很受欢迎。游人到台州,一碗姜汁核桃调蛋下肚,舒畅满足。

蛋清羊尾。是临海的一道很出名的小吃,又名雪绵豆沙,传说临海厨师流入北方后被聘为御厨,将这道小吃带入宫廷,成为皇家名小吃。它是临海唯一列入《中国菜谱》的传统特色名点。蛋清羊尾,顾名思义是以蛋清为主材,形状像羊尾巴,所以叫"蛋清羊尾"。

其做法是:先取鸡蛋中蛋清加入麦粉,用筷子不停地搅拌,一般不少于几十分钟,直至用一根筷子插下而不倒为准,现在都用机器搅拌。再将做好的以猪网油包裹的豆沙丸子和在蛋清中翻滚均匀,放进沸油里炸,在快速翻滚中顷刻间膨涨,颜色开始变得油黄,待到三分嫩黄,便要捞起沥油,再放在盆中,撒上少许白糖,就可食用。蛋清羊尾最佳味道是现做现吃,冷了放久了都不好吃。刚捞上来的蛋清羊尾里面猪油豆沙很烫,不要马上放在口里咬,须先咬开一个小口,外壳破了,热气散出,温度适中,此时,你便可放心开吃,一口一个。"蛋清羊尾"色泽嫩黄、油而不腻、甜而不腻、绵软柔嫩，色、香、味俱佳，鸡蛋香、猪油香和豆沙香混合，是值得称道的代表性小吃。

黄岩红糖烤糖。相传民国后期黄岩区头陀桥（现头陀镇）双楠村民在临近过年烧糯米粥时意外形成，相沿下来。这是来自民间的传统小吃，成了过年必备的主要年货之一。是黄岩人民记忆中的年味。

其做法是：待油烧热后，将红糖倒入锅中搅拌融化，加上些许蜂蜜。随后将糖浆炒至合适的黏度。变黏稠时，倒入事先用糯米打成的爆米花，再加芝麻、桂花等，不断翻转搅拌均匀。最后，趁热把锅里和着糖浆的爆米花倒入模具中压平，然后切成条块。整个过程中，糖浆制作的火候是关键，火候不够，糖浆黏度不足，烤糖松软无法成型；火候过老，糖浆太硬，爆米花和糖浆无法均匀融合。

红糖烤糖松软香甜、香甜酥脆、入口即化，过去是必备的年货。烤糖品种多样，红糖烤糖是其中一种。

鱼皮馄饨。这种海边小吃流行于温岭和玉环，在玉环更出名。鱼皮馄饨原是玉环坎门人年夜饭中家家自做的一道必不可少的菜。一般会选择鲜美又少刺的鳗鱼肉作为原料，将新鲜鱼肉刮下，和入面粉，以棒击打，为防粘棍，边敲边撒些番薯粉，敲成的面皮以圆薄透明者为上。其外形小巧者被选用做鱼皮馄饨，大者则卷成长卷，切成细丝存放。在费力敲出的圆形面皮上，用新鲜虾肉、猪肉做馅，配上各种调料，裹成馄饨状。再放在锅底小火烘烤，或放锅中蒸至八分熟，取出后即为成品的鱼皮馄饨，就是"敲鱼面"，即敲打鱼肉而成的面。鱼皮馄饨既可以清蒸，又可以清汤煮熟即食。鱼皮馄饨形状晶莹剔透，融色香味于一体，可清蒸也可做汤，比一般的馄饨个头要更大一些，形似花朵，口感上，其表皮爽滑劲道，内馅鲜美，鱼有鱼香，肉有肉香，两香结合，奇香扑鼻。

螺洋三宝。螺洋三宝包括羊奶馒头、铁皮石斛年糕、火龙果面条。羊奶馒头号称馒头之王，材料：中筋面粉，高钙配方羊奶粉，干酵母，红甜菜根粉，红曲粉，可可粉，室温凉水。采用传统工艺，手工制作，送给有福之人，在民间，它是水乡湿地人民献给远方尊贵客人们的祝福。作为九大仙草之首的铁皮石斛，民间巧妙地把它和年糕制作混合在一起，让仙草走向民间。最为有名的是螺洋岘头林农庄以仙草庄园百亩优质铁皮石斛为原料鲜榨成汁，和鉴洋湖湿地大米混合，纯手工捣成年糕。年糕中含有淡淡的铁皮石斛清香和米香味，炒、汤皆宜，因带有铁皮石斛的清香和石斛纤维，易消化且降火。火龙果面条原料：面粉、火龙果、盐、油。取适量红心火龙果肉和面粉，加油、盐和面,擀平、切条、切块,水开了放入煮一分钟,捞起沥干,炒青菜、煮汤都可以。

温岭泡虾。也叫油鼓,是温岭最具特色的小吃之一,泡虾主材不是海里的虾,而是小麦粉。其做法:用小麦粉和水搅拌成粉浆,取上适当的量在大的竹片或油勺上摊开粉浆薄片,在薄片上放肉末、鸡蛋、虾仁、葱花、细盐等,再覆上一层粉浆薄片,放进油一刷,泡虾就分离出来,再在油中炸至金黄色,用漏勺捞起即可食用,也可根据自己的喜好放些虾、梅菜干等,别有一番风味。在此过程中,火候非常重要,泡老了,焦硬不好吃,泡少了,里面的肉等馅料还没有熟。泡虾炸好后要趁热吃,非常松脆。香味浓郁芬芳,十分鲜美。

仙居泡鲞。又称"国舅泡鲞",是祖传的美食,在仙居非常流行。其做法:用面粉和鸡蛋配上食盐、料酒等调料,搅拌均匀成稠度适中的糊状,在阴凉处放大约两三个小时,然后下油锅炸成泡芙状,整体色泽金黄,里面还有带鱼丁(鲞,传统上是用黄鱼去内脏剖开,晒或烤干叫鲞,现在野生黄鱼稀少,就用养殖黄鱼或黄三鱼制作,在仙居一般用带鱼干,叫干鱼腊鱼),故称为泡鲞。泡鲞,色泽黄里带红,形状偏圆,炸熟的泡鲞自有一股诱人的清香,吃到嘴里,外松里嫩,满口余香,不油腻,可干吃,也可汤食;平时是一种传统的小吃,节日庆典时可作为菜肴上桌。仙居有人家办喜事,俗语称为:你家办"泡鲞鱼胶"啦。仙居传统菜肴"八大碗"中泡鲞是第一碗主菜。

三门松花饼。清明前后,采摘松花穗,晒松花粉。当松花粉碰撞糯米粉,就有了春的味道——松花饼。

松花饼,是三门本地人最爱吃的零食之一。它清香明目,糯而香甜,百吃不厌。主要是将白糖、天然松花粉、糯米粉、水按照一定的比例混合后,搓透搓匀,把拌好的面粉团,用刀具切至椭圆形的小块,然后再将切好的生饼块放置煎锅上,用温火烙成表面金黄色即可食用。松花饼糯而香甜,吃起来筋道弹牙,松花的香味溢满口腔,回味悠长。三门人都说,松花饼是春天赐予人们的美食。

四、诗和乡愁,台州美食

酒与美食自古相连,酒可以不喝,美食却不可偏废,常言道,民以食为天,在粮食匮乏时,人们追求果腹,现代人摆脱了温饱的初级阶段,美食就成为他们追逐的目标。

台州美食，从稻作渔耕的下汤文化开始，差不多有近万年的历史积淀，从农业文明时代的稻作渔耕、粗茶淡饭的传统单调食谱发展成工业文明时代的精雕细琢、创新技艺、绚烂多姿的饮食艺术，构成丰富多彩的饮食文化内涵。台州美食的突出特色就表现在乡土气息浓郁、自然质朴、原汁原味。呈现出一种浓浓诗意，满满乡愁的味道。在制作过程中，取料本土化，烹饪本味化，造色自然化，形成其自然天成的风格，无刻意雕琢之态，有活泼、自然、拙朴之美。

选料无拘无束，随意驰骋，天上飞的、海（河）游的、田里长的、树上生的，都可入料，并据此妙思天成，一道道美食由此而生，这种依靠民间无穷创造力创作出来的东西，其风格自然是质朴的、天然的。著名小吃食饼筒，它使用的馅料有 20 多种，凡是能想到的都可以做馅，还可以家家不同；糟羹，把 10 多种食料混合烧，做成香糯可口的美食；烹饪海鲜时，最强调原味，螃蟹、虾等壳类海产品基本清水煮，鱼类清淡煮烧，少重味。即便是炒一盘花生米，会随意撒一些香菜叶，拌一盘白萝卜丝，会随意切几刀鲜红椒丝，思路随意而出，挥洒而成。这样，白、红、绿相间，美观好看，清脆利口，就地取材，有啥做啥。这种随性的自然手法、质朴的追求、乡土的品位，怎不撩起浓浓的乡愁？

历史上，苦于"吃"的压力，台州人对食物的开发从来没有穷尽过，靠山吃山，靠水吃水。《越绝书》记载："越人得髯蛇，以为上肴，中国得而弃之无用。"在先秦时中原人不吃的蛇，在以越人为主体的台州却被当做美味，不过现在的食谱上已经不见了国家禁止的动植物。

当美食处于自我发展时，无法发挥潜在的巨大影响力和经济价值。美食成为"吃住行游购娱"旅游六要素中不可或缺的环节之一，美食赋予旅游目的地独有的魅力。吃，也成了旅游者向往的一大因素。

美食的美味、地方性是旅游需求的主要动力之一，旅游目的地要推动文旅融合，饮食文化是必不可少的元素。仙居、天台的美食和他们的美景相得益彰，当地饮食文化的再造在区域社会文化结构再生方面发挥重要作用；"美食＋旅游"带来的经济发展、知名度美誉度提升、土特产销量的突围等，有助于提高地方文化认同感与归属感。台州目前结合文化传承推出一批文旅融合目的地，打造集自然景观、诗路文化、海洋文化、美食文化于一体的全域旅游线路，让游客在台州吃美食、观美景、听故事。一方面，加大旅游推广力度，吸引更多游客到台州；另一方面可通过记游、短视频、网络直播等展现方式，将台州仙境的自然禀赋、文史发展的人文佳话和风土民俗融入旅游产品中,以海洋文化推广为抓手,做精、做美美食小吃,打造台州品海吃鲜体验性系列产品,构建一批美食品牌。满足各群体"有趣有品有生活"的旅游需求,从而推动台州美食创新传承、赢得更为广阔的市场。

"百县千碗·鲜在台州"活动要继续深入推广,台州美食食材地道,时鲜质朴,恰似粗茶淡饭让人难以释怀。它充满民间烟火气,经济实惠、内涵饱满、乡土风范,让人倍感温馨与亲切。恰恰就是这种民间习气和乡土范儿,让人置身其中,与众同乐,在享用美食的同时,也在享受生活的闲适与自在。

故乡美食的背后,还隐藏着乡愁的密码。美食是地方文化的解码器,对故乡的美好回忆和无限眷恋,常常寄寓于美食,借助于美食可以追溯民俗历史的发展和人文的关怀。如果说美食和乡愁哪一个更让人牵肠挂肚,我们可以明确,它们之间难解难分,彼此纠缠。我们所要品味的,与其说是美食,毋宁说是由此及彼,从台州美食文化中推及家乡的亲情、人情和风情。

美食的文化价值,不仅在于弘扬地方文化传统,推动文化遗产保护,更在于激发人们的文化根性,唤起乡愁,在所有人的内心,这一沉淀了一方民俗历史和人文传统的美食,应该让它露出"峥嵘"面目了。

第二节　依山傍海的山海民居

仙居、黄岩,县名中都有一个"山"字,暗合了台州地貌里的丘陵山川;而往东走,到了椒江、临海、温岭一带视线愈发开阔,"水"就成为核心内容,且不说东海,就是椒灵江也规模浩大。温黄平原河网密布,恰似一个江南水城。东濒大海,海浪波涛,气势汹涌,海岸礁石,犬牙交错,处处港湾、漫漫灯火、座座岛屿、一串帆影。台州的海域辽阔、大气磅礴,它粗狂而细腻、宽阔而缠绵,大气而浓缩,正如杜甫诗中所说,"台州地阔海冥冥,云水长和岛屿青"。天台山、括苍山、神仙居,高耸入云,余脉绵绵,从山顶俯视大地,那气势的恢宏与山川的险峻让人忘记这是江南的山川,连李白都感叹"龙楼凤阙不肯住,飞腾直欲天台去"。台州人一直依山傍海而居,山海水城之中的台州民居十足是依山傍海的山海之家。

一、以宗祠为中心的村落民居

民居建筑是人类生存的核心基础之一，从远古洞穴开始，民居就作为人类生活的核心内容，二者构成千丝万缕的关系，民居建筑发展昭示人类文化在发展。从某个角度看，不同时代的地域文化在民居上都得到较为集中的体现，揭示出其内在的发展规律，反映出区域的政治经济、文化艺术、生产方式、生活习俗以及审美观念等。

从远古的石屋到三合潭遗址的干栏式结构住房，台州的古村落民居资源非常丰富，众多的古民居、村落分布在多区域范围内，成为县市区的不可多得的文化遗迹，在现存的民居中依稀可见台州传统村落昔日辉煌的身影。这些村落民居建筑形态取依山傍海之势，聚族而居，体现宗法制下村落族群的文化理念，以宗祠为中心的村落民居，保持着极其丰富的历史记忆以及文化遗存，一个又一个与众不同的建筑类型，赋予民居一种独特的文化符号，它是区域文化传统遗留下来的"活化石"。台州古民居、村落体现了宗法制下村落族群聚族而居的生活方式，突出其血缘宗族观念，注重等级、人伦、家庭等诸多文化因素。

儒家的三纲五常、长幼有序、兄弟和睦、男尊女卑、孝悌等道德观念在传统民居建筑中得到集中体现，对民居建筑来说，它对内要满足生活和家庭生产的需要，对外则采取防止干扰的做法，实行自我封闭，尤其将妇女的活动严格限制在深宅内院之中。传统村落都崇尚几代同堂共同生活，三代或四代同堂就是家族兴旺的标志。聚族而居的村落中都建有宗祠，宗祠是崇祖祀神的地方，提倡对宗族祖先的崇拜和对各种地方神祇的祭祀。这种宗法制度的家族观念和儒家文化浸润下形成的道德观念对民居的选址、构造、布局、规模产生深刻的影响。

中国封建制度的核心是等级制度和儒礼宗族制，如台州"台里"院落式的民居平面布局就是这种形制的产物。封建等级制度森严，对于建筑的规模、大小、开间、进深以及屋顶形式，甚至装饰、装修、色彩都有严格规定。例如民宅不得超过三间，色彩规定为黑白素色，而大型宅第就可以多进、多院落，甚至多路建筑布局，并且可以带书斋、园林。从民居的平面布局上就可以看到社会制度对建筑的影响。

在地方管理上，宗族比地方政权更有优势，清康熙九年（1670），颁布《上谕十六条》，确定宗族的功能："敦孝悌以重人伦，笃宗族以昭雍睦，和乡党以息争讼,重农桑以足衣食,尚节俭以惜财用,隆学校以端士习,黜异端以崇正学,讲法律以儆愚顽,明礼让以厚风俗……"①基本上"皇权不下县",基层治理更多仰仗士绅和宗族力量,所以清政府清楚认识到这一点,才会下十六条谕令大力扶植宗族发展。宗族的功能大大扩展,不再仅仅是尊祖敬宗的伦理组织,还具有维持社会治安、促进农业生产、兴办学校教育、宣传国家律法、催缴钱粮赋税等功能,宗族实际上已成为国家的基层行政与司法机构。

宋代朱熹的理学对台州影响巨大,在他所著的《家礼》中就有"立祠堂之制",规定"君子将营宫室,先立祠堂于正寝之东,祠堂制三间或一间",台州的古村落往往建有宗族祠堂,有着浓厚的"聚族而居"特征,并以血缘纽带作为宗族的维系,显示对祠堂之重视和限制。从村落建筑的形制、结构、规模等就清晰地显示血缘宗族对古村落民居的规划和建筑的深刻影响。

"祠堂"是宗族祭祀祖先、族宗议事、祠田轮值、塾学教育的地方,围绕祠堂这个中心构成整个村落。按照地位、长幼、等级、人口繁衍等,布局居住的地方,实质上构成一个完整的、严密的血缘关系系统。古村落的建筑布局不是散乱无序的,而是以宗祠为中心聚落而成的,按照宗族中不同的房派,构成一个完整的建筑布局体系。

现存的台州古村落民居能够突出血缘宗族观念的特性,这种关系既可以通过以宗祠为中心的村落布局特征反映出来,又可以通过村落内民居建筑之间的布局和结构关系反映出来。例如,仙居县皤滩古镇以陈氏祠堂为中心,周边分布着老台门,台门与台门之间不是孤立状态,而是用跨街楼连接,构成一个复合体,这使得台门既有独立性,又有整体性,凸显家族的聚合性。临海东塍岭根村遍布造型别致的古院落,其中有洋房式的五层楼房,一进、二进、三进的四合院和独特的三合院等,有着浓厚的文化底蕴和时代特色。岭根村王姓人家,又称岭根王。村内建有王氏宗祠,围绕宗祠,建有百岁坊、将军亭、连山桥、王文庆故居、王尊故居、王纶故居、古驿道等。其中王文庆故居规模最大,建筑面积4000多平方米。村里诸多的古建筑群中,其间回廊互相通达,曲径通幽,无论从哪处进入,可以走遍全村,就连下雨天也不用打伞。将军村五联台门是台州现存最具特色和文化意蕴的台门建筑群,起于明代晚期,至清中期建成,由大夫第台门、樵溪台门、老屋台门、静轩台门、云和台门、翰平台门等组成一个大型建筑群,这个台门与绍兴台门相似,

---

① 滕雪慧:《临海传统宗祠研究》,文物出版社2015年版,第197页。

各台门既是单体,又是一个复合体。台门底层开有边门,与村内道路连通,楼上建有过街楼,正好和相近台门楼层连接。反映出台州传统"分户合族、聚只一家"的深刻文化内涵。实为民国建筑的样板,也是留给后世的文物珍宝。临海《石鼓胡氏宗谱》云:"后唐明宗天成二年追太尉为武略公,于所寓之地建祠以祀,兄弟配享,称之曰伯翁叔守贤宫,讲为二世祖,子孙实出于是。"①

台州人重情,所以喜欢家族生活在一起。民国《天台县志稿》称:"天台人,多聚族而居,重宗谊,善团结。"

古代村落建筑和社会地位紧密联系在一起,社会地位决定宗祠和院落的规模。《大清通礼》载:"亲王、郡王庙制为七间,中央五间为堂,左右二间为夹室,堂内分五室,供养五世祖,左右夹室供养祧迁的神主,东西两庑各三间,南为中门及庙门,三出陛,丹陛绿瓦,门绘五色花草;贝勒、贝子家庙为五间,中三间为堂⋯⋯八九品官员亦为三间,但明开阔,两夹室。"可见宗庙正厅开间是等级的重要标志,对于普通百姓而言,只能选择等级最低的二开间形式。

从严格意义上讲,中国民间没有宗教,而对于普通百姓,"真正的宗教应该就是以宗祠为中心的归根溯源的崇祖信仰和'序昭序穆'的等级和秩序观念"②。朱熹理学理论非常强调这一点,朱熹将血缘宗法提升到前所未有的理论高度,并对台州民居建筑产生影响,他的"理学精神为宗祠发达的江浙地区提供一种文化的核心力量"③。

台州民居还有许多鲜明特点,路桥五凤楼,畚斗屋特色,低矮,戗角四角翘起。天台民居有总体高,部分石板构筑,古风犹存,明代遗构尚存。仙居民居规模,雕饰烦琐,具有金华东阳木雕特点,高大马头墙,门额多题额。临海民居南部接壤黄岩,山地民居为多,乱石堆砌,木构廊屋。尤以东乡沿海民居最好,巉头堆塑,屋顶玲珑花脊,漏透美观。木构雕饰繁锦,地方工艺特色明显,蛎灰堆塑别具一格。

不过,改革开放以来,中国发生了前所未有的大变迁、大移动、大流动,大批来自乡村的中国人,从"乡土"离开,进军城市。因为流动,整个社会的宗族血缘关系让位于地缘关系,聚族而居的传统逐渐瓦解。

---

① 滕雪慧:《临海传统宗祠研究》,文物出版社 2015 年版,第 183 页。
② 滕雪慧:《临海传统宗祠研究》,文物出版社 2015 年版,第 197 页。
③ 滕雪慧:《临海传统宗祠研究》,文物出版社 2015 年版,第 197 页。

二、美而诗意的巉头文化

建筑是人类文化的一个组成部分,不同的文化产生不同的建筑。由于地理位置、地形、气候、环境、生活习惯、习俗和信仰等的不同,导致不同区域建筑风格也迥然不同,它包含了地方的精神因素和物质因素。随着时代发展、社会变迁,建筑从只是满足人们居住、掩蔽身体需要的建筑发展到还要满足人们生产、工作、学习、娱乐、社交和宗教等等各种用途的建筑。

台州传统村落民居建筑外以砖石支撑,内以木结构承重为主。它们沿水岸梯次递进向纵深延展,讲究安和;沿山地等高线逐级抬升布点,讲究视觉美学,使得建筑群落错落有致,空间张弛有度,方位坐落暗合自然山水,人文和自然融而为一。

彰显以形式美、技艺美、意蕴美为核心的传统建筑文化意蕴,为我们的日常生活增添了超越世俗的艺术色彩。《诗经》中有"如鸟斯革,如翚斯飞"来形容雕梁画栋、飞檐走壁的华美壮丽,有"作庙翼翼"来描绘宗庙、祠堂的庄严巍峨。我们暂且不说民居建筑的江南诗性品质,单说台州民居巉头。台州传统建筑中巉头品类多样,蕴意丰富,轮廓优美柔和,造型丰富多彩,结构有型和谐,老百姓生活美学体现无遗。

民居建筑非常讲究外部形制,特别注重巉头结构的美学呈现,其与人文、环境的关系媾和十分密切,"台里"(含三台九名堂)的巉头建筑的形体、构图、文字充分体现了居住者的地位、学识、人文理想等,并和四周的地形地貌、山水植被等构成人文理想的整体性,强调"天人合一"。当然,巉头造型巧妙依据其文化构成处理每一处细部特征,借以表达建筑群落显性的地方文化特色,其设计呈现族群整体思想与生活理念,精致安排构图、文字、配色、形制及色彩,使其产生规则和不规则、统一与均衡、比例与尺度、色彩与韵律等审美与诗意,展示主从虚实、大小高低、远近疏密、动静阴阳等空间变化,从而给人以愉悦的视觉体验和超功利性的审美快感,充分体现村落的传统、人文情怀等文化符号。台州陆海相合的民居文化,根植于江南语境的风土人情、生产生活、节日庆典、饮食行为等多个方面,形成与生活方式、习俗和价值观吻合的古民居。其建筑工艺精湛、雕刻精美,呈现一定文化寓意。有"百年和合,婚姻美满"之意的临海市永丰镇岙西村谢氏民居金字巉头字盘雕。有"和合二圣"的临海市桃渚镇芙蓉村黄氏人字巉头,字盘里雕塑着蝙蝠和人物戏文,字盘外为龙凤图案,装饰线上雕有宝钱、夔纹结、花结、窗子是扇案与寿字图,周边为蝙蝠,窗额"万卷书图"里写有"好山入座"四字,临海市河头镇蟾山二村人字巍头盘堆的是"蟾宫折桂,独占鳌头",指科举考试中了状元,显示其诗礼人家的竞逐向上家风。建于清代的临海市小芝镇小芝村野芝山自然村何氏民居装饰可谓集大成者,"人字巍"堆塑也十分讲究,自上而下,依次有防火墙、分水线、装饰线等精细分明,斜万字纹包围了中间"字盘",斜万字纹里还安排了三个人物戏文,罩檐(已脱落,留有残痕)里是狮子,下面是八结和双钱结,每个窗上亦有"窗额斗盘"分别写有吉祥语。斗盘上方有额线,左侧上方还做有"嵌纳轩"。不一而足。

在这里,我们可以下个断语,巍头文化就是生活文化。

临海市民间文艺家协会会长陈学城长期从事巍头文化研究,他拍摄了临海诸多巍头建筑造型,展示与众不同的村落文化。我们从他提供的巍头照片可窥见其风采。(图 2-1 至图 2-6)

图 2-1 巍头之一

建于清中期的临海市永丰镇峱西村谢氏民居金字巍头字盘雕有"和合二圣",有着"百年和合,婚姻美满"之意。(陈学城 摄、文)

建于清代的临海市小芝镇新屋村包氏民居马头巍头上雕的是(从左到右):香草、凤凰、祥龙、云头、鳌龙、螭吻(又名鸱尾,鱼形的龙,俗称鲤鱼化龙,龙之九子,能够灭火,故民间用来安在屋脊两头,作消防灭火之功效)。

图 2-2 巍头之二

图 2-3 巉头之三

临海市河头镇蟾山二村人字巉头盘堆的是"蟾宫折桂，独占头"，指科举考试中了状元。（陈学城摄、文）

图 2-4 巉头之四

仙居李宅是一座典型的古今交融的江南园林民居建筑，整个建筑气势磅礴。山墙上方边框均饰以卷云，整个门面装饰得豪华庄重，工匠技艺精湛，使人目不暇接。

图 2-5 巉头之五

临海市杜桥镇开井村德秀古宅建于清道光年间，山墙的花鸟鱼虫、人物戏文雕琢得十分精致，房屋的石雕、木雕、砖雕精美绝伦，可惜现今已被拆毁。（陈学城摄、文）

图 2-6 巉头之六

临海市东塍镇上岭村前街郑道达家，始建于 1927 年，巉头上方是双凤图案，中间为双狮戏球，两侧为镜，此屋当时开有"郑兴茂号"南货店。（陈学城摄、文）

巉头演绎着时光的颜色,经过时间的晕染、雨水的浸润,在阳光照射下,巉头的白墙、灰瓦相映,色调素雅斑驳,明净如水,与周围的山水、田野、树木、村落融为一体,形成一幅优美的乡土水墨风情画。瓦面散落的青苔,挺立的瓦松,传递出古朴典雅的匠心意趣,粉墙画面斑驳的沧桑,传递了时间的永恒。墙面的视觉表达和台州人质朴的生活习性构成和谐的风景。

三、江南顶级民居——三台九名堂

作为江南顶级民居的集大成者,台州保留有许多三台九名堂古民居,由三进(三台)、三个院落、九间向阳的正屋构成,是江南古建筑的代表。如建于清代中期的徐昌积宅,是黄岩域内唯一一座留存的三台九名堂古民居,温岭箬横镇前九份村陈家三台九名堂现存遗址上,北可见山,南又临水,涧塘相依,樟朴同在。建于清乾隆年间的天台铺前张氏三台九名堂,是目前天台规模较大的古民居。建于清代中晚期的皤滩乡枫树桥村里三台九名堂是仙居县现存的最有气魄的古民居。比三台九名堂还要大些的有四台十二名堂,如温岭湾张村四台十二名堂,现在已经毁败,仅存数间明堂。三台九名堂这种建筑形式,江南存在较为广泛,但根据我们有限的认知,这个称谓却是台州独有的。

传统文化遥远绵长的根应该保留在古民居中,全国范围内有特色的有北京四合院,西北窑洞,江西总门里,广东镬耳屋,安徽的古民居,绍兴的台门,闽南古厝、番仔楼、福建、广东客家土楼等。由于各民族的文化传统、风俗习惯、价值观、自然条件、地理环境等不尽相同,造成民居的布局、构造、规模、形体和细部形塑大不相同,呈现出地域特征明显又展现民族文化传统的具有浓郁村落民居乡土味的风格。

同在浙江并和台州相邻的绍兴的古民居,规模最为宏大的建筑不叫三台九名堂,称作台门。和台州的台门不一样,台州称为台门的是正门口的建筑。

陈赛狄研究过台州典型民居三台九名堂,他在《新型城镇化背景下台州市高迁古村聚落与民居空间形态研究》①里,不叫三台九名堂,而称"三透九门堂",他认为:"三透九门堂"是由"三进"院落加门堂如"余庆堂""积善堂"和"日新堂"等,共同组成现今的古建筑群。

---

① 陈赛狄:《新型城镇化背景下台州市高迁古村聚落与民居空间形态研究》,浙江师范大学硕士论文,2017年。

(一)"三台"考略

台州口语流行的"三 tāi 九名堂",很多时候写作"三透九明堂",或"三推九明堂",或三台九名堂。在目前的一些材料中,"三透九明堂"出现的频率更高些,其实这是误解。在台州古民居名称中,"三 tāi"无论是写作"三透""三推"还是"三台",在民间都念作 tāi。那这个 tāi 字到底应该怎样写?

首先从方言考察,台州因天台山得名,古人所说的"天台",并非确指天台县,而是"台州之通称"。《郡县释名》浙江卷下:天台县义同台州,"取天台山名也"。民国《台州府志》卷一百〇四则明确指出:"天台乃一郡之统称。"褚传浩等编纂的《天台县志稿》凡例也曾明确强调:"天台为六邑共称久矣。"天台的含义是什么?《十道志》谓之"顶对三辰,或曰当牛女之分,上应台宿,故曰天台"。一曰"大小台"。南朝梁陶弘景《真诰》:天台山"当斗牛之分,上应台宿,故名"。天台山是来自天上 28 天星宿之台宿,台宿即三台星。台州本土念作 tāi(念胎),最为常用的是台州和天台山,作为民间约定俗成的话语,沿袭至今,从不念作台门的台。"三 tāi 九名堂"中 tāi 的读音和"三台"中台字一致,也与民间的口语读音一致,这从一个层面证明老百姓口中"三 tāi"就是"三台",也暗合三台星,也就是说只有来自台州、天台山中的"台"字可能更接近本来面目。这一点过去一直没有人认真考证过。

而"三透九明堂"什么时候形成,已无可查证,据查考,临海河头一带的方言,透(tōu)读音近乎台 tāi,当年可能从河头方言而来的"三透九明堂",为 tāi 音的由来提供一条选择的路径。加上三进、三个院落的结构前后通透,"三 tāi"用上三透,也有一定道理。而推 tuī 从没有念做 tāi,是一些人在寻找 tāi 字时,因"推"和"台"口语语音相近,就找上了这个相近的方言字替代,其实也说得过去。

其次,三台九名堂是最高等级的台州"台里"。根据台州地名的由来,台州产生了一个特有的居住处名称——"台(tāi)里"。明清至 20 世纪 60 年代,"××台里"几乎成为台州境内家境尚可的人家家居建筑的代名词,南宋后北方迁居而来的大姓人家几乎都建有"台里"。"台里"类似于北京四合院、绍兴"台门",属明清建筑,从现存的史料考察,北京四合院、绍兴台门和台州"台里"虽说同为四合院,但台州"大台里"比北京四合院、绍兴台门规模要大,台州"台里"为聚族而居,有两层之高,堂前、道地、檐廊(回廊)、穿堂和台门等组件一应俱全,而北京普通四合院只有一层,还逼仄得多。

那何谓台里?"台里"的"台"取其本义,读音 tāi,与浙江许多地方的"台

(tái)门"义相同而音不同,起初指官宦人家、家境殷实人家建造的宅院,后来便把有相当规模、封闭独立的院落称为台里,意即院落高大;它又兼具量词作用,表示"幢、层",如"一台屋""二台屋""三台九名堂"。在台州,一进、二进、三进的建筑总称为"台里",地势高的"台里"称上台,地势低的称下台,最大的称"大台里",像三台九名堂这样的建筑就是"大台里"。名字上应台宿,还有里台、外台等多种名称。三台九名堂是最高等级的台里,建筑更为恢宏大气。现在的三台九名堂的上台、中台、下台等,似三星之台宿。

三台即三进。所以,三台九名堂说的是财主财大气粗,中轴线上,建有前后三进(台)九堂屋的房子。前进建了门头,称"前台门头",同样在后进也建了"后台门头",中间被称为"中央门头"。大门朝南,前建照墙。两侧有厢房和小院、天井,堂屋与厢房交接处叫"偎角",门堂套门堂,前后各进都有单独的门楼与外连通。整台房屋大多两层建造,双坡屋顶,前坡高缓,后坡略低陡,且前坡比后坡多一梁柱。虽然房屋有近百间或上百间,但随便踏进哪一间屋檐下,足不出屋檐,就可完全避雨蔽日地沿着檐廊转悠到任意一间屋。第一进为门屋,第二进是厅堂,第三进或后进为私室或闺房,是妇女或眷属的活动空间,一般人不得随意进入,古时大家女子养在闺房,叫"大家闺秀"。作为富有家族居住院落中的一个非常特别的空间,方位和内部设计都具有与众不同的特点:一是幽深且高度私密,除非重大节日外出,一般很难接触到外部世界;二是温馨,又称"香闺",具有极强的装饰性,有格调。难怪古人有诗云:"庭院深深深几许",庭院越深,越不得窥其堂奥。(图 2-7、图 2-8)

图 2-7　天台张思村"三台"古民居　　图 2-8　天台街头镇曹氏"三台"古民居

临海城关古院落有一个比较有名的叫三台坊,是以三个院落相连而名。三个院落有方石板铺成的四方"道地","道地"是临海人对院子、天井的别称。有比较大的长方形阶沿,有大门、二门,院落之间有过路间连接。三台

坊属于三个有钱人家,分别是尹家、鲍家、曹家。人民出版社编辑部原主任张秀平教授就出生于临海三台坊的"狮子桥尹家",在她的《我的编辑生涯四十五年》有过记述。[①] 这也是古民居的真实存在,是"三 tāi"就是"三台"的又一明证。

(二)文化汇融的结晶

建筑是人类按照生活、工作的要求,根据不同功能区创造出的充满人文理想的物质实体,集合了人类建造的智慧;同时,运用了审美观念、价值及美学规律,注入了建造者对自然和社会的理解,显示了独特的生活文化审美价值。

作为堂台式建筑,三台九名堂建筑坐南朝北,共三进,平面以中轴为中心,作对称式布局,中轴建筑三进,依次为门楼(屋)、大厅和主楼。每进院落四周屋檐向下,雨水归一,院落中央的天井四周设有暗渠,隐喻肥水不流外人田的传统意蕴。左右两侧设东、西厢楼,边门出入。东、西厢楼与中轴各进建筑,既以廊轩互为贯通,又相对独立,形成半封闭院落的格局,计有九个四合院,各院之间设天井,前后楼屋,左右厢楼。"九"不一定是实指,或许是虚指房屋间数多。(图 2-9、图 2-10、图 2-11)

图 2-9　仙居县皤滩乡枫树桥村里三台九名堂　图 2-10　临海岭根将军村三台九名堂正门照墙

在框架结构上,穿斗式的梁架结构,加上南方地区的干栏式结构,皆榫

---

① 张秀平:《我的编辑生涯四十五年》,开明出版社 2021 年版,第 345 页。

图 2-11　临海岭根将军村三台九名堂巙头

卯、斗拱架接，木板构隔，辅以砖石相砌。环以围墙、照壁、台门、堂前，附以凤凰翼、屋套。入门为庭，升阶为堂，下右堂屋，两侧横屋，前有木板窗，上悬天窗，或开或推；又在堂侧、横堂安花格木窗，或明雕或暗刻；于周边巙头、墙垣安石窗、暗格，或为防盗或为观赏。厅堂雕龙画栋，梁头、柁墩上的雕刻彩绘，有砖雕、木雕、石雕象檐、鹰檐等，层层叠叠、细致入微，制作讲究，尤其是门窗、牛腿、雀替、砖雕、石雕等，工艺高超，精美绝伦，整体富有韵味。如海润街道祁家村的祁文豹宅院（又称祁文豹故居，或称祁家祁宅），是三门县唯一一处保存完好的三台九名堂。该建筑坐北朝南，占地总面积达 1990 平方米。整个建筑前后三进，内有堂屋、厢房、串楼、闺房、道地、回廊、花园。主楼采用硬山顶穿斗式木结构，正房二层七开间带一弄，明间梁架五柱七檩，中柱落地带前后双步和前后廊，左右为两层厢房。道地开阔，平铺石板。

　　"庶民居室不过三间五架"是对明清时期民间民居建筑形制的规定，反映了封建社会严格的等级制度。因此古代的民居建筑大多宽度为三开间、正中间为天井或院落，平面布局中轴对称，即中间为厅堂，两侧厢房，楼梯安排在厅堂后面或者在厅堂左右两侧。仙居县高迁古村民居建筑空间主要由明堂、厢房、院落、天井、墙体及屋面等空间组成。大多数底层百姓的居住条件远远达不到院落的标准，更多的是在石头屋和茅草房中度却人生。

　　明堂一般造得有规模、有声势，华丽而又宏伟，在民间，当然不可能和帝王将相一样，造起明堂式建筑。一是名称上须有差别，因主次长幼有序，各厅堂、居处名称不同，所以，民间称之为"名堂"或"门堂"而不叫明堂。二是在形制上虽可模仿,和明堂基本一致,但功能需求有所不同,民间的明堂以聚族居住为主,功能上以保持家庭主次和适于生活为核心。三进的厅堂和两边的厢房、回廊、天井等各有名称。在仙居高迁古村落中,三进建筑群包含一些门堂,如铺前张氏三台九名堂的"师俭堂""勤业堂"等,所以也叫做"门堂"。(图 2-12 至图 2-14)

图 2-12 仙居县皤滩乡枫树桥村里三台九名堂栌墩上的雕刻

图 2-13 仙居县皤滩乡枫树桥村里三台九名堂三进　图 2-14 天台铺前三台九名堂庭院

按照我们考证的结果,"三台九明堂"如果称之为三台九名堂可能更符合实际,以显示民间的与官方的区别。民国《临海县志》卷三十三"古迹""地宅"中记:"见一堂在县东白竹岙,宋鹿何淡于仕进,早岁挂冠,取昔人'人人尽道休官去,林下何曾见一人'之句,名堂曰'见一'。"①"见一堂"就是府宅

---

① 何奏簧纂修:《民国临海县志》(下),丁伋点校,中国文史出版社 2006 年版,第 306—307 页。

中的一处名堂。因为在台州，王侯将相聚族而居的古建筑留存至今的几乎没有，民间豪门的厅堂、四周建筑因是按照生活功能设置，不具备天子或朝堂明堂的功能，所以就不能称之为明堂。

（三）三台九名堂衰落

为传统民居提供生存的土壤已经逐渐消失。作为历史上江南顶级民居的集大成者的三台九名堂，在生活上、经济上、军事上均具有重要的地位。自宋朝以来，台州基于其独特的地理位置接纳中原士族南迁，三台九名堂逐渐繁盛，至清朝到达峰顶。古村落、大宅院、台里都是农耕文明时代的遗留，是在宗法制度下，家族和族群的尊显卑微的人际伦理关系的呈现。在今天的现代化进程中，几乎所有的传统村落、宅院都经历了损坏、毁灭、保护、利用等不同命运，有些已经消失，有些行将消失，有些重建，有些保留修缮，有些改作他用。像三台九名堂这样的传统住宅生存发展的前景已经黯淡，除了部分为了文化传承、文旅融合而加以保护利用外，大部分的传统民居，内在的生命力已然枯竭。

同时，我们也感觉到，传统民居功能结构已适应不了当下的生活需求。一是传统民居是农耕文明时代的产物，其功能布局不适应当下城市发展方向，以木料为主体的材料耐久性不强，四合院式的木结构存在严重的安全隐患，防潮、卫生不符合现代人的生活标准等。二是传统台里的宜居性受到了严重挑战，防匪患、防猛兽、增强家族凝聚力等功能在现代化的冲击下，七零八落。三是台州地区靠海，湿气重，层层叠叠的建筑虽有采光、通风等设施，但朝西、东、北方向的房子因采集的阳光少，无法抵御湿气侵入。四是现在土地资源紧张，建筑形制受限，无法建造形体规模宏大的几进院落。

对于一个体量庞大的老宅来说，地理位置、文化价值等是进行保护和利用的决定性力量。但事实上，在大部分乡村，由于年代久远，村落空心化严重，很多三台九名堂已经破旧不堪，由于经济落后、交通不便，许多年轻人去发达地区务工，留守的都是老弱妇孺，已经沦为一座座空心村落。对于保护，很多老宅的主人心有余而力不足。传统民居最佳的结果是，在文旅融合的大背景下被开发、利用而得到保护。

新中国成立后，政府倡导新型房屋建筑结构，1962 年石头墙木结构屋与一字形横排屋兴起，传统"台里"建筑逐渐被淘汰，三台九名堂遭到大规模的拆迁改造，被破坏得面目全非。20 世纪 90 年代起，三台九名堂逐渐"土崩瓦解"，取而代之的是一幢幢单门独户的排房别墅或套房式住宅，三台九名堂除特殊之需得以留存的以外，余者大部分被改造，三台九名堂这个词或许很快会淡出下一代人的记忆。

三台九名堂曾在历史上发挥过巨大作用，随着历史的前进，社会越来越开明开放，新的与时俱进的建筑如雨后春笋般出现。如果不加以保护，像三台九名堂这种体现中华建筑文化精髓的传统村居终将被历史所淘汰，所以我们要肩负起保护的职责。

第三节　人生百态的台属服饰

服饰，一个具有特殊表述性的符号，从古至今，服饰都不仅仅是服饰，而是与政治、经济、文化、社会思潮休戚相关。服饰与身体一样，不仅仅是现实生活的存在，更是被反复建构的文化概念。几千年的服饰流行和演变，衍生出绚丽多姿的文化。

衣服不仅仅是为了蔽体，其另一面也是身份、阶级、地位的象征。一袭衣衫，暗含了太多东西。服装之下，不止于身体，而是潮流的演变。清和民国时期，各行各业，行止不失范，穿衣不越界，贫富穿着特征了然。按说服装的首要功能是蔽体御寒，服饰不光有遮羞护暖的功能，更沿袭、传承和发展了文化。所谓"佛靠金装，人靠衣装"，可见服饰在人类生活中的重要性。进入 21 世纪后，汉服和唐装逐渐兴起。台州六县的百姓除常服外，流行具有地方特色的沿海渔民的灯笼裤、夏天的咖啡色拷绢、靛蓝线夏布装等地方服饰以及台绣品牌的服饰。

现代社会，服饰体现人的个性、特点、气质，也体现了一个人的精神风貌，紧跟时代潮流。从古至今，中国服饰经历了漫长的路程，彰显着历朝历代的文化印记，从中折射出不同文化背景下的深刻意蕴。

一、传统服饰衣着时代的流变

台州的服饰文化历史源流，从千年前的章安六朝古砖也能看出当年孙吴时期和两晋的上层官宦和仕女的着装，男子着装多为宽大的圆领外套，贵族文士交领大袖飘飘袍服，头戴幞头；女子头梳高髻，上插步摇首饰。着装款式多为上俭下丰，衣身部分紧身合体，袖口肥大，裙长曳地，下摆宽松，给人以俊俏、潇洒之感，加上繁复的首饰，反映出奢华靡丽之风。2016 年 5 月

3 日，黄岩南宋赵伯澐墓的考古发现受到社会各界的高度关注。漆棺内保存大量赵氏随葬的丝织服饰，时隔 800 年依然保存完好。这批出土文物均为穿戴之物，以丝绸为主，其服饰形制之丰富，织物品种之齐全，纹饰题材之多样，纺织工艺之精湛，为一世所罕见，堪称"宋服之冠"。漆棺内清理出衣裤、鞋袜、帽、靴、肚兜、裙、幞头、头巾等服饰，材质有绢、罗、纱、縠、绫、锦、绸、刺绣等。提供了南宋时期宗室成员日常生活穿着的真实写照。

清代男子的服饰以长袍马褂为主，在雍正时期最为流行。汉族妇女则保留了上衣下裙的明制汉服。妇女服饰的样式及品种至清代也越来越多样，如背心、一裹圆、裙子、大衣、云肩、围巾、抹胸……层出不穷。（图 2-15 至图 2-18）

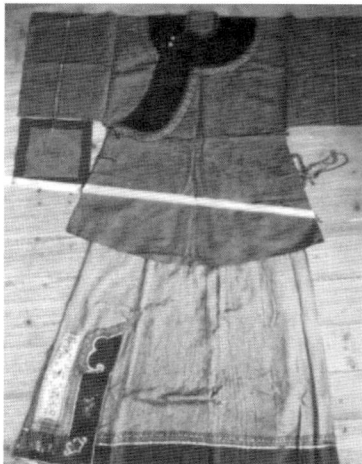

图 2-15 清代女裙

图 2-16 清棉织大襟女式上装

图 2-17 民国男围裙

图 2-18 70 年代男围裙

1911 年,台州光复,成立军政分府,1912 年 2 月废府改县。清末民初,台州男女大都穿大襟或对襟,以穿大襟居多,男子一般内装穿对襟布衫和大裆便裤。男女老少一年四季胸系肚褡,女以红色并绣精美花纹的为主,用以束胸;男以白、蓝等素色为主,无纹饰,外穿圆领大襟或对襟、黑色与蓝色的长短衫。男女老者均外系围裙,女系拦腰或八幅罗裙,衣着面料以自纺自染土布为主。农家多穿粗布,夏穿细布,富裕者冬着棉织长袍或皮袍,出门做客外罩灰色或黑色布罩袍,再罩丝绸马褂。"三八天"时穿竹布长衫,夏天穿夏布长衫,一般穿蓝色土产苎麻棉布衣、袍。大裆齐腰头的宽松便裤,上端系带。妇女穿绯色土绢或靛蓝染制的土布,宽袖长至胯部,称"半打"布袍。上装和脚筒宽大,衣袖、裤脚边镶嵌牙线或十字挑绣花边。民国时,农家布料以棉纺自染蓝、黑色土布为主,也有外进的"洋纱"和细布,夏天用拷绢布。20 年代以后,年轻士绅阶层、在外读书人士穿起中山装、制服或西装。年长乡绅、富户仍多以旧制打扮,戴圆帽穿长衫、马褂。

50 年代,长衫逐渐淘汰,少数年长者仍穿。工匠、农家春夏秋穿对襟土布短衫,冬穿短棉袄土布内衣,女腰束蓝布围裙。城镇青年妇女穿窄袖紧身各色长旗袍,夏穿开衩阴丹士林布的浅黄色短旗袍,内衣为对襟小衫袖口,但农村妇女多穿大襟短衫和长裤。男女夏季为苎布、洋布或拷绢衣料,雨天外出或劳作着蓑衣。旧时,大多数居民家境贫寒,子女都穿从大穿到小轮换的"退落衣",以节约着装。民谚有"新三年,旧三年,缝缝补补又三年"。50 年代初,提倡艰苦朴素。男穿对襟黑白,女喜朴素的劳动便服。1956 年,动员推行穿"苏联花布"做的衣裳,群众不易接受。干部和青年男女穿灰色双排扣列宁装、中山装、人民装。冬天穿保暖棕色的卫生衣、卫生裤和棉袄、棉裤,富者穿毛线衣。夏天,青年妇女和学生流行苏式背带连衣裙,以穿工人的工作服为荣,年老者少数还穿长衫,女式旗袍已不再穿。50 年代后,男子不再戴肚褡,唯老妪和婴儿常戴。六七十年代,城乡盛行穿草绿色的军装,毛领短大衣和绿色军干服颇受欢迎。一般人家大都置一两套体面衣裳,贫穷者出外则向人借衣,打扮体面再出行做客。

80 年代,提倡美化人民生活,新颖服装不断涌现,男女青年流行穿猎装和滑雪衫、喇叭裤;同时兴穿西装,戴领带,披马甲。1985 年后,服装面料由棉布化纤布发展到丝、呢、皮革。夏季穿短袖衬衫、T 恤衫、西短裤,女的穿套装和各式裙子,四季时新。旧时女子大都采用棉布束胸,1986 年后,青年妇女流行戴胸罩(文胸),美体丰胸,以显曲线,补丁衣服基本少见。

90 年代,束腰风衣、休闲装、运动服、牛仔裤、羊毛衫、线衫、羽绒服、夹克衫、裘皮装、竖领青年装、双排扣猎装、披风等无所不有。中青年穿中山装,冬衣除使用传统棉絮外,有丝绵、骆驼绒、太空棉、鸭绒等保暖衣,穿上去轻松暖和。裤子式样以西裤为主,裤脚时有变化,从细脚裤到大脚裤和直筒裤。还流行过紧身包臀健美裤、牛仔裤、低腰露脐装,赶潮流的地方服饰,部分以休闲款式为主。近年中老年流行立领对襟纽祥唐装,女子游玩穿汉服等。

二、成衣从手工到专卖

台州传统生产劳作以男耕女织、耕读传家的方式传承人们的生活。民国时,农家布料以棉纺自染土布蓝、黑为主,也有外进的"洋纱"和细布,上市选购海沧兰、碧府绸、白蓝、暗蓝、哔叽、芝麻呢、藏青、呢绒及各色绸纹。

50年代,机织平布有卡其、哔叽、华达呢等。60—70年代流行灯芯绒、咔叽布、的确良等各类人造化纤织物。80年代后出现更多化纤衣料,各类仿牛仔布、灯芯绒、针织布、涤纶、毛呢、毛哔叽颇受欢迎。丝绸缎料的唐装和旗袍成为时尚服饰。四季服装款式年年新潮流行,城乡市镇、农村里的穿着服饰已难区分,服饰的搭配也成了服饰文化的重要组成部分。新中国成立初期,百废待兴,生活物资缺乏,计划经济时代,城镇居民凭票供应购买布匹,乡村部分自纺棉纱织布,请裁缝师傅量身定做,一件衣服少的穿几年,多的穿几十年,好面料的新衣服舍不得穿,出门在外走亲戚换新衣,领口破了戴假领子,继续用。小孩逢过年做新衣,年年盼望过新年,有吃有穿。乡村有专门的裁缝,如手艺好的到一个村一做几个月,大家纷纷送衣料来加工。城镇服装社或厂门市部承接成衣业务加工服务。七八十年代各地组建绣衣服装厂批量生产服装,成衣业务减少。80年代路桥小商品开张以后市面上成件成套服装上市批发,城乡成衣逢市遍地个体户设摊营销,供销社百货公司专卖。90年代初老百姓基本上去小商品市场或品牌专卖店购买服装,随着科学技术发展,穿着衣料也随之演变,人们服饰色彩丰富多样。至今不再购料缝制,男女青年大多数去商场、时装店、名牌专卖店选购,老年妇女穿旧式的大襟上装需定制,专找老裁缝量身定做,有钱者请名工定做袍、西装等高档服饰。平常百姓选料做衣裳已成历史,纷纷选购批量生产的成衣,年轻者看面料选品牌已成趋势,成为一大生活消费习惯。

三、从蔽到露的服饰潮流

90 年代有很多省份的农村女孩南下广东打工,打扮时髦,皮衣配皮裤当时很流行。服饰不光有遮羞护暖的功能,而是成了一种文化一朝一代的沿袭传承和发展。现代社会,服饰文化不断传承发展和改良创新,东西方服饰文化交融借鉴和发展,女装是整个服饰文化研究的核心和重点。

当今服装设计师和东西方文化的交流,使年轻人更加追求时尚,更符合时代审美的追求,不再拘泥于世俗的偏见,活得自在。改革开放初期,受港台风流行,服装变样,时髦服饰成为宠儿。上海、杭州、广州成为全国女装潮流引领者,甚至审美标准的风向标。现在社会多元化,风格各异的服装已经符合大众审美。从传统的袍服包裹到轻纱薄装的外放,人们的精神思想和追求突变。现代的服饰或许在一定程度上反映年轻人的审美取向,也凸显经济富裕的自主地位,国泰民安,市场经济繁荣,物质充盈,穿衣打扮奠定在审美和流行的基础之上。服饰是文化的载体,也体现今人的审美需求和精神,突出反映个人内心的审美情趣。女子旗袍到了现代,由于融入现代立体剪裁技术和西式服装文化,样式不断推陈出新,比如开襟有如意襟、琵琶襟、斜襟、双襟;领有高领、低领、无领;袖口有长袖、短袖、无袖;开衩有高开衩、低开衩;还有长旗袍、短旗袍、夹旗袍、单旗袍等。旗袍风尚是中国传统服装的西化变异,既有西方流行的影子,又具有鲜明的中国特色,被现代人视为中国衣着传统的代表和中西交融的设计典范。

四、多样的服饰搭配

服饰是人们生活的一种符号,也成为一种文化的象征,不仅仅为了御寒,更重要的是打扮装饰自己,表现人的气质和精神面貌。现代服饰搭配不再仅仅是配饰,而是整体的美观,服饰打扮彰显的是一个人的内在美。追求美是人的天性,衣冠于人,其作用不仅在遮身暖体,更具有美化的功能,多样的服饰搭配尤为重要。

帽。宋、明时,男子二十而冠,戴圆帽冠。至清代,男子在冬寒时节大多数戴瓜皮帽(帽碗)。年长者戴风兜帽,老妇扎黑色包头,上插珠玉银饰。民国初沿袭清式风格,老翁、老妪冬天戴黑色风兜暖帽,前额缀银饰玉石,后摆玉饰装扮。后少数男子流行头戴学士帽(大礼帽)。孩童戴帽圈或狮子帽、公子帽、狗头帽,缀绣各种花纹银玉装饰,系扎镀金的八仙或"福""钟馗""寿禄""暗八仙"等,以及"长命富贵""金玉满堂"等银饰。雨天头戴大箬帽。50年代,风行蓝或黑色的解放帽,干部戴八角帽。70年代,盛行草绿色军帽、鸭舌帽。八九十年代,冬天里男女青年时兴自织的绒帽。近年,小孩时兴戴起清代帽碗,后留假辫。夏天戴以席草、蒲草、竹丝编织的各式凉帽,雨天少数农民戴箬帽。随着人们审美意识的增强,帽子除实用功能外,装饰要美化,不同样式色调,如单帽、粉帽、旅游帽、太阳帽、遮阳帽等,品牌繁多。

裙。民国间妇女服饰以上衣下裙穿戴,男子长袍马褂为服饰。马面裙,又名"马面褶裙",中国古代汉族女子主要裙式之一,前后里外共有四个裙门,两两重合,外裙门有装饰,内裙门装饰较少或无装饰,马面裙侧面打裥,裙腰多用白色布,取白头偕老之意,以绳或纽固结。至20世纪30年代,有绣花的马面裙逐渐在生活中被人们淘汰,取而代之的是喇叭裙、旗袍等。民国期间老年人还系染蓝土布围裙,至今还见于乡村。

发式。明代,成年男子在冬至及元旦束发加网、穿簪,读书人用方巾束系。清代,男子剃前额蓄发,后梳长辫,婴儿满月需剃头,男童发型前额留片发称"留脑丝发"。少女未婚垂发扎单辫,至出嫁时梳头挽髻。民国元年(1912),下令剪辫,城镇青年留短发、西式头,乡村中年以上剃光头、圆头、平头、小分头,山村尚有蓄辫盘顶老翁。少女脑后多剪成半月形,额前挂刘海,已婚女子盘"头髻",平时不插花,不贴云髻,时髦女子流行烫披肩长发,有刘海发、单辫或双辫。出嫁时,夹面毛、修眉毛并梳头挽髻插簪,老年梳头髻,插玉簪、银簪。民国后期,女生剪童子发式。50年代后,男子光头逐渐减少,出现三七分、中分等或平头式样发型,女子兴梳双辫。70年代,留短发者增多,有的两侧各梳短辫,叫"扎两记把"。有的在脑后将头发拢起。80年代流行烫发、流海式、披肩发、大包头。近年,少数男青年模仿西方,留长发,披头遮颈,年轻时髦女子剪男式平头或短发。青年和女子较流行染发,多为棕色,个别为红、蓝、黄等,部分老年男子和妇女白发染黑。年轻男子、女子发式造型更为多样,染发烫发种类繁多,用摩丝、啫喱水、发蜡等美发产品。

鞋。清代,大户人家男子穿三套头高底鞋,女子缠足穿菱形花鞋。民国时,男子穿黑色薄底低帮圆头布鞋,夏天黄昏早晨穿蒲鞋,女子穿绣花布帮鞋、橡胶底鞋,偶尔穿皮鞋。男人出远门,挑担上山穿稻草鞋和络麻鞋、棉丝织鞋,雨天穿竹箬鞋、木船、油靴、钉靴,橡胶套鞋稀少(雨靴)。60年代后,自做圆头布鞋减少,改穿军用解放胶鞋,雨天穿低帮橡胶套鞋和半筒套鞋,两边系松紧带布鞋及新颖皮鞋、旅游鞋、回力鞋。农民用废旧手拉车的外胎自制车胎鞋,至80年代初被解放鞋代替。90年代后,各种品牌皮鞋盛行,婴童穿薄衣布鞋,女子流行穿皮靴,冬天老年人穿保暖鞋。现男女青年人喜欢穿流行款式的皮鞋、皮靴、休闲鞋、运动鞋,夏天穿各种质地的凉鞋、拖鞋,款式新颖多样。

袜。清代,男子多穿自缝棉白土布袜,耐穿、粗糙、厚重,女子缠足用草蓝色或白色棉布脚纱裹系。民国时穿机织棉丝线(纱)袜。30年代,庙前街陈荷生开办袜厂,自制丝袜,销售当地。平民天热赤脚,有钱人家小姐穿长筒丝袜。70年代盛行夏穿锦纶袜,冬穿尼龙袜,女子穿连衣袜。80年代后,出现一次性尼龙袜、卡普龙袜。近年,中老年人喜穿棉织袜。冬天还有绒袜,婴儿穿绒织鞋袜。现今夏季穿袜根据服装款式、因个人习惯而定。

首饰。旧时女子十五而笄,发间插金银、玉簪、钗,或以茉莉、香草、栀子花等点缀。耳垂金耳环,手戴戒指、手镯,佩项链等,妇女头上包头绣花插珠钗,肩披云肩霞披。独子备受怜爱,戴耳环只戴独耳,娶亲时取下,至民国时依旧如此。1~5岁幼童戴"长命银锁"、"八卦银钱"、"青龙宝剑"、银项圈等。50~70年代,除部分小孩外,已无佩戴金银珠宝,兴戴手表、怀表。80年代改革开放后,金银市场买卖自由,妇女戴耳环、戒指、项链、手镯逐渐兴起,青年男子佩戴翡翠、金项链和金戒指,周岁小孩戴金手镯、金戒指、银锁链和七星宝剑、八卦钱等。

刺绣。旧时,台州生活着一群群绣花女,从七八岁就学习刺绣,就和绣花针、绣花线朝夕相处。女子未出阁前用心学习刺绣,她们在村口屋前搭架,飞针走线,绣花是她们的生活。结婚后仍然成为生活的一部分,一些人还以此谋生。压入箱底的绣品家家户户都有。清代绣品有的用金丝线,一般盘缠在围裙、帐沿、三寸金莲、上装、大裤等上做点缀。用金丝、银丝盘勒,花纹边线更衬托花纹的金碧辉煌,精致而华丽,璀璨而和谐。

肚兜。在宋代,又称抹胸,穿着后上可覆乳,下可遮肚,整个胸腹全被掩住,因而又称抹肚。平常人家多用棉制品,俗称肚搭,一般做成菱角,上有颈绳,穿时套在颈间,腰部另有两条带子束在背后。肚兜上针绣各色精美的刺绣。红色为肚兜常见的主颜色,均为年轻女子用。精美的肚兜还绣有各种花卉、鱼虫、瑞兽图案,除了传统的红肚兜之外,更有蓝、黄、白、黑、紫等各种花色的肚兜,棉麻织布柔软耐湿,真丝锦缎光滑细腻,紧身束体,斯文含蓄的女子风情顿成流行。肚兜在清代时广为流行,多为女性及儿童贴身穿用,夏天用纱、丝绸;冬天用缎面夹层,棉质防寒保暖,也可为男子们用。年轻的用红色底,年老者用黑色底,搭配得体。

　　童帽。童帽是中国传统刺绣文化的一部分,传世绣品大都是清代及民国期间的实物。按季节有棉、夹两种,整体构思活泼可爱,工艺小巧精致,含意深刻。幼童在新年或其他喜庆节日生日,赴亲走友,冬日保暖均戴童帽,以示喜庆、平安、祥和、吉祥、避邪之意,并增加节日气氛。台州地区童帽以虎头帽、狮子帽为多,有花帽圈、和尚帽、罗汉帽、状元帽、公子帽、狗头帽、银锭帽、蝴蝶帽等,帽额缀制珠玉饰物,造型有"狮子抻球"、"长命富贵"、"福、寿、禄、禧"。孩童戴帽,虎头虎脑,展示孩童的童趣天真。

第四节　纳吉迎福的行为习惯

　　台州地处浙江东部,保持了江南农耕社会的习俗,在一个以农耕文明为主的地区,无论是生产劳动还是日常生活,百姓对上天的敬畏之心始终不渝,希望一种超自然的力量来佑助自己,指点迷津。在生产中企盼风调雨顺、收获硕果,在日常生活中图个平平安安、大吉大利。因此,传统占卜、择吉活动在民间较为兴盛,而且在生产生活中占有相当重要的位置。新中国成立后,科学、民主之风兴起,逐渐冲淡了民间纳吉迎福的生活习惯。到了当下,科学和时尚的生活观念及习惯左右了社会特别是年轻人的生活,传统的以占卜预知祸福的习俗从日常生活中逐渐退出。当然,了解下传统的民间生活习惯也是好事,可以让我们能更深地体会传统文化的精华和糟粕。

一、形式多样的占卜活动

　　占卜,就是为推断吉凶祸福,借助某些器具或现象研究观察各种征兆来寻求信息或解答。在过去,可以说是一种较常见的文化现象。台州民间常见的占卜有祭祀、问卦、算命、测字、看相、问篙贝、求签诗、扶乩、看风水、捉惊、捉喜等。当一个人处于迷惘或绝望的时候,往往会借助外力,以占卦或者算命摆脱内心焦虑情绪。

　　民间"算命""测字""求签"等,可以说都是试图"转换"命运的一种心理慰藉。这些活动在民间从没有断绝过,在当代,借助于网络少量相关行业群和产业链正在浮现。算命占卜作为迷信活动在国家意识形态中缺少合法性,处于边缘化状态,像打卦、捉喜、捉惊等占卜类型基本已经消失。但作为既边缘又常见的民间信仰实践,于日常生活中又面临某些需求,民间占卜活动依然暗流涌动。

二、花样繁多的择吉习俗

台州的择吉习俗其历史已不可考,这是一项历史悠久且有着广泛民意基础的民间文化。在日常生活生产中,人们要进行重要事情都会选择吉日,经选定的最佳吉日称之为"黄道吉日"。选择吉日就是根据传统方法找寻诸事适宜的好日子,确定民间活动的最佳时间点,包括吉日和吉时。然后在吉日吉时启动诸如造屋、婚丧嫁娶等事宜。按照道家说法,在黄道吉日办事能充分把握天时、地利、人和的关系,达到天人合一、顺合天意、趋吉避凶、吉祥如意的结果。民间选择吉日,一般是翻看皇历或者请风水先生选定,这在农村老年人群体中仍旧较为流行。在乡村,人们对于婚嫁、盖房、乔迁新居等事务,择日还是十分看重。对传统保守的民众来说,认定择吉对自身的生活和生产会产生影响,能够趋吉避凶。

择日方法一般有三种。

第一,看皇历择吉日:皇历是历书,它融公历、农历和干支历等为一体。古时历书由皇帝颁布,所以人们把历书称为"皇历"。皇历内容丰富,包含天文气象、时令季节,为老百姓耕种提供恰当时机,包含日常生活中的一些禁忌内容,趋吉避凶。皇历主要内容为二十四节气,标注每天的宜忌、干支、值神、星宿、月相、生肖运程、吉神凶煞(黄道、黑道)等,为生活提供择吉参考。"黄道"意为吉日,民间称之为"黄道吉日"。"十二神煞"中的"青龙、天德、玉堂、司命、明堂、金匮"称为六黄道日,诸事皆宜,不避凶忌,吉祥如意,"十二值日"中的"除、危、定、执、成、开"为小黄道日。一个适合办喜事的好日子,就是民间所说的"黄道吉日"。其方法有两种:一种是先选黄道吉日,即所谓青龙、司命、玉堂、金匮、六神、明堂、天德等所在日子。老百姓办事出行往往翻看皇历,如遇吉日,则放心举事,出门远行。如遇凶日,一般安稳在家,诸事不兴。部分入台州的少数民族在择吉做寿时,根据寿星的辈分、岁数、属肖、年庚八字推算而定,如属龙的不能择虎日做寿,俗谓"龙虎斗不利"。

第二,看八字择吉日:根据不同人的八字、年岁干支,结合五行及黄黑道吉凶宜忌来确定。良辰吉日就是根据八字生辰和五行推算的,一个适合办喜事的好日子,就是民间所说的"黄道吉日"。

其方法有两种:一种是先选黄道吉日,即所谓青龙、司命、玉堂、金匮、六神、明堂、天德等所在日子。另一种是由八字择日,以生辰八字的干支信息为主,选出五行最佳的日子,对自身的运势有帮助,排除克、冲、害、刑。

第三,避开民俗忌日,旧皇历里面,皇历中的"黑道",意为凶日,认为犯之不吉。在历书中的每个日子的下面标有建、除、满、平、执、收、成、破、危、开、闭字样,就说明该吉日吉凶。与黄道吉日对应的是黑道凶日,也就是民俗忌日。在民俗忌日这一天不宜办任何事。大致说来,初、危、定、平、成、开为吉日,建、满、执、破、收、闭为凶日。择日时最好避开这些日子,否则诸事不宜。如建日:宜于建基立业、破土、开斧、开光、安座,此外一切均不宜。满日:宜嫁娶、祭祀,其他不吉。执日:适合造屋和装修,忌讳开市、求财和搬迁。破日:宜拆房子、求医看病、针灸治疗、求学考试,其他大事不宜。收日:宜收敛、索取、埋葬,此外诸事不宜。危日:可以安床、祭祖和祈福,但忌讳登山、乘船。闭日:忌嫁娶、拆迁、搬家、赴任等事宜。

黄道吉日就是诸事皆宜的好日子。民间遇上丧葬、嫁娶、出门、造房、开市和搬家等,往往看皇历或请风水先生择日,避开"黑道凶日",择定黄道吉日,上上大吉。

三、民间择吉形式

台州民间选择吉日比较普遍,主要有:建筑大事(奠基、动土建房、上梁、打灶、筑路、开桥);红白喜事:(定亲、送日子钱、乔迁、娶亲、做坟、落圹、出丧、祭祖、祭谱、拜老继爷);商业吉事(商铺开张、市场开业、出海、造船、出门做生意、拜师学艺)。

动土建房、上梁、打灶,对于一个家庭来说,是件大事,因此特别看重择日,一般到日子先生那里,报得宅主人生辰八字,选择建房动土、上梁的吉日良辰。在天台民间还有去庙里"求日子"的习俗,如遇家里打灶,会到九遮山的仙皇佛殿择日。报灶的朝向、主人的生辰八字,由庙里日子先生择日,然后,再到仙皇佛面前烧香燃烛求验,如果求的是上上签,就觉得此日得到仙佛肯定,也就放心了。如果是下下签,则要日子先生重新择日。

台州有着广阔的海岸线,渔民大部分时间是在海上闯荡,形成了对海的自然力的崇拜、敬畏,形成特殊的择吉方式。对于海边的渔民来说,造船犹如平原地区的造屋,是十分郑重的事情。起造之前须选择黄道吉日,用三牲祭祀天地神祇,以求保佑一切顺当。造船最后一道工序为"定彩",即在船舶头装一对船眼,装好时先用红布蒙住,俗称"封眼",船在下水前经祭祀之后再揭红布,俗称启眼。渔船出海生产,俗称"开洋",第一次开洋,必须选择吉日,用猪头供奉,敬请龙王。

在没有气象预报之前,海边的人们以潮来预测,因此有谚语:"天神未变,海选择知。"以潮涨潮汐来选择吉日行事。如盖房动土、上梁、造船摆龙骨、迎亲、出行、造猪栏、招魂……都要选择潮涨的时刻开始,相信以后的生活会像潮水一样后浪推前浪般的起涨;大年三十家家户户"谢年"祭祀活动,也选潮涨时候;潮有大潮、小潮,古历每月初一、十五为大潮,大潮中午潮平。农历的初七和廿二附近是小潮,渔民到海边用小船小网捕鱼虾,俗称"讨小海"。

男女结婚是人生大事,择吉日一般需要两次,即是定亲日子、娶亲日子。男女双方初步确定亲事,则是请日子先生择下日子,将聘金、聘礼送到女方家中。定亲之后一段时间,男方还要去日子先生那里择娶亲的日子,俗称良辰吉日,在两张红帖上写上迎娶的日子,一份自己留,一份送女方,叫起帖,俗称"送日子",送日子时随同红帖还要送去礼金礼品。

丧葬也是百姓人家的大事,如家里死了人,家人都要去"日子店",带去死者生、死的年月时辰,同时,又带上家里亲属的生肖,选择出殡丧葬的日子。"日子先生"根据死者的八字,选择吉日出殡,同时还要与直系晚辈生肖进行核对,必须避免亲属的生肖相冲,在黄纸上写出丧帖,丧帖上列死者生、死八字,小殓(指入棺)的日期时辰、出丧的日期时辰,与哪些生肖的人有冲等。丧帖丧葬择日,不仅选定出殡的日子,还有棺材落圹的时辰,以及忌讳的生肖。择日后,才可派人到亲戚家报丧。

上山伐木、开采石板(俗称打石板),民间都会选择黄道吉日,务办"三头六眼"(夹有猪尾的猪头、鱼、鸡)、香纸蜡烛到山神庙或是山脚三岔路口祭祀,祈祷伐木、采石平平安安。

商铺开业,选择吉日,企望大吉大利。店铺收拾一新,货品摆放齐整,店门口张贴"开张大吉",店主人与伙计穿戴一新,笑容满面。

占卜、择吉等习俗活动在台州乡村由来已久,已经成为一些人的生活习惯。客观上它寄托着百姓驱邪纳福的愿望,也增添他们克服困难、战胜困难的信心。但这种习俗迷信成分居多,与时代已经脱钩,所以在年轻群体中相信这种文化的已经寥寥可数了。

在地域文化中,民俗文化作为一种独特的民众生活方式而存在,它的功能所涉及的面非常广泛。衣食住行在历史发展中不是固定不变的,而是一个变化的过程,具有鲜明的时代和个性特征,而现代文明的进程逐渐让这些民俗丧失了它的个性。我们必须从历史的角度进行挖掘、追溯,描绘出前现代时期台州民间的社会组织方式、生活方式及其与之相适应的物质和非物质的民俗形态,继而在后现代时期保护它们,使之焕发新的活力。

第三章　海陆混合渔俗更显的岁时节俗

从距今约 10000 年的仙居下汤文化到距今约 3000 年的玉环三合潭文化，再到当下，台州文明走的是一条从陆地生活的农耕文明到海上生活的海洋文明。这种陆海生活相融的轨迹，不仅表现在它承继了博大的中华文化传统，也表现在融合同化中原文化的农耕文明和闽越的海洋文化，共同组成台州的民俗文化。在台州，9 个县市区有 6 个和东海相邻，几千年形成的陆海混合的民俗，成为台州民间的多色调生活主体，作为传统的农耕社会，稻作渔耕的生活方式依然浸润生活的日常，作为海洋大市，海洋民俗融入生活的点点滴滴。元宵、中秋的独树一帜，内含民情的文化意蕴；潮俗、渔俗更是勾连岁月沧桑；岁时节俗中祈福、娱乐特色更为鲜明。具有独特的陆海文明交互融合后的地域文化特征。

第一节　从陆到海的历史印记

一方水土养一方人。负山枕海的台州，自然而然地出现了靠山吃山的农民与靠海吃海的渔民，农耕文明与海洋文明由此产生。从远古的下汤文化到现在的海洋文化，台州人走的是一条从陆到海的生活轨迹。

一、远古的稻作文化

农耕文明可以从 4000 多年前的灵山遗址追溯到万年前的下汤文化，其特点有如下三点。

第一是依赖于土地。土地是农耕文明的支撑，下汤遗址考古挖掘出土的碳化稻米，说明约 10000 年前就有先民在台州大地上种植粮食，农耕稻作，产生了农业文明，也证明了该遗址是世界稻作文化起源地之一。先民不仅种植粮食，还为生存纺纱织布，从出土的纺织工具陶纺轮、制陶工具陶拍子等来看，远古先民已经在台州大地上种桑养蚕。而用作生活物品的有盘、罐、钵、盆等盛器，有鼎、釜等炊具，则反映出家庭生活所需。下汤遗址显示其已具远古定居村落形态。

第二是狩猎。在生产力极不发达的古代，狩猎是生活的又一依靠，狩猎工具有矛、镞（有铤和无铤两种）、流星索、弹丸。从网坠等形制石器分析，远古先民还会在浅水捕鱼。

第三是对可耕种物种的传承，特别是赖以生存的粮食作物水稻种植代代相传，即使到了当今，水稻依然是主要的粮食作物之一。除此，其他与耕种有关的科学技术知识积累方面的传承也是如此，比如生产生活方式的传承，虽经科学技术的发展，有改革创新，但先人的稻作模式在当下的生产生活中依然依稀可见。

下汤人已经走出穴居，从深山迁向平原，过起稻作渔耕的生活。他们以种植水稻为主，以狩猎、捕捞、采集为辅。他们还发展了纺织、制陶，农业和手工业成为生活的两大核心，开始出现剩余产品用来交换。

临海距今约8000年的峙山头遗址包含上山文化晚期和跨湖桥文化两个时期的遗存，出土的成器不多，器形主要有锛、斧、磨盘、磨球，少量石环、石片等，与下汤遗址有明显的承继关系，总体变化不大。

到了4000多年的灵山遗址，文化现象悄然发生变化，灵山位于路桥，是一处新、旧石器时期的村落遗址。有三个文化现象：一是生活陶器多，如夹砂红褐陶、泥质灰陶、印纹硬陶，大多破损，很少有完整器形。二是有生产工具。有石器和木器，和下汤文化一样，有石刀、石斧、锛、镞、砺石等工具，还有极少量用于生产的木器。三是有动植物遗存。有炭化稻谷、鹿角、酸枣等。特别是炭化稻谷，其数量较多，这些稻谷的形态保存良好，为4000年前的遗物。这些碳化稻谷为研究浙江史前农业演进过程提供了实物材料。发掘出的独木井筒尤为珍贵，这个独木井筒虽然不完整，但外壁局部还依稀可见灰黑色的涂料痕。这是浙江省内迄今为止发现的年代最早的整木木筒。另外，遗址处存在一些大小深浅不一的小洞，可能是遗留的古建筑遗迹，因为洞口大多为不规整的近圆形，很难辨别其真实的用途，据考古人员推测，可能是房屋建筑遗留的基础部分。这说明，那时我们的祖先已经有完整的容器和相应的建筑技术，比下汤文化有了长足的进步。

二、商周时期的陆海混合

到了距今约 2500—3000 年的三合潭遗址,已经出现明显的海洋风情。遗址地的玉环属海岛,雨水充沛,土地狭小,在遗址第二层发现有规则排列的榫卯结构干栏式建筑,这种房屋结构的作用是使房子与地面保持一定距离而达到有效的防潮,有效地利用空间,一房多用。遗址中基址保存良好,继承了河姆渡文化、马家浜文化、良渚文化的建筑传统,属于商周时期江南重要的古村落遗址。三合潭遗址上的干栏式结构稍不同于河姆渡文化、良渚文化。农耕文明时期的海边干栏式建筑可以是上下层,上层住人,下层用来养禽畜或堆放物品,初具海洋文明的特性。山坳是一块狭小的空地,它面对的是海和潮水,下层可吐纳潮水,不单是防潮湿。这对研究商周时期建筑有较高的科学价值。

玉环三合潭还有狩猎工具出土,除了石刀、石钺、石斧外,还发现了陶网坠、鱼钓、鱼刺、鱼钩等渔具。这反映了那时台州沿海实际上已进入渔业生产发展的初级阶段,捕捞工具也在不断进步。在以东瓯国文化为代表的先秦历史中,其遗址虽无像余姚河姆渡遗址那样出土为数众多的动植物残骸遗存,但东瓯的渔业文明要早于 3000 年前。远古时人民只能在浅水处叉击捕鱼,到先秦时代已能在水深处进行网捕作业,渔业技术上已更进一步。1969 年在温岭市箬横镇朝西村丈余深的淤土中,发掘出一艘新石器时代完整的樟木独木舟,长 7.2 米,船头有一方孔,船腹般宽处为 1.1 米,船舱留有火炖后挖去炭屑而成的痕迹。这是台州境内发现最早的新石器时代的独木船,表明台州沿海先民已掌握原始的造船技术。温岭新石器时代独木舟的发现,加上玉环海岛三合潭文化遗址 5 件有段石铸的出土(共分三式,最长达 21.5 厘米),说明台州在秦汉前造船业与捕捞业较之下汤文化已有长足发展,并进入航海阶段。

根据明代著名人文地理学家王士性的“人地关系”理论,一定的自然地理环境制约着一定的生产方式,一定的生产方式制约着一定的生活方式,一定的生活方式制约着一定的观念形态。这种人文地理的理论,同样适用于台州先民的“人地关系”与生活方式。

玉环三合潭遗址的地理环境是“依山傍水,坐北朝南”。三合潭遗址位于距玉环市约 2 千米处的一个面积约 4 平方千米的河谷盆地,三面环山,一面临海。该盆地系兰花溪、大福溪和龙潭溪三溪汇流冲积而成,为三面环山、一方平川之地。在此发现了干栏式建筑遗址。

台州先民的聚落遗址反映了当时人们的"环境观"：一是聚居遗址多为依山傍水之处，生存是先民生活的第一需要。依山傍水，既能解决生存的水源问题，又便于农业、采集和渔猎，以解决食物来源问题。二是聚落遗址多为江河、溪流的汇合处，仙居下汤、路桥灵山遗址、玉环三合潭遗址的聚落选址在河流的干支流汇合处，依水而生，出行运输能借助水上交通方式。三是遗址坐落多为山坳向阳之处，一般坐北朝南，已有东南西北的方位概念，懂得选择资源充足适于生存的依山傍水之地，居坐北朝南的向阳台地。生活宜居，交通便捷，避免洪水。

从玉环三合潭聚落遗址分布看，其村落选址是很讲究地理方位，为躲避台风侵袭，既靠近海边又三面隆起的朝南山吞是居住的理想环境，当时先民认为最好的位置是东面有山遮挡。一是环山能够抵挡避免台风和海浪的袭击，对房屋以及海湾里的渔船能起到有效的保护作用；二是环山的南面海滩往往比较平坦，便于停泊渔船，涨潮时便可入海进行海上作业；三是环山山坳和山坡上利于种植瓜果蔬菜等，补充饮食的单一性。这种理念得以代代传承，如今的海边渔村大多还是处于这样的环山之中。这是台州先民长期与自然界相处而得出的"天人合一"的环境观和长期累积的择居经验。

三、唐宋以来，走向海洋的产业

到了唐宋，台州还是两条腿走路，农耕与海作，海边的人家定居下来，山区的人家往海边及平原逐渐迁移，海洋更成为生活奋斗的场域。捕鱼、海上贸易、制盐等海洋习俗不断生发并得以传承。如在明代，台州沿海各港口都有造船厂打造战船和民用船只，水产品的加工开始商业化，渔行和商船开始兼营，行业加工与渔民加工并存。《嘉靖太平县志·食货志》称："太平无富商巨贾巧工，民不越乎以农桑为业。间有为贾者，盐利大，鱼次之，已而商次之，工又次之。"在诸多海洋产业中，捕鱼、海上贸易等在文中各有表述，在这里，我们继续阐述海边的另一个生活镜像——台州制盐。

清《盐法通志》载，唐代宗时，"天下有盐之县一百五"，台州有黄岩（含温岭、椒江、路桥）、宁海（含三门）2 县名列其中。唐贞元二年（786）已设监置官管理盐业。宋嘉定《赤城志》载："唐乾元元年，临海县设新亭盐监，址在县东南 60 里，今临海市玉岘乡新亭头一带。"代宗时，成为江南十大盐监之一。宋代有监有场，场归监管辖。太平兴国三年（978），玉环岛置密鹦盐场，属温州天富北监。咸平三年(1000),置黄岩监,监公署设迁浦(今温岭县高桥乡),故又称迁浦监,为两浙五监之一,管理台州盐政。元至元十四年(1277),改黄岩监为黄岩场监,隶两浙盐运使。大德三年(1299),改称黄岩场盐司,下设赤山、沙北、鲍浦等9仓、13团、51灶。明洪武元年(1368),设温台分司,民国初年设台州榷运局,9年改称台州盐务管理局,管理台州盐政。民国36年,黄岩场列为两浙四大盐场之一,年产盐3.19万吨,一般年景在2万吨左右。1957年7月,专署设立渔盐局,管辖温岭、黄岩、临海3县盐政。1958年,在三门县沿赤、玉环市垟坑、温岭县松门、临海县上盘兴建4个国营盐场。50年代,台州盐业得到迅速发展。70年代中期,全部盐区改为滩晒,长达千余年的手工制盐历史从此结束。80年代,盐业生产基本实现机械化,产量提高,1986年产盐19.28万吨,为历史最高水平。

而玉环玉城前塘垟发现宋代盐业遗址,可以印证台州盐业发展的历史。遗址面积共270m²,有方盐卤坑、形盐灶、石砌水池、盐灶、坯料坑等多处遗存,但是制盐技术属于滩晒。发掘的生活用陶器和制盐用具比较丰富,有陶支座、灶箅类烧土块、烧土支臂等制盐器具逾万件,遗址的生产功能较为完整;有部分龙泉窑青瓷碗、芒口碗、黑釉盏、缸、磨盘及砖瓦等各类生活用陶器,日常功能得以保障。本次发掘的最大价值是,遗址属于浙江沿海盐业考古的一次大发现,为宋代台州制盐工艺技术提供了实证材料。

元代割据一方的方国珍,控制着台州、温州、宁波等地,是元末最大的地方势力。方国珍出身于盐贩之家,尹守衡《皇明史窃·方国珍》记载:"方国珍者,黄岩人,其初杨屿盐徒也,臂力绝人。"[1]关于方国珍的家庭,《明太祖实录》云:"方国珍……世以贩盐浮海为业。""兄国璋、弟国瑛居台,唯以买田、造舟、殖货为富家计。"[2]

北宋词人柳永在《煮海歌》中写道:"年年春夏潮盈浦,潮退刮泥成岛屿。风干日曝咸味加,始灌潮波塯成卤。""潮盈浦",即指"大潮"时,海水通过大浦通道缺口漫入泥场,俗称"纳潮"。没有"海洋潮水"携带盐分涌入泥场聚集,煮海成盐,犹如"巧妇难为无米之炊",没有可能制盐。"潮水"小时,海水进不了江浦,盐民只得采用人工"纳潮",用水车将海水车进来。

台州制盐历史悠久。相传古时"煮海为盐",又称"熬波",意指火煎海水,使之蒸发浓缩直至成盐。宋时有刮泥淋卤、煎制成盐的记载。任海潮浸

---

① 尹守衡:《皇明史窃》卷三十,《续修四库全书》第317册,上海古籍出版社2002年版,第101页。
② 《明太祖实录》卷八十八,台湾"中研院"历史语言研究所校印国立北平图书馆藏红格本《明实录》,第1564、3697页。

没滩涂，日晒风吹，涂泥见白，即可刮取咸泥。宋姚宽《西溪丛语》载："予监台州杜渎场时，以莲子试卤……卤浮三莲、四莲味重，五莲尤重……若两莲直，或一直一横，即味差薄。若卤更薄，即沉于底，而煎盐不成。"煎盐多用铁锅，搭盖草房，筑煎灶，每灶 3 锅或 4 锅。每次煎盐约需 7 小时，每锅可成盐 30—40 斤。一昼夜可连续煎 3 灶。此法产量低，周期长，劳动负荷重，产制 1 担盐须经摊泥、刮泥、整漏等 8 道工序，往返肩挑百余次，故有"担盐百肩"之说。

历史上制盐有另外两种方法：一为炒盐。民国《台州府志》载："有用破缸块密铺涂上，汲潮水泼洒，旋燥旋泼，盐粒如霰。"二为岩头盐。浇海水于礁石上，日光曝晒，结晶成盐。新中国成立后很多地方废煎改晒，采用滩晒，台州海岸线长，滩涂广阔，日照时间长，雨季集中在夏季，是晒盐的理想之地。

滩晒工艺流程：

纳潮→一至八步或九步蒸发→调节饱和→结晶旋盐；

收盐→集沱→包装运输；

苦卤回收→盐化工厂。

不过随着国家政策的转变，盐业的管控，台州海边盐场已经全部消失，其传统制盐技术也随之束之高阁。

第二节　独具诗意的中秋节、元宵节

元宵、中秋是中国传统节日，正月十五庆元宵，八月十五过中秋，这是全国各地共同的风俗。可是在台州，却没有沿袭这种传统。庆祝元宵和中秋时间却与众不同，元宵节比别处早一天，是正月十四，而中秋节却比别处晚一天，为八月十六。《台州府志》说："元宵、中秋俗重十四、十六。"这或许是台州风俗非常有代表性的创意。

一、乡土与诗意混合的节俗

台州元宵节俗重十四、中秋节俗重十六。这种独具一格的习性来源于何处，意义何在，本土学者把民间传说、历史事件、风俗和节俗联系在一起，纷纷探究这一独特现象的成因。最具代表性的有 2 人，一是卢如平，二是周琦。

台州学者卢如平在《台州元宵中秋特别风俗考证》一文中详细列举了关于台州元宵节的 11 种民间传说,如孝子改节说、戚继光抗倭说、方国珍改节说、唐初筑城说等。他最后得出结论:台州元宵俗重十四源于"唐初尉迟恭筑城说"。后《临海揽要》一书,亦从此说。卢如平认为元宵起源正月十四,是唐开国大将尉迟恭坐镇台州扩建城墙,做成糟羹,完成筑城任务。台州民众为纪念此事,将元宵提前一天,改为正月十四,并家家户户制作糟羹,相沿成俗。在考证中秋节八月十六起源时,他认为:方国珍控制着台州、庆元(宁波)、温州三路,成为元末反元的核心力量。方国珍是孝子,对母亲极为孝顺,方国珍起义后,其母病故。方国珍感念母亲,所以下令台州、温州、宁波三地将中秋节由八月十五改为其母的生日八月十六,相沿成俗。①

但这个结论起码有几个问题还需要考证清楚。一是尉迟恭筑城说。遍翻史书,没有历史记载,台州府城墙始建于东晋,是郡守辛景在临海大固山筑子城抵御孙恩,到唐朝初期,临海升为州治,行政等级得到提升,城郭规模得以扩建。但当时朝廷是否派员修建,找不到记载,尉迟恭到台州仅是民间传说,如何把民间传说与考据结合在一起,这是要解决的问题。二是糟羹起源说不确定。如果是尉迟恭筑城时意外做成的美食,且得到民间肯定,那后来的诸多传说就不会产生了。现实的情况是,现在主流的糟羹传说大多和戚继光搭上关系。如《三门县志》也有记载:明代,倭寇侵扰沿海,台州是重灾区,抗倭名将戚继光浙东抗倭重点是台州,九战九捷大败倭寇,但正月十四这一天战事失利,退至三门的仙人洞,粮食匮乏,当地的老百姓自动凑集许多蔬菜,然后切碎,杂合一起放进大锅里加粉糊一起烧熟,送给戚家军,这就形成了后来十四夜吃糟羹的习俗。临海的传说也是老百姓想要犒劳戚家军做成千家饭叫"糊头羹",亦即"糟羹"。到底哪个起源说更贴近历史,也没有明确的说法。三是方国珍改节说无法考证。当年方国珍控制着台州、庆元(宁波)、温州三路,如果方国珍想改节,那三地就会全部改,但台州、宁波中秋节是八月十六,而温州中秋节是八月十五,即使在台州,其中仙居县的中秋节时间在八月十五日,方国珍改节说似乎不全对。

台州文化研究中心周琦认为用民间传说来"考证"民间传说,其"考证"结果,必然是毫无史实依据的"不经之谈"。他首先考证了中国元宵节起源的三种传说:一是供奉天神太一神说;二是东汉明帝"燃灯表佛"说;三是道

---

① 卢如平:《台州元宵中秋特别风俗考证》,《台州学院学报》2010 年第 5 期。

教上元天官赐福说。然后他认为："台州元宵'俗重十四',实寓'思明'之内涵;台州中秋'俗重十六',实寓'思明'之意蕴。"①他考证认为:台州最早记载元宵"俗重十四"、中秋"俗重十六"的是康熙《天台县志》卷一《风俗》:"元夕张灯,起十三,终十八。官府弛禁,俗重十四夜……中秋俗重十六夜,召宾以观月华。"②由此可见,台州元宵俗重十四、中秋俗重十六之风俗,最早形成于清初顺治年间。并从当时台州发生的 5 件大事(鲁王监国;台州白头军起义;郑成功三进台湾;台州青衿之厄;沿海迁海)概括,其实质是明末清初浙东沿海"反清复明"斗争与"怀明国殇、勿忘华夏"的"思明"与"复明"思绪的体现,同时他认为:从民俗学原理看,风俗形成是一种特定的文化现象,需要士绅的倡导、民众的认同、时间的持续,方能形成某种民俗。而"怀明国殇、勿忘华夏"之思绪主要通过更易节涵、凭吊忠烈、设立政区三种方式来进行。台州元宵俗重十四、中秋俗重十六之风俗即是更易节涵的结果。

周琦先生从史料出发分析说明,旁征博引,相关考证已较为深入,具有学术深度和历史感。我们知道,"怀明国殇、勿忘华夏"的思明之遗风在当时的台州确实盛行,影响了当时社会风气,这与地方史志记载的"元宵俗重十四、中秋俗重十六"时间节点有吻合之势。但这种吻合有偶然因素,二者没有必然的联系,起码台州这两种节日的节令时间肯定不是源于清代。在记载中,中国过元宵节唐代以前即有之,据《元明事类钞》卷三《十夜灯》引《帝京景物略》载:"上元三夜灯始于唐,五夜灯始于北宋,六夜灯始于南宋,而十夜灯则始自明代也。太祖建南都放灯十日。今北都灯市起初八,至十三而盛,迄十七乃罢也。"唐代元宵节假期为三天,可以肯定元宵节唐代就已经有了。台州元宵题咏最早见于南宋初。王之望《汉滨集》卷二《谢景思惠酒并二绝,时宗守邀看上元,景思不至次韵》其二云:"使君高会著幽人,灯火元宵醉夜分;博士从来文字饮,不妨聊复醉红裙。"而到清代台州才有明确的元宵节史籍记载,那说明是我们还没有发现台州的清代以前记载史料罢了。其实,光是社会盛行的思明之遗风还不能推动节俗的变革,真正能推动节令变革的是诸多因素影响而成。所以周先生的文章缺少"怀明国殇、勿忘华夏"与台州元宵、中秋节日时间的内在逻辑联系的证明材料,无法据此证明民间遗风如何和改节构成必然的联系。我们不能根据相关历史事件和民风变化的表象来证明改节,而要着重从政令、社会大变革、宗教和信仰、民间积久思变的风气等角度思考节日的更替现象。其中还有一些疑惑需要表达:一是

① 周琦:《台州元宵"俗重十四"重考》,《台州晚报·人文周刊》2014 年 9 月 8 日。
② 李德耀、黄执中编纂:康熙《天台县志》十五卷,清康熙二十三年(1684)。

"思明"与"复明"思绪为什么在其他节日未体现,如清明节;二是台州的"怀明国殇、勿忘华夏"为什么偏在十四、十六日,这两个日子蕴含的特殊意义是什么? 三是十五这一日难道就不能"怀明国殇、勿忘华夏"吗? 四是清初的五大事件与节俗改变有没有必然或重大关联? 这些都有待后人进一步考证。

二、传说的版本

其实,台州还流传另外 3 个版本。

版本一,方国珍防敌改节说。元末明初浙东农民起义军领袖方国珍率军占领了台州、庆元(今宁波)、温州。元宵、中秋老百姓要热闹过节,为防止官兵利用节日义兵懈怠时偷袭,于是暗中下令改节,将元宵节提前一天为正月十四,中秋节延后一天为八月十六。

方国珍纪念生日改节说。传说方国珍的夫人董氏生日是正月十四,为庆祝和纪念夫人,方国珍下令把元宵提前一夜。

版本二,孝子说。明代,临海历史上三大状元之一秦鸣雷下令改节。秦鸣雷 27 岁中进士,传说其年会试季时值大旱,明世宗登坛祈雨,听到第三名叫"鸣雷",认为上天明示祥瑞,这是下大雨前兆,因此便"顺应天命",定下状元。秦因一岁丧母,五岁丧父,由伯母(继母)杨夫人抚养长大。孝心极重,因伯母信佛,初一、十五需吃素,所以就将元宵提前一天,中秋推迟一天。台州民间流传:"十五月亮十六圆,台州百姓庆团圆。竹枝歌词到处唱,民间争说秦状元。"可能与此有关联,现临海西门街留有状元第。

版本三,戚继光抗倭说。相传戚继光正月十四带兵进驻临海桃渚城抗倭,军粮匮乏。解粮官张里道就下令把剩余的粮食磨成粉,放入蔬菜、瓜果、肉类、豆制品等,和着水在大锅里搅拌成糊状,多味混杂,风味绝佳,后称之为糟羹。在桃渚城大败倭寇后,临海百姓感念戚继光为他们赢得平安,于是就把元宵改为正月十四来纪念戚继光,糟羹也成为临海元宵节家家户户必吃的传统食品。

但无论如何,台州元宵俗重十四、中秋俗重十六,显示出台州独特的民俗,元宵节大家吃汤圆,意为团团圆圆,台州人吃糟羹,讲究和合。《万历黄岩志·序》记:(台州人)"民静而安,俗朴而俭。闾阎礼让,不混官司。"[1]和

---

[1] 台州市黄岩区地方志编纂:《万历黄岩志》,中国文史出版社 2012 年版,第 1 页。

谐宁静，和睦平安，这就是台州民间生活，这种民俗形态沿袭至今。

第三节　仪式万千的海洋渔俗

地处中国东南沿海、长江三角洲南翼的台州市是一个典型的海洋大市。大陆海岸线和海岛岸线长度位居全省前列，在这样一个有着丰富的海洋资源、浓厚的海洋习性的区域，台州渔民的日常生活和海洋密不可分，海就是他们生活的一部分。在这种环境影响下形成的民俗，也被深深打上了海洋的印记，渔俗成为海边人生活的一大根本，极富海洋特色的习俗就在生活中沉淀和生发。

一、渔俗，渔民生活的色彩

台州，有大半濒临东海，九个县市中三门、临海、黄岩、温岭、玉环都有渔区，尤以玉环市渔区最广，从事渔业生产的历史已有几千年。王士性说："明，台滨海郡邑，乃大海汪洋，无限界中，人各有张蒲系网之处，……拦截津要处而捕捉之，……东南境界，不独人生齿繁多，即海水内鱼虾，桅柁终日何可以亿兆计，若淮北、胶东、登、莱左右，便觉鱼船有数。"[1]他认为明代台州海边人多，海上渔船多不胜数，而辽宁、山东、江苏北部渔船就屈指可数，台州渔业高度发达。徐荣在《纪恩诗摩崖题记》中写道：（玉环）"其民甚厚朴，所食皆自耕，三时亦讨海，耕渔以为生，食乃薯之丝，人丝而畜茎。"由于环境封闭，民风偏于保守，习俗不易多变，长期自给自足的状态，加深了民俗文化的固化状态。王士性在《广志绎》中说："海滨之民，餐风宿水，百死一生，以有海利为生不甚穷，以不通商贩不甚富，闾阎与缙绅相安，官民得贵贱之中，俗尚居奢俭之半。"[2]台州渔民与海搏斗，死生由命，渔业兴旺，不愁生计，渔俗发达。

（一）海上作业习俗

"靠山吃山，靠海吃海"，渔民出海就以船为家，靠网捕鱼，海上凭风航海。在茫茫大海中，渔民们靠智慧和勇气搏击风浪，与大海这个"宝藏"或

---

① 王士性：《广志绎》，上海古籍出版社 2013 年版，第 82 页。
② 王士性：《广志绎》，上海古籍出版社 2013 年版，第 77 页。

"魔鬼"周旋,与海洋鱼儿斗智,海边、岛屿成为渔民的繁衍生息地。世世代代靠海过生活,积累了丰富的生活知识、海洋知识,逐渐形成独特的海洋风情和海洋习俗。

台州的海洋渔业历史久远。在古代,海洋中的鱼类就是台州沿海渔民赖以生存的必需品,《博物志》说:"东南之人食水产……龟、鳖、螺、蚌以为珍味,不觉其腥臊也。""东海有物,状如凝血,从广数尺,方员,名曰鲊鱼,无头目处所,内无藏,众虾附之,随其东西。人煮食之。"①而海洋捕捞成为渔业生产中最主要的一种经营方式。1969年,温岭箬横镇朝西大队出土的新石器时代的独木舟,说明台州海洋捕捞历史源远流长。台州造船历史已达数千年,为台州渔业生产提供了核心工具。据陈其恩《温岭海洋文化》考证:早在唐太宗贞观时发江南12州工人造大船数百艘,台州是"江南12州"之一。明清时期,台州的渔业生产就成为一个重要的传统产业。海洋和滩涂面积巨大,依山傍水,海产品资源丰富,种类繁多,这些有利的条件使得台州渔业生产的发展有了广阔空间。

传统渔业以延绳海钓和近海捕捞为主,一般需要多人合作。由于海上作业非常凶险,需要大家精诚团结共渡难关,在长期的生产实践中形成以船老大为中心的海上作业体系,为能平安归来,产生诸多海洋仪式,一些有价值的独特习俗,至今依然生生不息。而有一部分习俗带有明显迷信色彩,虽没有保留价值,但经过改造,剔除其迷信成分,保留其消灾避凶,祈求平安、丰收的生活本意,还是可以作为传统民俗加以保护和传承。

为生活自然要适应自然环境或地域气候的变化,在不同的季节捕捞不同的鱼,并且用不同的网、不同的捕捞工具、不同的捕捞方法,由此形成了不同的渔业文化。譬如台州人捕带鱼,就使用一种特殊的红头船。这种渔船是对船出海,分网船、偎船(也叫娘船),用的是裤脚网,涨水落水都可作业,但捕网要放顺流。捕鱼时,偎船、网船各执一只裤脚网,网船把网绳抛给偎船,准备捕鱼拔袋时,偎船在裤脚处把网抛还给网船,最后由网船渔民起网、捕鱼、归仓。这种捕鱼的方式就是台州特有的。

在台州的渔民中有一种是运用"延绳绠线"吊捕鱼的,叫做"小钓渔民"。他们的生产方式叫做"小钓作业",船具也就称为"小钓船"。

小钓作业是东南沿海一种古老的传统渔业生产方式,传入台州已有四百多年历史,尤以玉环市坎门区和温岭县的石塘、箬山等地最盛。由于生产

---

① (西晋)张华《博物志》卷三《异鱼》。

方式的独特,在几百年的生产过程中,小钓渔民也就逐渐形成了自己独特的生产习俗。拥有钓船的渔户称"头家",以约请的方式雇佣船工(伙计),约请后由头家请伙计吃饭,叫"结绳酒",然后合伙海上小钓。以"一风"("一风"指一个钓期,大约 5 个月)为周期,"一风"之内,这是一个紧密的团体,头家不得辞退伙计,伙计不得擅离职守。即使家有老人身体不好,或新婚,或受到官府传讯,或服役,也得先出海,不得缺席,谚称"官令不如讨海令"。

据《玉环厅志·物产篇》记载,过去小钓作业生产工具简单,较为原始,只"用网绳一根,套竹筒浮泛水面,缀小绳一百二十根,每绳头拴铜丝一尺,铜丝头拴铁钩长寸许,即以带鱼切片为饵,未得带鱼之先则以泥鳅代之,钓期自九月至二月止,谓之鱼汛"。

大约到 20 世纪 30 年代,小钓作业的工具才开始有了改革,采用连结移落的"延绳绲线"。这种生产方式是每只船备有 5—12 篮绲线,每一篮系40—60 根细延绳(方言称"什子"),延绳上系着铜丝和钓钩。在细延绳和细延绳之间有木浮子,浮子下面挂着小堕石,用来调节水下绲线的平衡。各钓船一般都备有数篮至十数篮单元的绲线,每一单元之间还有一根粗的棕绳,用小毛竹尖扎系成各种形状的棕榈片,代替过去浮在水面的竹筒,用来表示顺序号码,棕绳还可以随意调节绲线放置的深浅。整套的钓具放入海中以后,任其随流浮移,渔民一边驾船前进,一边拉起绲线检收上钩的鱼类,然后再在钓钩上搭上新的鱼饵,重新放入海中。如此昼放夜收,反复多次,往往就能钓捕到大量渔产。

到了 20 世纪 60 年代,小钓生产的工具又有了进一步的改进,木浮子改成了塑料浮子,苎麻绲线、什仔、浮标棕绳改成了塑料绳或尼龙丝绳,铜丝改成了耐腐蚀的优质合金丝。

其分红方式,以正宗渔货(捕蟹船,蟹是正宗渔获,其他的是副产品;捕带鱼的带鱼是正宗渔获,其他的是副产品,余同)所得净利为基数,头家先取50%红利,然后将另一半的 50%红利按船、网渔具、伙计各分一份,走台半份分红。其余副宗渔产,称"私脚",按人平分。船上食规,早餐务饱,中餐简便,晚餐丰盛,以适应繁重作业。

渔船为渔业生产的主要工具,是渔民赖以生存的依靠,渔民造船犹如农民造屋,是十分郑重的头等大事,历经安放龙骨、组装骨架、上船外壳、安驾驶舱、粘船等五道工序,技术难度高,需要木匠、铁匠、粘匠等技艺精湛的师傅精心制作。开工"压底"(即落"龙骨",整艘船最重要的工序)时,船主要先找风水先生根据船主的生辰八字选择吉日时辰,这个吉时以吉日涨潮时为最佳。吉时一到,用三牲祭祀天地神祇,以求保佑一切顺当。新船的骨架搭成后,造船渔民便找一块小木头,在木头上挖一个小穴,把铜板、铜钱或银圆放入,这是作为船的心脏的,俗谓铜或银能镇邪驱灾,然后用铜钉把这块小木头钉在水舱里。再将一块块长木料放在火上烤或者放在一个长长的铁桶内进行熏蒸,使之弯曲,才能安装在船的外壳上。造船有"头不顶桑,脚不踏槐"的说法,船头绝不用桑木,"桑"与"丧"同音,犯忌讳不吉利;槐木为福气的象征,决不能任意踩踏,否则将会招致祸患。粘匠制作麻板粘船挤缝,就是将麻、腻子、桐油按一定比例和在一起,把骨架和木板之间的缝隙挤实挤满,保证下海不漏水。造船的最后一道工序为"定彩",即在船头装一对船眼。装好船眼时先用红布蒙住,俗称"封眼",船下水前经祭祀之后再揭开红布,称"启眼",然后送船下水。传说船眼能洞烛海底,探索鱼群,装船眼时稍有不慎,将直接影响该船今后的捕获。启眼后的渔船下水时,要行祭礼,在船眼内放置一块银圆,象征渔船出海有鱼有钱,像银圆一样光亮,像大海一样富足。渔民祭海时,三牲齐备,鞭炮连天响,祈求海上兴旺发财。要准备酒席招待伙计及亲友聚餐,向造船匠人及船老大敬酒。有主祭者高唱:"一把金钱抛进舱,马鲛鲥鱼尽船装;二把金钱抛上梁,金银财宝动斗量……"

(二)渔获贸易习俗

海上作业又产生了两种贸易,一是海上贸易,二是市场贸易。

台州海上贸易历来较为发达。古代这些商船不仅有来自本地的,还有来自上海、温州、宁波的,它们大多进行鲜鱼直销和加工储运,远销各地。海上贸易还有一种交易方式,就是本地的小商小贩和沿海居民,在江海上直接同那些小渔船交易。有以物换物的,如四五斗米换一百条鱼,或几匹布换若干条鱼,也有直接用银圆购买的。这种交易虽然量小,但是存在的时间长、范围大,至今我们仍能看到这样的交易方式,只是没有了以物易物,用现今的人民币取代了传统货币。

而市场贸易则更为发达。所谓市场贸易,即"坐商"与"摊贩"在约定俗成的时间和场合进行交易。"坐商"就是渔行、小店,"摊贩"就是逢地设摊的小本经营者,他们手提肩挑四处赶集、走村串巷进行贸易。据考查,1947年,仅三门县就有渔行(店)19家,渔栈14家。如海游镇下街头就有信记、巨丰、立生等渔行(栈),除了经营鲜鱼货,还经营白鲞、虾皮等海产品,销往甬、台、温、沪、杭等地。这些渔行,大的有伙计十多人,最小的也有八人,是当时县财政收入和慈善事业经费的主要来源之一。

唐至明代,台州制作的石首鱼鲞(黄鱼)作为珍贵礼品馈赠朝廷大员。松门制作的黄鱼鲞,从选料到剖、腌、洗、晒、包装、贮藏每个工序都有严格要求。千百年来,是松门白鲞带动着松门成为"鱼鲞之乡"。

(三)海洋祭祀习俗

海上讨生活因为朝不保夕,在大海上缺少救助,渔民们祈求平安和丰收的愿望非常强烈,特别是遭遇巨大灾难而又无法抗拒时,恐慌、害怕、危机感随之而生,这就产生了海神信仰,从人面鸟身的早期海神逐步向鱼司、海神、龙王、妈祖、地方海神和专业海神流变。旧时,台州沿海渔民从事海上作业,因条件落后,渔具渔船相当简陋,难以抵御海上风浪,时常发生船毁人亡的悲剧。加上海上生活和作业的不稳定性,出海一趟往往险象环生。俗话说:"出海人是一脚踏在棺材里,一脚踏在棺材外。"家人因此经常提心吊胆,祈盼家人出海平安,由此各类信仰及祭祀活动应运而生。同时,沿海渔民也对管理水域或与水域有关的神祇进行崇拜。大陈岛建有鱼司庙,在特定时期内举行祭祀仪式,如庙祭、滩祭和水祭等。

台州渔民祭祀的海神主要有:海龙王、鱼司爷、船关菩萨、观世音菩萨、船龙、妈祖、关羽、平水大王等,这里的平水大王其实就是大禹。祭祀的方式有祭神、祭海、祭网、祭船、祭彩、祭猪、祭鱼、祭酒、祭风、谢洋、船做水头、点天灯、放水灯、占卜、叫魂等等。台州渔区的各个主要渔业呑口一般还设有一座庙宇,叫做"娘娘宫"。渔船避风或随渔汛驶进呑口,都要备礼致祭。这些庙宇中奉立的不是观世音,不是花粉娘娘,也不是陈十四,而是一个闽籍的少女,就是先前说到的"天后"。传说这个少女真有其人,她原籍福建莆田,姓林,排行第三,她的生父和两位兄长在湄洲湾海面捕鱼,遇风翻船。林氏女悲痛欲绝,强烈的救父意愿产生了神力,看到父、兄随波浮沉的身子,便腾身到海面,口衔父亲项背,手携两位兄弟,使其超脱。此后,她成了神,穿朱红色的衣服,乘云驾雾,在海面上巡游,解救遇难的渔船。

到了除夕,渔民们不管出海的或者没有出海的,都要赶到海滩的呑口,进行祭神,俗称"谢年"。谢年要准备猪头、羔羊等五牲和极丰盛的肴馔。所祭祀的神是海神,表示渔民对海神的还愿。祭祀仪式极其隆重,海口上,鞭炮成天不息,香烟缭绕,纸灰飘扬。祭过海神以后,再将祭品移至"三官庙""天后庙"祭祀,仪式和祭海神相同。祭祀结束,船上的伙计和亲戚一同享用祭祀剩下的肴馔,认为吃了这种肴馔大吉大利,可保明年出海安全,喜获丰收。

渔船出海生产,要祭海,俗称"开洋"。第一次开洋,必得用猪头供奉,先向龙王行贿、讨好,以求宽恕。一汛结束也用猪头等祭品感谢龙王的馈赠,俗称"谢洋"。否则,下一次龙王就不给鱼虾了。

下海前还要用"银汤"浇淋船眼,俗称"开船眼","银汤"就是水中放银圆然后烧开。"开船眼"后再用"银汤"淋船头、左右舷、帆、舵和橹。

渔民在船上、家里都供奉神像,祈求神灵佑护,遇神道开光之日,在寺庙前搭台唱戏。可以是庙祝出资,也可以渔民自筹。短的3天,长的7天。还举行各种仪式,祈求平安和丰收,椒江在大暑节举行送五凶出海的"送大暑船",温岭石塘在元宵节出海前举行抬火镬,扛台阁,舞起"大奏鼓",玉环坎门傲龙渔灯不断秀出新愿景。

旧时渔民为防止起网时网眼勾住纽扣发生意外,故上身穿大襟布钮衣衫,下穿裤脚肥大的灯笼裤,一说为小便时裤脚可以一捋到底,不受阻。为防止海水腐蚀,渔民习惯将衣衫染成酱色防腐,俗称"榜衫"。渔民的灯笼裤考究者也有裤脚绣图案的。渔民下船夏日赤脚,冬穿芦花蒲鞋防滑,雨天披蓑衣,戴斗笠。近年渔业机械化之后,此种服饰正在改变。

救险。渔民有在海洋上义务救险的好习惯。不论何人落海,均奋勇竞往抢救。如遇浮尸,亦要打捞。捞尸体称"捉元宝"。渔民称海上的死人为"上大"。在海上捕捞的渔民,凡遇上海上有男尸而背向上,无论认识或不认识,都要把他拖到就近海岛或陆地给予安葬。而遇到面朝上的,称为"日出上大",此人在生时心地不善良,有"反骨",表现不地道,则不予理睬,只能让他葬身鱼腹。而遇到女尸,恰恰相反对待。出海作业如遇漂尸,无论汛情如何,必先送尸回港。

渔民出海前都要备一些腌菜、咸虾叽,在没有捕到鱼前当菜蔬。打上第一网鱼后,鱼就是他们的盘中餐。一般来说,每餐只能是一种鱼,鱼放在锅里烧,只是加点盐、水、豆瓣酱,没有油,清煮就餐,根本谈不上烹饪。一锅鱼大家围起来吃,每人只吃自己前面的鱼,筷子伸到别人前面去夹鱼是不礼貌的表现。在船上吃饭,座位都是固定的,老大坐首面(即东一位置)。船上烧鱼都带鱼头烧来吃,吃鱼时不能挖鱼眼,吃完上半必须连头带骨夹去,再吃下半。渔业集体化后,船上吃鱼时把鱼头切下来,只吃鱼肉,鱼头带回来给家人和小孩吃。

二、禁忌，渔民生产的休止符

渔民大部分时间生活在海上，颇多风险，海边流传这样一首民谣："茫茫大海没有边，孤舟无依浪里颠，脚踏船板三分命，七分交给龙王管。"为保平安、图吉利，长期以来形成了对自然力的崇拜、恐惧和敬畏，于是也产生了种种言行上的自我限制、约束，唯恐言行不慎招致祸患。水上作业，使人们对船、网等捕捞工具结下了不解之缘，围绕着对劳作工具和劳作方式的迷信以及语言和信仰的求吉避凶意识，产生了许多特殊的习俗与禁忌。渔船出海要择日子，"初五二十三，神仙出门掣空篮"。每月初五、二十三这两天不能出海捕鱼。出海上船后不能穿鞋、不能洗脸。外人脚不洗干净不能上船头，开船时不准讲话，更不准问到哪里去和什么时候到等类话。妇女不准坐船头。舀去船舱里的水，不能叫"刮水"，要叫"舸水"，因为"刮"意味着刮风掀浪。渔村骂人最恶毒的话语是"挖海底泥"，意思为葬入海底，除非仇深如海，这句话一般不能出口。

渔家有吃鱼怕"翻"的习俗。吃鱼时从不将盘中之鱼整条翻转，因为渔民在海上最担心的就是翻船，最希望的是船只平安归来，随意行船忌说"翻"，这是大忌；吃鱼时要先吃鱼头，意为一帆风顺，不得先挖鱼眼，挖鱼眼对出海不利；船上的碗、酒杯、汤匙甚至脱下的帽子均只能仰放，忌反扣，反扣使人联想到翻船；不可用锅铲戳饭焦，不许用筷子在船板上顿；渔人不准将筷子搁在腕上，忌讳船搁浅；渔船出海打桩，不能坐在桩堆上吃。船头不许撒尿，出网时不许大小便，因为船头是整条船最神圣的部位。帆船与翻同音，所以帆船叫做篷船。

如捕鱼时捞到人或动物骨头，禁忌丢回大海，而要捡上岸放在"万福公"；忌女人走上船头，有些船干脆不许女人上船，俗云："雌鸡上不得台盘，女人上不得渔船"；忌将两脚挂在舷外坐在船舷上，说水鬼看见人脚就要抓下去替换自己……

渔民认为蛇为海神化身，不能得罪，渔民忌打蛇；禁向邻船借物，意谓不夺别人财气；而当邻船缺乏淡水或其他必需物资时，则会主动给予帮助。接受帮助者有所回赠，一根木柴亦可。

俗语："脚踏船板三分命。"每次出海，渔民在海上生活少则7—15天，多则经月有余，日子长，海况复杂，又没有现在的天气预报，全凭经验海上捕鱼，风浪和险情无可难免，严重缺乏安全感，为保平安因而产生各种禁忌，其中翻船是最大恐惧。如在讲话方面,不说带有翻、打、碰、漏、倒、扫、顿、触、死之类的话(含同音字),按通例将讳字改读或改称,有独有切口。

例如:扫帚—夫老爷刀

　　　矮凳—狗儿

　　　镬盖—镬遮

　　　镬焦—饭白

　　　饭焦—饭连

　　　斧头—快口

　　　柴爿—柴彩

　　　淘水—康潮

　　　水—青山

　　　碗—生存

出海捕鱼禁忌习俗形成的原因,主要是人们缺少对自然的了解,产生对自然灾害的畏惧、对平安生产和渔业丰收的祈求。旧时台州渔民开着自制的渔船,拿着简单的生产工具,在缺乏必要的气象预报条件下,全凭船老大和有经验渔民的指令,在茫茫大海上捕鱼讨生活,这种生产堪比虎口夺食。大海变幻莫测,人与大自然的直面对抗,如果聚焦大海的变幻莫测,那渔民的智慧和力量在其面前几乎可以忽略不计,因而大小海难时有发生。最主要的海难是遭遇大风浪,在碰到大风浪时,因为渔船小,所以要头顶着风浪前行,慢慢摆脱险境,如果顺着风浪或横穿风浪,那船翻海底是大概率的事件。渔民既感恩大海的慷慨赐予,使得生活年年有余,又惧怕大海的暴戾无情,葬身海底,逐渐在生产和生活中形成了许多禁忌,并进而演变为一种约定俗成的规矩。禁忌不全是迷信,也有渔民生活真实的一面,从生产安全和谨慎行事的角度看,一些禁忌还是有一定积极意义的。

随着现代技术的不断发展,机械化、自动化、智能化的大型的钢质渔轮和运输船替代了过去的木质船,国家又提供准确的天气预报,海上还有救助船只等,渔民出海方式和生产技术实现了现代化。但是,很多流传民间的海洋禁忌习俗至今仍被渔民所继承,在渔区流行。虽经过千百年的演化,有些消失,有些被继承,至今成为民众生活的一部分,有些经过创新改造焕发出新的光彩。实际上,无论禁忌习俗如何演变,海洋禁忌习俗都隐含了渔民们祈求平安、趋利避害的心理。

三、百色花样，渔俗举偶

（一）台州潮俗

日落日出，潮去潮来，"潮水"涨落有定时，准时守信，又称"潮信"。台州位于中国东南部，三面是海。人们整日里看到的，是潮汐涨落；听到的，是浪涛喧哗。因此，许多风俗与潮水有关。台州和舟山流传一谜语："稀奇勿稀奇，一日来两次，来了又回去，明朝（早）再回来。"（猜一自然现象）谜底：潮水。

昔日无动力的木帆渔船，就靠一张帆和一支橹，航驶全靠自然气象的恩赐，风向风力和潮水（潮流）流向，左右着渔船的航行安全和行进速度，因此作为一船主心骨的船老大，均具备识别气象和潮水的智慧和本领。

鱼虾蟹一般随着潮流跟着感觉走，渔民只要看看"潮水"，就晓得鱼群去哪儿了。鱼随着潮，人跟着鱼。这就有了"鱼随潮""蟹随潮"之渔谚。"大水（大潮）捕黄鱼，小水（小潮）捕鳓鱼。""退潮泥螺，涨潮蟹，大水蛳螺，小水虾。""涨水'七星（鲚鱼）'多，落水虾潺多。""一水靠三潮，一潮靠三网。""做官要才智，扣鱼（或老大）识潮水。""老大勿识潮，委屈伙计摇。""木帆船出海，一靠风，二靠潮，三靠使橹摇。""北洋潮急，南洋礁多。""拔篷早，勿如漾潮早。"……渔谚非常丰富。

农历初一、十五前后几天，潮水涨落差异大，称大水、大潮；初七、廿三前后几天，潮水落差的差异小，称小水、小潮。"涨水"，即"涨潮"；"落水"，即"落潮"。

渔民们在长期的生产生活中积累了许多智慧的结晶，他们有的用谚语来表示，有的用艺术来表现。谚语中，有的直接揭示了渔汛、潮汛、台风、气象等自然规律，譬如："黄鱼叫，老大笑。""海岸浪头响，明日大风打。海里有招浪，不日台风到。晨出猪头云，台风要来临。"而渔民艺术中，有号子和小调，有渔灯、渔歌、船饰、渔家楹联等等，这些都彰显了渔俗文化的丰富多彩，妙趣横生。

海边人都知道，初一月半午时潮，初八、廿三早夜平，初十、廿五正小汛，初十潮勿为到，十三起汛天亮潮，二十潮天亮白遥遥。

潮谚韵

月亮昀，潮水涨。

月亮露头,海水东流。

一潮迟三刻,三潮迟到黑。

寒潮没有谱,只要大风厍。

一十两头空,潮满顶天中。

二十一二三,潮水不上滩。

上半月,潮赶月,下半月,月赶潮。

初一十五早晚潮,天亮时候渤滔滔。

初三大潮十八水,二十来个追命鬼。

初八二十三,涨落是一天。

初七初八两头空,日头一出潮就动。

初九一十二十五,潮满正子午。

渔民慧眼识别"潮水",及时作出渔捞部署,获取渔业丰收。

当然,潮俗涉及节俗和生活的其他方面。

家中有喜事,如盖房子动土、上梁、造船摆龙骨、迎亲、出行、造猪栏、砌灶……都要选潮涨的时刻开始。这样,相信以后生活会像潮水一样,逐步上升。

但有几件事,却要选潮落时动手:如尸体入殓,给病人煎药,希望这些不吉利不愉快的事,像潮水一样退下去,以后别再发生。就是夏天挂蚊帐,也选潮落,希望蚊子逐渐消灭别再侵扰。

在没有气象预报之前,人们也以潮来预测。台风未到来之时,海水就汹涌澎湃,故而有谚语:"天神未变海先知。"潮有大潮、小潮。古历每月初三、十八为大潮。大潮水涨时,涨到最高位,退潮也退到最低点。故而沿海居民,大潮后,可到泥涂上去拾吐铁(泥螺)、海螟蛳等泥涂产品;有的人即到岩壁上去敲牡蛎、敲藤壶、拾海螺……大潮是中午潮平,谚云:"初三、十八昼(指中午)平潮",吃过中饭,整理一下工具,慢慢地去下泥涂或上岩壁。傍晚时,潮回涨了,携着收获物款款回家。

小潮时,有人用小船小网具在岸边捕鱼虾,叫做"讨小海"。从小潮转大潮,叫更潮期,是每月古历初十、十五。张鹰捕(定筐张网捕鱼虾)的人家有一个风俗,要用猪头五牲祭神,俗称"做水头"。祭后供品,渔民饮酒共尝,预祝这一水(半个月来)能得到丰收。

谢年,是传统岁时节令中重要的一项民俗,时间从农历的十二月廿四到三十都可以,其间,除在皇历上选一吉日外,还必须选一个"潮水"涨潮的时间开始举行仪式,在潮平时结束。"涨潮"的"涨"有增高、增大的含义。寓意新年的生活像"潮水"一样越"涨"越高。海岛渔民将渔船出海捕鱼说成去"做生意",而不说"抲鱼去"。再如渔船满载而归,就会告知:"这风生意好猛",不先说鱼抲了多少。人们将"潮水"滚滚上升的"涨潮",寓意渔业生产如"潮水"高涨那样,抲鱼生意兴旺,财源滚滚,以此图吉利。

台州民间还有建造新居时候潮的习俗:造房选好地址后,先要打地基,俗称"破土",根据习俗,需待到早晨开始涨潮时,才能破土动工。房屋上梁的日子和时辰,是专门请人挑选的,选中的吉日当天,也会候涨潮时辰上梁,寓意钱财如潮水般源源不断涌进家门,合家如潮水汇合般团团圆圆。乔迁新居时,床的摆放,也要候涨潮时辰,寓意新家的福气财势大如"潮涌"。

昔日台州出行依赖舟船代步。一些紧靠泊于岸边码头海滩的船舶,落潮时,大都趴卧在裸露的光溜溜的滩涂上,只有待潮水涨上来,将船浮起来,才能航行。因此渔区打造木帆渔船时,树桅杆和钉船眼,必须选择涨潮时进行。

在民间,渔民有祭祀龙王的信仰习俗,每当立夏前夕,即张网作业季节到来时。渔民会选一个黄道吉日,在船舱中摆好祭祀贡品,等到潮水上涨时,开始举行祭祀仪式。台州人有把逝者落殓时辰选在涨潮时分的习俗,意为死者灵魂也能像生前那样,随潮涨而按时乘船,一帆风顺到达阴间。

台州沿海多以捕鱼作为生计,海上多风险,渔民在海上不慎落水遇难,茫茫大海,有时很难找到尸体。昔日,如有人在海难一百天,即"百日"之后,确已死亡且不能捞回尸骸,亲人就会选择一个晚上潮涨时分,为死者举行招魂仪式,招其灵魂。

台州方言有"手一摇,人一潮"之说,一潮寓意一群,成百上千也可算作是一潮,所谓人潮,即说是很多人汇聚在一起,看上去人酷似"潮水"在涌动,故有"人一潮"之说法。

根据渔汛特点,海上小钓作业的季节分为"冬钓""春钓"和"夏钓"三种,以冬钓为主。

冬钓生产季节,是从追捕由南向北作季节洄游的秋带鱼开始,到迎捕由北向南作生殖洄游的冬带鱼止,时间历经晚秋、冬和初春三个季节,到"惊蛰"结束,所以民间有"惊蛰歇海"的说法。冬钓以钓带鱼为主。

春钓一般在近海的深水层钓鳗鱼,钓时常在梅雨天,所以又称"钓梅鳗"。

夏钓是去北洋钓鰳鱼,一般在初夏季节进行,所以又称"钓夏鰳"。

除上述的时间外,从端午开始到古历六月,从事小钓生产的渔民,一般不出海作业,而在家中修船补漏、染帆浆绳、整理渔具,所以俗话说:"好儿男不挣六月钱",是说农历六月环境不适合海上作业。

(二)石塘渔俗①

温岭市石塘镇三面环海,聚居的大都是闽南回族后裔,讲闽南话,住石头屋,穿绣花鞋,祭妈祖神。几百年来,保留了与当地居民独异其趣的乡土风情,因而吸引了全国各地的画家、摄影家,他们把石塘和世界美术写生胜地法国的巴黎圣母院相提并论。石塘妇女,特别中老年妇女,无论走到哪里都不会混同于附近的妇女,她们的打扮别出心裁:头上,发髻梳得光亮,盘成好看的式样,中间穿插着一段彩线或发亮的簪钗,上面还必定插着一朵当天采摘的鲜艳野花。她们的发髻可以同变化多端的海螺一样作为造型艺术品来欣赏。女人还爱穿自己手缝的绣花鞋,鞋头绣着色彩斑斓的鱼和水、白头翁,象征着鱼水千秋和白头到老。渔家女的肚兜是一条鲂鱼,在这个有鱼即有余的大框架里,各双巧手可以各自发挥其巧思,有的是喜鹊含梅,有的是麒麟送子,配色十分讲究。

老渔民们常年在海上劈风斩浪,他们身上又自有一套抗风斗浪的"宝衣"。他们采来当地一种叫榜树的树皮,放在一口特大的铁锅里煎煮,待树皮汁出来后,把土布做成的衣裤放到锅里煮,煮到一定时候,衣裤就呈土红色。这样煮过的衣裤既避风又防海水,特别暖和。他们的衣服都是大斜襟的,裤子宽大粗厚,称笼裤,笼裤的两侧插袋被渔家女用银丝线绣出个特大如意葫芦瓶,既好看又方便海上作业。这样一套穿着,看上去仿佛中世纪罗马古战场的斗士。

石塘人很好客,待客必要有酒。黄酒是海上御寒、激发力气、抵抗寂寞的好东西,所以渔民们都有个好酒量。渔民待客,必要与客一同醉倒,方为尽兴。石塘地少人多,蔬菜稀少,鲜鱼鲜虾是家常菜。居民依靠大海生存,因以偏寒的海鲜为主食,镇上的居民们体质普遍寒湿。捕鱼作业需要强健的体魄,坐月子的媳妇需要调养滋补。所以,渔家主妇会准备不少补品,给常年出海的丈夫、儿子驱寒补气,为坐月子的媳妇调养身体。代代相传,形成了具有鲜明特色的传统补品制作技艺。而石塘美食中最重要的食材为汕粉、海鲜、黄酒三种。"汕粉+海鲜"的完美结合让石塘美食"香软松滑、鲜美细腻",与众不同,而"黄酒+海鲜"中和海鲜的寒性,改善渔民体质,成为渔

---

① 此文为温岭吴茂云所作,原载于叶泽成主编《台州民俗大观》,宁波出版社1998年版,略有改动。

民日常的食补佳品。所以,当地有句话说:"石塘名菜,汕粉来刀块。"

人人都知鱼肉鲜美,而石塘人却发现了鱼骨的造型美。一架鱼骨可以做成一只鸟,带鱼、黄鱼都可以做,以头骨为主,骨头之间相互穿插,严丝合缝,惟妙惟肖,不用线扎,不用胶粘,完全是自然的杰作。

一般的人到家具店买木床,要是有人讲这张床会死人的,这是天大的不吉利,而石塘人却盼望能有人说这样一句话。因为死在床上是有福之人,这样就不会被风浪吞噬葬身海中了。同样道理,这里的人们把参加送葬扛棺材看成是吉利之事。这里的竹杠特别长,竹杠两头加上横杠成"工"字形,一家出丧,往往人人争着上前要扛一段路,送他一程,这样竹杠下往往站着七八个甚至几十个人来一起扛。路上行人,看到出丧,素不相识之人也要挤进去扛上一程,这样才是大吉大利。

渔民的除夕夜特别隆重,大街小巷里自发挂起了黄鱼灯、虾灯、蟹灯、船灯……鞭炮声、猜拳声,酿成了一年中最欢乐的气氛,当鞭炮声稀落时,家家户户门前点起了篝火,这是用前几天大扫除清理出来的杂物加柴火点成,男女老少用闽南话唱着:"新年好旧年噢……"并逐个从火堆上跳过。这样把旧日的晦气统统烧掉,迎来大吉大利的新年,这一仪式名叫"跨火镬"。正月闹元宵是春节活动的高潮,"抬火镬""扛台阁"是石塘渔民必备节目,颇为特别。大镬被安在彩架上,镬内燃烧着干柴,一扛扛火镬出动了,跳跃的火头,象征着热烈和活力,在夜空中特别美丽。火镬公、火镬婆脸涂白粉,身穿奇特的服装,手拿粗大的吹火筒轮流吹气,保证使柴火越烧越旺。在一扛扛火镬后面的是多彩多姿的台阁。把八仙桌翻过来,四脚上扎个顶,彩花、彩绸、彩灯把台阁打扮成五彩缤纷的花轿,每一扛是一台戏,由童男童女装扮成戏剧故事中的人物,起着娱神、劝诫的作用。被选为台阁中主角的童男童女,是家庭的骄傲;而扛了台阁的青年会感到新年有好运。为每扛台阁引路的是一盏盏挥舞的火球,炭火在铁丝网球中焚烧,一经挥舞,迸发出耀眼的光辉。海螺号、铜号、喧天的锣鼓声在海边的石头路上翻滚,长长的火球队伍把整个石塘港映得通红通红。

四、海洋节庆,渔民的快乐世界

以海神祭礼、花龙奏鼓、大暑送凶、妈祖巡安、开洋大吉等为代表的海洋民俗活动,在海边依次展开,将台州历史文化、民俗风情和时代风尚完美融合,使渔俗文化得到了充分阐释和传承。各地举行的海洋节庆与民间渔俗文化紧密结合,形成强大生命力,散发出迷人的海风渔火之光,各种类型的渔俗文化竞相绽放。

(一)三门"讨小海"

旧时,海边渔民向海洋索取生活物资,亦即向海洋"乞讨"度日,故而这种近海滩涂捕捞方式被称作"讨小海"。

1.传统的海洋生活方式

自新石器时代以来,三门满山岛、蛇蟠岛远古先民就已经削木为刺,结苎为绳,进行原始的渔弋活动。随着社会生产力发展,健跳镇外岗村渔民开始"讨小海",向海洋索取生活物资。去海涂捡小鱼、小虾,到岸礁挖蛎、采紫菜;或者摇着狭小的舢板,在近海捕捞为生。根据作业水域不同,讨小海可分为滩涂、岸礁作业和浅海作业两类。滩涂、岸礁作业相对安全。然而,近海作业危险性的存在,使得渔民家属经常处于惊吓之中。他们祈盼家人出海平安,由此产生各类信仰、祭祀活动、言语行为禁忌。在讨小海生产、生活实践中,健跳镇外岗村渔民归纳创造出与潮汐、气象、鱼类生活习性等相关的渔谚。另外还产生了极富地方特色的渔民号子、渔歌和反映讨小海生活的海错诗、渔民对联等。

从现存的古代地方通志和零星的笔记体典籍中,可以找到三门渔民"讨小海"的历史依据。南宋《嘉定赤城志》中记载,"黄肚野人蓬身垢面,以蛎为食"。黄肚即今三门县横渡村。可见三门横渡人在南宋时期就已经进行岸礁作业。元代天台人陶宗仪在《南村辍耕录》中写道:"悬渚驿外有岛曰茶盘,岛中人以穴家之,常食蟛蚏,其味鲜美。"茶盘就是今天的三门蛇蟠岛,蟛蚏现在名字为青蟹。明嘉靖《浙江通志》有"健跳所在海中,其鲞特鲜美"的记述。此外,清代张继宗的《神仙通鉴》也记载:"西汉时,大茅君来东海武曲(今三门县渔西村)食黄鱼,得道。"鲞和黄鱼均为近海捕捞的收获物。民间歌谣中也时常出现与之有关的内容,如《葛苀谣》云:"帮人要帮葛苀坳,虾鱼蟹鲞活乱跳。鰳鱼头,将军罩,鰳鱼尾巴小生帽。"晏站村谚云:"嫁囡嫁晏站,鲜鱼鲜虾好当饭。"

"靠山吃山,靠海吃海",当时的健跳湾畔渔民,世世代代从事天然海洋捕捞,繁衍生息。与讨小海这一传统生产技艺同步出现的,还有祭祀、禁忌、渔谚、渔歌等相关的生活习俗、社会习俗和民间文学艺术等。三门县上古为瓯越"披草莱而邑"的荒蛮之地。原住民大都为北方迁移氏族所同化,因此,与"讨小海"生产方式相生相伴的传统习俗,也是与外来姓氏融合发展的结果。葛岙王家祖上为山东琅琊人,北宋末年渡江至江南,定居于今海游葛岙村,将祭神、祭海、祭网、祭船、祭彩、祭猪、祭鱼、祭酒、祭风、谢洋、叫魂等一系列渔民祭祀活动带到三门。晏站村倪姓祖上为抗元义士,福建人。宋亡,兄弟三人分别隐居于沙柳倪家、海游晏站、南停三地。他们带来了福建妈祖、平水大王、船关菩萨等渔民信仰,健跳镇外岗村本地土著始信。与此同时,与之相对应的系列语言行为禁忌亦应时产生。原先健跳镇外岗村上古渔民作业时,往往以单调、简单的呼喊声来加力,民间广为流传的有摇橹号子和拉蓬号子。长江以北姓氏迁入三门后,在渔号子基础上,逐渐出现内容多样、主题各异的渔歌。三门健跳镇外岗村祖上本为太湖流域渔民,他们擅长歌唱,往往在渔捕过程中引吭高歌。明代迁至三门后,逐渐出现了"红桶盘歌""十二节鱼名歌""摇渡"等极富地域特色的渔歌,一直传唱至今。此外,健跳镇民间还流传着丰富多彩的与"讨小海"有直接间接关系的故事传说。

以健跳外岗村"讨小海"为核心衍生出来的民俗,已成为三门湾渔耕文化代表。它历史悠久,覆盖面广,汇集了三门湾渔民的人生礼仪、禁忌、渔谚、渔歌、民间艺术等诸多内容。既具实用价值、科学价值,又有艺术价值、史学价值。它是研究海洋史、渔业史嬗变进程不可或缺的珍贵资料。

讨小海传统生产习俗源远流长,延续至今。随着现代海水养殖业和大规模远洋捕捞的兴起发展,"三门讨小海习俗"这种传统习俗文化已逐渐淡出视野。

2.传统的生产方式

讨小海生产技艺有夹港、放钓、隔岸扦等滩涂作业方法和溜网、拖网放笼等近海作业方法。滩涂作业往往以杉木做的"泥马"代步,近海捕捞使用的是钓船、划具船、红头舢板等小型渔船。

健跳镇外岗村"讨小海"习俗包括滩涂、岸礁作业和浅海作业两类传统生产技艺,以及经过生产生活积累的渔捕知识和区域色彩浓郁的生活习俗、社会习俗、民间文学艺术等。

一是滩涂、岸礁作业方式。

滩涂作业有夹港、放钓、放笼、钓望潮、做青蟹屋、抓马蹄蛏、照弹涂、拔苔等。

钓望潮。望潮,又名章鱼。清代以来,三门沿海渔民在原来照望潮基础上,发展成钓望潮,一直沿用至今。钓望潮一般都在小水潮期间,待潮水退去后,涂面上有望潮的洞口附近,往往留有许多状如麻面的浅孔,这就是望潮的足迹。此时,可用手指伸进洞口,轻轻弹敲几下,其声振动洞内,引诱望潮出来。待望潮足慢慢向洞口爬出,立即用吊有扁蚶蟹的绳头放入洞口(因扁蚶蟹壳硬,不易碎),绳的另一端系在扦在海涂的木桩上。望潮很有耐性,慢慢地出来吃蟹。当能看到望潮的大腿时,它的长足已经开始缠住扁蚶蟹,便可用手插入洞口后边,兜底将望潮掏出。

拔苔。苔是一种系状体的海生植物,附生在浅海泥涂上。拔,本地方言,意为采。潮干时,拔苔人都会带木桶或竹篮、编织袋,在浅涂滩边慢慢将海苔小心采起,尽量少沾泥。潮涨时,采苔结束,并将采来的苔趁着海水将泥浆清洗干净。回家后,苔可摊在干净的岩块或竹簟上,也可挂在绳竿上翻晒。干苔揉成苔粉,咸味可口,当作菜肴,也作药用。海苔也可生吃,叫做"苔生",加佐料煮苔汤,其味更加鲜美。

岸礁作业有夹蛎鳖、耙蛎、推白蟹、挖生珍、采紫菜、剪鳗等。

耙蛎。此俗相传悠久。全县周边渔村,唯独健跳外岗村渔民摇着"嘎岸扦"小船出海,颇具特色。其法是用一根约长 8 米的毛竹柄铁钯,顺港岸岩石边由下往上拉,或到海滩耙,将砺耙出水面,装进嘎岸扦仓里,这种生产方式叫"耙砺"。

剪鳗。捕鳗的方法多种,有笼捕、铁钩揽捕、剪捕等。横渡镇石仓岙村,环山通海,潮水经过村前。鳗随潮中而至,在港岸边的岩缝石隙中生存。退潮时,渔民沿着港岸边走,发现有石洞的地方,用手伸进洞去探摸,要是摸着鳗,再用铁剪(没有锋刃)伸进去,将鳗剪(挟)住,向外拉出来,放进背在身上的鳗篓里。鳗是一种圆柱形的长体鱼类,形如蛇,皮上有黏液,鳞体柔软。一般用手去抓,很容易被溜滑逃走,用鳗剪(铁剪)剪鳗,铁剪粗糙,夹得紧,鳗就只好被捕了。

二是浅海作业方式。

浅海作业有拔海沙线、戳海蜇、嘎岸扦、拗罾、溜网、丝网、塞网、打钓等。

嘎岸扦。既是渔船名,又是一种作业形式。这是一种长 1.2 丈、宽 3.5 尺的小船,涨潮或落潮时,沿着港岸边船身向内倾斜着划去,使潮头鱼受惊后自动跳到船上,捕鱼效果甚好。"扦"是俗音,向岸边"倾",故为划岸浅。

扦洋。黄鱼汛过头,捕漏网之鱼。从前,大黄鱼勃发,扦洋船就在健跳港、蛇蟠洋等附近海域,都有大黄鱼可捕。八月扦洋,又称扦挂花黄鱼,鱼味特别醇香,大补。晏站村扦洋,祖辈相传。干潮时,摇船去扦洋,每次都有十几只船相伴出海。扦洋是单船作业,船上有渔民十来人。扦洋网缚脚时,人要潜入水下,用稻草绳将网脚缚在泥桩上。潮涨后,黄鱼入网,退潮时捕鱼。

拔网开始,先放锚稳船,同时,船上的八九人协力拔网,把缚在泥桩上的稻草绳拔断。网收一半时,船上的人都下来,站在海涂上拔,待潮消漫,即向网头回拢,伸手捕鱼。扦洋网也是采用长衣网作业,网的下纲亦吊网砣,网的上纲用浮筒。浮筒是一尺来长的毛竹筒做成,轻便简易。扦洋鱼多时,一网可捕四五千斤。

3.渔捕习俗

三门渔民在讨小海过程中总结出来的渔捕知识大都积累在渔谚中。渔谚是在渔民中广泛流传的俚语、俗语,是在生产实践中摸索出来的对于气象、海洋、鱼类习性和渔业生产规律的语言。与讨小海相关的渔谚分潮汐渔谚、气象谚语、鱼类生活习性渔谚、人生哲理谚语等。

一是潮汐谚语"十二同廿七,潮平日头出,潮平黑律脱,月上山,潮到滩""初十、廿五起水,潮头勿等昼";气象谚语"天上鱼鳞斑,晒鋈勿用翻""黄龙四礁,风顺一潮""晨出猪头云,台风要来临";鱼类生活习性渔谚"黄鱼叫,老大笑""清明螺,壮如鹅,六月鲟,抵只鸭";人生哲理渔谚"欠账如牛毛,海水着一潮""好安稳勿安稳,弹涂钻竹棍"。

二是人生礼仪和语言行为禁忌。

为了防雨防水,三门渔民携带蓑衣和箬帽出门讨小海。蓑衣用棕榈丝编织而成,其图案花纹通常为花格纹,箬笠帽用竹篾编织而成,竹篾夹心层用棕箬铺垫。尖顶,形如清朝官帽。日常吃食简单艰苦,大都以讨小海所得腌制成干货保存食用,如腌泥螺、蟹酱、弹糊干、黄蚬鲓、海苔粉等。逢红、白事有九大碗,即鱼、鱼胶、蛏、肉、豆腐肉圆、海带、青菜、萝卜、豆面等九碗菜蔬。

出海上船时,不能穿鞋。渔民之间相互不打招呼,只能使个眼色或用肢体语言来交流。如果出海鱼舱舱满,靠岸出售,还要打鞭炮,喊声阵阵。倘若出海收成不好回家以后只能闷声不响,不能怨天尤人。在船上烧鱼时,只能清煮,不可煎翻;吃鱼不能翻个面,只可用筷子取下面部分吃。

在海涂上作业,若遇惊吓,受惊者要连喊三声"泼消"或"泼消声消"。在干活开始时,特别是干力气活时,在手心"喷"一口唾沫,喊一声"泼消",然后开始干活。若在海涂上干活受伤或得病,要去庙里求签或找巫婆,得知受伤或得病原因后,要送"路头"。将五六碗菜肴加上几张麦饼单或麦焦皮,放在米筛里送到路上请过往神祇和使他(她)受伤或得病的鬼神。过路人见之,可以去"抢"吃——把菜肴抓来卷在麦焦皮里吃掉叫"抢路头",也叫"吃利市",送路头者认为此为大吉。

渔民的语言也有许多禁忌。箸称筷手,盐称七佬,饭盛少点称松点;草席称挽;饭烧焦称烧香了;瓢羹称翘嘴;甑称钵头;把碗翻转扣下称和转;倒废物称卖还;鱼满载称"叉红"等。

三是渔民民间艺术。

在长期的讨小海过程中,渔民们积累了丰富的知识,产生了艺术创造的冲动。在此基础上,经过不断的加工、完善和丰富,催生了琳琅满目、特色鲜明的三门渔民艺术,包括民间传说、谚语歌谣、渔船对联等,展现了渔民绚丽多姿的生活色彩。

渔民号子。旧时,健跳渔民讨小海和浅海作业都开着木帆船出海,集体手工海上作业枯燥、繁重。为调节情绪,统一行动,集体劳动工作的每道序列都要喊号子,由此产生了丰富多样的渔民号子。渔民号子按工序可分为《拉蓬号子》《摇橹号子》《起网号子》等,曲调整齐划一、原始粗犷,偶有主唱和和声,风格上有鲜明的个性及地方特色。

号子歌词大多是语气助词,声音原始粗犷、雄浑有力、节奏强烈。如《摇橹号子》,渔民们一边奋力摇橹,一边唱起号子:"摇橹哎海啊家来,摇橹哎哎罗嗨呀拉!摇橹呵摇罗,啊家呃罗啊!摇橹也嗨呀罗嗨,阿拉也哈橹摇哇!呀拉哈!啊啦嗨!啊啦嗨!呃嗨嗨……"至今,健跳外岗村、猫头村一带的老渔民仍会唱摇橹号子。

渔歌。渔歌是流传在健跳沿海一带的原生态民歌。在当地影响较大、流传较为广泛的有《外岗渔歌》《摇渡》《十二节鱼名歌》《欸乃曲》等。

《外岗渔歌》气势奔放,具有浪漫主义色彩:

> 红桶盘哎!
>
> 铁丝箍,铁丝箍罗来。
>
> 木废造船来,啦来三支桅!
>
> 有风有浪拔篷驶,罗口来!
>
> 吭风吭浪来,啦衣来。
>
> 把橹摇,把橹摇。
>
> 摇得橹嘴热烧烧,呵唷哎!

同时歌中采用了大量的语气助词,使渔歌更显得原始、质朴,具有典型的地域风情。

而最有趣的是《十二节鱼名歌》,把火鱼、鲨鱼、鲤鱼、鳗鱼、斑鱼、弹涂鱼、米鱼、黄鱼、鲈鱼、带鱼、鲢鱼等与历史人物、历史故事相对应,生动形象,朗朗上口,通俗易记。如果分开,每个月都包含一段重大的历史事件。这些历史事件打上了中国传统文化的烙印,给人以启迪、教育,充分显示了渔民的聪明才智。

十二节鱼名歌

正月火鱼两头低,纣王糊涂宠妲姬,
妲姬娘娘眉一飞,万里江山败到底。
二月鲨鱼背脊乌,岳飞举兵洞庭湖,
牛皋大战牛头山,韩世忠炮打两狼关。
三月鲤鱼尾巴红,周仓大刀好威风,
刘备张飞和关公,三分天下逞英雄。
四月鳗鱼两头甩,卢俊义不肯上梁山,
前番不听宋江话,官府逼迫受磨难。
五月斑鱼眼睛青,唐朝英雄程咬金,
三支令箭解到斐元庆,半路碰到老杨林。
六月弹涂蹦蹦跳,三国英雄算马超,
西凉马超来追曹,割掉胡须卸红袍。
七月米鱼味道鲜,董卓贪色霸貂蝉,
王充巧使连环计,吕布杀父在宫殿。
八月黄鱼晒白鲞,老杨林单爱虎头枪,
打过多少英雄仗,只怕罗成回马枪。
九月鲈鱼肚下光,奸人要数欧阳方,
屈斩忠良呼延寿,围困河东百万兵。
十月带鱼两头尖,赵匡胤带兵真威严,
辛辛苦苦打天下,马上做皇十八年。
十一月鲢鱼水淋淋,刘邦手捧鸳鸯瓶,
幸亏公子功名成,后来一马骑双人。
十二月鱼名唱完成,外国造反红毛人,
七月七夜无输赢,吴三桂趁机进了城。

(三)椒江送大暑船

送大暑船主要依托五圣庙,台州湾一带在南朝梁大同年间或者至迟在唐代就有五圣庙。《光绪黄岩县志》载,南朝齐永明中,婺源柴姓 5 人避乱圣堂山,自称"五圣"。梁天监二年(503),朝廷敕封五圣,立庙圣堂(今圣堂殿)。唐代宝应年间,黄岩专门有灵济庙供奉五圣。圣堂殿在椒江西 40 多千米,而灵济庙则在椒江西 13 千米处,前者是椒江支流永宁江的源头,后者则位于永宁江畔。

送大暑船活动至晚清则有明确的文字记载。学者俞樾在《右台仙馆笔记》卷十二《大暑船》中详细记录了晚清时的活动盛况:"同治中,临海县(那时椒江属临海)民比年病疫过大暑不瘳,乃于次年相约为送船之会,亦其旧俗然也。"既是旧俗,可见清代时此俗已流布颇广。

清同治年间,椒江东门岭就有送大暑船的习俗。20 世纪 20 年代,葭沚在乡绅黄楚卿倡议及首捐下建起五圣庙,并逐渐取代东门岭位置。

"送大暑船"是每年小暑到大暑节气以椒江葭沚一带渔村为中心区域举行的民俗活动。活动枢纽是以五圣庙为核心的五个庙宇,从农历四月开始,时间跨度长达三个月,参与民众十几万人次。

一般在四月择日正式打造大暑船,小暑当天在指定地点以轿子迎请五圣神偶,小暑到大暑期间择日举行请酒仪式,踩街相迎,活动高潮是在大暑节时从五圣庙中抬出大暑船,沿路表演舞龙舞狮、卖糖担、抬阁、荡湖船、踏地戏等娱神节目,各地赶来的民众沿路祈祷"送暑平安",在江边设坛祭拜后,由一艘渔轮拖往椒江出海口,焚烧在远洋之上。

"送大暑船"是每年小暑到大暑节气以椒江葭沚一带渔村为中心区域举行的民俗活动。活动枢纽是以五圣庙为核心的五个庙宇,涉及星光村、星明村、五洲村等村,从农历四月开始到大暑日止,时间跨度长达三个月,参与民众十几万人次,除了台州本地,北至宁波、南到温州的百姓都会赶来。

椒江区位于浙江省东部,葭沚街道地处台州湾南岸,为椒江入海口的冲积平原。关于送大暑船的文字记载至迟可追溯至清代,学者俞樾在《右台仙馆笔记》中详细记录了临海(其时椒江属临海)送大暑船的过程,"前大暑数日,大建道场。至大暑日,送之出海,听其所之,俗呼为大暑船"。

送大暑船具体内容分为建造大暑船、小暑节迎圣、请酒、送大暑船等环节。其中规模最大的活动主要在农历大暑节这天。在五圣庙所在星光村几位威望高的老年人的指挥下,由数十位年轻力壮的村民从五圣庙中抬出制作好的大暑船,送往江边滩涂。送暑队伍沿街游行,用彩轿抬着"五圣"和地方神神像、神位,并沿路表演民间传统节目,如舞龙舞狮、卖糖担、抬阁、荡湖船、地戏等等,数万信众香客则沿路祈祷"送暑平安"。在江边设坛祭拜后,五圣神像被供奉到大暑船上的神龛之中,时辰一到,大暑船被一艘渔轮拖往椒江出海口,最后焚烧在海洋之上。

　　"送大暑船"活动是二十四节气农耕文明和椒江海洋文化共生演化的载体,是二十四节气文化演变成大型民俗活动的见证。它由当地民众自发组织,自觉参与,体现了当地民间艺术和手工技艺的独特魅力和智慧,寄寓了百姓"驱除邪祟,祈求平安"的愿望。

第四节　节日庆典的经典仪式

　　台州,东海之滨的千年古城,融江南历史名城之深厚底蕴,被誉为"制造之都、和合圣地、山海水城"。具有独特的节日民俗,春节祭拜祖先;元宵节"扛火镬"、跳"大奏鼓"、舞"花龙";大暑"送大暑船";冬至"祭冬"等。

一、台州节日习俗的渊源

　　台州有悠久的历史,是越族的重要居住区,一般认为,越人的正式历史"始于今本《竹书纪年》周成王二十四年记录的'於越来宾'"①,这一时期的越人是一个独立的部族,拥有自己独立的行政疆域、语言和文化风俗,被中原汉人视为"南蛮""夷族",《越绝书》卷七《越绝外传记范伯第八》也记载了"此乃僻陋之邦,蛮夷之民也"②。西汉刘安的《淮南子》载越族"断发文身"。但也形成独特的民俗:一是习水便舟的交通习俗;二是饭稻羹鱼、喜食水产的饮食习俗;三是断发文身和裸体的生活习俗;四是鸟图腾的出现。

　　最早明确记载古台州风俗的当属《晋书》,其中记述:(台州)"火耕水耨,渔猎山樵,饮食颇给",而"其民循循"。老百姓淳朴敦厚,过着渔猎山樵的悠然生活。而"信鬼神,好淫祠",说明民间宗教、祭祀、庙会等节日已经形成,台州原住民有着自己的一套生活礼仪及习俗。丧葬礼仪和全国各地几无差别,2006年在温岭大溪镇发现了一座大型战国贵族墓葬"塘山大墓",其土石墓室类似于其他地区的墓室结构。

　　三国、东晋时期,台州迎来了历史上第一次北方人口大南迁,以中原文化为特色的许多北方习俗随之传入,与当地的原有习俗逐步融合,部分习俗取代了当地的原有习俗。如《梁书·刘潜传》记刘潜在大同十年(544)出任

---

①　陈桥驿、颜岳虎:《绍兴简史》,中华书局2004年版,第16页。

②　袁康、吴平辑录:《越绝书》,上海古籍出版社1985年版,第52页。

临海太守,"下车宣示条例,励精绥抚,境内翕然,风俗大革"。据李一等在《台州文化概论》考证,后世台州的种种岁时习俗,此时大体上都已形成。南朝梁人宗懔的《荆楚岁时记》所记载的正月初一、五月五日、七月七日等岁时节日,也已经传至台州。

此时中原的砖石墓、夫妻合葬的葬俗在台州较为普遍,我们从古墓葬挖掘资料中可见一斑。2017年12月黄岩区新前街道岙新村挖掘一座东晋士大夫墓,墓穴构造是两棺一室,属夫妻合葬墓,因为夫妻恩爱,所以中间没有修墙。2016年5月,黄岩区岙头乡前礁村挖掘一座夫妻合葬古墓,墓主人是北宋开国皇帝赵匡胤的七世孙赵伯澐与其妻子李氏。

来自北方的习俗在台州一带传播的速度相当迅速。如九月九重阳节,汉代的官制中开始有九月九日赐百官茱萸的定例,说明重阳登高宴饮的习俗最迟在汉代已经形成。《齐人月令》中说:"重阳之日,必以糕酒登高眺远,为时宴之游赏,以畅秋志。酒必采茱萸、甘菊以泛之,既醉而还。"此后不过一二百年,台州重阳登高的节俗便已盛行。

隋唐以来,佛教的传播和兴盛,民间信仰的倾向性愈加明显,对台州的日常生活带来重大影响,不仅伦理、哲学、文学、艺术深受影响,衣食住行、婚丧嫁娶、节日、娱乐等方面都发生了巨大的变更。民俗中火葬、茶道、放生、吃素等影响更加明显。加上被唐玄宗称为"诗书画三绝"的广文馆博士郑虔,因受安禄山之乱的牵连,至德二年(757)被贬为台州司户参军,教习礼仪,文教开始兴起。宋大理寺少卿楼观的《祠斋壁志》称:"时台人朴陋,少习礼文,古粤之风,犹未尽变,……因选民间子弟教之,大则冠婚丧祭之礼,小则升降揖逊之仪,莫不身帅……于是大阐文教,而台民俗日淳,士风渐振。"那时,台州民风淳朴,淡泊明志,正如民国《台州府志》引宋《风土志》云:"隋唐以来,士不以功名为念。宋兴,文物之盛,始读书务学,相踵登第。"

宋室南渡之后,台州凭借地理之便,成为"文物之邦"的辅都,良风美俗风行城乡。《宋史·地理志》载:台州"地有湖陂灌溉之利,丝布鱼盐之饶"。物产丰富,资源充足。大批中原士族南迁带来北方节俗,在台州的影响更加深广。正如《嘉定赤城志·风土门二·土俗》道:"州介东南之取,承平时号无事,里无贵客,百姓厌渔猎,不识官府……幸王化密迩,风雅日奏,薰郁涵浸,遂为文物之邦。"同书《吏役门》也记曰:"乡户不足于才,而有余行,其真朴逊厚,里党多化焉。"《赤城新志·风土序》亦云:"至宋南渡,密迩邦畿,治化声教之所先被,大贤君子之所过化,于是风气亦随以变,而习俗之美,遂视昔倍蓰矣。"现代的大多节俗此时基本形成并固化。

　　值得一提的是,在宋代林表民纂辑的《赤城集》中,收集了北宋临海人陈公辅写的一篇《临海风俗记》。

　　陈公辅的《临海风俗记》记载当时临海的社会风情,一是鱼米之乡;二是物产丰富;三是百姓富足;四是节庆及节余善饮酒;五是社会动荡,百姓遭殃。

　　林表民《赤城集》于此文之下附录有一篇《风俗序》,开头增加了"夫轻死易发,尚鬼好祀"一句,说明台州在节日,巫风拜鬼祭祀之盛。元代,台州风俗"一洗百年之陋俗,挽回千古之遗风"①。元朝时,台州民俗打上地方鲜明的烙印,而习俗在发展过程中,有着相对稳定性,显示出明显的继承性。但僻于一方的地理位置,加上方国珍割据台州、温州、宁波三地,士风、民风一方面趋向激昂、好斗,另一方面追求和合生活,风俗有了新的气象。

　　明代士风渐趋好转,曾任都察院右佥都御史、巡抚福建的邑人王士昌在《平图记》中说:台州"土瘠人窳,然其先多贤,俗尚忠孝,喜廉让,无豪暴诈欺。故浙中称乐郊"。一个地方能达到"尚忠孝,喜廉让",并且"无豪暴诈欺",可见当时府城民风之淳厚质朴。在旧时士大夫眼里,能在这样的"乐郊"中生活,是当时府城人莫大的幸事。闽粤渔民的北上,带来了闽南民俗,海洋民俗大兴。玉环、温岭海边流行的海洋渔俗如"玉环花龙""温岭大奏鼓""七夕节"等,来自闽南,至今依然盛行于台州,但在原生地闽南已经式微。

　　明、清二代,台州生产民俗、社会生活民俗等内容已经基本稳定,婚、丧、祭、岁时等风俗在受中国传统民俗影响的基础上,有一定的特色,尤其自万历以后,台州府县诸志皆设"岁时"条记载民俗的现状。

　　据《台州府志》载:"清室定鼎以来,首重宾兴,士争自濯磨……民安俭朴,风俗几与明初等。"说明清朝的台州民俗与明初相比变化不大。当时还开始有了元宵节、中秋节的记载。康熙《天台县志》卷一《风俗》:"元夕张灯,起十三,终十八。官府弛禁,俗重十四夜……中秋俗重十六夜,召宾以观月华。"并写明台州这两个节日的时间与众不同。此时,台州古代戏曲的发展达到高峰,出现了地方剧种"台州乱弹"。每逢节日,包括寺庙中老爷寿日,必邀戏班演戏庆贺,少则三天,多则半月,基本上演乱弹,《山志》记述:(台州人)"独好观剧"。

　　民国台州节俗慢慢发生变化,其中最典型的是西方文化的东渐,节俗呈

---

① （明）谢铎:《赤城新志》卷四,徐三见点校,上海古籍出版社 2016 年版,第 85—86 页。

现出中西合璧的倾向。

新中国成立,台州民俗发生了根本性的变革。不但过法定节日:元旦、中国人民警察节、春节、妇女节、植树节、清明节、劳动节、青年节、护士节、全国科技工作者日、儿童节、端午节、中国人民解放军建军节、中国医师节、教师节、中秋节、中国农民丰收节、国庆节、老年节、记者节,还有地方独特的节日:祭冬、送大暑、二月二灯会、三月三迎神会、庙会、鬼节、小人节、囡节、家畜节等等,还盛行海洋渔俗、占卜、看皇历吉日(出、入、行事)等。新的社会制度与意识形态影响使传统节俗发生全面而深刻的变革,一些旧的民俗在淡化或消失,陋俗被禁止,良风厚俗得到继承或发扬,或被注入了新的内涵。婚俗逐渐淡出繁复的洞房经仪式,转而走中西合璧的道路;丧葬摒除厚葬习气,养成厚养薄葬风气;春节,在团圆庆贺的原意上,增加了慰问驻军及烈属军属、向老干部与老职工拜年、访问特困群众等内容;元宵节在燃灯娱乐的活动中,注入了展示成就等宣传的内容;清明节在祭扫先人坟墓的同时,增加了祭扫革命烈士陵园进行爱国主义教育的活动;重阳节被定为老人节,增加了敬老的意义;端午、中秋等传统节日仍旧风行。与此同时,新增了"三八"妇女节、"五一"劳动节、"五四"青年节、"六一"儿童节、"八一"建军节、"十一"国庆节等政府法定节日,形成传统节日与法定节日两大序列并存并相互补充的格局。

二、经典创意的地方节日

春节是我国最令人憧憬的、最具温暖情怀、最古老的一个传统节日。一般在外的游学和打工之人在春节需统统回家过年。春节中国人的回家行动是人类最大规模的迁徙活动。在台州,春节一般从正月初一开始,到初八止。正月初一清早都要燃放炮仗,俗称"开门炮"(大年三十夜要点"关门炮",火炮一响,一年宣告正式结束),以此来除旧迎新,接着"点早香",临海等地还要"摆净茶"。男女老幼都会换上新衣,预示新的一年新的面貌。临海张家渡镇民间流传"拜岁过上八,清汤吭得喝"。但过年活动要正式结束,应该是过了正月十四,因为正月十四夜"闹花灯""接财神"前,台州人一般不外出工作。只有在十四后,渔民开始出海捕鱼,农事耕作提上日程。

台州的过年习俗:

"廿三送灶神,廿四掸蓬壅,廿五赶长工,廿六去赶市,廿七捣麻糍,廿八捱(裹)粽,廿九窝冻,三十日早界(上午)还要斫担柴,三十夜晚头米筒侯五大(吃),正月初一(起来)拜老爷。"这是台州人迎新年的工作内容。

春节是岁时习俗中最隆重的节日,俗称"过年",家家户户要谢年。祭祀用的供品有:红枣、荔枝干、豆面、年糕、麻糍、鱼、猪头、雄鸡等。将供品置于桌上放置中堂,点上香烛,主人一边叩拜,一边暗自念叨"天地菩萨、全堂佛祖,今日我×××来拜年了……"把新年的期望告知,祈求保佑。谢年毕,燃放鞭炮,故有"谢年打炮仗,雄鸡头故世相"之说。大年三十这一天,把年度的一切事儿做个了结,置办年货,打扫庭院,贴春联,在灶上贴灶司神。晚餐吃年夜饭。晚上,关门钱放鞭炮,叫关门炮。此后不得外出,一家人坐在一起,过除夕,聊些家常事,一直到深夜,叫守岁。现在一般看春晚。正月初一凌晨,开门放鞭炮,叫开门炮,意味开门大吉。从初一到初三,在吃的方面十分讲究,特别是初一这一天的三餐,吃年糕、炊饭、汤圆,表示高兴、蒸蒸日上、团圆之意。

"打过炮仗,接过天地,泡过晨茶"是大年初一先做的三件事。

旧俗,在正月初一这一天,人人都穿上新衣新鞋,拜访一下邻里左右,吉祥道贺,也可到庙宇烧香拜佛,一般不远行。

大年初一早饭一般吃的都是猪肉馒头,有些也做"糯米圆"吃,以示团圆。

大年初一早餐,各地风俗不一。但要吃得好,民间认为一年之中第一日一定要吃得好,预示一年之中都会吃好。天台吃五味粥,男人一早起来烧好,送给老婆吃,意思老婆在家忙活一年,新年第一天可以休息下。临海吃汤圆。

初一还有许多禁忌:不准扫地,不准倒水,不准动刀,不动针线,不劳作,不经商,不许骂人,不许讨债,不许打架。

正月初二忌串门。亲戚朋友在这天早上要到死者家中凭吊上一年去世的人,叫赶座。

正月初三开始,"请仔仗"(请女婿),女婿代妻子拜望岳父母及长辈,下跪奉茶,长辈要给下辈"压岁钱"。

正月初八俗称"上八",过了上八,民间新年礼拜活动就算告一段落。

正月十四闹元宵,家家户户做花灯,十四夜"闹花灯""接财神",财神出街后宣告过年结束。

清明节在台州,家家作青团,带去扫墓。扫墓又称"上坟"。时间灵活,一般在清明前后举行,有"前三后四"的说法。

农历五月五日,称"端午"。一般吃粽子或食饼筒,喝上一点雄黄酒,再在门上插两支菖蒲,称"避邪剑"。吃粽子的有临海、仙居、天台等地,吃食饼简有椒江、路桥、黄岩和温岭。

端午时,女儿要回娘家,女婿要准备好"五黄"送给丈母娘,这五黄包括黄鱼、黄鳝、咸鸭蛋、黄瓜和雄黄酒。

中秋,台州习惯把中秋称为八月十六,很少说中秋节。全国各地中秋均为农历八月十五日,唯宁、台、温一带为八月十六日。本县民间传说:元末起义首领方国珍以孝闻于乡里,其母茹素,为使其母同享佳节口福,改为十六,因而成俗。这日,各家吃月饼。传说朱元璋反元时,八月十六日以送月饼为联络手段,饼内藏一张小纸,上写"杀元"两字,遂有吃月饼的习俗。今月饼的底面仍贴有小纸一方。中餐合家团聚,酒菜丰盛,尤兴新鸡新鸭。夜里露天赏月。

月饼种类多样。一到八月十六大街小巷都成了月饼的展台:鲜肉、五仁、豆沙、莲蓉、百果、黑芝麻,甜与咸不分高低,素与肉并驾齐驱;广式的、苏式的、潮式的、京式的,还有各种网红款争奇斗艳。

在台州,只要一提到月饼,人们都会想起宏记。这家百年老店,一直保持初心,踏踏实实地做着一块块好吃的月饼,每一块都不将就。宏记的月饼品类十分丰富,蛋黄酥、黄金板栗月饼、火腿松仁月饼、普洱茶月饼、清香桂花月饼、流心月饼……每一口都是一代台州人心中对于中秋的记忆。

在黄岩,中秋节老婆饼是名列榜首的。老婆饼是很多人都爱吃的甜点,老婆饼的口感酥脆美味,咬一口让人心里感到温暖,特别是老人家,对这款饼尤为喜欢。

三、节日庆典举要

(一)三门祭冬

古人云:"方涉冬节,农事间隙。"在春耕、夏耘、秋收、冬藏的农耕传统生产制度中,三门形成了在不同的节气吃不同食物的生活习俗,有时甚至把节气和节日融在一起,举办与之对应的民俗活动。最为典型的是"清明吃苦燕、冬至吃甜圆"。意思是清明吃了苦燕,就要开始一年的辛苦劳作;而冬至吃了甜圆,就进入了相对舒适的冬歇期。在冬至举办祭冬活动,既是对今年丰收的庆贺,也是对来年"五谷丰登"的期盼,深切表达了对天地自然的感恩之情,具有继往开来的意义。

三门祭冬,因地而名。祭冬是在冬至节举行的拜冬祭祖民俗活动,由取长流水、祷告祈天、祭祖拜宗、演祝寿戏、行敬老礼、设老人宴等礼仪程式及与之伴生的相关民俗文化组成。如取长流水须在冬至前一天取龙潭大溪之水，以显示宗族源远流长，子孙绵延兴旺。拜天祈福程式包括：问天请天；敬酒叩谢；拜天祝愿；祈天申报；礼成鸣炮。而祭祖的原则是"必丰、必洁、必诚、必敬"。主祭、陪祭三叩九拜，三献茶果佳肴、千张锡箔及冬至圆等祭品。赞礼者朗诵祝文，全场肃静聆听。随后老人、名人、来宾及子孙，听从喝礼指令，左昭右穆，雁序跪拜。其中，最根本的是"敬"，对先祖心存敬畏，虔诚信奉，"事死如事生"，后人通过鞠躬、跪拜、进献等一系列肢体动作，表达对先祖的崇敬之情。2016 年，联合国教科文组织将"二十四节气"列入人类非物质文化遗产代表作名录。

三门祭冬历史悠久，以亭旁镇杨家村、海游镇上坑村与健跳镇小莆村宗族祭冬传承最完整。三门民间流传"冬至大如年"，素有祭祀之风，康熙《临海县志·卷一风俗》载："冬至，粉秫米为丸，谓之冬至圆。设牲醴食馔荐之祖先。"光绪《宁海县志》载："冬至屑糯米粉作汤圆，以赤小豆作馅礼神及祖考。"三门《石岩李氏宗谱》载："冬至大节，务遵文公《家礼》。"

三门祭冬具有鲜明的地方和区域文化特色，是保存至今的冬至节气民俗活动的代表。通过祭冬活动重视感情纽带的连接，表达对祖先的感恩情怀，传达血脉相连的美好情感，凸显崇尚祖德的忠孝理念，现实睦族和邻的根本目的，体现了中华传统文化的精奥和人文精神。因此，对于弘扬传统美德，增强民众凝聚力，完成社会和谐建设，都有重要的影响和直观现实意义。

整个祭冬过程，需要经过 8 道程序：

甄选主祭。冬至日前期，从福禄寿齐全的子中选取。

取长流水。冬至前一天，到大龙岭龙潭取长流水。

沐浴斋戒。冬至日丑时，主祭、陪祭、童男童女、执事等按族规约定进行沐浴斋戒。

拜天。寅时初，举行祈天申报仪式，感恩叩拜。

祭祖。寅时正，宗祠举行祭祖仪式，主祭者等三叩九拜，三献，读祝，族人雁序跪拜。

演祝寿戏。卯时，戏班祝寿，至祖像前拜请三敬酒，献蟠桃，连演六天六夜古装大戏。

行敬老礼。巳时，60 岁以上的老人分敬老肉。

设老人宴。午时，60 岁以上老人参加宗祠举行的老人宴，品尝冬至圆。

祭冬仪式的主要特征：

仪式的节气性与神圣性,三门祭冬必须在冬至举行,年复一年重复;同时,祭冬仪式和过程需斋戒沐浴和取水盥手,极其隆重和庄严。

祭礼的规范性与程式化。祭冬仪式需要三天才能完成,有关程序和仪式极具规范和完整,是对天地自然和祖先的一次感恩的膜拜。

参与的广泛性与宗族化。三门祭冬一方面是村落的活动,同时还邀请亲友前来观看祭冬戏,但同时,大量仪式又在家族和家庭中完成,广与狭有机结合。

尊老的具体化与娱乐化。祭冬时不仅有演戏,还有对长者的拜寿仪式,同时还举行老人宴,表达对族中老人的慰问和感谢。但他们在演戏的娱乐中完成,因此有自己的特色。

祭冬仪式的重要价值:

民间冬至文化的区域代表。三门祭冬既是传统的,更是三门人传承的具有地方区域代表性的祭祀形态,有着深刻意义的同时,也是农耕社会节气文化的典型代表。

对自然与祖先的感恩之情。三门祭冬通过家族化的族祭等仪式,从隆重而庄严的仪式和内容之中,传达出对于天地自然和祖先的敬畏之情和感恩之情。

传达尊祖聚族的人伦大义。通过祭冬使每个族人体味尊尊亲亲的族属伦理关系,在祭冬的活动参与中建立血缘纽带认同,明确族人的人伦大义,聚族睦亲,和谐相处。(图3-1)

图 3-1　三门祭冬

(二)温岭元宵"扛火镬"

石塘元宵习俗,当地俗称"扛火镬",该习俗随闽南移民迁入,已有 300 多年历史。世世代代的移民居住在石塘,沿袭了很多源自闽南的优秀传统文化,形成了独具特色的麒麟山移民文化圈。"扛火镬"习俗源于自古崇火、尚火的遗风,有专家认为和海边献祭有关,火镬从保界庙抬出,最后抬回庙里,燃尽的灰烬渔民争先倾倒在保界地的海边,以求得海上渔业平安。

1. 元宵节扛火镬三段结构

石塘元宵扛火镬习俗活动通常从正月初六一直延续到正月十六,现在石塘片一般为 8 天,箬山片一般为 5 天。

发起阶段。发起阶段,最为重要的是正月初七、初八左右,有意向、有实力抢头阵的村在保界庙询问日期。问期的人会事先选好几个备选的日子,以问答的方式征询神的意见,累计得到三次"圣杯"则表示所选日期通过。日子确定后才可以正式"爆"火,其中"爆"包含"竞争"的意思,意为谁有实力谁就可以"爆"。

巡游阶段。巡游阶段是元宵活动中最热闹的环节,声势浩大的"火镬"洪流,让石塘半岛进入狂欢的模式。巡游过程中,注意中途不熄火、夹火为宝等传统习俗,寄托了渔区人民渴望丰收、平安的美好愿望。每晚巡游结束后,将火镬扛回自己的保界庙,用另外一口锅扣在火镬上,让其自然熄灭,次日出发前再次点燃,夜夜如此。

结尾阶段。每年巡游结束后,各村要抢到火灰,寓意"海水好",能带来丰收。结束后一般要放电影或演戏,称之为"倒阁""压阁""压台阁"。

2. 台阁制作技艺

形成台阁底部。购置一张边八仙桌和一张天地桌(半边桌),两张桌合并仰绞在一起,就变成台阁底部。再在四面桌凹处铺上木板,形成一个平整的底部。

成型。选好合适的毛竹,先对其进行粗加工,削去竹节,按尺寸锯去头尾,或劈成竹条待用。分别在四个桌脚绑夹毛竹做支架顶端,装上用竹爿扎制的顶架,再用铁丝加固。顶架造型较为讲究,有六角或八角的,并装饰有各种纸花,形状酷似六角亭或八角亭。

美化装饰。裁好 3 厘米宽的白纸条,斜缠包裹整个竹条,再一匝匝缠上蓝色或黄色的条纹进行。裁制长条形的碎花布绕八仙桌底部一圈,形成美观的台阁底部。此外,还要在台阁内挂彩球、剪贴门楣等。

元宵扛火镬活动主要分布于台州地区温岭市老石塘、箬山一带。"扛火镬"习俗作为古老的献祭仪式的延续,融闽南和东瓯文化、民间信仰和艺术、祭神和娱人于一体,含有历史、信仰、生产、风俗、艺术等海洋文化信息和记忆。石塘以元宵扛火镬这一区域集体性活动串联起了村落间特有的民俗风情和人文情怀,元宵活动与抬阁等民俗活动、娱乐活动相互融合,成为石塘集体记忆的重要载体。

石塘元宵抬镬火活动中,不仅融合了抬阁活动,还融入了石塘特色舞蹈大奏鼓,演出、舞鱼灯以及与渔民密切相关的生产、生活习俗也展示在元宵巡游队伍中,成为带动全民参与集体节事的重要纽带,也成为石塘文化共同体铸造的重要载体。

海洋文化的活态体现。元宵扛火镬代表了箬山闽南文化的特色内涵,海洋特殊的地理环境,以海洋为生的独特生活底色,使石塘人形成了祈求神灵庇护的精神需求,体现了石塘渔民对大海的感恩与敬畏。元宵扛火镬活动体现了渔区人民祈求风调雨顺、丰收平安的真切愿望,其体现了内涵丰富的系统性文化交流和传承、相扶相持的集体价值观等诸多内涵。石塘元宵扛火镬独特的海洋文化特色,为"上元节"元宵活动的学术研究打开了具有海洋特色的新维度,对于传统渔民文化的传承研究具有重要价值。对温岭乃至全国的移民文化、海洋文化和本地文化的多元融合发展研究提供了重要的历史价值。

第四章 传承而又嬗变的婚丧礼仪

生为人之始,死为人之终,结婚是孕育新生命的仪式,死亡是人类交替的仪式。在中国这样一个重情义讲人伦的民族,"不孝有三,无后为大",追求多子多福成为传统婚姻的愿景,"慎终追远,哀死思亲"成为传统丧葬文化的特色。

婚丧礼仪,事关人类生死,因此它是村民生活的核心内容。在历史长河中,这些礼俗在不同历史阶段,处于动态的演变之中,有的消亡,有的传承下来并赋予新的内容。从世界范围看,乡村往往被视作社会变革的最后发生地,传统保守力量强大而固执,但新农村建设的东风却使这种保守力量瓦解分化,农民们更想走出乡土,改变自己,民俗已经处于变与不变之中。婚丧礼仪从其产生开始就是一个活态的存在,虽然过去破除旧风俗时大操大办婚丧之事有所禁止,但在广大农村,婚丧礼仪被认为是人生大事,决不能马虎了事,或大操大办,或简易时尚,各呈形态。既具有鲜明的时代特色,又具有独特的地域文化特征。政府在大力弘扬传统文化,作为传统文化的婚丧礼仪或许采取"去其糟粕,取其精华"的方法才是保护和传承的题中应有之义。

第一节 生气盎然的生育民俗

生儿育女,是人生大事,也是家庭、亲族的喜事。尤其是在中国古代,以农业为主要生产方式,在生产力极为落后的情况下,劳动力多少直接影响到收成的多少;自周朝以来就已经形成的宗法家族制度,强调家族的兴旺和绵延,"不孝有三,无后为大",使早生贵子、多子多福的观念成为集体无意识。古人对生儿十分看重,在生活中形成的"生儿酒""够周"等礼仪,都是这种文化心态的结果。不过随着时代进步,科技和思想的发展,传统的生育民俗中许多迷信和烦琐的仪式已经不符合当今生活的主流，逐渐从我们的生活中退隐。

生育民俗是一个人在生命历程中，进入各个发展阶段而举行的仪式，既是个体生命成长过程中的标记，又寄托了社会群体对个体生命的良好祝愿，因而对人的一生影响十分深远。

一、盎然生气的生育习俗[①]

一个孩子从母体内孕育，到出生，到会走路，为了表示喜庆，台州民间曾有一些颇有趣味的旧俗。

1. 祈子

受传统早生贵子观念的影响，祈子行为从女子准备嫁为人妇开始。嫁妆一般体现吉祥早生贵子这一主题，如箱子、被面均会装饰麒麟送子、龙凤呈祥的吉祥图案，箱里、被里、结婚容器中都放置枣子，意为早生贵子，请来为新人铺床的也须是全福女客，全福即要福寿双全、子孙众多，铺床时要唱洞房歌，歌词是祝愿新人和谐快乐、早生贵子、子孙发达。

如果女子结婚后多年未育，就会去"讨子"和"打生"。"讨子"即向观音菩萨祈求讨要孩子，主要是婆婆求孙心切，到观音菩萨前焚香祈祷。出门前先在家中祭拜土地爷，祈求讨子应验。然后，带上水果、糕点、香烛等供品到神庙观音菩萨或后宫娘娘塑像前焚香烛跪地祈祷。此时，庙里的主事会塞给来者两个红鸡蛋，婆婆拿出红包还礼相谢。婆婆拿到红鸡蛋后，不能回头看，要一直跑回家里交给儿媳妇。儿媳妇拿到红鸡蛋后，马上坐在床中央把红鸡蛋吃掉。"打生"是流传于温岭、黄岩的传统民间习俗。打生的对象有两种，一种是结婚多年不生孩子的妇女，另一种是不结果实或少结果实生的果树。第一种打生的方式为：把已结婚三年而没有生过孩子的女子叫到室外某一地方，打生的人轻轻拍打该女子的屁股。边打边问："你生不生？"如果不回答，则一直打到该女子回答说"我生，我生"为止。第二种打生的方式：两个人走到不生或少生的果树边。其中一人用刀轻砍果树，边砍边问："生不生，不生把你砍掉。"另一个人代果树回答："我生，我生。"砍的人又说："生多少？"另一个人回答："生千箩万担。"这样打生就结束了。这种陋俗目前已基本消失了。

---

① 参看台州地区文物管理委员会编《台州风俗》1985 年版，未正式出版。

2. 怀孕

新妇怀孕后，要松束胸，宽衣带，换上围腰巾，使胎儿在母体能健康地成长。新妇怀孕后，过去还有许多禁忌：一忌进庙宇祠堂，羞见陌生之人；二忌动刀动斧，尤其忌切鱼，特别是切黄鱼头；三忌剥鸡蛋和桂圆；四忌烧菜时翻炒；五忌杀鸡，剥鸡内金；六忌见猴、虎等不常见动物和丑陋的人物，怕受惊吓；七忌糊炉子；八忌糊窗户纸；九忌钉箱、橱的鼻头；十忌堵塞锅灶的漏洞。即使到现在，个别家有新生儿的老人还留存诸多此类禁忌，也忌看电影和看花脸戏等。

妇女怀孕到临近分娩的时候，往往会出现胃口不佳的现象，作为媳妇，一般碍于面子，很难向婆家启口，要求什么可口的食物吃。这时候，娘家有送食物给怀孕女儿的习俗，叫做"送过水面"。食物有麦面、鸡蛋、虾皮、鲞等，但数量不必像"望月里"那样多，视家庭经济状况，可多可少，不拘一格。据《黄岩县志·民风》篇记载，男女成婚，"新妇有孕将产，谓之'坐月'。女家必送酒席宴请诸亲友，谓之'催生饭'，又谓之'过洋饭'。过半月未生，又必再送"。

3. 生产

过去妇女生产，往往以原住房为产房。将产时，请接生婆前来，产妇坐在高脚桶上（生儿桶），由两人扶住两臂往下屏气。出生后，接生婆用汤把婴儿洗净，这种汤叫"洗娃儿汤"，烧的时候不能加锅盖。洗过后，用破瓷片割脐带，由于马桶和破瓷片不卫生，所以过去婴儿常因破伤风菌感染而死，俗称"七日风"。在接生和生产后七天内，男人包括丈夫是不能进产房的，历来人们认为产房是血间，污秽不清洁，男人进产房会染上晦气的。

婴儿落地，亲朋听到喜讯，七天后就纷纷赶来贺喜，送月礼。月礼有两类，一是婴儿用品，二是产妇吃的食材。主人家做好有盖头的麦面请客人吃，俗称吃"长寿面"，意思是祝贺新生儿长命百岁，第二餐吃红糖炖鸡蛋，一般5或7个鸡蛋，不能成双，叫"鸡子酒"。娘家得讯要送豆腐皮、鲞、红糖、鸡蛋等食品和婴儿的月里衣，俗称"望月里"。

婴儿出生后三日内，母亲一般还无乳哺育，要为其"开喉"。开喉用"川连汤""川芎、大黄汤"等清凉解毒药，有些连吃十天，最长的吃一个月。俗称"吃得苦，养得大"，实际上是为婴儿解除胎毒，符合育儿卫生。

产妇生产后，必须吃姜茶米饭、姜汤面、姜汤鸡蛋等，因为姜汤具有暖胃的功能，极适合虚弱的产妇。

临海、黄岩一带沿海地区的风俗，产妇坐月子要吃大量红糖和姜汁。玉环市的风俗要待分娩十天后,娘家才来贺喜,也要送来麦面、鸡蛋、酒、鸡、鱼及小孩衣裤。亲友也带礼物来贺,叫"送羹"。

4.落地酒

落地酒,是专为生下长子而办的喜庆酒筵,所以又称"生儿酒"。

落地酒的客气与否,看家庭贫富而定。富裕人家多办酒席,中等人家一般办面干酒,穷困人家则用花生、糖果、茶点代替。

生女儿不能办落地酒,生第二个儿子也不能办落地酒,所以,落地酒是一种"重男轻女"的风俗,现在已很少见。

5.满月

小孩满月了,方才抱出房间见太阳。

满月这天要给小孩剃头,称为"剃满月头"。剃头时,要由祖辈为其烧剃头汤,烧时,汤中放鸡蛋、鸭蛋,这是专门用来酬谢剃头师傅的,据说在这一天剃去小孩头顶的胎斑和胎发,长大以后,头发就会长得又黑又亮。

剃头还要烧剃头面。用麦面,上面加盖头,盖头用肉、蛋、金针、豆腐、海带、虾干、鱼干等炒成。盛在碗里,由主人一碗一碗分送给邻居和亲戚。住处较远的亲戚,则送去未烧的生面、生肉和生蛋。

新生儿满月时,主人宴请宾客,父亲宣读孩子的姓名并解释其含义,应邀的客人都要送礼,礼物多以婴儿用品为主,包括玩具、长命锁、衣服、饰品等;娘家"又送剃头衣,并用紫金冠、银钳、小金镯、金虎头、衣襟缀、百子铃等物"(《黄岩县志·民风》)。台州各县风俗都一样,这衣服叫"外婆衣"。

这一天,还常常把小孩抱到邻居家里去见面。邻居见了,说些大吉大利的话,给小孩脖子挂"长命线",有的是红、黄、蓝、白、黑各色丝线组成的。"五色线"色彩缤纷,煞是好看,表示祝愿小孩一生"穿红着绿,长命富贵"。有的挂白线,一边挂,一边说:"愿你吃得长寿,胡子像这线一样长一样白。"

6.够周

婴孩满一周岁叫"够周"。

娘家除送够周果外,还要"送袍套靴帽及湘绉绸缎衣服。生女者备送花衫、小金龙、额项圈等物,谓之摩周衣",也叫"够周衣"(《黄岩县志·民风》)。

过去,在够周这一天,祖父、祖母还要给孙子、孙女在脖子上挂银项圈,俗称"银钳",有的还要戴手镯和脚镯。这种风俗现在除少数偏僻山区之外,已经普遍革除。

现在,很多人摆宴席,庆贺儿子成长,宴请亲朋好友。

7.割脚绊

过了够周,少则一周零一月,多则一周零七月,婴孩就能行走了,俗称"会走够周一,勿会走够周七"。

这时,为了使婴孩长大以后步履矫健,有割脚绊的风俗。

8.望外婆

婴孩到一两岁时,母亲把孩子装扮起来去看望外婆,要用墨或墨煤把孩子的额头点黑,所以,民间有句俗语称"搭搭乌,望外婆"(《太平县志·风俗篇》)。据说小孩长得漂亮,走在路上,游神野鬼见了要妒忌,或是起了贪心把他摄去。点上墨汁或涂上墨煤,不好看了,游神野鬼看不上眼,可保平安无事。因此,这是一种迷信的陋俗。

二、台州人生十礼

按照《易经》的思想,人的一生由 10 个因素决定:一命、二运、三风水、四积阴德、五读书、六名、七相、八敬神、九交贵人、十养生。这一思想对民间的生死观影响深远。虽然有迷信成分,但包含的朴素唯物主义思想也是显而易见的。由此衍生出台州的人生十礼。

人生十礼化成天下,它涵盖了人生中最重要的十个节点:诞生、满月、百天、周岁、入学、金榜、结婚、祝寿、死亡、祭祀。

人的一生,要经历不同的阶段,每开始一个新的人生阶段,都要举行一个人生大礼仪式,用以揭示生命新阶段的含义,一生中像这样重要的仪式一共有十个,按生命始终排序为:怀子礼、接子礼、命名礼、开笔礼、成童礼、成人礼、婚礼、敬老礼、丧礼、祭礼,称之为"人生十礼"。

台州继承了传统文化,产生出新的人生十礼,它有独特的时间节点,与传统的十礼略有差异。

第一礼:出生礼。

出生礼是生命礼仪的起始。出生礼为"礼教传家,行礼接子"。传统的出生礼,由佩章、取名、报喜等几种仪式组成,婴儿诞生有诞生礼,三日后有三朝礼,出生一个月为满月礼,出生一百天行百日礼,一周岁时行周岁礼。这样,一个新生命的迎接过程,才算完成。

第二礼:满月礼。

满月礼是人生的开端礼。《礼记·内则》:"子生。男子设弧于门左,女子设帨于门右。"若生的是男孩,则在侧室门左悬弓一副,并且还要用弓箭射四方;若是女孩,则在侧室门右悬帨。满月是现在民间比较流行的一种礼仪,婴儿出生满一个月后举行,传统的满月礼包含了除胎发、戴长命锁、百家衣等程序,礼仪色彩浓厚,仪式氛围优美而庄重。

满月酒,新生儿满月时,主人宴请宾客,应邀的客人都要送礼,礼物以婴儿用品为主,包括玩具、长命锁、衣服、饰品等。

剃头,满月时为小孩第一次理发,称为剃胎发。

移寡,也叫移巢、满月游走等,即满月后可以由人抱着婴儿四处走动了。

第三礼:够周礼。

够周礼也称"对周礼""抓周礼",是在婴儿满一周岁时举办的民间庆贺习俗,是中华"周岁礼"传统习俗的主要组成部分。北齐颜之推《颜氏家训·风操》中就明确记载:"江南风俗,儿生一期(即满一周岁),为制新衣,盥浴装饰,男则用弓、矢、纸、笔,女则用刀、尺、针、缕,并加饮食之物及珍宝服玩,置之儿前,观其发意所取,以验贪廉愚智,名之为试儿。"宋代孟元老《东京梦华录·育子》中记载说:民间生子后,"至来岁生日,罗列盘盏于地,盛果木、饮食、官诰、笔砚、算秤等,经卷、针线、应用之物,观其所先拈者,以为征兆,谓之'试晬',此小儿之盛礼也"。在婴儿满周岁刚刚学会蹒跚起步时,让婴儿在众多的器具中选择自己喜欢的器具,以确定孩子今后的人生方向,这就是"够周礼"中的"抓周",也有人叫"试儿"。传统的"够周礼"热烈隆重,富有喜庆,往往一家办够周,一村沾喜气。"够周礼"可谓举家欢庆,举族同庆,从一家到另一家,乃至到一个村落,大家自觉不自觉地参与,分享欢乐。抓周其实是人的第一个生日纪念日的庆祝方式。

第四礼:开蒙礼。

开蒙礼又名开笔礼、入学礼、进学礼,为的是"步入学堂,知聪识明"。

儿童五岁至七岁时,即将步入学堂,生活发生变化,古人行"开笔礼"这个仪式让孩子得"学生"名分。《礼记·内则》:"十有三年,学乐,诵诗,舞《勺》。成童,舞《象》,学射御。"

在古代中国的传统礼仪中,入学礼是一个非常重要的礼仪,和成人礼、婚礼、葬礼并称为人生四大礼仪。由于年代和所处地方不同,古时对"入学礼"的称谓可谓五花八门,有"入学礼""开书礼""开笔礼""破学礼""破蒙礼"等等。古时入学礼是一个隆重的典礼,分为家庭和学堂两部分,包含了吃、穿、礼拜等一系列的流程。家庭部分由敬拜祖宗、喝"开蒙茶"、吃"开蒙饭"、长衫加身等环节组成,学堂部分由正衣冠、行拜师礼、朱砂开智、启蒙描红等环节组成。

第五礼：成年礼。

成人礼为的是"人格独立，担负使命"。

成年礼是一个人走向社会的一道必不可少的程序，是为证明年轻人具有进入社会的能力和资格而举行的人生礼仪，是一种普遍存在的文化现象。古代成年礼根据男女性别不同分为"冠礼"（男性）、"笄礼"（女性）两种，一般会举行隆重仪式。《礼记·冠义》："已冠而字之，成人之道也。……成人之者，将责成人礼焉也。责成人礼焉者，将责为人子、为人弟、为人臣、为人少者之礼行焉。"《礼记·昏义》："夫礼，始于冠，本于昏，重于丧、祭，尊于朝、聘，和于射、乡，此礼之大体也。"

成人礼在古代又叫"冠礼"，是重要的人生大礼。"今且生如夏花，莞尔韶华，奕奕容光。弱冠既加，如之栋梁。道义不辞，大任始承。"①传统社会中，汉族人的成年礼一般是男子 20 岁行冠礼，女子在 15 岁时要行笄礼，主要是由女性家长为行笄礼者改变发式，表示从此结束少女时代，可以嫁人。现代社会，成年礼已演变成为年满 18 周岁，男女同时举行。

第六礼：拜师礼。

据《礼记·少仪》记载："其以乘壶酒、束脩、一犬赐人。"郑玄注："束脩，十脡脯也。"老师在收下束脩后，并回赠《论语》、葱、芹菜等礼物。《通典》开始提到拜师礼，该书卷六七"礼典"强调："天子拜敬保傅"，说天子也要拜师，三十六行，行行出状元。传统的各行各业师徒关系仅次于父子关系。传统拜师，先谓中人向师傅说合，再择吉日设宴，写拜师帖，行拜师礼，拜师时先拜祖师爷，拜行业保护神，表示对本行业的尊重，表示从业的虔诚，同时也是祈求祖师爷保佑，使自己学业有成。接着才行拜师礼，一般是师傅、师母坐上座，学徒行三叩首之礼，然后奉上红包和投师帖子，之后师尊训话，宣布门规及赐名等，训话一般是教育徒弟尊师守规，鼓励徒弟做人要清白、学艺要刻苦等。

第七礼：婚嫁礼。

婚嫁礼由《周礼》演化而来，为的是"夫妻和合，白头偕老"。《礼记·郊特牲》："天地合，而后万物兴焉。夫昏礼，万世之始也。"《礼记·昏义》："昏礼者，将以合二姓之好，上以事宗庙，而下以继后世也，故君子重之。"

自南宋以来，台州就已经形成了一套完整的婚俗礼仪，叫"洞房经"。婚嫁礼作为一种生命仪式，事关家庭幸福、生命的延续和社会的安定，标志着

---

① 《冠笄成人礼仪，传承中华文化》，中国礼仪网，2009 年 8 月 9 日。

男女社会身份的重大转变,具有承上启下的里程碑意义,因此,台州人对婚嫁礼十分讲究,婚嫁往往被看作"终身大事"。以拜堂为例,其流程就包含了拦轿、跨火盆、拜堂成亲、送洞房、闹洞房等诸多礼节仪式。为夫妻百年好合奠基,使家庭牢固、恒久和幸福。

第八礼:祝寿礼。

祝寿礼仪是对长寿永生企盼和表达晚辈尊老敬老思想的一种意识程式,《礼记·乡饮酒义》:"民知尊老、敬老,而后乃能入孝悌。民入孝悌,出尊长养老,而后成教。成教而后国可安也。"台州人历来崇尚"福、禄、寿"三星,台州人对寿诞礼仪十分看重,其礼仪程式也烦琐而隆重。旧时,通常从四十岁开始行做寿礼,现在一般在六十、七十、八十等逢十年举行,也有少数人在五十就举行的,有的地方放在逢九之年行祝寿礼,有的地方在逢一之年举行,七十七岁为喜寿,八十八岁为米寿,是比较重要的两次寿礼。祝寿礼需在精心布置的"寿堂"举行,旧时做寿一般要三天,要举办"寿诞"、吃"寿面"(长寿面),在此期间,"寿星"要接受晚辈的祝贺,"孝"与"感恩"是祝寿礼的基本元素,也是中华民族传统美德,是"孝老爱亲"的体现。

第九礼:丧葬礼。

丧葬礼为的是"对生命的终极关怀",是在人生礼仪中的最后一个驿站。《论语》曰:"慎终追远,民德归厚矣。""生,事之以礼;死,葬之以礼,祭之以礼。"葬礼习俗流传至今,已经有几千年的历史,涵盖了儒家、道家、佛家三大教派的思想理念,父母去世,儿女要为父母行适宜的丧礼。丧礼以尽哀,不设主礼人。礼仪人员指导、照应具体事务。

丧葬仪式大致分为:停尸(挺丧)仪式、报丧仪式、招魂、送魂仪式、做"七"仪式、吊唁仪式、入殓仪式、出丧择日仪式、哭丧仪式、下葬仪式,一般都非常郑重其事。现代实行火葬,在倡导移风易俗的大环境下,许多仪式已经简化,主要由遗体告别仪式和追悼会两部分组成,告别仪式由播放哀乐、默哀、鞠躬、瞻仰死者遗容等环节组成。

第二年的周年祭日和第三年的周年祭日,也都要在墓前或灵位前祭祀、跪拜。

第十礼:祭祀礼。

祭礼为的是"祖先永在,后人永志"。《左传·成公十三年》:"国之大事、在祀与戎。"《礼记·祭统》:"凡治人之道,莫急于礼。礼有五经,莫重于祭。夫祭者,非物自外至者也,自中出生于心也;心怵而奉之以礼,是故唯贤者能尽祭之义。"

台州的祭祀礼多种多样,最常见的有家祭和族祭。每个月都有一个节日,俗称"月节"。家祭一般在月节进行,如清明节、七月半等。最隆重、最讲究的是族祭,每年冬季祭祖的习俗,俗称"祭冬"或"拜冬"。主要由拜天、祭祖、祝寿、老人宴等组成。其中拜天、祭祖是两个分量较重的环节,据记载,三门祭冬习俗距今已有 700 多年的历史,通过祭冬,人们深切表达了对天地自然的尊重和礼敬,对祖先的感恩怀念之情,凸显了遵循自然、尊重自然、敬老爱幼、崇祖尚德的道德理念,实现聚族睦亲和谐相处的目的。

礼仪与现代人生活紧密相关,仪尚适宜,中国人素来注重通过适合的形式,表达内心丰富的情感。是弘扬传统文化、传承国学精华、体现中华文明、进行道德教化、凝聚民族精神的有效载体。费孝通先生就认为乡土社会是"礼治"社会。[①] 而台州路桥从优秀传统文化中汲取礼仪精髓,把社会主义核心价值观贯穿每个乡村礼仪的每个环节,从"优教、启蒙、担当、和美、梦想、崇贤、敬老、守法、勤廉、爱国"等十个方面,因地制宜地构建台州乡村礼仪体系,设定"周岁礼""启蒙礼""成人礼""新婚礼""迎新祈福礼""清明崇先礼""重阳敬老礼""遵宪守法礼""村干部就职礼""新兵入伍壮行礼",总称为"乡村十礼"。

三、独特的小人节、女儿节

在人的成长中,除了传统的生育礼仪外,台州还有关注 16 岁以下孩子成长的仪式、为女儿过节的习俗,分别是七夕节(又称小人节)、女儿节(又称囡节)。其中温岭七夕习俗已经列入国家级非物质文化遗产保护名录。

(一)温岭七夕"小人节"

七月七日原是一个以曝书、曝衣为主要内容的岁时性节日。东汉崔寔《四民月令》即有"七月七日作曲合蓝丸及蜀漆丸,曝经书及衣裳"的记载。从西汉初年开始,牵牛、织女的爱情神话逐渐渗透在七月七日这一天,并最终形成了以穿针乞巧、守夜祈愿等为主的民俗节日。

北宋时,因印度佛教中摩睺罗六岁即出家成佛的故事在开封地区广为流传,他的经历与父母对儿童的期望正好契合,所以在七夕节供奉摩睺罗偶像逐渐流行开来。孟元老《东京梦华录》云:"七月七夕,(到处)皆卖磨喝乐

---

① 费孝通:《乡土中国生育制度》,北京大学出版社 1998 年版,第 49 页。

（摩睺罗），乃小塑土偶耳，至初六初七晚，贵家多结彩楼于庭，谓之'乞巧楼'。铺陈磨喝乐（摩睺罗）、花瓜、酒炙、笔砚、针线……"南宋建都临安之后，七夕节供奉摩睺罗偶像的习俗在南方也扩散开来，据《梦粱录》记载，当时的临安"七月七日，谓之'七夕节'……内廷与贵宅塑卖磨喝乐，又名摩睺罗孩儿，悉以土木雕塑，更以造彩装座"。这应该就是石塘"小人节"中彩亭与彩轿的原型。

元明两代这一习俗在我国南方依然流传，但是随着时间的流逝，摩睺罗的信仰光环逐渐褪去，变成纯粹的玩偶，并被中国传统戏曲中的人物形象所取代。

明末清初石塘、箬山一带的居民从福建惠安、泉州等地迁入，将当时在闽南盛行的七夕供奉玩偶的习俗也带到了这一地区。据方宝璋《闽台民间习俗》考证：闽南民间称织女为七娘妈，将其视为小孩的保护神，民间传说七夕是七娘妈生日，因此，又称七夕为"七娘妈生"。每逢七夕，许多家庭都要祭拜七娘妈，祈求家中小孩能够健康平安成长，温岭市石塘的"小人节"就延续了这一闽南风俗。

随着时间流逝，这一风俗在全国各地逐渐消失，但由于石塘、箬山曾是一个与陆地隔海相望的海岛，清同治十三年（1874）时始与内陆相连接，为相对闭塞的僻壤之地，故这一习俗被完好地保存下来，成为当地一种独特文化景观。在台湾台南和高雄地区，七夕节亦留有纸糊彩亭"七娘妈亭"供奉织女的特殊习俗，是这一习俗的异地传承。

20世纪60年代，石塘"小人节"一度被作为封建迷信受到禁止。为了祈愿儿童健康成长，人们将祭祀时间移到七月初七凌晨天尚未亮之时，相沿至今。

21世纪，小人节在研究汉族传统节日、闽南文化等方面的学术价值被逐渐认可，其影响力日渐扩大。

石塘小人节以石塘、箬山为中心，在当地的发展过程中，既保存了宋代京城开封与临安流行的七夕风俗，又是这一风俗在该地特有生态环境中的演变结果。现在石塘小人节大体可以分为前期准备与七夕当日祭祀两个部分。

每年农历七月初一到初六，每天清晨需点七支香，祭七女神，不设供桌。

初七（小人节当天）清晨，在自家门口场地上设供桌，陈列供品，在供桌中间摆放彩亭或彩轿，或简单地只陈列七娘妈纸人。在彩亭或彩轿前，点上香烛，摆放七个酒盅，香蕉、桃子、葡萄、西瓜、木耳、香菇等时鲜果蔬，以及糖龟(为当地的一种面食,用模子压出,一般为砖块大小)、刀肉、鱼干、鸡蛋、粽子等祭品,其丰盛程度视家庭情况而定。点燃香烛,开始正式祭拜,一般由女性长辈主祭。祈求七女神保佑小孩聪明、健康,也求家庭平安。香燃尽时,全家再次揖拜,燃放鞭炮。最后将彩亭和彩轿焚烧献给七女神,焚烧前,孩子们经常争先恐后扯下纸亭中的戏剧人物把玩。

石塘小人节是浙江温岭沿海的石塘、箬山一带,在七夕当日为 16 岁以下儿童向七娘妈祈愿的节日。七夕原是曝衣、曝书的岁时性节日,因其中渗透了西汉时期关于牛郎织女悲欢离合的故事情节,七夕也逐渐演变为中国本土浪漫的情人节。闽南文化中的七夕几经衍化,使得人们更关注于男女爱情的结晶——孩子。石塘七夕习俗的来源,最早可以追溯到北宋时七夕"拜双星,并乞巧,玩摩睺罗(又称摩诃乐、摩侯罗或魔合罗)"的习俗,因此,它是我国七夕乞巧文化的"活化石"。同时,结合实地考察可知,石塘七夕习俗与石塘闽南移民后裔的祖籍泉州以及台湾台南、高雄,玉环坎门镇,温州洞头等闽南移民文化圈的七夕习俗有相近似之处,具有有迹可循的源流关系。之所以叫小人节,是因为 16 岁前年年过节,16 岁"满金亭"后不再享有,节日被赋予神圣的文化内涵,是进入成人的分界线。

但随着交通的改善和时代的变革,小人节习俗逐渐面临濒危状态。

2. 天台女儿节(囡节)

天台县雷峰乡每年农历五月十三日举办独特的"囡节","囡节"主要分布流传于雷峰乡的潘岙杨村、里翁村、后坑王村等村。"囡节"流传已久,但究竟始于何时,无文字记载。

这一天,已经出嫁的女人,或者在外做活的未出嫁的女儿,穿上新衣,兴高采烈回到娘家,女儿给娘家的老老少少送上礼物,如布料、衣裳、布鞋(如家境贫寒的就亲手做几双鞋垫或是虎头帽、肚兜等),与娘家人坐下来好好叙叙心里话,如女儿在夫家有什么不如意的事,娘家人会在"节"后去调和一番。中午,娘家准备了一桌丰盛菜肴,主食则是磨的新麦粉做的馒头(近年来也有做饺饼筒、扁食的),下午回去时,娘家则将馒头装篮,给女儿带回夫家。

"囡节"是民间以女性为主体的节日,在当地已有 400 多年的历史,而且一直延续着,一代代地传承着,表现出古代劳动人民对妇女解放的祈求,对于亲情与乡情的渴望,彰显了男女平等、移风易俗的新风尚,其独特的民间习俗、古朴的风俗民情,体现了当地百姓丰富的情感。它以女儿回娘家的形式,形成了家家户户约定俗成的节日,对于民间孝道的回归、和谐社会方面,都具有不可估量的研究价值。

但近几年来,由于经济社会的发展,村民生活不断富裕,加上大量农村人口外出,"囥节"的盛况也不比当年,回家过"囥节"的人越来越少,节日的氛围一年比一年淡。

台州文化有着鲜明特色,节俗丰富多彩,内涵丰富,特色鲜明,开放包容,与时俱进,且"风景常新,英贤辈出"。台州人在特有的自然环境下创造出绚烂多姿、山海一体的民俗文化。在这里我们虽不能呈现其全貌,但从节庆民俗及活动中依然可以展现其中的精彩部分。

第二节 诗性婚俗的"洞房经"

婚礼是一个人一生中重要的里程碑,属于生命礼仪的一种,是世界上最古老、延续时间最长、影响最广的民俗之一。男大当婚,女大当嫁,男女到了一定的年龄谈婚论嫁、成家立业、结婚生子、繁衍生命,这不仅是人生之道,也是人生规律。在农村,自古以来结婚讲究礼仪。从求亲到迎娶,主要过程有请媒、相亲、订婚、结婚这四个环节。在漫长的历史发展中,传统婚礼逐渐向现代转变。现代的婚礼继承了中国传统的同时也接受了西方的影响,具有中西合璧的风格。婚礼在现代社会中保留了其原始象征的意义,但往往会失去原始礼仪风情,慢慢演变为世俗婚礼。

时至今日,婚礼规模通常非常盛大,贺婚之人从四面八方赶来,主家大摆筵席,宾客大喝喜酒,在恭贺新郎新娘新婚快乐的同时,觥筹交错、歌声飞扬、言笑晏晏,一种浸透细胞的民众生活沛然呈现。这种习俗,自古沿袭。《汉书·宣帝纪》记载:"五凤二年诏曰:'夫婚姻之礼,人伦之大者也。酒食之会,所以行礼乐也。今郡国二千石或擅为苛禁,禁民嫁娶不得具酒食相贺召,由是废乡党之礼,令民无所乐,非所以导民也。'"汉宣帝颁发诏书的目的,在于提倡老百姓在婚礼上要行礼乐,摆酒宴,相贺召。婚礼既在于礼,又在于贺,与众乐乐,才是最乐。恭贺新婚快乐,是所有到场贺客的一致愿望。

诞生在台州这片神奇土地的婚俗"洞房经"充满了神奇的地方色彩,保留的婚礼对歌是汉民族仅存的婚礼仪式,它不仅叙说了台州民俗的历史,更展示了一种诗性品质。

一、传统婚俗——洞房经

台州婚俗为什么称"洞房经"呢？它从何时开始的呢？

宋代汪洙《神童诗》认为人生在世有四大喜："久旱逢甘霖，他乡遇故知，洞房花烛夜，金榜题名时。"这四喜中"洞房花烛夜"因其关联人生幸福的核心，因此充满绮丽的色彩，造成在后世的四喜之中，文人讴歌渲染得最多的还是洞房花烛夜。以婚姻为描写对象的洞房，既涉儿女私情又与男欢女爱有关，很好地满足了观众的猎奇和窥探心理，洞房是高度私密的场所，洞房的功能是展现夫妻人伦天性，同时也可考验人物品性，但无论呈现哪一种形状，洞房都直接指向夫妻深层的情感交流，最是引人遐想。不仅如此，地方婚俗还体现了一个村落、一个族群、一个区域甚至一个民族相对稳定的风俗习惯和共同的价值追求，一种精神层面的同质性。

所以，婚俗作为民俗的一种普遍性的仪式，具有跨越时空的意义和价值。

（一）"洞房"考辨①

"洞房"一词出现很早，最初的意思并不是指新婚夫妇的卧房，指的是深幽的房间。楚宋玉《招魂》有句云："姱容修态，絙洞房些"，意思是幽深的内室里，都是容貌美丽、智慧长远、仪态优雅的女子，这里的洞房所指可能是较早出现的洞房本义，指的是与女子居住的幽深而又豪华的房间。晋陆云《登台赋》："蒙紫庭之芳尘兮，骇洞房之回飙。"《梁书·徐勉传》："高门甲地，连闼洞房，宛其死矣，定是谁室？"写的是也是相互连接、曲径通幽的幽深房间。北周时庾信《三和咏舞》诗中有"洞房花烛明，燕余双舞轻"一句，洞房首次与花烛"携手"，但不是现代意义的洞房花烛，仍然是指幽深的房间里，烛火通明，体态轻盈的女子载歌载舞。陆机有一句"甲第崇高闼，洞房结阿阁"（《君子有所思行》），描述的是亭台楼阁，豪华绵延，无关乎婚房。

到了唐代，洞房一词意思渐渐有扩散现象，因为狎妓之风流行，洞房频频用来指代酒楼、青楼等吟诗作乐和欢爱的场所，如"两家合奏洞房夜，八月连阴秋雨时"（白居易《与牛家妓乐雨后合宴》），"东井沐浴辰巳毕，先进洞房上奔日。借问君欲何处来，黄姑织女机边出"（顾况《金珰玉珮歌》），"落叶流

---

① 周仲强：《"洞房"及考辨》，《兰台世界》2016 年第 5 期。

风向玉台，夜寒秋思洞房开"（沈佺期《古歌》），"莫吹羌笛惊邻里，不用琵琶喧洞房"（乔知之《倡女行》）等，都是例证。

中唐以后，洞房一词的含义继续向外扩展，既可用来形容华美、高大的女子闺房，也可用作新婚卧房，如张修之《相和歌辞·长门怨》有"长门落景尽，洞房秋月明。玉阶草露积，金屋网尘生"，这里的"洞房"就是指汉武帝的皇后陈阿娇的住处；上官仪《高密长公主挽歌》有"寂寞平阳宅，月冷洞房深"，指长公主幽深的住所。洞房之"洞"，强调的是房间的幽深，但也在唐中期之后，作为婚房的别称"洞房"才真正出现在诗文中。诗歌中出现较多，比如"洞房有明烛，无乃酣且歌"（刘禹锡《苦雨行》）；"洞房环佩冷，玉殿起秋风"（杜甫《洞房》）；"新妍笼裙云母光，朱弦绿水喧洞房"（顾况《宜城放琴客歌》）；"画图封裹寄箱箧，洞房艳艳生光辉"（李涉《寄荆娘写真》）；"洞房昨夜停红烛，待晓堂前拜舅姑"（朱庆余《近试上张水部》）；"清晓洞房开，佳人喜燕来"（张祜《洞房燕》）；"佳人眠洞房，回首见垂杨"（刘希夷《晚春·佳人眠洞房》）；"市言唯恐田园陂地之不广也，簪珥羽钿之不侈也，洞房绮闼之不邃也"（沈亚之《贤良方正能直言极谏策》）；"洞房深闭不曾开，横卧乌龙作妒媒"（韩偓《妒媒》）。与此同时，小说和戏文也同样出现这一意思，如《老残游记》第九回："搬来搬去，也很费事，不如竟到你洞房里去弹罢。"一直沿用至今。《古今小说·金玉奴棒打薄情郎》："双双拜了天地，又拜了丈人、丈母，然后交拜礼毕，送归洞房做花烛筵席。"洪深《少奶奶的扇子》第二幕："二十年以前，男女总要在入洞房以后，才说到爱情。"此后，洞房就演变为新婚夫妇卧房的专称了。

中唐以后，洞房虽然已指称结婚用的婚房，但婚房也不全叫"洞房"，有时称"青庐"。中国新闻网转引《辽沈晚报》一篇文章《唐朝以前"洞房"与新婚无关，婚房称为"青庐"》里的介绍，在《世说新语》中有这样一个小故事，曹操与袁绍年轻的时候非常要好，经常出去"侠游"，这样就免不了做一些恶作剧的事情，有时还会偷鸡摸狗。有一天他俩见一对新人结婚，便偷偷地溜进人家的院子，看到新娘貌美，就冒出了个坏主意。突然大喊"抓贼"，把"青庐"里的人都引了出来，混乱之中把新娘劫走了。我们姑且不去论证这个故事的真假，但古代人把举行婚礼的时候临时搭建的帐篷叫"青庐"，那是千真万确的。据学者考证，从东汉至唐初，古人都是在青布搭成的帐篷里举行婚礼，"青庐"一般设在住宅西南角的"吉地"上，下轿的新娘从特备的毡席上走过，最后进入青庐。《玉台新咏·古诗为焦仲卿妻作》："其日牛马嘶，新妇入青庐。"唐段成式《酉阳杂俎·礼异》："北朝婚礼，青布幔为屋，在门内外，谓之青庐,于此交拜。"清代蒲松龄《聊斋志异·神女》:"公子辞而出,曰:'明夜七月初九,新月钩辰,天孙有少女下嫁,吉期也,可备青庐。'"古人除把"青庐"作为新人结婚用的婚房外,有时也把结婚称为"青庐",这一点,与我们现在用"洞房花烛"指代结婚是一样的意思。到了近现代,仍有人以"青庐"指代结婚,如郭沫若《卓文君》第二景:"卓翁,你该晓得,司马长卿名扬四海,如今尚未青庐,假使他能得女公子为他的内助,那岂不是天作之合吗?"

在洞房词义漫长的演变过程中,它具备多种表意,有的已经超出婚房的概念,虽与结婚有关,但不全指称婚房,洞房有时借指完婚。如《玉娇梨》第十七回:"虽别有人家肯与我,却又不中我意,自分今生断无洞房之日。"

还有一些特别用法,在一些诗文中的洞房还有另外特指,如张说《深渡驿》有"旅泊青山夜,荒庭白露秋。洞房悬月影,高枕听江流",诗人在驿站里住的就是"洞房"。岑参的《春梦》:"洞房昨夜春风起,故人尚隔湘江水。"指男子住的房间。《梅葛》诗第二部:"高山梁子上,盖起三间土洞房。"指的是房屋,朱德《游南泥湾》诗:"今辟新市场,洞房满山腰。"指的是窑洞。还可以是道教养生之道中所指的人体的一个穴位,即穴位名。《黄庭内景经·灵台部》:"洞房紫极灵门户。"梁丘子注引《大洞经》:"两眉直上……却入二寸为洞房。"由于盛唐时佛教流行,洞房还曾用来指僧人的山房,唐牛希济词《临江仙》:"谢家仙观寄云岑,岩萝拂地成阴。洞房不闭白云深。当时丹灶,一粒化黄金。"王维也有"洞房隐深竹,清夜闻遥泉"(《投道一师兰若宿》)的诗句。

台州婚礼颂歌的年代或不可考,可能随着婚礼产生而产生,但从婚房称为洞房的唐代中期开始,或许就是"洞房经"名称真正开始形成的年代。台州民间就有一种说法,"洞房经"已经流传了数百年,可能就基于唐中期后婚房叫洞房这一事实。

(二)与众不同的洞房经

台州传统结婚仪式分为三个阶段:拜堂、望新妇、送洞房,每一个阶段吟(对)唱贯穿始终,习惯上大家通称为"洞房经"。

1.歌唱仪式丰富

"洞房经"由洞房客吟唱,所谓洞房客由新郎选定的与新郎关系密切、年龄相仿的朋友组成,伴郎也位列其中,或是选聘的唱洞房经高手。"洞房客"也称"弟兄客",由6到10人组成,必须成双。洞房客在大堂中列队,主唱的洞房客在前唱仪式歌,在最前面的是手提灯笼的一对洞房客。接着是手捧托盘,盘中放着宫灯和宫花的洞房客,然后是新郎和其他的洞房客。而新娘呢?她早已等候在新房中。

拜堂是传统婚礼的初始阶段,拜堂的司仪俗称"傧相",傧相将所用的诗句以一种特别的歌调——"拜堂赞"唱出,俗称"念傧相",所谓"念"其实是吟唱。20世纪50年代,举办传统婚礼的人家逐渐以铜管乐队代替了传统乐器,筵桌上摆着三字蜡台、五花果(花生、桂圆、红枣、银杏、橘子)、染红的盐米、茶盘、两把酒壶、两口酒盅、天井搭台供奉龙王大帝神位,中堂上挂大双喜字轴、贺匾,下摆长画桌,桌前摆两张圈椅,中堂左右两壁上挂亲友送的贺轴,地上铺红地毯。

"念傧相"的大致程序:1.序赞;2.请新人;3.请新郎;4.拜天地;5.拜龙王;6.拜家堂;7.拜祖宗;8.拔喜花;9.还喜花;10.交杯酒;11.合同拜;12.新郎整位;13.新人整位;14.拜双亲;15.拜长辈;16.拜四亲六眷;17.拜邻舍;18.拜媒人;19.拜厨信;20.拜厨下;21.送龙王;22.进洞房。

拜堂、婚宴之后,与送洞房的仪式之间相隔的一段时间,是"贺新人"(即闹洞房)阶段。所谓"望新妇"不是平常的去看新妇凑凑喜,而是由八位自称"八仙"的男宾组成,他们手提红灯,从大门一路吟唱至大中堂(上间)或洞房间,以吟唱"新妇"为主题的喜庆活动。"贺新人"不限亲友邻里,无辈分拘束,人人都可参与,玩逗取乐自由发挥,讲一些喜庆祥瑞之话,以示祝贺。

"望新妇"大体包括:1.游天下;2.大八仙;3.开锁开门;4.把花堂;5.望新妇(从头望到脚);6.望洞房;7.望嫁妆;8.送早子;9.还早子;10.抱龙灯;11.大头圆;12.出中堂。

闹洞房是婚礼的最后程序,也是任何婚礼中都不可或缺的内容,它是婚礼的高潮,也是最热闹最有趣的节目。温岭俗话说"棉筒弹熟,新妇蛮熟",亲戚朋友围坐房中,逗趣取乐,故称"闹房""闹洞房""闹新房"。

台州"洞房经"包括:1.拜父母亲;2.向厨下倌讨行礼;3.上楼梯;4.唱八仙;5.开锁;6.开门;7.进洞房;8.新人行礼;9.歇落盘;10.抬金桌;11.解金花;12.绑金花;13.分灯;14.讨凳头;15.坐落位;16.讨茶;17.分茶;18.收茶杯;19.讨酒壶;20.讨酒杯;21.讨筷;22.解筷;23.讨羹瓢;24.分羹瓢;25.斟酒;26.唱暖碗;27.贺酒;28.十杯酒;29.望潮水;30.新人开口;31.谢厨;32.收碗盏;33.发南货;34.摆十三花;35.分碟头;36.分状元红(橘子);37.剥状元红;38.碟头谢厨;39.讨早子;40.还早子;41.回金桌;42.扎麻糍安;43.抱龙灯大团圆;44.撒炒米;45.送洞房;46.出洞房;47.下楼梯。47项仪式内容,非常丰富而完整。有时一些仪式可以删减,同时也有一些仪式内容随时可以增加。因此,婚礼常常长达数小时。

人们相信,这些仪式在热闹的过程中进行,将给新婚夫妇和家庭带来多子、多孙、多福、平安、祥和等美好的祝愿。

2. 热闹而持续时间长

有些唱"洞房经"的仪式,要唱答数十个回合才能结束。6 到 12 个不等的洞房客与参与送洞房的其他被称为厨下倌的人进行对歌,除对歌者外,参与者都可以起哄闹腾,歌声与欢笑声此起彼伏,热闹异常。由于对歌回合多,因此,持续时间都比较长,往往闹到半夜后才歇。随着时代发展,现在结婚时唱"洞房经"的人不多,也不像过去那样内容繁多,但在农村还是有不少人喜欢在闹洞房时唱"洞房经",图个热闹喜庆。目前,温岭市唱"洞房经"还有一定的市场,因为那里传承人保护工作做得好,"洞房经"唱词和音调得以保存,滨海镇较为流行,新河镇、泽国镇和路桥区等地都经常听到唱"洞房经"的,临海还有部分地区唱"洞房经",其他县市区已经较为罕见。

台州各地流传着不同版本的"洞房经",大体以灵江为界分为南北两大谱系。灵江以北以台州临海市为核心包括三门、天台、仙居县、宁波的宁海县和舟山的部分地区,唱经的主要形式是对唱(一唱一和),很多桥段是一人主唱,众人应和;灵江以南以台州温岭市为主体包括台州三区、玉环市和温州乐清,唱经的主要形式是对唱。虽然韵律、歌词和风格有些不同,但内容都表现台州人民追求婚姻秩序化、生活幸福化的愿望。

台州"洞房经"是存在于一个相对封闭、独立的区域之中,其音调保存了古老的形式从不加改变,所以基本保持了它的原始状态。虽然随着社会历史的发展,同时也因为"洞房经"自身的局限,"洞房经"歌词没有原封不动地传承下来,但它的内容却与时俱进至今仍保持着生命力,在台州的广大农村中仍在流传。在研究"洞房经"时,我们既考察其线性传承的历史,又重点把握其与社会学、历史学、地理学、宗教学等学科的横向综合研究,以及和周边如吴文化、楚文化、海派文化等互为依存的关系等。

流传民间的"洞房经"多种多样,即使同一桥段,也经常有多个版本,有一个版本中"进洞房"时的一段唱词是这样的:

> 三十三天天上天,云雾里面出神仙。
>
> 太白金星云头现,不觉来到百鸟台。
>
> 黄花遍地开,小仙下凡来。
>
> 百花迎新门自开,洞房花烛送进来。
>
> 脚踏洞房喜盈盈,夫妻和合万年春。

另一个版本中"进洞房"时的一段唱词是这样的:

> 手托金盘圆又圆,陪陪新郎进房来。
> 手托金盘四角方,陪陪新郎进洞房。
> 洞房间里红艳艳,可比万岁金銮殿。

台州内不同区域,"洞房经"的唱词各有不同,有些相邻乡镇,因为传人不同,传唱也有些不同,温岭市文广新局编印的《温岭洞房经选编》①附录的"洞房经"歌词鲜明地体现出这一点。(图4-1、图4-2)

图 4-1　子孙宝桶　　　　　　　　图 4-2　子孙宝桶

洞房内的子孙宝桶(台州土话叫皮桶),以前都是箍桶匠用木板紧箍而成,里面装的是红鸡子、棉籽、花生,寓意早生贵子。现在,木桶几无用处,很多家庭改为装饰用,桶也越买越小,小的甚至到只能盛下5斤液体大小。

进洞房后,外间朋友常出些难题刁难洞房客,洞房客常常只得拿出香烟等解难题,如讨茶,外面送到洞房间的,特意送来了小粗碗装的竹叶茶,这时,洞房里间的人唱:"外间朋友真聪明,吭桶盘,蒸糕帘,吭茶盏,小粗碗,吭茶泡,放竹叶……"随后,这竹叶茶就被换上了正常的糖茶。

撒炒米(撒果子)是"撒帐"风俗之遗,后面的一系列环节,其中撒(方言读若"扎")炒米环节(有些地方是撒果子),有一个版本的洞房经,是这样

① 温岭市文广新局编著:《温岭洞房经选编》,西泠出版社2017年版。

唱的：

> 果子撒（扎）凤冠，生儿做法院（指当院长）。
>
> 果子撒布帐，生儿做宰相。
>
> 果子撒皮桶（便桶），生儿做总统。
>
> 果子撒眠床，生儿状元郎。
>
> 果子撒大橱，生儿做财主。
>
> 果子撒金桌，生儿做总督。
>
> 果子撒落地，夫妻和合万年富贵。

撒果子或撒炒米，应当是旧俗"撒帐"之遗，在国内各个地方的婚俗中，都有"撒帐"的步骤，各地的县志等资料中有相关记载。

相传"撒帐"风俗起源于汉武帝时，宋孟元老《东京梦华录》中也记载：当时人们结婚，"庙前参拜毕，女复倒行，扶入房讲拜，男女各争先后对拜毕，就床女向左，男向右坐，妇女以金钱彩果散掷，谓之撒帐"。顾颉刚著《史迹俗辨》（上海文艺出版社 1997 年版）引用了某地的一段撒帐词："撒帐东，床头一对好芙蓉。撒帐西，床头一对好金鸡。撒帐北，儿孙容易得。撒帐南，儿孙不打难。……五男二女，子女团圆。床上睡不了，床下打铺连。床上撒尿，床下撑船。"顾颉刚称这是讨口彩以及多子的祝祷。

二、独一无二的汉民族婚礼对歌

台州"洞房经"的特点有：全部仪式皆在"唱"中进行，不但唱，而且对唱，浓浓的乡音伴着热闹嘈杂的庆贺声，沁人心脾。这些唱，往往由男性来完成，且全为清唱，有主角，有配角。农村里每一个村落总有一两个很会唱的人，村民称之为"洞房经"歌手，在他的带领下，偶尔会唱的或不会唱的人随便唱几句，慢慢形成了蔚为壮观的歌唱大军。

（一）独特的婚唱——对歌

台州"洞房经"流行区域，北以台州临海市为主，包括天台、仙居、三门、宁波的宁海县；南以温岭市为主，包括台州三区、玉环、温州的乐清市部分地区。伴随婚礼举行过程而吟唱的仪式歌，把婚礼仪式中的话语全部以对歌形式表达。这些对歌源于越地歌谣，曲调为吴音，一般都有较为固定的套式，口头传唱并提倡即兴式的创作。在台州，民间唱"洞房经"风气一直非常流行,虽然在 20 世纪晚期一度沉寂,但在 21 世纪又再度唱响,一些地方有重新燎原之势。台州温岭还出现了专业的唱经公司,为一些喜欢传统婚俗的家庭,提供最具特色的仪式与服务。研究温岭"洞房经"的专家陈华文教授认为:"洞房经"是汉民族留存于世的独一无二的对歌形式的地域婚俗文化,也是我国东南沿海地区具有典型特征的婚俗文化现象,它与古吴越和百越族文化有着深刻的渊源关系。①

台州唱"洞房经"整个过程非常繁复,在临海市的一些地方,从婚礼前一天"杀猪酒"开始到婚礼第二天吃三日酒结束都唱洞房经,绵延三天,声势既壮且大。在节日的那一天,成百上千名青年男女聚集到专设的户外歌场嬉戏和对歌,一方面展示自己的才华,另一方面在对歌活动中寻找情投意合的伴侣。汉族也有歌会,如"花儿会",属于诗歌会的一种,一般不是对歌,江浙一带民歌划分为劳动号子、山歌、小调三种,婚礼歌属于小调,以对歌形式出现。在已知的资料中,"洞房经"是汉民族仅存的、具有史料性价值的婚歌。其对歌形式多样,有"散对""正对""唱和","封"与"拆","摆阵"与"破阵"等等,即使在不同县市区有所不同,但总体风貌大体一致。

在当下的汉民族中心区域的婚礼仪式过程中,还以对歌来完成闹洞房和祈求平安、吉祥、避邪、多子、多福、多财等,已经罕见。陈华文教授认为:源于古越文化的"洞房经"是汉民族婚姻习俗中一种独特婚俗现象。同时他认为,"在婚礼中保存着对歌形式,从目前汉民族婚礼习俗的角度去考察,台州的'洞房经'则可以说是独一无二的,那些在少数民族中存在,而在汉民族中遗失的文化表现形态,都一览无余地保存在'洞房经'仪式中,这是一种值得保护和保存的文化传统和活的婚礼对歌的文化化石"②。陈华文教授从民俗生活论的角度切入,涉及婚俗这一民俗领域,并卓有建树。

台州"洞房经"包括"念傧相"和唱"洞房经"两个部分。

(二)形式多样的对歌

对歌形式多种多样,可以是"散对",可以是"正对",可以是"唱和",可以是"封""拆",可以是"摆阵""破阵"等。

---

① 陈华文:《一组古老的文化符号——汉民族婚礼对歌"洞房经"溯源》,《浙江师范大学学报》1990年第 3 期。
② 陈华文:《一组古老的文化符号——汉民族婚礼对歌"洞房经"溯源》,《浙江师范大学学报》1990年第 3 期。

1.散对

唱"洞房经"不仅增添了婚礼娱乐和热闹气氛,而且表达了台州人民祈求百年好合、多子、多孙、多财、多福的愿望,更反映了台州人民对幸福生活的憧憬。目前,台州各地唱"洞房经"有复兴现象,为了讨个彩头,或增加热闹气氛,也为了心中愿望的实现,很多有传统观念的家庭总要在送洞房时唱上一段"洞房经"。台州盛行"洞房经"的两大主战场为温岭市和临海市,临海市在"洞房经"的保护方面就远逊于温岭市,其名声也就不如温岭市响亮。总体上说目前传唱规模已经大不如从前了,过去各地有流派,有传人,几乎家家都唱。现在繁复的唱段已大大缩减,主要在送洞房时集中唱一下。随着传播的开放和透明,西方婚俗文化的渗透,年轻人追求时尚、简约等观念都制约"洞房经"的流传广度,加上"洞房经"传承的内在动力弱化,传唱"洞房经"的人大都老龄化,地方传承难度大大增加。因此,如不加以保护,在不久的将来将濒临失传。

"散对"指的是不固定你唱我答,而是自由自在即兴唱,看一个人唱得高兴,也来唱几句,有人在唱"讨茶杯""讨鸡子"时,忽然有人想小便,就直接唱"望潮水";有人高唱"讨行礼""大八仙"时,楼下有人上来大唱"看新娘"等等,同时婚礼所用的任何东西都可拿来唱一下,你唱我唱,此起彼伏。

讨早子

稀奇稀奇真稀奇,外生骨头内生皮。

众班朋友勿肯开,每人早子分双来。

第一要分是新郎,第二要分自己凑成双,

众班朋友照顾来。

望潮水

金清潮水涨八分,朝阳轮船要起身。

不打电话不寄信,相劳老新费费心。

等到潮水涨八分,便要回转自家门。

我班朋友望牢准,轮船不会来等人。

讨行礼

孔夫子,立文书,前朝周公定礼仪。

今夜在你洞房里,我班朋友爱行礼。

新郎行礼懂礼貌,生儿骑马并坐轿。

新人行礼福一福,生儿有寿并有福。

唱的内容宽泛,但都与婚礼有关。比如流行于台州的《贺新郎》,唱词比较热烈。在拜堂、晚宴结束后,亲友簇拥新郎于正厅,唱《贺新郎》。既有传统的唱词,也有即兴现编贺词,其中穿插有戏谑、诙谐之词。一般的程序为,亲友(贺客)唱一首,新郎饮一杯酒。新郎如果酒量大,杯儿也大,酒量小,酒杯可以很小,偶尔可以找人代酒,但只限于平常不饮酒的新郎。唱到半夜,送新郎入洞房。此时偶有女歌手闭门以待,男女对唱《开门歌》,尽兴方开门。进门后唱《洞房歌》《砸帐歌》,然后闹房,在洞房里摆上一桌酒,唱《十贺酒》,新郎依次由 1 饮到 10 杯(酒力不胜者可由男歌手代饮)。然后唱《交欢酒》,新人双双同饮一杯。最后歌手叩门唱《关门歌》《下楼梯》,众朋友退出洞房以结束婚礼。

2.正对

"洞房经"属于民间文学,是典型的口头创作,虽然以流传的文本为依据,但更强调即兴创作,台州民间蕴涵的巨大创造力在这里显露无遗。有一点需要说明,无论是谁创作,或创作了说唱新歌词,都不能脱离既定的习俗程式。一般为互相唱答,也就是针对别人的唱段作正面回答,此为"正对"。

如《讨茶》:

洞房客唱:

> 青山绿水家乡好,
> 清泉直流家门前。
> 众朋友,笑连连,
> 请把香茶送进来。

厨下倌答:

> 柴在山边还未燥。
> 水在井里未挑到。
> 里间朋友来讨茶,
> 茶在岩山未抽芽。①

如《讨凳》:

洞房客唱:

> 我班朋友真慌忙,
> 未带凳头进洞房。

---

① 陈华文:《一组古老的文化符号——汉民族婚礼对歌"洞房经"溯源》,《浙江师范大学学报》1990年第 3 期。

> 相劳厨下叔帮一帮，
>
> 请送凳头进洞房。

厨下倌答：

> 培植树木要封山，
>
> 禁止山区树乱砍。
>
> 建设用树也难办，
>
> 哪有木料做凳板。
>
> 无凳到你洞房间，
>
> 只好请你们奇一奇（站一站）。

洞房客唱：

> 高山树木黑沉沉，
>
> 做起凳头好坐人。
>
> 主家凳头多得显（多得很），
>
> 相劳外间送凳来。

厨下倌答：

> 乡村里面开大会，
>
> 各户凳子都借开（去），
>
> 哪有凳子列你洞房间。①

　　如此再唱再答，全凭洞房客与厨下倌的机智幽默来完成习俗仪式。因为洞房客大都是能歌者，故赢的可能性较大，否则只能撒香烟或糖果等东西以结束对唱。"切糖烤糖糖饮做，绿豆做糕嵌黄边。"

　　此种对歌除上举之例外，还有较为宽泛的"正对"，围绕一个主题互相唱答，如《讨酒壶》《讨酒盅》《讨羹瓢（调羹）》《讨酱油醋》等。

讨茶

漂树扁担软扭扭，釉漆水桶广条抽。

一担担到水井边，上面水皮洋洋开，中央水肉担了来。

老姑婆，右手拿铜壶，左手扇风炉。

生得最红水又滚，且起茶来满登登，相请厨下叔送进洞房门。

分茶

眼关新人待一待，眼关新郎笑连连，

---

① 歌词引自陈华文：《一组古老的文化符号——汉民族婚礼对歌"洞房经"溯源》，《浙江师范大学学报》1990 年第 3 期。

叫你老新十指尖尖分茶杯,

第一要分新郎是面前,

第二要分自己凑成对,中班朋友照顺分着遍。

收茶盏

中班朋友懒又懒,苍蝇百到眼,有手懒得拦,

一起呐吵喊,想请你老新收茶盏。

谢茶

山又高来水又清,高山流水望连清。

岩山茶,龙鼻水,多谢厨下叔送茶到洞房里。

还有询问式唱答,这对歌可以多人对唱,临海"洞房经"里就有很多此类仪式,如《望新妇》《鸡子经》等。

望新妇

脚踏贵府,闻知府上娶新户,到你府上望新妇,

"客人居名何处?"(问)

"我老祖基福建下师府!新桃基果子下栅府。

闻知府上娶新妇,到你府上望新妇。"(答)

"客人开得几关锁?要请进望新妇,

开勿几关锁,回转自家府。"(问)

"来者勿待,待者勿来,到你府上要倒霉。"(答)

细开开勿来,只有粗开。

一开峇环锁,又开玉环锁,

太平直落青荷锁,海门对前所(谐音锁),

要开本地台门锁,要开本家中堂锁,要开新娘新郎洞房锁,

当当几关锁,要到里面望新妇,

"客人!有锁必有门,开得几双门?

客人请进望新人,开勿几双门,客人请回自家门。"(问)

"啰哩啰嗦多得显,到你府上要倒霉。"(答)

细开开勿来,只有粗开,

一开紫禁城里紫桥门,前面直落是双门,

太平直落新荷门,要开台州府地新石门,

要开本地是台门,要开本家中堂门,要开新娘新郎洞房门,

当当几双门,我要到里面望新人,

客人开了锁，开了门，请进望新人。

……

3. 唱和

过去结婚礼节繁缛，也热闹，送洞房是婚礼的最后程序，也是婚礼必不可少的内容，是婚礼的高潮。宾朋将脸上洋溢着甜蜜而羞怯笑容的新人送入洞房，每个人都喜气洋洋，其中的确有许多美好和有趣的风俗，这风俗流传了几百年，直至今天，上了点年纪的人还津津乐道，在今天的婚礼中还留下了许多痕迹。在最为关键的送洞房环节，有许多程序要走。新婚之夜，宾朋将新郎新娘送入洞房，在送洞房前，要进行"照床"，照床由一位儿女满堂、丈夫健在的老妇人进入洞房，解开原先用红丝绳拴束的被褥，铺在床上，被中藏有红鸡蛋，寓意早生贵子。照床后，送洞房一般由新郎弟兄主持，弟兄手捧点燃的红烛，红烛放在桶盘上，盘中盛着糖果，边走边抛果子，边唱：

手捧红烛亮堂堂，相送新郎新娘入洞房。

今日今夜送洞房，一对鸳鸯凑成双……

果子砸凤冠（唱），生儿中状元（和唱）。

果子砸布帐（唱），生儿做宰相（和唱）。

果子落被丝（唱），新郎新娘舞狮子（和唱）。

……

小孩和妇人在一旁高声助阵，抢主持人抛出来的糖果，一般最喜欢抢红鸡子。入洞房后，新郎新娘就不能出洞房了。闹洞房有文闹和武闹两种。文闹以较文雅的方式，往往都是弟兄朋友向新娘或伴娘出谜语、对对子、相互赛歌，妙趣横生，迫使新娘或伴娘无法应答而大出洋相，借以取乐嬉笑逗玩，尤其是新郎的弟兄朋友，他们竭尽所能，想出种种花招，让新娘或伴娘当众表演，以博取群人嬉闹。武闹则边吃边划拳、比酒，看到不称心的伴娘，有些地方甚至有打"夯"的风俗，贺客抓住伴娘的双手往上提，到一定高度后突然松手，让伴娘落下，直至伴娘讨饶，新郎家人出来打圆场，出"红鸡子"和"喜烟"作罢。这一夜不管人家如何玩闹，新郎新娘都不能生气。

唱和的高潮一般在送洞房时，这在台州临海较为流行，送洞房时往往由一个小孩双手提着皮桶（过去没有抽水马桶，新房中须有一个木料做成的便桶，送洞房时由叔伯家的小孩子在新郎进洞房时走在前头送进去，照例得到新娘的一个红包），新郎手端一个摆着两根红蜡烛的盘子，走进洞房。此时，《送洞房》歌开始响起，一个领头人高唱，后边朋友和表兄弟呐喊应和。

> 状元红红冬冬,洞房花烛结鸾凤。
>
> 甜甜蜜橘到处种,老新请分状元红。
>
> 新乌娘一分状元红一定高升好不好,
>
> (新娘分次往床上抛喜蛋,一般每次成双)
>
> 新乌娘一分状元红一定高升好不好,……好!("好"均为众人呼应,下同)
>
> 新乌娘二分状元红吉吉利利好不好,……好!
>
> 新乌娘三分状元红紫微星高照好不好,……好!
>
> 新乌娘四分状元红四季同春好不好,……好!
>
> 新乌娘五分状元红五子登科好不好,……好!
>
> 新乌娘六分状元红六六大顺好不好,……好!
>
> 新乌娘七分状元红七子富贵好不好,……好!
>
> 新乌娘八分状元红八仙过海好不好,……好!
>
> 新乌娘九分状元红久好长圆好不好,……好!
>
> 新乌娘十分状元红十全十美大富大贵,……好!
>
> 天圆圆地圆圆,新人新郎大团圆。
>
> 天配一对好姻缘,众家朋友结成缘。
>
> 度细(大小)小叔姑娘缘,邻舍(居)叔伯大团圆。
>
> 十五十六月团圆,千年万年太阳圆。
>
> 四世同堂永团圆,四亲六眷大团圆。
>
> 大团圆大团圆,新人生儿中状元。

送洞房往往一直到东方吐白,金鸡唱晓,大家方才尽兴,吃了洞房面或洞房扁食,新娘给送洞房者分发红鸡蛋、糖果等,新郎分发香烟,宾朋好友向新郎新娘送上新婚祝福,愿新人相亲相爱、白头偕老、早生贵子,并关上窗户、门。燃放关门炮,送洞房方才结束。

4. "封""拆"

而吃洞房菜时各种酒菜由厨下送来时需先《封碗头》,如:

> 快让开,舢板来,
>
> 相好双眼青堆堆。
>
> 新郎新娘笑嘻嘻,
>
> 不知盆里啥东西。
>
> 休讲厨下无道理,

我们实在不详细。

盆中好像荷花开，

荷莲结子在上面。

相好要想尝一尝，

总先认出啥名堂。

"封"碗头时厨下可在碗上放一张红纸，也可插一面小红旗，并只能由洞房客以该碗菜为名对唱后方可到手。

封酒怀

江西生产紫金杯，

酒杯成串红线连，

交通运输勿方便。

用啥办法来拆开。

而后一方则以"拆"的方式来回答，如《拆酒杯》：

拆酒杯

酒杯出产景德镇，

丝线连起红盈盈。

月下老人来引线，

要向老新（新娘）借红线。

老新爽直勿用推，

解下八宝盘里荷花台。①

要是棋逢对手，这种对歌往往有很多次唱答，洞房客才能得到凳子。

讨酒壶

江西瓷器有名声，造起酒杯亮晶晶。

主人家有本钿，酒杯备来多得显。

金桌上面无酒杯，请把酒杯送进来。

拆酒杯

酒杯出产景德镇，丝线扎起红殷殷。

① 歌词引自陈华文：《一组古老的文化符号——汉民族婚礼对歌"洞房经"溯源》，《浙江师范大学学报》1990 年第 3 期。

月下老人来引线,要向老新来借线。

老新爽直不用推,解下八宝盘里荷花线。

讨筷子

四处地方出宝贝,非洲象牙统广赛。

象牙筷子虽然好,路远迢迢难买到。

土产竹筷价便宜,请把竹筷送到洞房里。

拆筷子

象牙筷子亮晶晶,毛竹筷子本钿轻。

筷子本是成双用,新人解绳又拆封。

讨酒壶

金打酒壶亮晶晶,银打酒壶起光明。

铜打酒壶像黄金,铁打酒壶黑沉沉。

镴打酒壶如金银。叫声厨下叔,酒壶送进洞房门。

送酒壶

镴打酒壶七寸长,绍兴老酒桂花香。

百年夫妻结鸳鸯,我班朋友吃酒度得猛。

厨下叔拿拿显光相,酒壶结彩要帮主人家省。

我班朋友说得明,讲得清,拆了红纸(彩)贺新人。

这种"封""拆"往往引起许多对唱才能结束仪式,因此,带来许多意想不到的欢乐气氛。

5."摆阵""摆关"和"破阵""破关"

一个仪式的对歌来来往往有 20 多次,非常精彩和热闹。这种对歌不仅增添了欢乐气氛,而且表达了人们祝愿新婚夫妇、他们的家庭、亲朋好友多子多福多财等美好愿望。在吃洞房菜和摆十三花中,厨下倌随时可以用各种形式来向洞房客发难。其中最常见的格式就是"摆阵""摆关",洞房客则需以"破阵""破关"来答唱。

摆阵

你班相好勿要慌,

我班朋友来贺洞房。

诸葛亮摆起八卦阵,

你知何人来破了阵。

讲勿来勿要呆堆堆（木乎乎），

只要香烟来讲案。

破阵

王永彦大破八卦阵，

破了阵儿胜孔明。

几包香烟大家分，

要求大家讨个情。①

只要你肚里有货可以不断对唱下去，并分出输赢来。

厨下倌发难

何人造酒何人卖，何人吃酒挂酒牌？

何人吃酒坐东楼，何人吃酒坐西楼？

何人吃酒闯大祸，何人吃酒打老虎？

何人吃酒闹天宫，何人吃酒上西天？

洞房客答唱

杜康造酒红娘卖，太白吃酒挂酒牌。

蒙正吃酒坐东楼，文正吃酒坐西楼。

薛刚吃酒闯大祸，武松吃酒打老虎。

（摘自温岭非遗中心提供的温岭"洞房经"）

唱"洞房经"习俗，由于对歌不受时间限制，婚礼往往进行通宵达旦。最后洞房客唱《抱龙灯》歌，边唱边退出洞房，结束整个仪式。

抱龙灯

新郎娶亲时时新，洞房组头抱龙灯。

五凤楼上扎宝灯，五凤楼下宝珠灯。

中堂高挂福寿灯，台门接客是纱灯。

洞房要挂阁老灯，摇头摆尾狮子灯。

高跳龙门鲤鱼灯，来往相争斗鸡灯。

二扇门，蛏壳灯，四四方方走马灯。

嘻嘻哈哈小儿灯，真仙下凡刘海灯。

---

① 陈华文：《一组古老的文化符号——汉民族婚礼对歌"洞房经"溯源》，《浙江师范大学学报》1990年第3期。

百鸟来朝凤凰灯,相劳老新抱龙灯。

很多环节,如讨凳头、讨茶、讨酒壶、讨酒杯、讨筷,都需要对唱,要里间的洞房客与外间朋友(厨下倌)对唱。

外间朋友常出些难题刁难洞房客,洞房客常常只得拿出香烟等解难题。

一般情况下,闹洞房从晚上八九点钟开始,到凌晨两三点才能结束,有的可能更长。这段时间里,洞房客如果要出来解手什么的,必须是成双成对提着灯笼出来,也不能说小便大便之类的话,要说出去"望潮水"。

随着时代的发展,自20世纪90年代左右,由于新的婚礼形式,如集体婚礼、旅游结婚等的兴起,送洞房唱"洞房经"这一传统民俗逐渐式微了。

由于时代的进步和生活方式的急剧变化,从传统的农耕时代进入了工业时代、网络时代,送洞房唱"洞房经"习俗难免趋于式微,如何挖掘整理文化遗产,让它能在较大范围内健康生存,是一个现实的问题,这要看人们如何看待这一传统文化。

第三节　厚养薄葬的丧葬礼仪

古人无法运用科学的思维和方法来解释生老病死,对死亡感到恐惧,所以认为人死了就是告别亲人到另一个世界生活,既能解除内心对于未知死亡的恐惧,又能表达对逝者的哀思。要和亲人告别,很多人觉得应该为他们做点事,为死者所办的事统称为"丧事"。在漫长的生活历史变迁中,逐渐形成某种带有神秘色彩、庄重而又隆重的葬礼习俗。在中国古代封建礼仪中,丧仪是相当繁复的,《礼记》中有很多内容与丧事有关,很多仪式和程序保留至今。

传统的丧葬习俗,大多是厚葬为主,各朝代虽时有薄葬呼声,但往往淹没于世俗的习惯中。直到1997年国务院发布《殡葬管理条例》,才真正推行厚养薄葬。

一、墓葬,古代丧葬的记忆

什么是丧葬呢?《说文解字》说:"丧,亡也。从哭亡,亡亦声。"丧是逃走或逃亡之意。"葬,藏也。从死在茻中;一其中,所以荐之。"即人死后,用草上下盖起来,后来引申为放在一个特定的器物中藏起来。《周易·系辞》曰:

"古之葬者,厚衣之以薪。葬之中野,不封不树。"起初,丧、葬二字不合用,大概在秦汉以后,二字开始合用。

丧葬和人类社会发展一脉相依,在不同的生活形态中、不同的历史时期呈现出不同形制、作用、性质,自成一种文化体系。其社会价值的体现,提供一种生死智慧,帮助人们化解死亡的恐惧,纾解丧亲的悲伤。一是通过丧葬仪式,认同和强化血缘和宗亲关系;二是重视和推崇敬爱先人的孝道观念;三是强化丧葬的社会教化和文化积淀。

而墓葬指的是,将死者的尸体按一定的方式放置在特定的场所,称为"葬"。用以放置尸体或其残余的固定设施,称为"墓",古人把它看做人死后的住宅,"宅,葬居也"①。两者常合称为"墓葬"。自古以来,由于受"祖先崇拜"以及"入土为安"等传统观念的影响,人们对丧葬十分重视。因此,墓葬资料所提供的就不仅仅是埋葬习俗和墓葬制度本身,往往也能在一定程度上反映出社会政治、经济、生产、生活、风俗、宗教、观念等方面的情况。所以,墓葬所展现的埋葬习俗与埋葬制度常常被视为当时社会的缩影,墓葬研究就具有相当重要的意义。

台州在新中国成立后,发现了战国大墓至清代的多处墓葬,出土多件文物,为考证丧葬文化提供了物质基础。

2006年在温岭大溪镇发现了一座"塘山大墓",据考证这是属于战国时期的大型贵族墓葬。发掘34件玉器和陶器。该古墓规模较大,比较罕见。从发掘出20余件瓷器、1件玉璧和许多小纺轮看,春秋战国时台州先民的日常生活情况和其他地区并无大的区别,当时温岭的纺织业已经较为发达。这是目前台州发现的最早的土葬古墓葬。(图4-3)

2018年,浙江省温岭市城东街道横山头村百丈路施工现场发现距今1600多年古代墓葬,出土9件瓷器,经初步鉴定,均为西晋文物。

同年12月,黄岩新前街道屿新村东门山篮球场施工处发现一座东晋古墓,经发掘是被盗后的空墓,仅出土青瓷器两件。该墓为砖室墓,墓穴构造是两棺一室,墓室形制规模较大,顶为券顶,墓四周为青砖,大小不一,纹路清晰。可能是因为夫妻恩爱,所以两棺之间没有修墙。近年来,路桥等地发现多处晋代青瓷窑址,黄岩沙埠有青瓷窑址,黄岩古墓两件青瓷器应该就是在台州本地烧制而成的,也说明晋代台州青瓷业已经比较发达。也有一种说法,随着环境变化、社会变迁,烧瓷业逐渐西移,龙泉青瓷和台州青瓷关系

---

① 郑玄注:《礼仪·士丧礼》。

图 4-3　温岭"塘山大墓"

密切。

2016年,黄岩前礁村发现一座南宋古墓,墓主人叫赵伯澐,是宋朝开国皇帝赵匡胤的七世孙,而且这还是一座夫妻合葬墓,棺椁发现了许多服饰,其中包括衣、裤、袜、鞋、靴、饰品等,并且纹饰题材多样,品种齐全,还有绢、罗、纱、绫、绵绸、刺绣等品种,这批丝绸也被誉为"宋服之冠"。交领莲花纹亮地纱袍,穿越800年时光,色彩依然鲜亮。台州的丝绸技艺堪称一绝。

2018年,台州市黄岩区高桥街道三童岙岙口一处明代古墓进行发掘时,共发现墓志铭2块,青花瓷、水晶挂件各1件。

1956年的时候,王士琦的墓被一个当地的村民给意外挖开,这是一处明代官墓,墓中堪比"金山",共107件金器,22件属国家一级文物。王士琦穷得只能以草席裹尸,墓中居然发现大量金器陪葬品,其真相是崇祯帝登基以后,为了表彰已经故去多年的官员王士琦,于是"赐祭葬",不仅为他重新修建了坟墓,还赐下了大量陪葬品。这些出土的文物都被浙江省博物馆收藏,其中的许多物品都成为镇馆之宝。(图4-4)

封建社会等级制度逐渐形成后,对于墓葬都有严格的大小、形式规定,大体等级的划分有:圣人坟墓称"林";帝王坟墓称"陵";贵族坟墓称"冢";一般官员或富人称"墓";平民百姓称"坟"。当然每个朝代的墓葬制度与文化也有一定的差异。台州战国古墓"塘山大墓"是土石结构的墓室,汉代出现了一种前所未有的砖室墓,并得到流行,黄岩新前街道屿新村东门发现东晋古墓就是砖室墓,说明台州贵族的墓葬结构不落后于其他地区,且已经出现夫妻合葬墓。宋代,台州盛行夫妻合葬,在陪葬品的选择上,采用实物陪葬,不用明器。随葬品丰富多彩,赵伯澐、王士琦的墓充分显示台州贵族的奢华和大气。总体而言,已经湮没于历史或地下的墓葬外,被发现发掘的墓葬以

图 4-4　王士琦墓出土的金器

厚葬居多,也说明台州丧葬风俗与其他地区的礼仪大体相同,但魏晋时期就开始流行夫妻合葬,是一个与众不同的丧葬特点。

二、厚养薄葬

百善孝为先,生前厚养,实为孝道,在父母百年归老后,能够薄葬,是个贤德的子孙。中国人对于身后之事都非常重视,在传统观念中,能不能将已故长辈风光大葬,一定程度体现着晚辈们的孝行。

孝敬和赡养老人是中华民族的传统美德,也是我们后辈应尽的责任和义务。父母辛辛苦苦一辈子,作为晚辈的年轻人不仅要关心老人的日常生活,更要关心他们的精神生活,让他们不寂寞,能够每天开开心心,精神富足,让老人在厚养中安度晚年。尽管很多人对薄葬的好处心知肚明,但是又害怕自己薄葬父母会被人们在背后说闲话,又因为别人家都在风风光光办葬礼,自己家却冷冷清清,没有面子,所以多种原因导致了很多人在选择薄葬时犹豫不决。

整个封建社会,厚葬是主流,但时不时刮起薄葬的清风。

汉文帝倡导"厚养薄葬",他下遗诏(前 157 年)说:"朕闻盖天下万物之萌生,靡不有死。死者天地之理,物之自然者,奚可甚哀! 当今之时,世咸嘉生而恶死,厚葬以破业,重服以伤生,吾甚不取。"[①]在魏晋时期,薄葬的风气突然盛行,曹操就曾交代过自己死后葬礼一切从简,选"瘠薄之地",坟墓"不封不树",也不随葬珍宝,曹丕也提倡薄葬方式。但到了魏晋南北朝中晚期,厚葬的回潮之风又刮了回来。人们相信,不死的灵魂会进入"地下"另一个

---

① 《史记》卷十《孝文本纪》,中华书局 1959 年版,第 433—434 页。

世界。那么多丰厚的陪葬品，会让官阶、地位、财富随之进入"地下世界"，能使逝者在"地下世界"继续享受荣耀与安乐。据《宋书》记载，魏晋南北朝中晚期各种形式的厚葬已成燎原态势。隋唐时是我国厚葬最为盛行的时期之一，虽然有一些士大夫反对厚葬，如虞世南、姚崇、萧瑀等人，但这些"守礼"和"尚俭"之人未能遏制当时厚葬陋习。到了宋元时期，厚葬还是主流，但很多士大夫对隋唐时厚葬风气极为担忧，如范仲淹《奏议葬荆王疏》极力反对厚葬："敕葬枉费太半，道路供应，民不聊生。"请求仁宗"特降严旨……大减冗费"①。欧阳修、司马光、程颢、谢应芳等也持薄葬观点。从南宋开始，火葬开始大流行，两浙路是南宋火葬最为盛行的地区。户部侍郎荣薿说："臣闻吴越之俗，葬送费广，必积累而后办。至于贫下之家，送终之具唯务从简，是以从来率以火化为便，相习成风，势难遽革。"②其实，不仅贫下之家率以火化为便，就是富裕人家也是如此。周煇在《清波杂志》卷一二说："浙右水乡风俗，人死，虽富有力者，不办蕞尔之土以安厝，亦致焚如。"

明清时随着帝王的厚葬，民间也出现尚奢侈的丧葬习俗。在此期间，土葬、火葬依然有一定市场，显示薄葬还在一定范围内流传。

民国时，社会推进大改革，使得社会风俗产生了重大变化，丧葬礼仪从繁趋简，葬礼新旧并用，薄葬开始抬头。

新中国成立后，移风易俗，大力倡导厚养薄葬，在民间已经产生影响，笔者曾有同事，父亲病故，出殡的那天，完成简单的仪式后，4个兄弟抬着父亲的棺材，直达墓地安葬。在20世纪80年代的台州，丧葬仪式非常繁复的时期，能够一反陋习，非常难能可贵。其实，坚持传承孝道文化与移风易俗并不矛盾，厚养薄葬才是更理智的孝行。1997年国务院出台《殡葬管理条例》，引导全国的殡葬改革，中国的殡葬也慢慢走上了厚养薄葬的正确途径。

三、传统丧葬仪式

丧葬习俗比较烦琐，从死者辞世至超度亡魂毕，中间约需一个多月时间，仪式多达数十种。《洪志》记述：台州（旧时）"丧礼大概遵《文公家礼》，惟不行小殓，不用魂帛，殡于中堂。吊奠者具祭仪、楮钱、香烛，丧家答以帛。择吉出殡。营葬多以砖石为椁，荫以松柏"。葛咏裳在其藏书《笔记》云："道咸以来，新丧多用《朱子家礼》，以自徽人传来，俗谓之'徽祭'，其主祭以孝子

---

① 《历代名臣奏议》卷123《礼乐·丧礼》，上海古籍出版社1989年版。
② 《宋史》卷125《礼二八·凶礼四》，中华书局1985年版。

为之。上自绅官，下至皂隶，悉用羊豕三献。近何教谕钟麟病其僭越，著说辟之，稍有悟而不用者，近已逐渐革除矣。"

《台州府志》记述："祭礼，大族有宗祠，细民从寝室设龛。四时之祭，元旦、清明、端午、中元、重九、冬至、除夕，各以时物为荐，子孙享馂余。墓祭或用羊豕，或用牲醴，各随其祭田之厚薄，而颁胙亦以是为差。"①

这些礼俗是在千百年的长期历史中形成的，还在不断传承着。台州地区绝大部分地区，如天台、仙居、临海、黄岩、三门、椒江等县市，丧葬礼俗基本相同。唯有玉环、温岭两县的渔区，才稍有不同。新中国成立以后，由于科学日益发达，各地推行火葬，在殡仪馆举行简单告别仪式。但火葬后，棺材没有了，民间依旧供奉着装载着骨灰的文明棺行使传承礼俗。当下，虽然这些旧的丧葬礼俗有简化现象，部分旧俗在逐步淘汰和消亡，但葬礼的基本程式还是在运转。从这一点看，生与死，这个人类永恒主题依然占据生活的核心层面，围绕这两个主题而产生的习俗将会继续演练着。至于程式的改变与否，其实不重要，关键是民众内心的认同感及其派生出来的热情，我们不能小看这种民间的力量。

根据《台州风俗》②和《台州民俗大观》③对台州丧葬仪式的记述，综合如下：

棺材

旧时做棺材的木料分上中下三等，上等为柏木，中等为杉木，下等为松木，上、中、下三等不但表现在木质上，还表现在棺木板的厚度上，上等称"敦煌材"，板厚四寸以上；中等称"养老屋"，板厚二寸以上；三等称"狗头柄"，天台、临海称"杉板汤"，板的厚度在一寸以下。"敦煌材"过去规定用八人抬，其余的均用四人抬。

被褥

有枕头一个，死者生前用的被和棉褥各一条，称为"本身被"和"本身棉褥"。小殓时，先放本身棉褥和本身被，再放送来的被褥。枕头上绣上红公鸡，表示对死者报时辰。

寿衣

寿衣又叫"百年衣"，一般人家，一进入老年，就选定黄道吉日，早早制作，用来延长寿命，所以叫寿衣。

① 何奏簧纂修：《民国临海县志》，丁伋点校，中国文史出版社 2006 年版，第 207—208 页。
② 台州地区文物管理委员会编：《台州风俗》，台州印刷厂 1985 年版，未正式出版。
③ 叶泽诚主编：《台州民俗大观》，宁波出版社出版 1998 年版。

死者穿的寿衣,内衣不用单衣单裤,而是用夹衣夹裤;夹衣外是棉衣、棉裤;最外面是罩衣、罩裤。在过去,外面穿棉袍、长衫;到现在,有些人已改棉袍为棉大衣了。为了穿着方便,两袖均开口,用带子系。

死者要戴帽,不能光头。在过去,男的要戴风兜,风兜的颜色有区别,秀才以上的戴红色,不是秀才的读书人戴蓝色,不识字的戴黑色。

脚穿暖鞋,鞋底贴上红纸剪的鞋花,女的穿绣花鞋。

在过去,女的还要系裙子,鞋底贴上纸剪的荷花。

移铺和报丧

在厅堂上为行将死亡的人设立铺位,叫移铺。这种铺位只用简单的木板或门板搭成。将已经死亡但未小殓的尸体放在厅堂,叫"搁板头"。

"搁板头"的位置有讲究,要看死者在家庭和家族中的地位与年龄。中年死亡且有长辈健在的,按男左女右停放;年过六十花甲和上无父母的中年死者,不论男女,都停放在厅堂左侧。三十岁以前死亡者,称短寿,不论男女,都将所移铺位定在厅堂后侧,家无厅堂的,则以正房置之。

对于因病因祸死于外边的,台州各县风俗一律不准尸体进村,而在村口或岙口搭上一个棚,棚用毛竹搭成人字架,上面盖竹簟,用来停尸。这种棚山区各县叫"丧厂",沿海渔区叫"收尸寮"。

人一死,死者家属就请择吉日者按死者生辰八字,择定大小殓及发丧的日子。然后,一边差人向四亲九眷报丧,一面在门口张贴黄榜,写明大小殓日子、时辰及入殓时需要避忌的生肖,以示亲友。

玉环市闽南籍人取水沐尸有讲究,需由家中孝妇到井台上焚香,将钱币丢入井中,以示向井神"买水"为死者洁身。天台县风俗,在沐尸后,还要给尸体擦一遍烧酒。

沐浴过后,就开始穿衣。穿衣由下而上,先穿裤,再着衣。着衣要将死者翻过身来,自背后着进。玉环市风俗较奇特,"寿衣"要当着老天爷的面,由孝子站到凳子上,将寿衣用无锤的秤称过,报一件,穿一件。

寿衣着好以后,要将死者两手放在肚子上用绳结牢,至进棺后始放开。也许是为了入棺方便。

小殓

小殓俗称"落材",就是把尸体放进棺材。

小殓之前先要进行祭祀。

死者口里要塞入一枚系有红绳的铜钱,叫含口钱,两手要捏着银元宝。现在没有银元宝,就用锡纸做成元宝的样子代替。

棺材里面现在底部垫上一层灰,有的地方用石灰、粗糠或谷壳,反正都是用作渗尸汁的。灰上放木炭,木炭能阻止树根向棺材里生长。木炭上面放三根竖放的竹竿,代表床栅。床栅上放死者生前用过的草席。仙居县风俗在尸体放进棺里后,要将草席四角剪掉拿回,表示留丁留财。玉环一带仅剪一角。草席之上先放死者生前用的棉褥,称"本身棉褥",再放女儿送来的棉褥。

这时,铜锣敲响,男女跪地痛哭,移尸入棺。玉环、温岭等渔区,在尸体入棺时,在尸体头部塞一片瓦,脚下放一抔土,表示死后"上有片瓦,下有寸土"。

吊丧

吊丧礼一般放在中堂进行。中堂的桌子上放着祭品,设着死者遗像和牌位,吊丧开始,先由嫡子嫡孙行三跪三献礼,由叔伯当司仪,跪拜时,乐队奏起哀乐,没有乐队的贫苦人家,用哀哭代替。

亲朋好友前来吊丧时,孝子及与孝子同辈和下辈的子侄都要戴白帽、穿白衣坐在中堂接客。

吊客前来吊丧,凡娘家、女儿、兄弟姐妹等真亲,要送四盒礼和桂圆茶,现在有的人改为送被面,真亲以外的亲戚朋友,一般只需送两盒礼,四盒礼是猪肉四斤半、豆面二斤、寿桃四十八个、猪肚一个、猪肺一个;两盒礼则减半。

女儿、娘家、媳妇、外甥还要送被,被用大红绸做被面,用单股线钉之,内中被絮为散絮,不穿针,不用线,谓之"水被"。女儿还要送棉褥,不管女儿个数多少,都只送一条。朋友则送挽联。

大殓

大殓在发丧之前。

先进行祭祀,祭祀时,家中大小及近亲按照辈分大小依次跪拜。

祭祀毕,打开棺盖,将原先覆在棺上的大红被盖在死者身上。先盖娘家被,再盖媳妇被,然后盖女儿被,如果媳妇、女儿人数不止一个,先盖大,后盖小。

出殡

出殡前,亲友皆着白色孝服。孝子孝妇携死者临死时用的草席、草毡、枕头及病笃时的药品,到三岔路口或一僻静处焚烧,叫做"送脚尾"。

出殡时,先有一人在前面放纸钱通行,后面才是出殡队伍。

棺木动身时,要敲锣,放炮仗,吹唢呐。一扛起来,就要把搁棺材的两条凳踢倒,起步时,要走三步,停一停,如此往复三遍,方才正式开步向前。

棺材扛到路上停下休息,重新起身时,走在最前面的扛夫要撒一把盐米。

路遇庙宇宗祠、桥梁、路廊,孝子都要跪拜,再让棺材继续前进。

亲朋好友或要好的邻居在棺木经过的路上点燃火种把,意思是为死者引路。对于点火种把者,死者家属要给以报酬。

在出殡经过的路上,凡死者的亲属和生前好友,在过去都要摆路祭。

摆路祭的地点是三岔路口或较空旷而有出路之处。

民间简单的路祭是放一张方桌,桌上设香纸蜡烛,摆各种祭品。出殡队伍来到前面,停下来,设路祭者从领魂轿里请出木主,放在桌上,行二跪三献礼。祭时,孝子伏地,由孝孙向设路祭者还礼。

热葬、冷葬和髻葬、草灰葬

冷葬是人死后,发丧到墓地,在墓地上用砖瓦或石板砌成一间小屋,叫做明坟,将棺材放进明坟里,这种葬法一般是有钱人家,无钱的穷人死了,有的直接将棺木停在墓地上,棺材顶盖上稻草,这叫"茅殡";还有的利用高燥的岩洞,将棺材放进去。这样过了三年,才重新选择地点,把棺材埋进地下。冷葬的起因,据说是因为尸体腐烂以后要发臭,土地老爷嫌尸臭污染了他的地界,往往为此而不护佑死者。其实这是一种迷信,而且很不卫生,现在已很少见到。

热葬就是人死后,发丧到墓地,直接葬入地下。现在都用这种葬法。

髻葬也是一种再葬仪式,一般在人死后五年或三年以上,由提骨头的仵作启坟收骨(民间尚有"提骨头歌"),按全身部位串接,置于髻中,重新埋葬。在台州地区,这种风俗多见于闽南籍的渔民中。其起源有两方面原因:一是因为这宗来自闽南近海的渔民,历史以来经常遭受劫难而流离颠沛、迁徙辗转,不忍心撇下祖先尸骨,便带着骨髻随时迁移;二是因为渔民出海作业,海损事故经常发生,尸体随浪漂泊,往往被别地人埋葬,待得知消息后,已经时久腐烂,无法起尸运回,因此只得等数年之后再去捉骨入髻带回,温州宗渔民虽然也有整葬的习俗,但与闽南宗渊源不同,温州宗只是在原坟墓破败以后才进行,其他各县汉族居民如果祖先葬在他处或坟墓破败,也有捉骨重新营葬的习俗,但不用髻,一般用木箱。

草灰葬也是台州地区闽南宗渔民的习俗。此种葬法一般只适用于男性,因其男劳力以捕鱼为业,过去科学不发达,海损事故经常发生,在确认这个人已经身死而又无法捞回尸身的情况下,便扎缚一草人,穿上死者生前衣服冠鞋,然后火化,将草灰放入瓮中埋葬。

做七

七天是祭奠仪式中的重要数字。这一时期的人相信,人有七魄,逝者每七天散一魄。到了七七四十九天,人的魂魄将散尽。由此,人们在逝者七天以后,会举行更为隆重的祭奠仪式。旧时做七是生者对死者所尽的"送死之道"。

做七分首七、二七直至七七。仙居县风俗,一、三、五、七为"大七",四亲九眷都要到。二、四、六为"小七",不大张扬,玉环市闽南籍渔民称做七为"做巡",除头七外,如果死者是女,二七由娘家(即内侄)做,三七由已出嫁的女儿做,四七不诵经,五七、六七、七七做了以后,可以撤灵。

七七中数头七最为隆重,据说目的是把游荡在外的灵魂招回来,所以又叫"聚魂"。

小祥和大祥

小祥:小祥俗称"周年祭"。人死后一周年,家人设祭。

天台县风俗于人死后次年正月初二,在家设灵座,亲友准备座仪,"座仪则烛一双,纸三节,锭一副耳。烛之重轻,视交情之厚薄"(陈钟琪《天台县风俗志》)。前来吊祭,称为"拜座",黄岩、温岭等县正月初二开吊礼,叫做"接纸",所以俗称正月初二为"白日子"。

玉环市闽南籍渔民,在小祥时,还请出殡时抬棺木的人,设酒宴答谢。

大祥:大祥以二十四个月为期,人死后首尾已经三年,故俗称"三年满"。做过大祥,就可以除去灵座了,孝子孝妇也可以脱去素服了。

这一天,和小祥一样,要设馔祭祀。祭毕,邀请亲友共食余馔。以后,每逢忌辰必祭祀一次,每年还要举行"四时之祭,元旦、清明、端午、中元、重九、冬至、除夕,各以时物为荐"(《临海县志·礼俗》)。

招潮魂

招潮魂是台州闽南籍渔民对因海损身死,而又无法找回尸身的死者举行的招魂仪式。

招潮魂是于涨潮时放在海滩岙口上举行的,据说海水涨潮往陆地进升,亡魂可以随潮水归山。

招魂时,用稻草扎成一个草人,穿上死者生前的衣裤鞋帽,由僧道诵经招魂,然后把草人放入棺材中或烧成草灰盛在瓮中埋葬,台州各籍渔民都没有海损水葬的风俗,不管何方人,只要死于海中,任何人发现,都要义不容辞将尸体捞起,带进岙口归葬。这实在是互相帮助的好风俗,因此过去在渔乡有专门供暂时停放和埋葬无人认领尸体的乔口,如现在玉环冷冻厂所在的呑口,原来就叫"棺材呑"。

以上这些丧葬礼俗,新中国成立以后,提倡移风易俗,已经大部革除。现在,人死了都讲究勤俭节约,先由主人出面,在门口贴上一张"讣告",上面写明死者遗嘱,谢绝亲朋好友一切礼品,亲友也不送盒礼,不送被面,只送花圈表示悼念。出殡队伍也不穿丧服,不用开路神、象亭、香亭,只是两根引路的魂幡、一对丧锣、一对寿牌还在沿用。

今天,各地群众大都已在改变土葬的烦琐礼俗,坚持文明节约办丧事。同时,在有火葬场的县,积极推行火葬。

生老病死是自然现象,任何人都无可逃避,也不可能脱离现实而存在。然而,个人必须面对当地的所有民俗文化,他拥有源自集体和民众文化的行为方式。于是就有了生命孕育及生长的诸多仪式,人生走向最后的归宿是通过礼仪完成的,这给我们的生活增添了许多色彩及规约。

第五章　与生活相融的地方戏曲

戏曲属于民间艺术的一项，相对于其他艺术样式有其独立性，不能视之为文学、舞蹈、舞台艺术、音乐、空间设计等多种艺术形式的简单综合，而是包容了各项艺术，它"熔合说白、歌唱、舞蹈、音乐、科范于一炉，以表演一个完整的长篇故事，使中国戏剧真正成为一种综合性的艺术，在戏剧史上开辟了一个新的纪元"①。戏曲的形式是独特的，作为南戏的发源地之一，台州戏曲源远流长。和中国戏曲一样，自古以来，就跟民众的乐神、祭祀、图腾、娱乐、节庆、信仰等民俗活动构成多维度、多层级的关联，是民间文化的有效展示，是组成民俗活动的重要内容。按照陶宗仪的理解，先有歌、有舞，而后"以歌舞演故事"，才有完整的戏曲、戏剧的产生。所以，先秦出现"俳优"、汉代出现"百戏"、唐代出现"参军戏"，宋代出现南戏、元代杂剧、明清乱弹、民国越剧等，正如陶宗仪所说："唐有传奇，宋有戏曲、唱诨、词说，金有院本、杂剧、诸宫调。"从地方戏曲角度讲，江浙在两宋时形成自己独特的成熟样式——"南戏"。而后台州戏曲发展虽历经风风雨雨，但成就依然是辉煌而有致的。

第一节　南戏滥觞的参军戏

戏曲是大众最为喜闻乐见的艺术样式之一，在民间有着广泛基础。江南作为经济文化发达地区，人口密集，民间看戏风气浓炽，良好的经济文化氛围促进了戏曲的产生、发展和繁荣。并为创作、演出提供了广阔的文化空间。中国戏曲从原始娱神乐舞活动开始，到先秦的俳优、汉代的百戏、唐代的参军戏和滑稽戏、宋代的杂剧，经过几千年的发展，至宋代，浙江东南部形

---

① 　浦晗：《"印度戏剧输入说"的生发与南戏研究的专门化》，《戏曲研究》2017 年第 4 期。

成了中国戏曲最为成熟的艺术样式南戏。著名戏剧理论家戴不凡曾说："一部《中国戏曲史》至少半部是浙江的。"从现有的传统戏剧观察，产生于温州、台州等地的号称"温州杂剧"或"永嘉杂剧"的南戏，其内容与民众生活密切相关，依托大众审美心理，拥有极为广泛的群众基础，艺术样式丰富多彩，综合了文学、音乐、舞蹈、美术、武术、杂技等多种表演艺术，有念有唱，有文有武，集"唱、做、念、打"于一体，在世界戏剧史上独树一帜。作为南戏的源头之一的台州，其地方戏曲独具特色。

一、先秦到北宋，台州戏曲的滥觞

有戏曲研究者认为戏曲起源于歌舞，是广泛的民间娱神乐舞活动，王国维认为戏曲源于原始的巫觋活动。解玉峰在《民俗学对中国戏剧研究的意义与局限》中认为："中国戏剧形成于民间。"并说："民间社会的组织结构、风俗习惯、宗教信仰、经济基础等因素共同构成的物质文化环境，是中国戏剧得以诞生和生存的土壤。"[①]这个观点概括了戏曲的形成原因，台州宗教活动历史悠久，与乐神活动伴生的戏曲早已和民间生活密不可分。

中国戏曲最初的源头应该是从原始娱乐方式、宗教巫术仪式开始，作为区域文化的台州戏曲，其发生的源头，虽然找不到文献资料，但依然可以和中国戏曲一样追溯到先秦时期。《吴越春秋》中《弹歌》所载越人的"弹歌、断竹、续竹、飞土、逐肉"等，我们认为东越原始人类在山海狩猎、农渔活动过程中所唱所舞的呼叫动作，就是最早的音乐和舞蹈。人类最初的歌谣，有人认为自黄帝时代开始，三人"披发而舞"，台温瓯越，上古也有"如假面状，歌似犬嗥，以相娱乐"的原始歌舞，其共同的特点也是且歌且舞的。至于三个人手里拿着牛尾、投足而歌，和三人吹着竹筒，披发而舞，这正是原始人类歌唱和音乐结合的复杂的歌舞剧了。当然，这种原始歌舞和音乐结合的歌谣，是人类最初表达自己思想的文学色彩的形式，但不是严格意义上的戏曲杂剧；姑妄言之为戏曲杂剧孕育的开始吧！《吴越春秋》所记载的上古歌谣，一定意义上可算为台州戏曲的胚胎。在漫长的历史进程中，最初的歌舞形式慢慢回归至艺术殿堂。《史记》记载："其春，既灭南越，上有嬖臣李延年以好音见。上善之，下公卿议，曰：'民间祠尚有鼓舞乐，今郊祀而无乐，岂称乎？'公卿曰：'古者祠天地皆有乐，而神祇可得而礼。'或曰：'太帝使素女鼓五十弦

---

① 解玉峰：《民俗学对中国戏剧研究的意义与局限》，《学术研究》2007 年第 9 期。

瑟，悲，帝禁不止，故破其瑟为二十五弦。'于是塞南越，祷祠太一、后土，始用乐舞，益召歌儿，作二十五弦及箜篌琴瑟自此起。"从这个记载中看出，起码在秦末汉初，南越国民间盛行乐舞。

王国维说："戏曲者，谓以歌舞演故事也。"同时，也往往与"巫""觋"伴生在一起。先秦越国时期，越人基本上"信巫术，敬鬼神"（清钱培名《越绝书札记》），越人占卜之风很盛，巫师占有重要地位。《史记·封禅书》第六记载："昔东瓯王敬鬼，寿至百六十岁。后世怠慢，故衰耗。乃令越巫立越祝祠，安台无坛，亦祠天神上帝百鬼，而以鸡卜。上信之，越祠鸡卜始用焉。"信鬼神也是於越、闽越、南越、百越的共同特点。这种情况在《（嘉靖）浙江通志》中也有记载："始，东瓯王信鬼，故瓯俗多敬鬼乐祠。"这种民间信俗其源头主要是汉武帝崇信鬼神。

近年来不断发现远古岩画，如仙居的送龙山岩画、东坪岩画、路桥的共和岩画，其中有诸多舞蹈状，如舞蹈人物、人身鸟头型舞蹈等。从图形分析，图腾画面居多，可以认为是先秦时台州先民太阳崇拜的摹刻。（图 5-1、图 5-2）

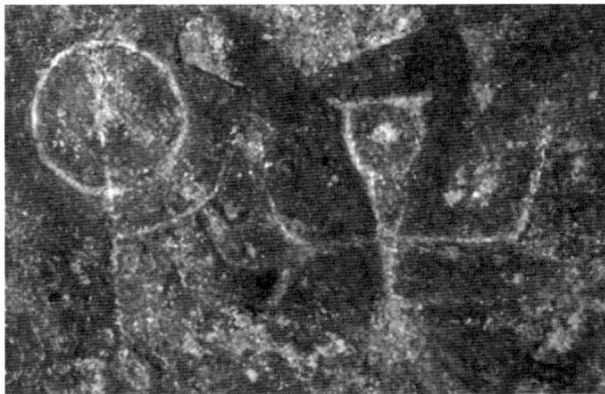

图 5-1　朱溪小岩岩画的鸟头人身形图像

近年，章安出土许多六朝时期的甓砖，其中有些砖上的图案就类似于戏曲中的造型，如图（图 5-3），一名官人肩扛旗幡、骑着高头大马，似乎是宣示政令或高调过市。

古时台州，城镇、村落中图腾、祭祀、乐舞、百戏活动比较普遍。王国维在《宋元戏曲考》中说："灵之为职，或偃蹇以象神，或婆娑以乐神，盖后世戏

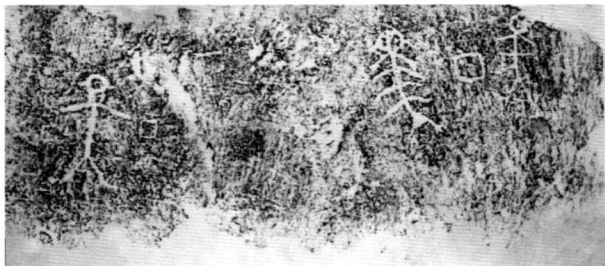

图 5-2 仙居广度乡中央坑人身鸟头型岩画,似有舞蹈状

图 5-3 章安六朝时期的甓砖

剧之萌芽,已有存焉者矣。"①汉代,台州就已经存在这种现象。据考古发现,台州多处出土的文物和戏曲活动有密切关系。如天台县前山乡双塘村出土的西晋青瓷五管瓶,其颈肩部堆塑着楼阁、飞鸟,在楼阁底层檐下,堆塑有吹笙、操琴、击鼓的乐人,真切传神,栩栩如生。绍兴博物馆学者沈一萍认为:五管瓶象征的是窣堵波(佛塔),它是僧人、"好佛者"和"民人"等众人进行念佛诵经等佛教活动的场所,与娱神密切相关。北齐的"踏谣娘"合歌、舞、故事三者于一体,已初具戏曲艺术特征,它随北方移民传至台州。丁伋先生在《从踏谣娘的帮腔说起》一文中称:"台州的一种民歌还保存了'和来'的这种踏谣娘帮腔的遗响。"

从民间乐舞到戏剧演出,其间仍然经历了漫长的历史阶段,具有里程碑价值的,即是出现唐宋滑稽戏。"晋代衣冠唐代曲,今人面目古人心。"这句

① 王国维:《宋元戏曲史》,华东师范大学出版社 1995 年版,第 2—3 页。

话说得好,曲艺风华,淘尽多少生旦净末。据唐范摅《云溪友议》载:"元稹廉问浙东,乃有俳优周季南、李崇及妻刘采春,自淮甸而来,善弄'陆参军',歌声彻云……元公赠采春诗曰:新妆巧样画双蛾,漫里常州透额罗。正面偷匀光滑笏,缓行轻踏破纹靴。言词雅措风流足,举止低回秀媚多。更有恼人断肠处,选词能唱望夫歌。"当时浙东唐代参军戏也具有组合表演的规模。1987 年,黄岩灵石寺塔体砌砖中发现了一批北宋乾德三年(965)制作的阴线浅刻戏剧砖①。制作戏剧砖的年代,正是戏剧从盛行于晚唐的参军戏开始向杂剧过渡的时期。王国维在《宋元戏曲考》中认为:"这一时期的杂剧,实际上仍是一种滑稽戏,大略与唐滑稽戏同,当时亦谓之杂剧。"戏剧砖的出土,是继四川广元发现南宋墓杂剧石刻之后在我国南方的又一次重要发现,②对于探索台州戏曲乃至南戏的起源具有不可忽视的意义。

    戏剧砖共 6 块,其中:方形砖 2 块,边长 30~30.5 厘米,呈米黄色,素砖烧成后稍经打磨,砖面用刀浅刻人物图案;长方砖 4 块,长 22~35.8 厘米,宽 15~16.5 厘米,呈青灰色,在砖坯未干时用硬物直接在砖面刻划人物图案。(图 5-4)

    图一残存人物一大一小,前后相跟,大者戴硬脚帷头,着中袖袍服,双手捧笏;小者着衫裤,为孩童。前一形象与图二人物形象颇为相似,应为参军脚色,其身后之孩童形象极似后世元杂剧中常见的"徕儿"。据《东京梦华录》所述,"参军色在唐时手执木简,至宋则手执竹竿拂子。参军色作语问,儿班首近前进口号"。可见,图案形象显示了唐时遗韵,二人当分别表示参军色与"小儿队"中的"小儿班首"。

    在图六中,二人前后有序,性别有异,前者粗眉大眼,裹四脚幞头(折上巾),着交领窄袖袍衫,腰束大带,穿绮履,为男性;后者杏目小口,戴长脚帷头,着尖领窄袖袍衫,腰间系带,穿绸裤袜,登绮履,为女性。二人引颈拱手,显然表示正在作着某种滑稽科范。据《新五代史·吴世家》杨隆演传中"鹑衣髽髻为苍鹘"和明代徐渭《南词叙录》曰:"古谓之苍鹘,言能击物也"等记载,③则此砖刻人物虽发未露髻,然敝衣短结并作鞭扑姿势,故亦疑为苍鹘角色。唐薛能有诗曰:"此日杨花初似雪,女儿弦管弄参军。"可知砖刻人物当分别为参军与苍鹘脚色。

    而图四却是一方"执节的舞者"画像,长 22cm,宽 14cm,厚 5cm,在灵石

---

① 王中河:《浙江黄岩灵石寺塔发现北宋戏剧人物砖雕》,《文物》1989 年第 2 期。
② 王中河、卢惠来:《灵石寺塔戏剧砖刻脚色与台州戏曲之滥筋》,《东南文化》1990 年第 12 期。
③ 胡来宾:《台州乱弹》,浙江摄影出版社 2009 年版,第 17 页。

图 5-4 黄岩灵石寺塔戏曲人物刻拓片(从左到右,从上到下,依次为图一至图六)

寺塔的天宫之中。砖面刻人物一,形象滑稽,线条遒劲,人物戴冠,冠首有简备图形如假面,着短衫裤,胸前与两肩均有带结飘垂。左手持觥形物,右手举短竹竿过顶。这一方"执节的舞者"画像,是古代乐师的最早造像之一,又是南戏戏曲人物形象的经典代表。这种说法是有考证的,著名学者扬之水在她的《雷峰塔地宫出土光流素月镜线刻画考》中提到镜面中一个线刻的持竿乐工,所持之竿名为"竹竿子",乃用于引舞。河南温县宋墓杂剧雕砖的《乐部图》,表现了宋时"教坊大乐"的宫廷乐队。其中一人裹幞头,着圆领长袍,束带,执一长竿垂直于胸前,肃立静候。这些形象均为唐宋时期乐舞场景的再现。

无独有偶,黄岩宁溪古镇曾见到一种留有"执节者"古韵遗风的丝竹锣鼓乐表演——《作铜锣》,它以板胡、笛子为主奏乐器,加上其他各种丝竹乐器、打击乐器一起演奏的音乐,乐队中心置一大鼓,其中一位体态丰腴、身着蓝花布衫、村姑打扮的中年妇女,用一米多长的密节竹鞭敲打边鼓,发出"作作"的声响,似乎引导着整个乐队的演奏。竹鞭击鼓《作铜锣》表演则相传始于南宋的宁溪民俗节日"二月二"。竹鞭击鼓,或许就是灵石寺执节而歌的余风流韵。(图 5-5 至图 5-7)

图 5-5　灵石寺执节而歌人物像

图 5-6　"执节者",周子杨摹画

王中河考古分析认为:"从刻砖形制和刻划技法等分析,戏剧砖并非一人所作,内容似亦不相连属。因此,砖刻所表示的并非戏剧演出的完整程序,而应该是角色形象。"①我们据此也可作出一个判断:"唐代的参军戏不仅角色与表演有固定程式,就是角色的化妆服饰也达到了程式化水平。"②

这批文物里最珍贵的是多块

图 5-7　《作铜锣》竹鞭击鼓

刻有戏剧人物的画像砖,人物形象较完整清晰的有六砖八人,皆为阴线浅刻,其中一块砖刻清楚地记录着它们的制作年代为北宋乾德三年(965)八月,说明制作戏剧砖的年代,正是戏剧从盛行于晚唐的参军戏开始向杂剧过渡的时期,至迟在五代时期,台州已经有了比较普遍的戏剧演出。虽然从画像砖所刻人物形象看,它很可能还只是雏形的参军戏或歌舞杂戏,但是这些砖刻的存在,并且从这些砖刻似非一人所为的现象推论,它们足以成为北宋年间台州已经有相当多的戏剧演出活动的重要物证。从画像砖考古和现存的文献资料显示,台州是南戏的发祥地之一。这批砖雕的发现,为探索我国南方戏曲的滥觞提供了宝贵的实物资料。被《戏曲研究》主编、戏剧理论家

---

① 王中河:《浙江黄岩灵石寺塔发现北宋戏剧人物砖雕》,《文物》1989 年第 2 期。
② 王中河:《浙江黄岩灵石寺塔发现北宋戏剧人物砖雕》,《文物》1989 年第 2 期。

颜长珂称之为"目前发现的中国最早的戏曲实物史料"①。

二、南宋至今——台州戏曲的流风千古

历史悠久的台州戏曲在唐末、五代时期就有了参军戏活动,黄岩灵石寺塔出土的五代时期参军戏画像砖就是一种实物史料。到宋时,浙江一带商品经济发展非常迅猛,台州出现了专门用于戏曲演出及娱乐的场所"瓦舍",在当时台州府地临海相当普遍。民间小调、歌舞、说唱和滑稽戏逐渐趋于融合,在北方杂剧基础上形成了"金院本"。与此同时,南戏已接近成熟,出现了以爱情婚姻和家庭生活为主的一批剧目,如《张协状元》《小孙屠》和《宦门子弟错立身》。宋杂剧、金院本和宋南戏可以说是中国古典戏曲的最初的完整形式,也是真正意义上的宋元戏曲、戏剧,戏剧就正式而诞生。

其时,台州戏曲就已经非常普及,临海"黄沙狮子"其形式始创于北宋,在南宋时已经成熟。② 不同戏曲形式也开始呈现,《临海县志》记载:宋时,(台州)府学宫"大成殿"东侧(今友兰巷)已设有"勾栏",为百戏呈技之所。后该地称"勾栏巷"或"勾栏街"。③ 南宋淳熙年间,台州歌伎严蕊就居于勾栏巷附近之庙弄,她与王静、沈玉、张婵、朱妙、觉芳、王蕙、张韵、王懿等四十余人,"善琴弈歌舞,丝竹书画","色艺冠一时"(见周密《癸辛杂识》)。说明宋代已有完整的戏曲呈现。陶宗仪《南村辍耕录》称:"唐有传奇,宋有戏曲、唱诨、词说,金有院本、杂剧、诸宫调。"④说明元代就已经有了"戏曲"一词。宋代以来,由于戏曲活动频繁,有关戏剧及戏剧演出活动的记载,在地方文献中已经有了相当篇幅了。但宋代以前早期戏剧及活动的文献记载却不多见,涉及台州虽然有多条,但也非常有限,且内容单薄。如陆容《菽园杂记》载,"嘉兴之海盐,绍兴之余姚,宁波之慈溪,台州之黄岩,温州之永嘉,皆有习为倡优者,名曰戏文子弟,虽良家子亦不耻为之"⑤,徐渭《南词叙录》载,"称海盐腔者,嘉、温、湖、台用之"⑥。其实徐渭、陆容的两条珍贵文献,都提

---

① 胡来宾编著:《台州乱弹》,浙江摄影出版社 2009 年版,第 14 页。1987 年 11 月,浙江省重点文物保护单位黄岩灵石寺塔大修时,在塔体砌砖中发现一批阴线浅刻参军戏人物砖,台州乱弹老艺人卢惠来如获至宝。之后他作翔实的考证,其论文发表于《戏曲研究》杂志。《戏曲研究》主编、戏剧理论家颜长珂下此结语。

② 胡来宾编著:《台州乱弹》,浙江摄影出版社 2009 年版,第 550 页。

③ 临海县志编撰委员会:《临海县志》,浙江人民出版社 1989 年版,第 540—541 页。

④ 陶宗仪:《南村辍耕录》卷二十五。

⑤ 陆容:《菽园杂记卷十》。

⑥ 徐渭:《南词叙录》。

到台州，台州作为中国南戏的发祥地之一，在戏剧早期活动中具有重要地位。特别在南宋，台州作为辅都，为戏剧活动提供的场所如"勾栏""瓦舍"非常多，演出市场火爆。在被誉为"中国第一戏"的南戏《张协状元》中，不仅有"台州歌""东瓯歌"曲调（温岭大溪挖掘出的古城遗址，据考证是东瓯国都城遗址），说明台州民间小调构成南戏唱词的组成部分，而且在唱词和对白中还有大量的台州方言俚语，具有浓郁的台州地方风情。其时，台州府县均有官办演剧组织，名为"散乐"。

南宋时，王十朋《梅溪集》有"剡之市人，以崇奉东岳为名，设盗跖以戏先圣"等语，已经有模拟角色扮演故事情景。陆游晚年在他所作的诗歌中有多处涉及越地方曲艺的句子，如"斜阳古柳赵家庄，负鼓盲翁正作场。死后是非谁管得，满村听说蔡中郎"（陆游《小舟游近村舍舟步归》），蔡中郎是南戏《赵贞女蔡二郎》的主人公；"空巷看竞渡，倒社观戏场"（陆游《稽山行》），"夜行山步鼓冬冬，小市优场炬炎红"（陆游《夜投山家》）等。可知台州的说唱艺术、"社戏"等扮演艺术在当时已经颇为流行，而且很可能已经出现了专职或兼职演戏的"村伶"，当时的戏曲多在夜晚演出以不误农事，因此称为"夜场"。此时也出现了专门演戏的场所，陆游称之为"戏场"或"优场"。宋《青箱杂记》卷五载："爆竹烟火之中，伴随着锣鼓，并旁以小锣相招和舞步……若朝庙供应，则忌粗野嘲哳；至于村歌社舞，则又喜焉。"[1]到了明代，祝允明《猥谈》、徐渭《南词叙录》中都提到黄岩出现了一种"戏文子弟"，以海盐腔为主要声腔，"变易喉舌，趁逐抑扬，杜撰百端"（祝允明《猥谈》），被称为江南四大腔之一。

元代，杂剧流行于台州。南戏出现，徐渭称之为"永嘉戏曲""永嘉杂剧"，在永嘉一带，此时，已经有一个公认的戏曲专有名"戏文"。宋周密《癸辛杂识别集上·祖杰》中关于温州恶僧处决前士人编演"戏文"以揭其罪恶的记载，就是一例："旁观不平，惟恐其漏网也，乃撰为戏文，以广其事。后众言难掩，遂毙之于狱。越五日而赦至。"[2]元末明初流行南戏"四大传奇"：《荆钗记》《刘知远白兔记》《拜月亭记》《杀狗记》，是南戏的代表作品。陶宗仪的《南村辍耕录》记载台州戏曲资料颇多，从陶宗仪整理发掘的台州词调情况看，临海词调已有相当规模，黄岩演出词调风气尤盛。而"临海词调"此时在临海已经大热。明《太和正音谱》载知音善歌者36人，其中有台州人冯彦皋。成化二年（1466），陆容《菽园杂记》载黄岩等地，"皆有习为倡优者，名

---

① 游国恩等：《中国文学史卷二·话本·词文·歌谣》和《卷三·元杂剧的崛起和兴盛》。

② 顾希家主编：《浙江民俗大典》，浙江大学出版社2018年版，第626页。

曰戏文子弟,虽良家子亦不为耻"。此后,高腔与昆腔相继传入,会唱昆腔的都是上肩班(好戏班)。明末清初,原属台州管辖的宁海县(包括今三门县)等地兴起平调,平调名称是因所唱腔调较平而致,现在"三门平调"已成为浙江省非遗代表性项目。

明清台州戏剧活动比较活跃的,逐步形成三个主要流派。一是黄岩的高腔乱弹;二是临海的词调;三是天台带有昆腔色彩的高腔。此外还有宁海、三门一带的平调、调腔,即"本地班",以及"佛曲"和"十番"等。

黄岩乱弹起于明中后期的嘉靖年间,它经历了南戏开始的《台州歌》《木偶戏》等较长时期,逐步孕育而成具有地方特色的台州戏曲。黄岩被誉为温台之门户,"浙闽一大都会"。黄岩乱弹的兴起,一方面固然是该地自两宋以来经济发达,城市比较繁荣,盛称"黄岩熟,台州足","台、温闭耀,宁(波)、福(州)两地遂告急矣"①。元朝时,方国珍起义就爆发在黄岩,士人的反抗思想也很浓烈;且明代反倭斗争,黄岩又"首当其冲",因而社会思潮比较活跃,市民的自由思想也应运兴起。另一方面黄岩戏曲源远流长,在灵石寺就发现五代时(987年)属于参军戏的砌砖戏曲人物6块,为"我国目前最早的戏曲实物资料";且和温州、永嘉相邻,文化交往频繁,自然也成了南戏重要的发祥地之一。

我国戏曲分成雅、花两个流派,雅者,指昆曲;花者,指杂、乱,故称乱弹。嘉庆以后,黄岩形成以紧、慢乱弹为主调,兼唱昆腔、高腔、婺腔的乱弹班,继后由于徽戏传入,又加以西皮、二黄、梆子为主的唱调,故而"乱上加乱"。台州乱弹作为地方剧种,中国戏剧家协会主编的《中国地方戏曲集成》,将其列为国家318个地方剧种之一。黄岩乱弹又有山外乱弹、老乱弹,以做功见长,高、乱、婺、徽四腔合调,唱优兼容,十分流行,黄岩乱弹扩展至台州和浙东各地,颇有声名。临海是府城,是台州政治、文化的中心,唐宋以来也是戏曲歌舞十分活跃的地区,民间的杂剧、杂耍、影戏剧等行班也颇有基础。台州府城盛行词调海盐腔,所以近代学者项士元称:"词调发端于南宋,乐师张磁所创……明中叶海盐腔盛行嘉、温、台一带,明末演变为词调。"②"临海词调"明代出现后,其发生、演变也有一段历史。明嘉靖年间,谭纶出任台州知府,重视文化生活。他是我国著名的抗倭将领,精通军事,又酷爱和扶植戏曲,据汤显祖《宜黄县戏神清源师庙记》载:"谭纶以浙人归教其乡子弟能为海盐声,将海盐腔由台州引入江西宜黄县。"谭纶先带台州人教宜黄人海盐

---

① 王士性:《王士性地理书三种》,上海古籍出版社1993年版,第82页。
② 项士元:《临海文化发展史》手稿,未出版,现藏于临海市博物馆。

声,后又请演唱昆山腔的演员(主要是生、旦)对海盐腔的曲牌、腔调、伴奏进行改革,以"字正腔圆,转喉押调"为标准,强调唱腔曲调音律的清越激昂。而伴乐,除保留锣、鼓、板等打击乐器之外,加入提琴、三弦、笙、笛、云锣等丝竹乐器,经过谭纶的改造,"临海词调"的曲牌文字清丽工整,腔调也由清柔婉转而激扬慷慨。这个改动有道理的,李渔《闲情偶寄》说:"提琴较之弦索,形愈小而声愈清,度清曲者必不可少。"[1]临海文士、乐人,素有结社的风尚,"斗会"是当时词调演唱的重要场所,词调内容,形式日趋丰富。

　　清代乾隆年间,乱弹腔在浙江全面兴起,出现了四大乱弹地区,包括绍兴乱弹、温州乱弹、浦江乱弹、台州乱弹。在台州,黄岩一带非常兴盛,高潮不断,始叫"黄岩乱弹"。历经 160 余年,绵绵不绝。清咸丰至同治年间,徽调传入黄岩。清末民初,黄岩乱弹率先吸收徽调,常常演出徽调节目。当时唱徽调的徽班有大庆祥徽班和宁溪徽班,大庆祥徽班长期流动演出在黄岩、临海、温岭一带;宁溪徽班长期流动演出在宁溪山区。临海大石车灯戏,唱腔主要是乱弹,兼唱昆腔、徽调和词调。民国初期,乱弹发展至高潮,其时,台州共有 28 副乱弹戏班,高腔班 10 余副、徽班 5 副,还有数量不等的地方戏班。不仅遍布台州各县,甚至在宁波、温州都能听到台州乱弹之音。

　　晚清之时,京剧开始抢占台州戏曲舞台,有很好的市场。民国时期是台州乱弹全盛时期,台州乱弹成为代表台州地方文化的剧种。抗战前,台州本土演出有老乱弹、徽班、高腔、三并班、临海词调、大石车灯、路桥莲花、和班(温州)、新昌小戏班等。抗战开始后,台州庙会戏全部告停,抗战胜利后,庙会戏重整旗鼓。如路桥还完整保留的庙会戏台有坦头沈戏亭、山东庙戏亭、埭头庙戏亭等。

　　在越剧诞生之前,浙江是乱弹的天下。三四十年代越剧开始走向成熟,越剧之乡绍兴辖区的嵊县、新昌以及宁波一带的越剧开始逐渐渗透进台州地区,台州越剧兴起,乱弹逐步衰落。这个时期,台州出现许多业余剧团,数量已经无法统计,我们从黄岩略窥一斑,当时黄岩业余剧团有黄钟剧社(1937 年)、怒吼化装宣传队(1937 年)、力行剧团(1939 年)等。20 世纪 50 至 60 年代前期是越剧的黄金时期,越剧已经取代了乱弹,成为台州地区的强势剧种。1551 年台州地区成立"台州越剧团",1952 年成立"台州木偶剧团""台州杂技团",一批业余剧团也相继成立,如黄岩城关摊贩剧团(1953)等。一直到 60 年代,台州国办剧团占主导,各县市都成立一家以上数量不

---

① 　李渔:《闲情偶寄》声容部·习技第四。

等的剧团，如黄岩就有越剧一团、二团、三团相继诞生。到 70 年代后期，按照国家政策，每县保留一个政府越剧团，培养了一批越剧人才。90 年代，国有越剧团改制，一批国有剧团的骨干自立门户，民营剧团兴起。这期间，台州已经没有成型的乱弹班社，当地的戏班几乎已经全是越剧班，台州乱弹走向没落。这一现象一直延续至 2005 年。

2005 年重新组建浙江台州乱弹剧团，作为台州地方文化传承保护的主要项目，台州乱弹在历史上"三起三落"，已不复民国时期的辉煌。虽然在新时代这一古老的地方剧种终于焕发青春，但在现在的台州戏曲演出市场上，越剧依然处于主流地位，90％以上商业演出的剧目是越剧，乱弹发展依然任重道远。

目前，台州戏曲以越剧为主，其他剧种为辅，但台州乱弹依然为民所重，只有台州仍以乱弹冠名，其他皆已改名，像绍兴乱弹改为绍剧、温州乱弹改为瓯剧、浦江乱弹改为婺剧。

第二节　文戏武做的台州乱弹

台州乱弹是台州最具代表性的地方剧种，脱胎于南戏，形成于明末清初。《中国大百科全书·戏曲曲艺卷》记述，乾隆年间，戏曲剧种有了花部和雅部之分，出现花雅之争，雅部专指昆曲，花部即指各种地方戏曲，称为"花部乱弹"或"乱弹"，距今已有近四百年的历史。虽几经沉浮，但最终得以花开灿烂，古老的乱弹焕发青春，成为台州地方文化的代表。

地方戏都是地方文化的载体，从乡土中生发，因具有浓郁的"土味"，所以才有地域特性，在戏曲百花丛中争奇斗艳，竞相绽放华彩。这种地方戏并不单指曲调、道白、舞蹈，而且还包括信仰、故事、艺术、语言、声韵、唱腔、表演等诸多舞台艺术综合而成的整体风格。这是一个较为复杂的艺术呈现，其中以民俗、腔调、道白的地方特色最为鲜明。因台州负山枕海的地理环境、历史上强悍的民风、南北文化合流等诸多因素，使台州乱弹带有强烈的"硬气"和"土味"。

一、台州人唱乱弹——台州乱弹的由来

台州乱弹以台州为中心，向南延伸至温州，向北延伸至宁波、绍兴，向西

延伸至金华、丽水等部分地区。历史上台州乱弹几经沉浮，直到 2005 年重组乱弹剧团，开始走上发展快车道，以乱弹为地方文化代表的台州文化被外界广知。

台州乱弹，原系由台州籍演员为主班组，以唱乱弹为主，兼唱皮黄（徽调）、高腔、昆腔、滩簧（词调）及"时调"的"合班"性戏曲班社所演的戏的统称。[①] 其名称历来为：明万历年间，昆腔、高腔在台州一带流行，清初，北方梆子秧歌和梆子乱弹传入台州，乱弹腔在台州黄岩一带兴起。清中叶后，乱弹在台州非常兴盛，黄岩当时是乱弹班最多、最为著名的区域。由于受台州黄岩方言、民俗、民间故事、民间文艺的影响，形成唱腔多样化、道白本土化、表演文戏武做的具有鲜明的黄岩地方特色的戏曲，故有"黄岩乱弹"之称，因黄岩县属台州府管辖，故又称"台州乱弹"。

黄岩以乱弹的唱腔为主，混合各地韵调，源于海盐腔，以激荡、高亢的乱弹腔为主，兼唱昆曲、婺调，所谓"诸腔并蓄，刚中有柔，柔中有刚"；伴奏乐器除胡琴、笛子还有司鼓（笃鼓）、钱、小锣……一唱众邦，前邦后唱，高亢、激昂、悲凉、婉转。其舞台语言，台州官话兼有中原音韵，地方色调浓烈。其音乐的特点，似婺剧、瓯剧，由六个唱腔表现出来。

台州乱弹是台州地区仅存的地方剧种，其特色是"文戏武做、武戏文唱"。唱腔融合了高腔、昆腔、乱弹、徽调、词调和滩簧等声腔，是多声腔剧种之一，这在全国少有。据资深艺人介绍，舞台上乱弹的道白，以中州韵为基础，结合台州官话（土话）音调，到民国，基本以台州方言音调为主，粗犷、激昂、通俗易懂，乡土韵味十足。台州乱弹的脚色行当分"上四脚"和"下四脚"，"上四脚"包括生、旦、净、丑，"下四脚"包括外、贴、副、末。其中以生、旦为主，展开剧情，其他角色皆为配角。生一般分为老生、小生和武生；旦是戏中的女主角，所扮演的人物一般都为青年女子。

台州乱弹原有剧目三百多本，其中本家戏"七阁、八带、九记、十三图"尤为著名。台州乱弹有许多表演绝技，有些是独有的，如民间"叠罗汉"发展成武打中的"打插桩"，《斩蛟》中的"耍牙""双骑马"以及《北湖州》中的"钢叉"、《活捉三郎》中的"甩火球"等，均为人称道。

---

① 中国戏曲音乐集成编辑委员会：《中国戏曲音乐集成·浙江卷》（下），北京出版社 2001 年版，第913 页。

二、古韵遗风——台州乱弹绽放华彩

台州是南戏的发祥地之一。从先秦的岩画出现舞蹈人物开始,到西晋五管瓶堆塑上的戏曲人物,再到五代时台州的参军戏。台州戏曲走过了几千年的历史。1987 年,台州又发现了一批北宋年间的阴线浅刻戏剧砖。也就是说,到宋时,台州戏曲就已经非常普及,北宋时台州戏剧活动频繁,其演出场所开始有"露台""瓦舍",有固定娱乐场所称之为"瓦舍","瓦舍"中有图文装饰的栏杆围成的表演场地,台州也称为"勾栏"。南宋时,府城临海城内有"勾栏""勾栏巷"由此得名。据康熙《临海县志》记载:"有兰巷,旧名勾栏。"因"勾"与"狗"同音,改"勾栏"为"有兰",至民国年间又改作"友兰",沿用至今。唱的是海盐腔,《临海县志》在"戏剧"一节中记载:"府城临海当盛海盐声。"①海盐腔在当时流行于台州各县,后昆山腔崛起,逐渐挤占海盐腔。王骥德《曲律》中说:"旧凡唱南调者,皆曰'海盐',今'海盐'不振,而曰'昆山'。"

南宋时期,南戏《张协状元》中,有"台州歌"等曲调。台州在元代开始流行杂剧、南戏,出现了《双珠记》《金印记》等第一批戏曲作品。明代中叶以后,台州戏曲开始进入文人眼中,陶宗仪、陆容、徐渭等对台州戏曲从不同角度加以记载。此时,出现了传奇和杂剧,明传奇因地域的不同,音乐声腔也不同,分为海盐、余姚、昆山、弋阳四种,其中昆山腔、弋阳腔流传最为广泛。高腔和昆腔亦在台州逐渐兴起,台州戏曲开始兴盛。此时,台州产生了戏曲家陶宗仪、秦鸣雷等。陶宗仪《南村辍耕录》记载了大量台州戏曲资料;台州元宵节提前一日开闹,据说与秦鸣雷有关,有诗云:"十五月亮十六圆,台州百姓庆团圆。竹枝歌词到处唱,民间争说秦状元。"

明末清初,戏曲逐渐摆脱文人主导局面,走向民间化、通俗化,戏曲舞台开始百花齐放。戏曲的表演场所也由厅堂变为了茶肆歌台,传奇戏依然风光,而昆曲、高腔、折子戏等也大放异彩。此时,"乱弹"兴起。"乱弹"传入台州,迅速为群众所接受。在本土化过程中,乱弹腔与昆腔、高腔、徽调、词调、滩簧逐渐熔为一炉,黄岩乱弹终于形成。清乾隆十八年(1753)至二十八年(1763),章安李惠卿创办"山兵高腔班",是台州乱弹的前身。台州仍留有清乾隆年间的戏箱,现保存于山兵村李氏宗祠。清代以来,乱弹在台州一带迅

---

① 临海县志编撰委员会:《临海县志》,浙江人民出版社 1989 年版,第 540—541 页。

速流布,并与当地的语言相结合,形成了台州特有的地方性剧种黄岩乱弹。徐珂《清稗类钞》中载:"乱弹班乾嘉时开始盛行。"也说明乱弹在清时的盛况。在清中叶时台州黄岩就有三个"老乱弹班",分别为"一品玉""大连庆""老乱弹",都是以是否会唱昆腔为首要标志。它与周边地区的乱弹,如温州、金华等地区的乱弹剧种,从源流上看基本相似,音乐结构与基本旋律以及配器与行当等方面,均大同小异。台州乱弹所用的舞台语言,就是"台州官话",或称为"黄岩读书音",丑行则经常使用台州地方土语。

从唱腔分析,乱弹最初以唱昆腔、高腔为主。康乾时期,会唱昆腔的称"上肩班",乾隆中叶时乱弹诸腔的勃兴,台州乱弹也迅速繁荣。在清中叶后,乱弹腔的勃兴和流行,使向来受欢迎的高腔与昆腔渐受冷落,但这一过程延续多年,其时,台州艺人以唱乱弹腔为主,兼唱高腔、昆腔等,从而形成了既有高腔班(如临海、黄岩的高腔班),又有昆腔班(如临海的蒋家山昆腔班),更有兼唱昆腔、高腔、乱弹腔的"和合班",出现多种班社并存的局面。到清末民初,乱弹腔逐渐被大众所喜欢,戏曲演出以乱弹腔为主,兼唱皮黄(徽调)、高腔、昆腔、滩簧(词调)及"时调",属于多腔合一的唱调。台州乱弹以极受欢迎的优势压倒妙舞清歌的昆曲,清代诗人郑桂东诗云:"送余乌饭乐宽闲,演戏迎神遍市圜;妙舞清歌人不醉,乡风贪看乱弹班。"当时,乱弹在各地巡演《清风亭》,经久不衰。

清末民初,台州乱弹(黄岩乱弹)到达全盛时期。当时台州主要的戏班都以唱乱弹为主,几乎村村筑台唱。在 28 个乱弹班里,只有 3 个"上肩班"(唱昆腔),如黄岩的"新花台",其余以唱乱弹腔为主,繁盛由此就可见一斑。清代以来,台州乱弹在该地区戏剧演出中占据着重要的地位,或者说,它已经成为台州戏剧演出的主导样式,占据了最大的市场份额。乱弹戏台上敲锣振鼓古韵飞扬。不仅在台州,而且在宁波、丽水、温州等地都流行"乱弹",是宁波城内外流行的主要戏曲剧种,据宁波《鄞县志》载,至清光绪年间仍有"黄岩乱弹、绍兴乱弹演于鄞",可谓盛极一时。

台州乱弹有南北之分,大致以灵江为界,分为"山里乱弹"和"山外乱弹"两种,其实这里就体现出台州乱弹内部的南北差异,当时民间有"山里乱弹不出山,山外乱弹不进山"之说。根据李子敏的研究,"山里乱弹,长于做功,活动于临海、天台、仙居、三门、象山等地;山外乱弹,长于唱功,主要活动于黄岩、温岭及温州的中部、北部地区"①。

---

① 李子敏:《台州乱弹及其声腔》,《中国戏曲音乐集成浙江卷·台州本》第 1 册,中国 ISBN 中心 2001 年版。

　　乱弹在 20 世纪 30—40 年代进入低潮期。这个时期越剧刚刚走向成熟，并且从台州北部比邻的嵊县、新昌以及宁波一带开始逐渐渗透进台州地区。从 20 世纪 40 年代以后，越剧已经取代了乱弹，台州各地基本都演越剧。在 20 世纪 50 年代初，台州已经没有成型的乱弹戏班，当地的戏班几乎全是越剧班。1951 年 7 月，"台州实验越剧剧团"成立，1953 年改名"台州越剧团"。属台州地区直管，是当时层次最高、演出规模最大、水平最高、获奖最多的剧团。台州乱弹剧团不复存在，乱弹走向式微。

　　在越剧称霸戏坛时，乱弹处于沉寂期。为挽救台州乱弹，1952 年，不甘寂寞的乱弹艺人俞宝玉准备重振台州乱弹，他聚集流散艺人 27 人，重组剧团，取名为"台州乱弹剧团"，1953 年更名为"黄岩新芳乱弹剧团"。[①] 1970 年又改名为"台州地区文工团"。从那时开始，"台州乱弹"成为剧种的专有名称。1982 年原海门港成为独立的椒江市，剧团划归椒江，仍称"台州地区乱弹剧团"。1985 年起逐渐衰落，1989 年随着台州国有剧团的解体，已经不能演出，那时，台州乱弹已经基本消亡。1997 年，有艺人从周边地区招收一些会唱部分乱弹剧目的演职员，在政府支持下试图恢复台州乱弹，但这一尝试并未成功，乱弹如春光乍现，转瞬即逝。

　　新中国成立后，台州乱弹新编和改编的剧目，主要有《拾儿记》（章甫秋、曹志行根据《奇缘配》改编）、《空花轿》（周粟编剧）和大型现代戏《荒魂》（周粟、章骥编剧）等。其中章甫秋编得最多，由他编剧、改编的剧目还有古装戏《绣枕记》《王宝钏》《双斧记》《铡判官》《苏武与李陵》以及现代戏《箭桥河边》《矿山烽火》《红缨颂》等。

　　台州乱弹的传统剧目，大多爱憎分明，富于群众性，但由于遭到历代统治阶级和御用文人的篡改，因而也不同程度地存在不健康的东西，甚至还有少数凶杀淫秽的内容，如《大劈棺》《判双钉》《珍珠串》等戏的一些情节。传统剧目中某些低级、庸俗的东西，自然应该予以剔除。但也要作具体分析，去糟存精，从中窥见一个时代的审美趣味和文化意义。

　　2005 年，历经三起三落的乱弹剧团重新组建，名为"浙江台州乱弹剧团"。剧团积极收集资料，挖掘剧目，谱写新曲，做好传承保护工作。并在此基础上编排新剧目，取得了丰富成果。剧团复排、创排了 16 本大戏和 30 多出折子戏，先后获得了各级奖项 30 多个，多次出国巡回演出，2015 年荣登央视春晚，为扩大地方文化影响立下汗马功劳。在发展过程中，紧扣时代脉

---

①　胡来宾：《台州乱弹》，浙江摄影出版社 2009 年版，第 46 页。

搏，在保持传统基础上，融入时尚现代元素，创造出融古今为一体的新的台州乱弹。

三、台州"官话"——乱弹的特有语言

戏曲的演唱，向来是衡量演员艺术水平高下的重要标志之一。明代王骥德在《曲律》中说："善歌者谓之内里声，不善歌者无抑扬，谓之念曲声。"自古就有"筐格在曲，而色泽在唱"之说，好的唱腔需要好的歌唱，方能悦耳动听。

戏曲曲文宾白不讲究文采，一般口语化俚俗化，多用方言熟语、谚语，活泼生动，徐渭在《南词叙录》中评论道："句句是本色语，无今人时文气。"在声情演唱上，"声情多，辞情少"，意思是一个字经常有很长的唱腔，可以酣畅自如地抒发脚色情感。好处，一是适合剧中人物性格表演；二是唤起看戏者的情感共鸣；三是听得懂、听得亲切。坏处，一是局限性很大，二是传承困难。

台州是明代四大声腔之一海盐腔的流行地，海盐腔和昆山腔、弋阳腔都是没有丝弦伴奏的声腔。清初，乱弹腔传入台州，与加入笛子和丝弦伴奏的昆腔及由弋阳腔演变的高腔互相混合共存，逐渐发展为多声腔演唱的黄岩乱弹。乾隆中叶时乱弹诸腔在台州兴盛，台州乱弹发展迅速。清代焦循在《花部农谭》的序言中说："郭外各村，于二八月间，递相演唱，农叟渔父聚以为欢，由来久矣。"又说："天既炎暑，田事余闲，聚众柳荫豆棚之下，侈谭故事，多不出花部所演。"

台州乱弹的演和唱，具有浓郁的乡土韵味和浓厚的生活气息。台州乱弹的舞台语音属吴语系，以中原音韵为基础，结合台州的方言声调而形成极具地方特色的"台州官话"。其发音、用嗓和演唱方法，因行当不同而异。旦角（青衣、花旦、老旦），以假唱（俗称"阳喉"）为主，兼用真假嗓相结合的方生演唱，乱弹小花脸角色则较多地使用台州方言土话，更增加了浓郁的乡土气息。生行中小生，真假声相结合，以真声为主的半嗓演唱，不用细嗓。他们在演唱悲哀的唱段时，往往将妇女啼哭时的抽泣声、吸气时气息振动的"提咽"声，以及微微颤抖的声音，统统吸收运用于唱腔中，用以表现悲伤的情绪，从而渲染了悲剧气氛。老生、老旦多用真声，老生重点在"堂音"和"虎音"，老旦则多用脑后音演唱。大花脸多用"炸音"。红生大花脸是受京剧的影响面划分出来的行当，其要求颇严，须具有老生的气质、花脸的做派，用嗓要求洪亮、苍劲、刚毅，道白铿锵有力，介于"炸音"与真声之间而以"炸音"为

基础。乱弹这种上下句对偶结构的板式变化,有易懂、好听、易记、易上口等特点,这是之前高腔、昆腔等曲牌所没有的,因而最受"农叟渔樵"的欢迎。

台州乱弹的舞台语音以中原音韵为字音基础,结合台州的方言声调而形成,俗称"台州官话",其字调如:诗(阴平,调值为443),时(阳平,调值为211),史(阴上,调值为445),士(阳上,调值为211),试(阴去,调值为44),事(阳去,调值为312),实(阴入,调值为5),舌、热(阳入,调值为2)。台州乱弹在1963年建立完整的剧本、导演制度以前,基本属于路头戏的范畴,因此在传承过程中出现一些无法解释或无法用文字表达的台州俚语、土话,也有一些粗俗的脏话和台州土骂语。

台州乱弹最初的名字是"黄岩乱弹",唱得就是字正腔圆的黄岩话。

当然,台州乱弹的复兴和辉煌代表了我们在非遗保护上取得的巨大成就,但同时也应看到,随着社会经济的高速发展,随着许多传统民俗的衰败甚至消亡,戏剧的生存空间正在被挤压。影视、网络、手机等新媒体娱乐方式的普及,当代多元文化的冲击,艺术欣赏走向多元化,受众主体的思想观念也发生了改变,其兴趣爱好或被其他娱乐活动所取代,戏剧也面临着严峻的生存考验。特别是以方言为载体的地方戏曲,在城市化、现代化的进程中,已经在年轻人中失去了市场。在这种情况下,实现与年轻人的无间交流,实现与传统文化的无缝对接,创造出新的当代民俗精神,让当代人特别是年轻一代认同传统文化,无疑是使戏剧获得长足发展的"生态"保证。但乱弹的腔调偏硬、偏刚,语言又属台州土话,较为艰涩难懂,在普通话大行其道时,方言逐渐成为老一辈的日常话语时,年轻一代慢慢失去对方言的情感,以方言为载体的乱弹在年轻人中少有市场,商业演出空间狭小。如何让年轻人认同乱弹,是我们这代人的主要任务。也就是说,地方戏曲不活在当下,它就没有未来,"一切历史都是当代史",没有传统的延续,现代化无从谈起,只有立足于传统,我们才能保护、传承和弘扬我们的文化,民俗如此,戏剧亦如此。

第三节 乡音清韵的台州曲艺

曲艺是由民间口头文学和演唱艺术长期发展演变而成的富有地方色彩的各种说唱艺术。曲艺与其他艺术相比有三种特点。第一,以"说、唱"为主要表现形式来叙述故事、塑造人物、表达思想感情并反映社会生活。第二,

"一人多角",通过演员的说、唱,把各种人物、故事表演给听众,好似一人一台戏。第三,曲艺通过方言说、唱来唤起观众的乡情共鸣,调动听众的形象思维。

台州传统曲艺在历史发展的过程中,扎根于民间宗教信仰活动和传统礼俗,与台州人民的生活紧密融合。台州曾经村村有庙,庙庙有戏台。每到节庆日,庙会、社火、灯会、婚丧嫁娶等礼俗活动接连不断。民间剧团争相竞艺,多种戏曲在戏台上汇集一处,丰富的传统节日和习俗活动,为民间曲艺的发展提供了沃土,也保存了这些曲艺项目各自的艺术特色。位于浙东的台州有着八分山、一分水、一分地的自然风貌,历史上陆路交通十分不便,有"十里不同音,百里不同俗"之说。山水阻隔、语言众多,台州的曲艺扎根于这种相对封闭的环境,民俗风情、方言俗语杂糅其中,具有农耕文化和海洋文化兼有的独特地域文化。所以遍布台州各地的说唱艺术丰富多彩、乡音乡韵浓郁,特别是在农村文化生活中占据重要位置,成为台州文化基因宝库的重要组成部分。据不完全统计,台州地区曾有30多种说唱艺术存在,流传至今的还有道情、词调、莲花、评书、花鼓、白搭、走书、鼓词、滩簧、顺口溜等10多个曲种活跃在城市乡村,较有代表性与影响的主要曲种有临海词调、台州道情、路桥莲花、玉环鼓词等。

一、婉转柔美的临海词调

临海词调又称"才子调",发端于海盐腔,后吸收、融合了昆曲、婺剧、地方小曲及民间时调,结合临海方言,是以坐唱形式来表演的一种地方曲艺。已有近五百年的历史。据项士元所著《临海县文化史》记载:"词调发端于南宋乐师张镃所创的海盐腔,元初杂剧家杨梓加以整理发展,明中叶'海盐腔'盛行于嘉、温、台一带,明末演变为词调。"临海词调的起源有多种说法:其一,由于临海词调表演形式为自弹自唱,因此部分学者认为词调最初就是截取海盐腔的部分精彩片段,大家围坐一起,自娱自乐,称为"自调",这可能就是临海词调的雏形,后逐渐吸收昆曲、婺剧及当地的民歌小调。由于自调的名称不够高雅,后将其名改为"词调"。其二,认为临海词调起初是人们休息、娱乐时所唱的民间小调,具有海盐腔、昆曲、婺剧及当地的民歌小调的声腔特点,曾经是汉族民歌中分布最广且最容易流传的一种体裁,名为"时调",后来因演唱者多为文人雅士、悠闲子弟,更名为"才子词调"。由于临海词调清新雅致、柔婉悠长,伴奏乐器均为民族乐器,颇具中国传统风韵,在江南说唱艺术的历史上有着重要地位。

临海词调唱腔和念白讲究"字清、腔圆、音准、板稳"八个字,它继承了海盐腔清柔委婉的腔调,同时也吸收了昆曲以缠绵婉转、柔曼悠远见长的运腔,有唱、夹白、帮腔等特色行腔,以台州方言的抑扬顿挫、轻重缓急来表现剧中人物的喜怒哀乐,唱词以古典诗词为主,亦文亦白,节奏婉约平和,保留了大量的古汉语遗迹。临海词调的结构除了其唱词富有特色之外,还利用休止符、间奏、段式的句法及段式音乐的节奏,使其结构丰富多变。

临海词调的唱腔和念白使用"台州府官话",俗称"临海话"。临海词调的曲牌声腔在一定程度上受南词、昆曲、滩簧、乱弹、民间小曲的影响,温软儒雅,唱腔婉转柔美、自然圆润,一字多腔,清柔婉折,夹杂着唱、夹白、帮腔等形式,行腔缠绵婉转、柔曼悠远。临海词调讲究"句句有神,字字有功",强调字音清晰,发音准确。

临海词调传统曲牌有 30 多种,主要有《浪头》《琵琶引》《男工》《女工》《水底泛》《急板》《乙字令》《弦胡索》《醉花阴》《浪淘沙》《普天乐》《四季相思》等,其中《男工》《女工》《平和》为基本曲牌,运用较多,《点绛唇》《懒画眉》《杂曲》等为昆腔体曲牌,《葡萄歌》《四季相思》为民间小调体曲牌。

临海词调传统的曲目数量较多,主要的传统曲目有《断桥》《疯僧扫秦》《马融送亲》《大庆寿》《貂蝉拜月》《满江红》《白蛇传》《果报录》《吕布与貂蝉》《雷峰塔》《法海下山》《牡丹亭》《西厢记》等,曲目内容以颂扬忠贞爱情和惩恶扬善的历史故事为主。大多以民间艺人口传心授方式传承。

二、声传其情的道情

道情是民间广为流传的曲艺形式之一,源于唐代道教的"道曲"。台州佛道文化盛行,道家"十大洞天"中台州占其三,道教南宗创于天台山,道教的全真教龙门派发祥于黄岩的委羽山。随着道士诵诗讲唱流入民间,逐渐演化成台州道情。南宋时开始用渔鼓和简板为伴奏乐器,因此也叫"渔鼓"。道情艺术的共同特点是说唱结合、以唱为主,多为单人演唱。据史料记载,台州道情的起源与浙江道情的传入一脉相承。明清以来,道情广泛流传于浙江各地,以地域方言为基础,或与民歌小调结合,或吸收戏曲唱腔,从而演变成各具特色的地方道情,如金华道情、义乌道情、台州道情等。但是,民国以前的台州道情演唱者大多为盲人乞讨者,社会地位低下,职业颇受歧视,以致很难找到有关台州道情历史的文字记载。

流传在台州各地的"道情",经民间艺人在演唱中的不断演变,因演唱风格和方言的区别,有"温岭道情""三门道情""黄岩道情""临海道情""亭旁道情"等不同称呼。玉环称"渔鼓",使用闽南方言的叫"唱邦鼓"。

台州道情属于单口坐唱艺术,表演不受场地限制,服饰穿着也极为随意。一般以一人自敲自唱居多,表演时以唱为主,一人多角,唱词有三字、五字和十字等,内容通俗,亲切易懂,唱中有说,说中有唱,道白纯用土语方言,韵味富于变化。根据剧情需要适当穿插表白,唱、白结合,长于叙事。演唱时取坐姿,左手臂怀抱道情筒,手中夹持竹制响板两片,右手指在道情筒下端皮膜处叩击鼓面,边唱边击,道情筒发出高亢、低沉、清脆、雄浑、轻快、急促等"嘭嘭"声响变化。台州道情唱腔音乐属于板腔体,凭借单对仗型构成的基本曲调在变化反复中形成一种起承转合的结构:起部是最初的陈述,承部是通过重复或变化来巩固主题,合部是结束全段音乐。在上下句的基础上,根据内容、语势、字数、板式、行当不同的需要,运用不同的节拍、节奏、旋律伸缩等变化,组成全部唱腔,统一中有变化,变化中又有统一,以较少的材料,通过多种变化表现丰富而复杂的内容。有的唱段,经上下句多次反复,当人物感情进入高潮时,恰到好处地使用转句技法,能产生平中见奇、异峰突起的演唱魅力。

台州道情曲调丰富,自成一格,有"徵"调式和"角"调式两种,尤其是我国民间音乐中不多见的角调式单句变化体(即每乐句落音为"3")更有特色,有的艺人使用三度间音"7"临时转调,有的艺人演唱时用 2/4 拍子,而道情筒响板在每句间奏时用 3/4 拍子,演唱长段时听来不觉单调。

台州道情之所以能在一个较长的时期盛传其声、滋生不息,重要原因在于一个"情"字。其艺术特色主要体现在:一是富于剧情。这正是台州道情的艺术特色之一,故事情节起伏跌宕,矛盾的转化解决,时而使人情急,时而使人心宽,使听众情不自禁地与故事中的人物同呼吸、共命运。二是别具乡情。台州道情语言渗透着浓郁的乡情。各地艺人都用本地方言土语演唱。如三门道情讲三门土话,温岭道情讲"太平话",玉环道情使用闽南方言演唱,百姓通俗易懂,他乡游子闻音动情。三是贴近世情。因为道情演唱题材和内容大多雅俗共赏,其中思想内涵与一定社会历史、政治文化等关联,给人以"听了道情识人情,多听道情晓世情"的启迪。加上道情演出没有太多的讲究,庙会、祠堂、老人庆寿、婴儿满月可以演唱,田间、路口、庭院、舞台也可表演,只要哪里有请,就去哪里演出。

台州道情曲目大多根据民间传说、演义小说、戏曲故事改编,据统计,

1998 年尚有传统曲目 129 个，篇幅有长篇、短篇、小段和开篇，涉及内容广泛，有贤臣良将精忠报国，如《岳飞传》《薛仁贵征东》等；有英雄豪杰行侠仗义，如《金满大闹台州府》《瓦岗寨》等；有高僧神道除魔收妖，如《陈十四》等；有清官断案执法如山，如《狸猫换太子》《包公斩陈世美》等；有痴情男女悲欢离合，如《珍珠塔》《高郎织绸绫》等；有褒贬世俗劝人向善，如《懒烂查某歌》《入赘囡婿歌》等；有展示风俗民情，贴近民间生活的，如《十大姐》《懒惰嫂》等。新中国成立后，为歌颂社会主义，配合弘扬时代精神风貌，创作了一批现代曲目，多为短篇，如《贫农社员小宝妈》《计划生育好》等。

道情筒，作为道情的道具主体，选用毛竹筒，竹节要长，竹筒两端要一般粗细，直径约 10 厘米，长度 80 厘米，竹筒内中心竹节眼打通，箍上晾干的猪板油皮（膜）为鼓膜，击之有弹性，声音洪亮（现有用塑料筒代替竹筒，塑料膜代替猪油皮）。另按旧时行规，鼓筒还有不同颜色及图案，具体由道情艺人根据自身在同行中的威望和艺术档次分别有不涂色、红色、花草山水画、龙凤图案等。响板，共两片，竹板每片长 13 厘米、宽 5 厘米。服装以便服为主。

台州道情唱腔音乐属于板腔体，曲调自成一格，有徵调式和角调式两种，与本地方言土语的特性很好地结合在一起，其中尤以"角"调式单句变化体（乐句落音为"3"）更有特色。有的艺人使用三度间音"7"，临时转调，有的艺人在演唱时用 2/4 拍子，在间奏中的道情筒和竹板，却用 3/4 拍子敲击。因此，在演唱长段唱词中，使人听来也不觉单调。

台州道情曲目大多根据民间传说、历史演义故事改编和民间新闻等，有整本的回书，又有折子小段。以《王金满大闹台州府》最受欢迎。新中国成立后的较长一段时间，由于交通不便、文化落后、经济发展缓慢，人们对民间曲艺格外喜爱，这就给台州道情提供了大显身手的舞台。如黄岩举办民间音乐、舞蹈会演，其中有道情《卖水果》《唱鱼名》；1954 年，浙江著名剧作家汤学楚根据台州道情《高郎织绸》改编成越剧《高机与吴三春》，被上海振奋越剧团搬上舞台。1958 年温岭县曲艺协会主任陈宝玉创作的道情《总路线灯塔照人心》参加浙江省第一届曲艺会演；1961 年，临海大石乡演出了"道情戏"《分秒必争》。1971 年演出了《接红线》和 1973 年的《宝宝放鸭》等节目，先后在浙江省文艺调演中获得好评。当下，由于群众文化单位和道情艺人的努力创新，曾把道情这一古老的民间说唱曲艺改成由多人演唱的"道情戏"搬上舞台演出。采用独唱、对唱、齐唱等多种演唱形式。并增加舞蹈，丰富表演形式，还增加了丝竹乐器，丰富乐队伴奏，具有较好的演出效果。

三、且行且歌的莲花

"莲花"名称的来历有两种说法：一曰唱"莲花"时，反复以"莲花"两字作为帮腔而得名；一曰唱"莲花"时伴奏的铜钿鞭在肩上敲击时发出"哗啦哗啦"的响声而得名。初为僧侣募捐时所唱，后传入民间，成为乞讨谋生的手段。至明中叶，莲花成为说唱故事情节的曲艺形式。清时，当地方言、乱弹腔、道士戏糅合而形成莲花，并于民间广泛流行。旧时唱莲花是卖唱乞讨的一种求生方式，后来渐渐成为新春佳节或庙会时的表演节目，成为边歌边舞的民间文艺形式。莲花表演不拘人数，大多由一个人或两个人表演，也有三四个人组成的，场地不限。表演者手拿金钱鞭（又叫洒尺、响尺）、霸王鞭、道情筒、瘪鼓、碰铃、莲花板、七姐妹等，一边击打，一边说唱民间故事。"莲花"演出时由一人领唱（称"莲花头"）、多人帮腔（称"莲花当"）伴唱，开始演唱时，先按"莲花乐"音乐旋律打击乐器，发出"索啦啦啦索"的声音，接着领唱者唱"荷花呀开"，众人接着齐唱"索啦啦啦，雨打一朵荷花，花开荷花郎"。唱完引子，领唱者接着唱正文，唱一小段后（一般四句或八句，也有长段唱下去），唱到最后二字延长声调，当最后一个字唱完，全体伴唱"花呀花花开荷花郎"。如此反复进行，直到唱完正文。"莲花"的演唱不局限于行歌，唱篇较长的也可以坐唱。

作为一种风格活泼的说唱艺术，在台州民间盛行一时，逐渐形成地域性的文化品牌，如路桥莲花、高桥莲花、玉环莲花、温岭殿下莲花、椒江的前所莲花、路桥的螺洋莲花，等等。各地的莲花原是为民间喜闻乐见的表演形式，新中国成立后，经过整理挖掘，成为台州最具特色的曲艺表演。

路桥莲花有"路桥莲花""螺洋莲花"之分。路桥莲花的演唱形式是由一人领唱、多人帮腔伴唱，伴唱时多用牡丹、芙蓉、石榴、紫荆、荷花等各种花名衬托。又当乐队，又当道具，好听又好看。早期演唱者都为男性，一般为十来人。以后发展为女性，或男女合演，领唱的称"莲花头"，帮腔伴唱的呼"莲花当"，用普通话或台州官话进行演唱，莲花头在前倒行进，莲花当站立两直排或变"八"字形在后紧跟，以走唱（边行边歌）为主。其唱腔属曲牌体，基本曲调有（游头）、（软腔）、（硬腔）、（回调）等，可单曲调成篇，或联缀成套。唱词以"花"起兴，多七字句，一般为四句一节，押韵合辙，篇幅短小，曲调明快优美。传统曲目有《正月梅花报丽春》《白蛇传》《隋炀帝看龙灯》《梁山伯与祝英台》等。

螺洋莲花是路桥莲花的另一种表演形式,流传于路桥螺洋一带。清末民初最为鼎盛,当时院桥、螺洋一带有"店头的荸荠、圆珠屿的甜瓜、螺洋的莲花"一说,足见百姓对螺洋莲花的喜爱。螺洋莲花唱词常用民歌表现手法,运用民间口头语言,诙谐、通俗,多七字句,一般为四句一节、一二节成篇,句尾押韵合辙,篇幅较为短小。螺洋莲花演唱多为颂扬功德或劝善醒世的情节,故事内容有些来自宝卷,也有以民间戏剧唱本为脚本,大多是折子戏,全本较少。如《玉宝钏》的《寒窑》,《珍珠塔》的《前、后见姑》,《方玉娘祭塔》,《孟姜女哭长城》,《唱八仙》,《货郎卖花》等。

高桥莲花流行于黄岩区高桥街道一带。原是穷苦人家农闲之时,外出沿街唱莲花,乞讨粗粮年糕,以解决饥饱。后渐渐地演变成春节期间村民们自娱自乐演唱的形式,逐渐由单人行街演唱,发展为群体走村入户演唱,或由办喜事的人家相邀前去演唱。高桥莲花用黄岩方言来演唱,即兴编唱,语言通俗生动,唱词押韵,表演诙谐幽默,演唱的内容大多来自戏文,或是历史人物传奇,或是神仙传说故事,贴近百姓生活,有较强的情节性、叙事性。有时也随机应变,把现场所见的人、物、事即兴编唱,深受群众的喜爱。传统曲目有《贺孝堂》《唱洞房》《唱八碗》《庆寿》《访犯》等。

前所莲花流传于椒江区前所一带,又称"唱莲花""唱排街",其内容多为劝世文,以扬善惩恶、吉祥纳福为主。在清末民初最为盛行。椒江唱"莲花"者多为成群的未成年人,由一个领唱,众人帮腔,沿街卖唱,以此乞讨谋生,人称"小讨饭"。"莲花"的唱词运用民间口头语言,诙谐、通俗,为七字句或十字句的顺口溜。由于唱词诙谐,话语吉利,讨点彩头,深得百姓喜爱。

在天台县,"莲花"称作"莲子行",又称"唱莲子",是天台最有特色的民间表演。早在明代中叶就开始在天台流传,清光绪年间盛极一时。其流传范围涉及大半个天台,每逢元宵灯会、庙会、送水、迎神等重大民俗活动,都有莲子行表演。清代的莲子行,皆由男班表演。民国时,出现女班表演。莲子行表演一般是挑选 14 至 17 岁的少年,一支队伍有 8 至 20 人不等,莲子行头要挑选那些长相俊俏、聪明灵活、善于应变、口齿伶俐的孩子来担当。莲子行的音乐并不复杂,无论是天台县城还是偏远的乡村,莲子行的曲调基本相同,常以一种曲调反复循环演唱。一般七句一个轮回,前四句是莲子行头领唱,后几句是后面跟唱。唱词讲究对偶和押韵。跟唱时有"唰啦啦"的衬词,也有"荷呀么荷花开呀嘿"尾词,使莲子行呈现出婉转俏趣、轻松活泼的乡土味。天台莲子行的唱词大致分两种。一种是庙会期间演唱的固定曲目；另一种是重大活动时沿街演唱的唱词，由莲子行头结合当时的情境即兴编唱，见什么唱什么，行话称"撞"，也是莲子行最出彩的地方。沿街的每一间店铺，店铺中的每一种商品，都是莲子行咏唱的对象，以咏唱的品种齐全、想象奇特、唱词诙谐取胜。（图5-8）

图 5-8　天台莲子行

殿下莲花流传于温岭大溪镇殿下村、桥外村一带。清朝道光年间，殿下莲花从海门传入。时逢天旱，当地乡绅聚集民众拜龙王求雨，殿下莲花用于求雨送龙的仪式中，此后，殿下莲花便成了当地庙会、迎会等大型民俗活动不可缺少的内容之一。殿下莲花的演出气氛热烈，叙事性较强。其表演形式主要是走唱或站唱。演唱时以六个乐句为一段，一段一段反复进行，乐曲高亢有力，旋律十分动听，极富感染力。

四、载歌载舞的花鼓

花鼓融说唱、歌舞、戏曲表演于一体。究其源头，都与安徽的凤阳逃荒乞讨有关，并吸纳、融汇了当地的民风民俗，成为台州较有地方特色的民间曲艺表演。民间相传，朱元璋建立明朝后，台州路桥的农民起义军领袖方国珍被朱元璋招安。朱元璋为防方国珍余部造反，一面封方国珍为广西行省左丞，但封后仍留南京不许赴任，养老至死；另一面将黄岩、路桥、温岭一带约十万人迁徙安徽濠上（濠州凤阳）屯垦。明令迁徙者不得回乡，违者严惩不贷。由于移民们思乡心切，每当清明节到来前夕，有人乔装花鼓艺人学着凤阳花鼓的腔调沿途卖唱糊口，回乡扫墓祭祖，此后，台州当地效仿，花鼓这一艺术就在台州立足生根，成为节庆、请神、庙会时边巡游边唱的表演形式。

较为著名的有临海上盘花鼓、温岭天皇花鼓、路桥花鼓、天台左溪花鼓等。

上盘花鼓流传于临海沿海地区，主要表演者有花鼓公、花鼓婆二人。花鼓公头戴红缨帽，身着小褂，左右手各持小锣和锣扦；花鼓婆额上包头纱，身穿大红大襟衣，大脚口绿裤，脚穿平底圆口鞋，一只花鼓斜背腰间，手持圆鼓和鼓箸，边唱边舞边击鼓。花鼓婆以流水式的小碎步为主，花鼓公蹦跳跃翻，动作风趣活泼，诙谐幽默，传统曲目有《寄生草》《和尚采花》《相思深》《小妹送情郎》等10余种。唱词根据需要随口表达，以表达男女爱情、喜庆吉祥为多。旧时，花鼓婆大多为男扮女装。后来花鼓公、花鼓婆角色演变为由一男一女扮演，有时根据表演内容需要，也有男扮女装或女扮男装，互串角色。1990年上盘花鼓载入《中国民间艺术大辞典》一书。（图5-9）

图 5-9　上盘花鼓

天皇花鼓原本是一种专为乞讨而演唱的行当，因流传于温岭泽国镇天皇村而得名。天皇花鼓以跳、打、舞蹈为基础，以传统民间小曲为曲调，表演者为一男一女，均穿戏装，男的头系羊角巾布织帽，插假胡子，手持小锣，女的头戴菱花，插上珠凤，腰系腰鼓。表演形式为边唱边跳边打锣鼓，男女动作配合默契，所唱曲目均为民间小调，有《闹五更》《孟姜女》《闹湖船》《卖花线》《对歌》《十送郎》等。据传，明代时，天皇村花鼓极为盛行，有十几支花鼓班，三人为一组，两个人表演，一个人挑担（用于装年糕或零碎银两等）。后蔓延到邻村，花鼓成了村民解决温饱的一种方式。

路桥花鼓分为"螺洋花鼓"和"下梁花鼓"两大分支，路桥花鼓的服装与道具独具特色：花鼓女演员用小鼓挂在腰上，头上包扎毛蓝布，身穿淡蓝短衫裤。男演员用小锣，头戴灯笼帽，身穿黑色白边打衣。花鼓配器有二胡、鼓板、笛子、三弦、木鱼、碰钟等。采用流行在当地的民间小调，如节节花、泗州调、鲜花调、花鼓调等，词意朴实，传统曲目有《姑嫂观灯》《闹五更》《五更点灯《五更送郎》《和尚采花》《二姑娘相思》《望郎》《小妹妹送情郎》《打门开》《喜临门》《大庆寿》《和尚与姑娘》《约会》《上方山》等。

左溪花鼓是流行于天台白鹤镇左溪一带的表演形式。相传，清康熙年间，有安徽凤阳的花鼓艺人流浪到此，受到当地老百姓的热情款待。为报答厚爱，凤阳艺人就将花鼓传给了村民。左溪人结合了当地民歌小调和地方戏曲，逐渐形成了且歌且舞的民间曲艺。"左溪花鼓"有正旦、生（书童）、小花旦、丑角（小花脸）之分，身着戏剧服装，借助戏曲的表演，细腻生动。以唱为主，边唱边舞，轻快活泼，诙谐幽默，唱词通俗易懂，表现的题材多为男女爱情故事。叙事与抒情并融，载歌载舞，极富生活情趣，同时又不受表演场地的限制。至今保留了如《鲜花调》《石榴花》《采花》《看姐》《望郎》等 10 余种传统表演曲目。20 世纪 60 年代，左溪村的宣传队用"左溪花鼓"的老调编上新词，演唱新人新事。

五、委婉细腻的鼓词

玉环鼓词与温州鼓词同宗同源、一脉相承。玉环鼓词自晚清从温州瑞安传入玉环，形成了以台州方言演唱、反映玉环海岛民俗风情、具有稳定传承群体的一种民间曲艺形式。

玉环鼓词是一种用"太平（温岭）话"演唱的曲艺形式。它的曲调唱腔、伴奏乐器、表演形式、代表曲目与温州鼓词并无二致。鼓词以一人演唱多角色的方式，用通俗易懂的方言边奏边唱，是一门长于抒情、善于叙事的说唱艺术。玉环鼓词的表演形式通常是一人表演，有说有唱，以唱为主。旧时，鼓词艺人演唱时，用带子把四只凳脚绷成网状，右前放扁鼓，牛筋琴平直摆在正中，右后凳脚上系着抱月（梆子），前围一幔。现在鼓词艺人又在右前凳脚上添挂堂锣或镲，以增加音乐气氛。表演时，艺人端坐椅上，左手持拍，右手持鼓签，敲奏琴、鼓、梆、锣，与此同时，表演者兼生、旦、净、末、丑诸多角色于一身。鼓词表演除了单人档，也有双人档，由二人分担角色，在配器上加琵琶或三弦伴奏，也有用两把牛筋琴的，但以琵琶为佳。双人档一般以夫妻档、兄妹档和师徒档为主。鼓词表演灵活多样，逢年过节、社日庙会、寿庆婚娶、夏日纳凉等，都有其身影。

鼓词演唱的常用腔调主要有太平调、吟调、大调三种。鼓词的伴奏音乐以词琴（牛筋琴）和词鼓（扁鼓）为主。念句是鼓词中人物的韵白，有台引、定场诗、出场白等。其声韵的要求和唱句相同，句式不限于七言。念句可套用曲牌,如《点绛唇》《扑灯蛾》等。鼓词曲体结构为板腔体。鼓词唱腔板式大致可归纳为原板、慢板、快板、紧板、泛板、倒板、清板、散板、数板等9种基本板式。玉环鼓词的传统曲目约有70部近300本。这些曲目大多根据古代小说、历史传记、神魔斗法故事以及民间传说改编而成,题材可分演义、公案、神话、武侠、言情等种类。其中,以描述贤臣良将精忠报国和才子佳人悲欢离合的故事居多。

台州曲艺在宣扬忠孝仁义、赞扬忠臣良将等方面发挥着强大的教化功能。同时,各具特色的曲种在语言特色、演唱形式、描绘当地民俗风情方面都有着很高的学术价值,且与传统戏曲、其他曲种相互影响,在研究台州曲艺流变中,也有着较高的研究价值。作为曾经广受群众喜爱的传统说唱艺术,一些曲种随着时代变迁也遇到前所未有的濒危局面,逐渐淡出城乡舞台和人们视野。

第四节 戏里人生的日常生活

台州人特别喜欢看戏,每逢农闲时节,城乡各地的庙会、节日庆典、喜庆盛会等,都要请戏班演戏,这已经成了世世代代相沿的习俗。台州人不光喜欢看戏,还特别喜欢看扬善惩恶的戏,更喜欢大团圆的热热闹闹的戏,"老爷戏""节庆戏""开洋、谢洋戏"等,百戏丛出,自南宋以来,从未断绝过。

一、台州人"独好观剧"

近千年来,地方戏曲一直是台州民俗生活的有机组成部分,台州人特会看戏,特别是节庆日,几乎离不开戏曲。清代王宏《山志》说台州人"民不知书,独好观剧"。

南戏起源于温台地区,这是学界基本认可的结论,台州的戏曲活动从有记载以来一直十分活跃,无论是北宋时期的戏剧砖、南宋的遍地"勾栏"传递的活动信息,当时乡村戏剧活动也很活跃,开始广泛建戏台,特别是台州府城临海搭建有东、西门两个戏台,据传杭州绯绿社来浙南演出称:"教坊格范,绯绿可同声,占断东瓯盛事。"想见士民百姓倾城而动,热闹非凡。还有元代的陶宗仪、明代的徐渭和陆容、民国大家王国维都论述过南戏及台州戏剧,也不例外地述说台州戏曲的辉煌。

　　清代以来,台州戏曲市场极为发达,戏班遍布各地,其中台州乱弹分量最重,在戏剧演出中独领风骚,或者说,它已经成为当时戏剧演出的主导样式,占据了最大的市场份额。随着20世纪三四十年代越剧全面进入台州,乱弹开始进入低潮期,当时戏班基本演越剧。

　　20世纪50年代,台州开始出现"民间职业剧团"这一称呼,逐渐取代戏班。但随着包括"改戏、改人、改制"在内的"戏改"推进到台州,一大批传统剧目被禁演或变相禁演,剧团内的演职员接受了这一行动,而戏班班主也因为实施私人所有制成为改造的对象,民间剧团发展处于低潮。除了新建的国办剧团外,另一些较好的剧团,则被改造成国办剧团,他们接受政府补贴,同时也被要求为政府的意识形态宣传服务。虽然从20世纪50年代到60年代中期这段时间,民间剧团边缘地位是不容置疑的,但在各县市仍然不同程度地存在着。

　　在"文革"期间样板戏流行时,台州民间剧团也没有绝迹,它们仍然以各种形式在地下活动着。根据椒江老人回忆,在"文革"期间,该地区仍有一些小型剧团,它们在一些爱好戏剧、家居较为宽敞的家庭内部演出,优秀的演员每天收入相当可观,这位老人自己就是当时组织戏班演出的当事人之一。① 20世纪70年代末是台州剧团复苏的时期,而真正的高峰是在1990年左右,此时民间剧团大量出现。

　　台州戏曲演出频繁,外来的如越剧、京剧、昆剧等和本土的乱弹、平调、车灯戏、天台词调等在台州百花齐放,演出贯穿全年(7—8月有些戏班歇夏休整)。除了在特定时期戏曲活动受到影响外,戏曲在台州长盛不衰。

　　据黄岩卢惠来先生统计,民国黄岩城就有庙台32座之多,如三官堂、后斗宫、广济庙、观音堂、城隍庙、东岳庙等,均建有庙台,每年演剧少则1次,多则3次,每次演剧至少3日4夜,共7场。这样,仅黄岩一城,每年即要演剧至少250场。(表5-1)

表 5-1　黄岩庙台演剧时间一览表

庙名	演出日期	庙名	演出日期
三官堂	正月十五、七月十五、十月十五	后斗宫	正月十三
广济庙	二月初二	西园庙	二月初二
观音堂	二月十九、六月十九、九月十九	城隍庙	二月初九

---

① 傅谨:《草根的力量——台州戏班的田野调查》,广西人民出版社2001年版,第22页。

续表

庙名	演出日期	庙名	演出日期
东岳庙	三月廿八	三星庙	三月廿三
养育堂	三月二十	太婆堂	二月初二
灵顺庙	四月初八	吕祖庙	四月十四
财神庙	四月十六	灵济庙	四月初二
林岳庙	四月十七	永宁庙	四月十九
脚殿下	四月廿二	邑祖庙	五月初五
温庙	五月初五	感应庙	五月初五
吴池	五月初五	关帝庙	五月十三
护国庙	六月初六	七星庙	七月初七
林家祠堂	七月十五	妙智寺	七月廿六
仁封乡	九月十三	灵宫庙	十月初十
药王庙	十月廿四	火神庙	二月十一
周仓庙	四月十五	真武庙	（不详）

　　为了满足看戏需求,让更多的戏班来演出,保障经费,村落、宗族纷纷出台演戏宗规,有不少还设立戏田。《临海大石猴山叶氏宗谱》(1837 年)对宗族祀神报赛和演剧场数、报酬、戏班伙食等都有极具体的规定。

　　演剧之风盛行,有些人嗜戏成癖。据《黄岩乌岩卢氏宗谱·卢雍球传》载:"雍球公,号四如,……性豪宕,纵情诗酒,不事生业……天启某年五月,与梨园饮火酒于二如公家,倾樽倒瓮,竟得疾,三日不起。"自明至清,民间习戏之风愈来愈烈,私家供养戏班的情况亦屡见不鲜。

　　民间演出花开灿烂,民营剧团规模大、数量多。每个县都有数量众多的剧团,如民国存在的诸多乱弹剧团、新中国成立后蓬勃发展的民间越剧团等。据《临海县志》介绍:"1952 年(临海县)全县有 188 个农村剧团,从业人员 5000 余,创作剧本 392 本。"[1]可以想见当时戏曲活动的盛况,其他县农村剧团数量众多,黄岩县不仅有众多的农村剧团,还有 5 个专业戏曲剧团,[2]剧团数量众多。

　　1988 年第一季度台州地区共发放演出许可证 121 份,其中包括 8 个全

---

①　临海县志编撰委员会:《临海县志》,浙江人民出版社 1989 年版,第 550 页。

②　黄岩县志编撰委员会:《黄岩县志》,上海三联书店 1992 年版,第 430 页。

民所有制剧团、4 个集体所有制剧团、7 个营业性演出个体。它们一共获得了 19 份演出许可,另有 9 个歌舞展览团获得演出许可。除此之外,当时台州地区民间剧团的数字是 95 个,基本上是越剧团。1994 年经台州地县两级文化部门注册登记、能坚持常年演出的民间剧团总数是 89 个,1997 年台州市共有民间职业剧团 86 个;1998 年《台州民间职业剧团现状》和同年《戏剧演出也可成为文化产业劲旅》都指出,至 1997 年底,全市正常演出的民间职业剧团尚有 78 个。①

　　2016 年台州市有登记在册的民营剧团 179 家,常年坚持演出活跃的剧团约 80 家,涉及的剧种如越剧、京剧,地方戏如台州乱弹、台州道情、黄岩滩簧、三门平调、玉环鼓词、山兵高腔等约为 15 个,从业人员约 4241 人,②年演出总量超过 35170 场,营业额 24320 万元。据公开资料显示,浙江省是全国最大的戏曲演出市场,约占全国的 10%,台州市约占浙江省的 25%,台州市戏曲演出市场全国第一,民营剧团是台州文艺演出团体的绝对主力军。(表 5-2、表 5-3)

表 5-2　台州市农村演出市场及民营剧团调查表

名称	民营剧团数	活跃剧团数	年演出场数	演出种类		专门戏台数	演职员总数	年营业额(万元)	年度观众总人数(万)
				越剧数	地方戏				
椒江区	11	9	2700	2620	80	78	340	2200	514.75
黄岩区	8	5	3203	3203	0	82	325	1760	364
路桥区	10	6	2866	2866	0	202	280	1896	226
临海市	41	15	4562	3426	1136	472	1078	2500	740
温岭市	36	9	5560	5660	0	139	393	2550	770
玉环市	20	7	2800	900	500	76	239	3000	400
天台县	11	4	2386	2000	386	236	382	3000	320
仙居县	10	7	4093	4093	0	156	304	3214	410
三门县	32	15	7000	6900	100	412	900	4200	560
汇总	179	77	35170	31668	2202	1853	4241	24320	4304.75

　　注:"民营剧团数""已登记在册数"数据来源于 2016 年浙江省省委宣传部文化产业平台数据。其他数据由各县市区文广新局提供。

---

① 傅谨:《草根的力量——台州戏班的田野调查》,广西人民出版社 2001 年版,第 41 页。
② 登记在册的演职员人数不很准确,由于存在"路头班"、未登记无证套名演出等现象,实际从业人数应当超过此数。

表5-3　台州民营剧团基本情况表

	剧团数	民营与国有比例	剧种	从业人员	年演出场次（万场）	营业额（亿）	观众
浙江省	近1000	94	25	20000	21	10	
台州市	179	100	15	4241	3.52	2.43	4305
占比	18％			21.5％	16.76％	24.3％	

注:浙江省数据取自2016年9月9日《中国文化报》

目前台州的戏剧演出最为流行的剧种是越剧,而乱弹、平调、车灯戏等也有一定市场。台州人看戏多,融入戏文的多,传统婚俗"洞房经",其唱词很多取材于戏曲故事。自从1989年国有越剧团逐渐解体后,活跃在台州大地上的剧团都是民营剧团。

独好观剧不仅体现在民间剧团多,演出场次多,也体现在生活的多个层面。即使与戏剧毫无关系的民居建筑,巉头的造型和图案也经常和戏剧搭上关系,戏文人物常成为建筑装饰,以显示主人和戏文人物相同的人生理想或价值观,这是非常独特的建筑美学。如临海市桃渚镇芙蓉村黄氏人字巉头、小芝镇小芝村野芝山自然村何氏民居巉头等。(图5-10、图5-11)

图5-10　芙蓉村黄氏人字巉头

临海市桃渚镇芙蓉村黄氏人字巉头字盘里雕塑着蝙蝠和人物戏文,字盘外为龙凤图案,装饰线上雕有宝钱、夔纹结、花结,窗子是扇案与寿字图,周边为蝙蝠,窗额"万卷书图"里写有"好山入座"四字。(清中期)

图 5-11　何氏民居巉头

临海市小芝镇小芝村野芝山自然村何氏民居装饰可谓集大成者,"人字灿"堆塑也十分讲究,自上而下,依次有防火墙、分水线、扑封线、装饰线等,斜万字纹包围了中间"字盘",斜万字纹里还安排了三个人物戏文,罩檐(已脱落留有残痕)里是狮子,下面是八结和双钱结,每个窗上亦有"窗额斗盘"分别写有吉祥语。斗盘上方有额线。左侧上方还做有"嵌纳轩"。(陈学城摄)

二、因信俗而生

台州靠海,像其他沿海地区一样,宗教活动频繁。孔子《论语·为政》:"非其鬼而祭之,谄也。"何晏注:"郑曰:'人神曰鬼,非其祖考而祭之者,是谄求福也。'"龙彼得认为:"演戏基本的功用即是在表现敬意。……对大部分中国人而言,演戏最主要的功用还是在节庆中表现对神的敬意。"[①]他非常肯定地说戏剧源于宗教仪式属于普遍现象,且是世界性的。

台州农村演戏都是与庙会结合在一起的,演戏是为了给"老爷"——这是台州民众对各种神祇的通称——庆寿,俗称"老爷戏"。所以寺观中的佛事和道教场所演奏(唱)的戏曲腔调在清至民国时期大多是乱弹腔调。旧时台州演戏的地点都在寺庙中或近旁的空地上,形式大多是庙会戏,俗称"神诞戏",即"老爷戏",每逢神道开光之日(包括神道的忌日)必要演戏娱神。傅谨《台州戏班》认为,南宋时演戏看戏已经流行于台州,到明代,各地村落建设庙台,招引戏班演戏,经年不衰。张岱《陶庵梦忆》载:"天台多牡丹,大如拱把……搭棚演戏四五台……"庙台演出也日渐普遍,每逢庙神寿诞,民

---

① (英)龙彼得:《中国戏剧源于宗教仪式考》,王秋桂等译,《中外文学》第 7 卷第 12 期。

众必请来戏班演戏,既酬神又娱人,遂成习俗,是典型的台州民间宗教信仰中多教相融的复合性。

到清代,台州戏曲活动进入鼎盛期,台州村村有庙,庙庙有台,也有不少村落建有两座或三座庙台,庙台即戏台,其最大功能就是演戏。寺庙在台州俗称"保界庙",保护村落平安,逢庙神寿诞之日必演戏。据黄岩宁溪《王氏宗谱》记载,明嘉靖四十三年(1564)春,山东按察使佥事、黄岩人王铃监造五圣庙,并附建戏台于庙前龙舌桥上,每岁"三月、五月、九月中旬,迎八宅神演剧,每宅各值一日,轮年为首保"。黄岩鼓屿护国庙,在主庙和行宫各建一座戏台,主庙戏台逢每年的正月十五、四月十四、九月二十八演剧;行宫戏台逢每年的六月十八演剧三日四夜。再如黄岩沙埠东岳庙,一庙三戏台,每年的正月初四、三月二十八、九月初二和九月十九均请戏班演剧,每次演三天四夜共七场戏。[①] 百姓称之为"沙埠大殿",惜于1956年焚毁。椒江的城隍庙,始建于明初,嘉靖年间,戚继光曾在海门卫(今椒江)屯兵抗倭,此庙即为屯兵处。"看楼"系明初时所建,现存庙台则为清时所建。从建筑总体布局看,建"看楼"同时建有戏台,此庙现已辟为戚继光纪念馆。光绪《黄岩县志》中记载,"民间遇社庙神诞演剧,必招致亲朋观剧"。据卢惠来先生统计,仅黄岩城就有庙台32座之多,每年演剧少则1次,多则3次,每次演剧至少3日4夜,共7场。这样,仅黄岩一城,每年即要演剧至少250场。

台州地方戏曲,可以说是台州农民娱神的戏曲。台州有不少地方沿海,渔民出海为图吉利,往往要演戏"请神",祈求平安。台州民间戏曲非常发达,遍布村落的庙会按例在"老爷"寿日搭台唱戏,最少3天最长15天,每村祠堂供奉的老爷不同,寿日不同,做戏此起彼落,村村演戏,常年欢笑。做戏时,不仅全村都来看戏,附近村落的民众也该来看戏。戏文、故事很有用,民间的很多文艺都取材于戏文故事和人物。戏曲中人物也成为家喻户晓的经典,并会把戏曲传递的伦理道德规范引入生活,约定俗成,成为生活规则。"大石车灯戏"的核心剧目——"关云长送皇嫂入关",取材于三国故事,表现关云长义薄云天的品格,传达了忠义的伦理纲常,和临海西部山区的生活风貌、情感、思想和审美情趣融合在一起,在看戏、说戏、传戏的过程中,人们就接受了戏文的价值观,不仅常常引戏文说事,也引戏文的道德观念来教育孩子。

光从形式讲,民国前演出以乱弹为多,1949年后,虽然越剧逐渐成为主

---

① 胡来宾:《台州乱弹》,浙江摄影出版社2009年版,第22—23页。

流,但乱弹在民间从来没有断绝过。庆典活动时间不一,造成不同村落之间"做戏"你方唱罢我登场的热闹场景。越剧、乱弹及其他地方戏曲成为社戏的必然选择,"做戏"庆典习俗在台州生生不息,老百姓看戏成为生活的组成部分。

邀请戏班演出,每家每户都要为演出支付 5—10 元钱,他们会非常乐意地出资;这种自由集资的形式,也可能会促使更多的人接近戏剧演出,既然已经为演出支付了一定的成本,村民们自然希望去观赏演出,并且尽可能多地邀集邻村的亲朋好友前来观赏,有意无意地摊薄每一人次欣赏演出的实际成本。

台州民众对戏剧有着很高的热情,邀请戏班前来演出却需要比单纯希望看戏更多的理由,这给我们一个重要启示。它涉及一般民众究竟把文化娱乐消费放在生活的何种位置,以及如何评价像看戏这样的娱乐活动对生活质量的影响这些价值领域的问题。这些因素决定了民众会在何种程度上,会愿意以何种方式为戏剧欣赏支付必要的开支。

三、扬善惩恶——看戏的基本价值观

王国维说:"戏曲者,谓以歌舞演故事也。"(《戏曲原考》)中国戏曲内容通常通过形象的动作和生动而浅显的语言、优美的唱腔来表现,它在人们面前塑造了一幅幅具体的画面和动态场景,直接诉诸人们的视觉、听觉感官,让人直接获得一些精神上的愉悦,从而起到教化的功能。观众和演员之间有了近距离交流,即使再简陋的舞台,不停地演绎着帝王将相、才子佳人的古今故事,淳朴百姓也总是看不厌剧中惩恶扬善的表演。清代焦循在《花部农谭》的序言中说:"其事多忠、孝、节、义,足以动人;其词直质,虽妇孺亦能解。"①

戏曲基于更为现实的道德认知、社会价值和终极关怀,能够超越社会与民众即时的利益和需求的满足,让民众感受隐含在戏文故事和人物背后那些为公众普遍接受的道德伦理和价值观,接受并产生认同,成为被民众广为接受的生活标准。事实上,民间的诸多"公理""道德评价""认识论"等很多来自戏文,为民众提供思想资源和现实关怀。

台州各地的村落、海岛,一年四季都演戏,演戏名堂多多,老爷戏、庆典

① 　焦循:《花部农谭》,中国戏剧出版社 1982 年版。

戏、节日戏、寿戏、开洋戏等,虽然名堂不尽相同,演戏目的却大体相似。喜欢大团圆、追求和合美满生活,强调义利兼得,讲究直白通俗,选择剧本往往与之相关,极富地方色彩。所演剧目都与台州人民的善恶观、义利观和习俗等相关。正月演"年戏",初五以后唱"灯戏",二月唱"神戏",三月唱"青(苗)戏",四月唱"庙(会)戏",五月唱"端阳戏"或"龙舟戏",六月唱(祭)"田祖戏",七月唱"鬼戏",八月,农民唱(求)"雨戏"、渔民唱"龙王戏",九月唱"平安戏",十月、十一月唱"祠堂戏",十二月唱"贺戏",如生、寿、婚、嫁等。

如乱弹传统剧目《清风亭》传唱四百余年而不衰,《清风亭》又名《天雷报》《雷神张继保》,《清风亭》讲述张继保历经艰难后高中,清风亭认亲,却反目为仇,导致父母张元秀夫妻碰死清风亭。张继保最终遭雷击致死。这种不孝子恶有恶报的理念在民间影响很大,焦循说到他幼时观看演出,农村观众"其始无不切齿,继而无不大快。铙鼓既歇,相视肃然,罔有戏色;归而称说,浃旬未已"。它从一个角度反映了台州古代人民入戏和出戏的现实镜像,和长期接受戏文影响后形成的道德观。1956年将高腔《小金钿》片段改编为乱弹,戏名叫《奇缘记》,后改名《斩蛟》。《斩蛟》描写奸臣之女金莲大义灭亲,与忠良之后刘邦瑞结为夫妻。逃难途中不畏强暴,智胜强人"独角龙"李蛟,为地方铲除一大害,夫妻得以团聚。1959年将家喻户晓的民间曲艺道情《金满大闹台州》改编为《闹台州》,1961年编写了以戚继光在台州海门造舰抗倭为背景的《双斧记》。同年根据乱弹传统戏《奇缘记》改编为《拾儿记》,该剧成为台州乱弹的大型剧目,描写豆腐佬王小三搭救被汉奸迫害的梁文焕,收他为义子,并将女儿梅英许配给他为妻。《拾儿记》一直受台州一带观众的认可与喜爱,除了本身以台州"歌舞"(戏曲化)演台州"故事"外,最重要的当然是台州的民俗风情、村言俚语在剧中的尽情表现。比如黄岩老百姓在野外拜神祈求幸福平安的习俗在全剧戏眼——辫野祀中得到完整的表现,高挂起采油灯的豆腐佬王小三正在磨豆腐的场景是实实在在的黄岩特有的风俗。王小三为辫野祀,夜里慌忙中错穿白氏的一只鞋出门时,一句"前头紧略略,后面宽嗒嗒"和稍后的"双眼墨黑、苦头吃煞"以及"见面钿、利市钿要格"等台州话,乡土气息浓郁,便充分体现了老百姓所具有的俏皮、乐观、精明和幽默的特点。此剧故事离奇曲折,极富地方民俗特点。80年代编排《空花轿》、大型现代剧《荒魂》,连同《拾儿记》一起,被专家誉为"中国剧坛上散发着浓郁豆腐特色的一朵兰花"。台州乱弹新编折子戏《吕布与貂蝉·小宴》是三国戏《连环计》中的一折。是台州民间极为喜欢的故事,其内容充满台州浓郁的风土民情,与台州人民追求和合、惩恶扬善的价值观融于一体。

　　台州毗邻温州,历史上行政区域多有交错,是南戏生发的核心区域之一。台州戏曲历史悠久,其高度发达的演出市场,为戏曲发展提供了广阔的空间。为我们所用,为人民服务,为时代所向,既是历史传承给台州戏曲的任务,更是时代赋予我们的使命。未来,要不断推进台州戏曲的研究工作,为中国特色社会主义文化建设提供坚实的基础和保障。

第六章　与审美相合的民俗风情

民间文艺是大众创造的与民俗相合的艺术。研究民间文艺,既要着眼于现代的眼光,也要从特定的历史场景去考察,借助于已有的研究成果,借鉴前人的思想,深入风尚习俗、生活细节、应用场景、历史文脉,探究其本质和内在世界,感悟其中美学意蕴。从审美鉴赏角度看,民间文艺立足于生活,反哺于生活,生活之美熠熠闪现。她面目古老而清新,活力四射,承继于古代,延伸至现代,源于生活,广及民间,成为当代社会艺术生活的话语与潮流、地域文明的遐思与梦语。民间艺术家的想象和创意,民众的认同和情感,当代人的传承和弘扬,构成传统和现代、真善美的重要论述和整体视界。

第一节　留香于世的民俗作品

台州负山枕海,群峰苍苍,大海茫茫。山魂海魄,孕育了台州人生生不息的旺盛元气,也孕育了台州人种种不凡的品格。自魏晋以降,中原文明逐渐南下,台州的巍然山水之间,不时站立起一个个傲世的身影。他们是台州历史上的华彩篇章,一个个永不凋谢的伟岸灵魂,篆刻在人文台州的方印上。台州的史册因他们的存在而分外绚丽和厚重。台州人杰地灵,物阜民丰,创世佳作精彩纷呈。与台州民俗有关的典籍,明谢铎《赤城新志》收录著作 140 部,《四库全书》收录 141 部作品,康熙《台州府志》收录 360 部,王舟瑶的《光绪台州府志》收录 3500 余部,项士元《台州经籍志》达 4532 部。其中有宋贾似道的世界第一部昆虫学专著《促织经》、宋陈景沂的世界第一部植物学辞典《全芳备祖》、宋陈仁玉的世界第一部食用菌专著《菌谱》、明王士性的中国第一部经济地理书《五岳游草》等。但在浩繁的史籍中关乎民俗的著作少而又少,对台州民俗做专题性研究的也寥寥可数。当然在有限的史料中我们依然可以发现台州民俗的分量。

一、秦汉至唐朝，台州风情的纪实

中国最早的地方志应为《越绝书》，成书时间约在战国至两晋。主要是越地地方志，里面有大量民俗记述，因台州属于越地，所以书中记述的风俗和台州风俗构成千丝万缕的关系，现在研究台州秦汉文史，很多学者都喜欢引用其中的材料作为佐证。

秦汉之交的东瓯国，虽存世很短暂，但那时注重贸易，海上航运较为发达，"北去辽东，南及交趾，皆从东瓯"。说明当时台州的贸易经济有了相当的基础。其实在汉前，台州文人的学术著作，并没有见之于史籍而流传下来。对地方民俗有明确记载的是三国时沈莹所作的《临海水土异物志》，这是台州第一部书名含本土名称的风俗专著，具有极高的研究价值。穆帝时，台州著名文士孙绰作《游天台山赋》，虽然不是民俗作品，但开首一句"天台山者，盖山岳之神秀者也"便石破天惊，使天台山的声名远播，以至名僧高道、文人学士竞相折腰，于台州的文化开发产生了巨大的影响，有关台州民俗的文字随之丰富起来。南朝宋时，刘义庆《幽明录》中记有刘晨、阮肇入天台山采药遇仙的神话故事，这是我国有文字记载的最早的人神恋爱故事之一，成为台州经典的民间传说。南朝顾欢到天台山隐居，开设学馆教授生徒，受业的常达百人，这是台州历史上见于记载的最早设立的学馆。现在天台县东北的欢岙、欢溪，都是后人为了纪念顾欢而命名的。南朝孙诜撰《临海记》，清洪颐煊重辑，存辑文 29 条，现存有洪颐煊《经典集林》本及民国 4 年杨晨《台州丛书后集》本，《临海记》是继《临海水土异物志》之后的记载台州风俗的重要文章。《临海记》中有一条记载说："郡北四十步有湖山，山甚平正，可容数百人坐。民俗极重，每九日菊酒之辰，宴会于此山者，常至三四百人。"这是对于台州古代民间习俗的较早记载，至今在当地仍能找到有关古章安湖的地名和湖边的小山。

在礼仪教化上，郑虔是最具有代表性的一位，深受台州人崇敬、怀念。郑虔史称老"博士"，是一位工诗、善画、擅书法，潜心研究天文、地理、医药、军事知识的一代通儒。郑虔晚年在台州"毅然兴文教为己任"，普及民间教育，促进古越文化与华夏文化的涵化，郑虔"大而冠婚丧祭之礼，少而升降揖逊之仪，莫不身帅之。自此民俗日淳，士风渐进焉"①。这位"台州文教先驱

---

① 何奏簧纂修：《民国临海县志》中《寓贤·郑虔传》，丁伋点校，中国文史出版社 2006 年版，第102 页。

者"对台州唐代文化发展、民俗士风的醇厚,作出了巨大贡献。陈公辅称赞郑虔"化被台邦,教以正学,启以民彝。人始知学,去陋归儒。家家礼乐,人人诗书"①。

二、宋元时期,民俗述著得到发展

从北宋开始,雕版印刷术全面使用,使图书种类和数量骤增,书的流传比以前更为普及,大大促进了这一时代文化学术的繁荣和发展。它同时带来了大批著作的问世。两宋理学是对汉唐以来儒学的新的继承和发展,对后世影响极为深远。

南北宋之际产生了一些著名的学术著作,台州民俗构成其中一部分内容。南宋中期,陈仁玉著世界最早的食用菌专著《菌谱》,赵汝适撰我国第一部记述中外交通、贸易与外国物产风土的志书《诸蕃志》,陈景沂著我国第一部植物学辞典《全芳备祖》,徐似道著我国第一部司法验尸技术专著《检验尸格》,陈耆卿纂台州第一部总志《嘉定赤城志》,南宋台州刻本《扬子法言》入选国家珍贵古籍名录。

这些学术著作或多或少地涉及民俗相关领域记述和阐释,进一步丰富了台州民俗风情的历史资料。

由宋林表民纂辑的《赤城集》,收录了唐至明有关台州及台州各县衙署、学校、寺观、祠庙、斋堂楼阁、桥梁、仓廪、人物等记、传、碑铭、行状等第一手文献史料,对研究台州地方史和民俗有重要的参考价值。

朱熹曾四次到台州,在台州解析理学要旨,民间婚嫁丧葬、岁时礼仪等习俗,"遵文公(即朱熹)家礼"成为台州人民的圭臬,史载:"晦翁传道江南,而台特盛。"此后数百年间,台州风俗皆不脱宋元理学樊篱。

元代文学家陶宗仪《南村辍耕录》是一部有关元朝历史琐闻的笔记,广泛记录了元代社会的历史与文化,涉及典章制度、掌故逸闻、民风里俗、工艺科技、文物书画、戏曲小说、文字声韵等诸多方面,特别是宋元两朝的典章制度、史事杂录、文物科技、民俗掌故、戏剧等,从多角度对不同民俗事象进行记述。此书的史料价值和学术价值都很高,是研究元史民俗的重要史料。

---

① 李建军:《台州文化新论》,浙江大学出版社 2021 年版,第 106 页。

三、明清时期，地方文化研究富有成果

以现代的观点来看，明代最值得称道的文史大家是临海县人王士性，万历年间，他游学黄河、长江流域，几乎遍及全国各地，他以地理学视角记述各地风俗人情及经济发展状况，著有《五岳游草》《广游志》《广志绎》等书，被称为中国古代人文地理学学科的鼻祖。载录民俗内容的最重要作品是《广志绎》，民俗内容占全书的三分之一，而其中有关经济民俗的记载尤为详备。

市民文学的兴起，戏曲更趋繁荣，海盐腔在台州流行，台州成为戏曲演出的繁华地，明《太和正音谱》载知音善歌者 36 人，其中有台州人冯彦皋。成化二年(1466)，陆容《菽园杂记》载黄岩等地"皆有习为倡优者，名曰戏文子弟，虽良家子亦不为耻"。成化十六年(1480)所修的《黄岩廖洋陈氏宗谱》有明文禁止妇女"观戏嗜曲"的家训。嘉靖时，徐渭《南词叙录》载："称海盐腔者，嘉、湖、温、台用之。"同时出现了一批台州籍的剧作家，著名的有《清风亭》的作者临海县人秦鸣雷，以及黄岩县人黄维楫、天台县人文九玄和叶俸等。演出场所有庙台或临时搭的草台。古代中国戏曲理论专著当属明代徐渭撰写的《南词叙录》，这是我国第一部研究南戏的论著，书中详细论述南戏源流发展、风格特点、声律音韵等，有独到见解，对戏曲作家、剧目有深刻评论，对术语方言进行深入考释，在中国戏剧发展史上具有开创意义。演戏看戏是民俗的重要内容，《南词叙录》蕴含丰富的民俗内容，对台州的戏曲发展产生深远影响。

明代台州的社会风俗，王士性在《广志绎》中有一处概括的描述，认为其"俗尚居奢俭之半"。而叶良佩在《太平县志·风俗》中作了较为详细的描绘，记录了社会秩序、伦理纲常、起居服饰的演变。由于商品经济的发展，社会财富进行了再分配，开始冲击明初森严的等级界限，盖房衣饰"违札""失制"，社会开始出现涉及上层建筑的变动。这一时期，明谢铎纂辑的《赤城后集》对此也作了一定的记述，对研究台州地方史和民俗有重要的参考价值。

到了清代，由于台州处于反清活动十分活跃的地区，又受到文字狱的牵连，政治上的歧视与思想上的禁锢，使台州文教事业遭遇重挫，清代有许多知识分子选择了朴学，钻到故纸堆里去做训诂考证的学问。清代台州在《清史稿》中有传的只有 9 人，而且其中有 6 人是在"儒林""文苑"中立传的，几乎全部是以训诂考证见称。较有成就的学者有著《水道提纲》的天台县人齐召南、著《万山纲目》和《水道提纲补订》的黄岩县人李诚、著《汉学谐声》的太

平县人戚学标、著《管子义证》的临海县人洪颐煊,以及著《台学统》100卷的方志学家、黄岩县人王棻。其中,《台学统》作者王棻学贯古今,将历代的台学分为气节、性理、经济、词章、训诂、躬行六门,全面总结台州学术史。因具有"以气节为本和不立门户、汉宋兼融"的学术特色,《台学统》被《续修四库全书》收入,光耀台州学术史。此外,黄岩县人王彦威、王亮叔侄的《清季外交史料》243卷,保存了道光、咸丰、同治三朝钦定未刊外交案卷和光绪元年以来的外交案卷,是研究清代外交史的重要著作。

清代临海学者王克恭总结前人的经验著成《鲞经》[1],向我们介绍有关石首鱼鲞的典籍著录、鱼鲞制作时地、工序流程、贩卖品质等知识技艺,还较为全面地介绍了捕鱼的船网器具、浪潮风信、捕鱼水期等,收集整理渔业遗规、海洋奇闻、渔人习俗,提出渔业利弊以及渔业扩张意见等,对于当今海洋渔业科技、海洋气象、渔民风俗、非遗技艺等都有独到的历史参考价值。温岭白鲞制作技艺现已成为浙江省非遗项目,是一种典型的民俗文化。

四、民国,地方史志的繁荣期

民国时期政区建制变化频繁,时局动荡,台州修志较为活跃,有《台学统》《民国台州府志》《民国临海县志》《民国黄岩县志》《路桥志略》等一批地方志出版。志书中记述了各县市民俗的相关内容。在此期间,台州史志编撰以黄岩人王棻为核心,构建起以师友关系为纽带的群体,他们把新理念和新方法运用到桑梓修志活动中去,编纂出了一批"斐然可列著作之林"[2]的志书,在乱局中显示出璀璨光芒。其中,最重要、最完备的台州志书就是王棻编撰的《台学统》和喻长霖主持编撰的《台州府志》。《台学统》100卷自成一套较完整的理论,为清代后期方志理论集大成者之一。

台州各地涌现出诸多方志家,如临海叶书,路桥杨晨,黄岩王咏霓、管世骏、方来,天台褚传诰、金文田、张廷琛等,在区域方志编纂上各有成就,其中以路桥杨晨、天台褚传诰较有代表性。杨晨勤于著书,著述甚多,有《三国会要》《路桥志略》《台州艺文略》等大量著作。他还重视整理、出版乡邦文献,一生校刻书廿余种,其家族尊学崇雅、乐善好施的家风一直传到后代,留下珍贵的历史资料。褚传诰曾任民国《天台县志稿》《台州府志》总纂。天台人

---

[1] (清)王克恭:《鲞经》,民国王屏藩增辑,彭连生、杨世学整理,文汇出版社2020年版。
[2] 梁启超:《中国近三百年学术史》卷十五,《清代学者整理旧学之总成绩(三)——方志学》,商务印书馆出版社2011年版。

陈钟祺撰《天台民俗志》。

五、新中国成立后，民俗研究兴起

新中国成立后，文化艺术得到迅速发展，各类图书出版方兴未艾，给文化研究研究注入强劲生命力。但民俗研究依然处于零散阶段。温岭吴慎因（1905—1987）16 岁操祖业，经营吴大成染店。晚年总结旧法印染技术之要诀，撰《染经》一文，计 2 万余字。分 23 个层面介绍印染技术，包括兰谱、产地、种兰、看样、酿缸、染法、夹花、印花、花样、漂练、研光、号草、账册、土布染价（以每丈每条计）、洋靛、两店、染工、沿革、出兰、据典、杂录等，被中国纺织协会全文收编。1985 年台州地区文物管理委员会编《台州风俗》是台州市第一本介绍台州民俗的书，分 7 个部分，包括台州风俗概述、生产习俗、礼仪习俗、岁时习俗、社会习俗和其他习俗等，为我们整理和保留了十分重要的民俗资料，为后来的台州民俗研究打下坚实基础，未正式出版。1998 政协台州市文史资料和学习委员会、台州市民间文艺家协会组织，叶泽诚主编《台州民俗大观》，宁波出版社出版，填补了台州民俗学研究的空白，也为各交叉学科及地方史志研究提供了新的内容。丁伋著《堆沙集》，里面收集了他一生对地方文化多个现象的考证和阐释，特别是对地方戏剧有独到理解，是一本非常珍贵的民俗文献资料。2014 年王斐玲编著《台州民间美术》，详细介绍了台州传统工艺的历史、技法、传承和价值。2015 年郑瑛中、戴相尚著《台州节俗概说》，系统介绍台州市民间重点节日风俗。2015 年周仲强研究了台州独有的婚俗文化，完成《诗性婚俗：台州洞房经的审美研究》，这是台州第一部婚俗研究的学术性著作。还有 2002 年李一、周琦编《台州文化概论》，2006 年叶哲明编《台州文化发展史》，2014 年周琦著《东瓯丛考》，2021 年李建军等编《台州文化新论》等，都有专门章节介绍台州民俗。此外，台州戏曲研究有了长足进步，2001 年傅谨著《草根的力量——台州戏班的田野调查与研究》，这是台州第一部戏曲研究专著，作者以戏剧理论家的视角，毕 8 年之功深入研究台州 20 世纪 80 年代以来民间戏班的历史、现状及发展，从戏班的演员观众、生活方式、运作方式、内部结构、舞台形式、角色剧目等进行详尽而细致地描述，认为地域文化是民间戏班拥有超强生命力的源泉。后来的诸多研究都基于傅谨的研究，包括廖明君《温岭戏班——民间信仰与戏剧的繁荣景象》、王小夫《台州非遗保护视域下的台州乱弹研究》、胡来宾《台州乱弹》等。其中对台州代表性的地方文化"台州乱弹"研究较为深入,多部著作系统介绍最具台州特色的地方戏台州乱弹,把这种形成于明末清初,流行于浙东、浙南地区的剧种展示给全国人民。研究乱弹的学者考证认为,台州乱弹唱腔丰富多彩,属多声腔组合,演唱声情并茂,或高亢,或激荡,或温婉,充满乡韵,采用台州官话演唱对白,独具地方特色,在全国是少有地方剧种。台州市按照上级要求把列入国家级、省级非遗项目的都推出研究著作,产出 10 余部非遗项目研究作品;各县市区也出版了多本介绍地方民俗的书,一批地方民俗研究的专著也在规划推进中,民俗研究整体显示出一种小荷才露尖尖角的气象。

六、作品选介

(一)沈莹的《临海水土异物志》

三国吴沈莹的《临海水土异物志》,以记载临海郡的物产为主,兼论风土人情,是台州历史上现在尚能见到重辑本的最早学术著作。此书现存的明显不是全本,而只是部分章节。因为宋代的《太平御览》卷七百八《东夷传》引用其一部分,所以才得以流传下来。此书内容一是介绍夷洲的风土人情,二是介绍临海郡的物产,主要是海产。尤其是对海生鳞介类动物的记载,相当精确,可以看出古人认识和利用自然物并且对这些自然物进行鉴别和命名的能力。它记载的海洋捕捞动物共有 90 多种,至今仍是台州一带海洋和滩涂的主要水产品,对于研究我国古代农业发展史亦十分珍贵。它的风土部分,记载了夷洲(今台湾)、安家(古越族中的临海郡)、毛民等地的风俗。作者以"安家之民"为例,介绍临海郡的居住及生活习性。"安家之民,悉依深山,架立屋舍于栈格上,似楼状。居处、饮食、衣服、被饰与夷洲民相似。"临海郡和台湾隔海相望,东南沿海的百越民族,多为滨水"沤民",其居住房屋为多为干栏式,以避湿气。和"夷洲"饮食习惯同好腌制水产,审美同为"断发文身,雕题凿齿",丧葬习俗同为"悬棺葬"。建筑文化同源、生活方式相似,二者是同根同源。

早在三国时期,台州就出现了这部具有重大学术价值的著作,当是一个惊喜。

(二)王克恭的《鲞经》

中国海洋古文献约有 1380 种,其中涉海生物文献 20 种。20 种海洋生物文献中,台州就占了两种:一种是三国吴沈莹撰的《临海水土异物志》,一种是清代王克恭为大黄鱼写的专著——《鲞经》,二者在中国海洋文献史上均有重要的地位。

《鲞经》的《正编》分"则古篇""核实篇""天时篇""地利篇""工作篇""刀法篇""用盐篇""水候篇""洗刷篇""晒阳篇""款式篇""收藏篇""品骘篇",细述古法,进技于道;《附编》则于捕黄鱼之器具、浪花、风信、潮信、水期、船网等多有发明。《鲞经》不仅介绍大黄鱼鲞的制作工艺,还记录了大黄鱼的生存环境、浪潮风信、捕鱼水期、船网器具、渔业遗规、渔人习俗等,巨细靡遗,可谓是一部有关大黄鱼的百科全书。对研究古代饮食文化、海洋生态、渔业历史等领域有着非常重要的价值!因此,该书不仅是一部独特的大黄鱼专著,更是一部浙江乃至中国海洋非物质文化遗产记述的代表作!一书在手,不仅可了解浙东渔业之风俗,也可体验临海乡土之风情,又可涵泳优美之辞章。

(三)叶泽成的《台州民俗大观》

作者从台州风俗这个侧面领略到台州的历史和现在的社情民风,按岁时节令篇、衣食住行篇、婚育寿丧篇、生产经贸篇、文体技艺篇、社会组织篇、信仰祭祀篇、兆卜禁忌篇、杂俗拾零篇、一句话风俗篇等 10 个大类编排,具有可读性、丰富性、资料性和代表性。面对纷繁复杂的民俗事象,在材料的取舍和编排上,体现了极大特色。

一是"大路货"与地方特色。作为地方性的民俗事象,"大路货"的民俗最具代表性。因为它是地方民俗的基本现象,这一民俗在台州更大的范围内存在。如果要强调地方特色,"大路货"就是作者刻意追求的,能代表大众习俗的也是有普遍意义的民俗。所以该书避免将奇风怪俗这些小众的内容作为重点占据大量篇幅。

二是良俗与陋俗。台州有近万年历史,从下汤文化开始,先人在台州大地上创造出绚烂光彩的文化,作为深层文化的民俗更是源远流长。以今天的眼光审视它,民俗良莠不齐,优秀的民俗会促进我们生活的幸福,反之陋俗则体现了民俗的历史局限性。当然,即便是陋俗,也是一定历史阶段的产物,能代表特定时期的民间生活,所以,为了保存资料的完整性,为后人提供必要的人类文化的历史化石,该书保留了某些陋俗。当然,良俗是本书的主体。

三是客观和主观。文章采用叙述法,尽量客观、准确地加以记录,很少作抒情和评论,同时,为了增加可读性,允许适度描写。

四是局部和全部。因各种条件的限制,本书仅反映民俗的一个侧面。10个大类的划分也许并不科学,这只是给纷繁的民俗一个相对的范围,但却能让人见一叶而知秋。

俗话说:"千里不同风,百里不同俗。"本书可以尽显台州民俗文化的特色。

(四)周仲强的《诗性婚俗:台州洞房经的审美研究》

《诗性婚俗:台州洞房经的审美研究》2015年中国社会科学出版社出版,是作者第一本民俗学方面的研究著作。作者在书中指出:"洞房经"不单是婚礼仪式的热闹和色彩缤纷,更是关于土地、习俗、礼节、祈福、民谣、祝愿等民俗事象晶化而成的审美意象。它集物质与精神、现实与理想、情感与理智、实用与审美于一体,集中传导出台州人民追求多子多福、和谐、秩序的诗性生活。通过唱"洞房经"释放出集体意识的幸福生活愿景和对快乐生活的现实把握,具有更为广泛的跨区域审美意义和价值,这是一种值得保护的文化传统和值得保存的活的文化化石。考察这一独特的文化现象和它的诗性审美,既可以清楚地看到台州婚俗其原生态的文化功用、目的和价值,更可以从审美视觉去观照人的生命、人类的境界在此所达到的一种崇高之境。

上篇着重介绍台州"洞房经"多彩多姿的民俗风情,详尽地展示汉民族独一无二的以对歌形式呈现的婚礼仪式,集中传导出台州人民追求多子多福、和谐、秩序的诗性生活。同时,阐述了传统婚俗在现代生活中遭遇的困境和传承的艰难,指出多路径的活态传承是其恢复青春的必经之路,并揭示婚俗"洞房经"的当代价值。

下篇则重点挖掘"洞房经"背后体现的审美意义和价值。逐一论述台州"洞房经"所蕴含的地方婚俗之美、家族生活之美、歌词韵律之美、仪式欢乐之美、进取精神之美。婚俗美不是抽象的存在,而是附丽在民俗文化行为形态之上的。

该书获台州市第十八届哲学社会科学优秀成果一等奖、浙江省非遗图书"十佳百优"奖、台州市文化曙光奖等。

《台州府志·风俗志》中所说:"士重廉耻,代产伟人。宋明以来,人文蔚起,卓然为浙东生色。"恰似为台州文史作了最好的注脚。民俗述著,不及其他文史洋洋大观,因为是大众生活,反倒易被忽略。好在后继者正在努力,绽放的花朵也会越加灿烂。

第二节　大众情趣的传统工艺

传统工艺是指广大民众创造的、历史上传承下来的各种手工技艺与工艺。它存在于民众衣、食、住、行等日常生活和生产劳动的各个方面，在社会生活中发生、发展、传播。传统工艺既有实用价值、经济价值，又具有很高的历史价值、艺术价值和科学人文价值，是中国传统文化中的宝贵财富。台州传统工艺源远流长，丰富多彩，形式多样，包括流传各地的木雕、石雕、编织、造纸、织染、剪纸、泥塑、髹漆、农畜渔林产品加工，等等。由于所处的地理环境不同，台州传统工艺明显烙上山地、平原和海洋三种区域文化印记。

一、民间木雕的诗情匠心

木料有着温润的品质，新鲜的木料还留有阳光的温暖和雨水的湿润。渐渐风干了的木料依然保存着其温柔的本性，在木匠的手中制成了一根藤的门窗，也就是让生活多了几分诗情，将一方木板雕成花板，也就是用画意装饰了原本平淡的生活。有了民间的木雕，才有了民居中的诗情画意。

（一）民间涌现工艺杰作

起源东晋的天台山干漆夹苎技艺，是天台民间工匠广为应用的一项传统的手工技艺。它是为各种木制品外表装饰和保护的一种独特的技术。"干漆夹苎"工艺是用原始生漆、苎麻等材料，通过层层包粘，进行反复打磨，涂上朱砂等各种辅助材料，再贴上金箔等，经过工艺处理后才能完成作品。它在取材和用料上十分讲究，成品具有经久不蛀、光泽润亮、不开裂、不变形的特点。在国内外各大重要建筑物上广泛使用，如雍和宫的藻井、柱、梁的外表和十三陵地下宫殿的寿棺均采用此法装饰。20 世纪 60 年代，得以此法传承的天台木雕工匠，对散落在民间的、濒临失传的"干漆夹苎"工艺进行挖掘、整理，将用于该技艺的 13 种原料，用传统的方法加以提炼，并总结出48 道工艺流程，使这一古老的传统技艺焕发出新的生命。

仙居彩石镶嵌的历史可追溯到北宋年间。"括苍黄石屏，树如浓墨写，根深称条叶，生意绝潇洒。"梅尧臣在《赋石昌言家五题其一括苍石屏》中对括苍石屏赞叹不已。仙居传统的彩石镶嵌采用玉石雕刻和花板雕刻相结合的技法,根据作品题材内容和色彩要求,配石成图制成色彩华贵、光亮照人的镶嵌艺术作品。清朝末年,镶嵌艺人王三江,曾在南门老街收徒开坊,以生产挂屏、挂件为主,同时,也存在着以镶嵌床板、橱面、箱面为主的皤滩流派。彩石镶嵌作品一般是经过画稿、勾形、排列、刻线、砑格、配石、框架、填漆、镶嵌、雕刻、粘贴、打磨、上蜡等 13 道工序。表现手法上有浅浮雕、高浮雕、平嵌、平磨等。20 世纪 80 年代后,镶嵌艺人在继承传统技艺和造型风格的基础上,突出彩石镶嵌艺术的再现和再创造能力,在题材、体例和表现手法上进行了大胆创新,创作的挂屏、立屏、大型连屏及案头赏玩等作品,按照中国画六法,随类分色,随类赋彩,画面层次丰富,色彩艳丽持久。其作品色彩华贵,光亮照人,小件玲珑剔透,大件气势恢宏,具有极强的艺术感染力和文化张扬力。同时,把复制历史经典名画、再现重大历史事件和图叙古典文学名著为主攻方向,制作了彩石镶嵌连屏《韩熙载夜宴图》《清明上河图》《红楼梦》《三国演义》等,在国内外产生了巨大的轰动,其中《西游记》现收藏于日本,《清明上河图》被陈列于杭州宋城博艺厅。

"临海的城,仙居的灯,黄岩乱弹呀呀声。"这首台州民谣提到的灯,就是仙居花灯,又称针刺无骨花灯。仙居花幻融绘画、刺绣、建筑艺术于一体,其造型在中国花灯中独树一帜,被誉为"中华第一灯"。仙居花灯相传源于唐代,所以又有"唐灯"称呼。其特色有四点:一是无骨,全灯由大小不等、形状各异的纸片折拼粘接而成;二是针刺,用绣花针在灯片上刺出各种各样图案,灯体内光源通过针孔产生透光漏影视觉效果;三是造型别致,飘逸玲珑,形状有三面、四面、六面、八面,也有不规则多边形组成的灯,还有花篮球、绣球灯、荔枝灯等;四是图案绚丽多彩,灯面刀凿针刺出花鸟、人物、动物和吉祥字语,图案古朴典雅且寓意深长。仙居花灯不仅寄托百姓的美好愿望,也尽显民间工匠的才能。仙居花灯表现形式分为静态和动态两类。静态表现以单灯为主,多悬挂于厅堂、廊道、门楣、书房、闺阁,或美化雅室,或渲染喜庆,或以增添雅趣。动态表现多以组灯为主,一般是围绕某个主题,按照体例由花灯和其他造型艺术结合而成的一种艺术平台,一组组灯由少则几十种、多则上百种的花灯组成。仙居花灯的制作一盏花灯,少则 10—20 工,多则 50—100 工。制作过程需要经过 13 道工序,制图、胶浆调配、灯纸制作、熨纸、剪样、装订、凿花、拷贝、刺绣、竖灯、制作篮头、组装、装饰。1996 年,仙居针刺无骨花灯荣获"中国民间艺术作品展金奖"。同年在澳门举办的第四届国际艺术品博览会获金奖。2006 年,仙居花灯"龙凤八卦灯"入选中国民间灯彩特种邮票。

台州刺绣是用针和线,通过人的智慧技巧、材质工艺表达出来的一种手工技艺。历史上台州民间刺绣绣品多为帐帘、围裙、肚兜、童帽、绣花鞋、钱包等实用品,图案以民间百姓喜闻乐见的吉祥如意、风穿牡丹、长命富贵等题材,刺绣针法以"挑花"与"彩平绣"为主。清光绪年间,台州刺绣吸收了欧洲的雕、抽技艺,经民间工匠的传承和发展,逐渐形成以"雕平绣"为主要特色的台州刺绣。作为中西文化交融的一个见证,与中国 4 大名绣(苏绣、粤绣、湘绣、蜀绣)相比,台州刺绣是中国刺绣种类中最具地域特色、最有丰富层次变化的绣种。台州刺绣已发展到抽、拉、雕、包、绕、拼、盘、绘、镶、贴等200 多种刺绣技法工艺,其绣品图案秀丽,花形多姿,立体感强,针法活泼,绣工精细,镂空部分玲珑剔透,独具风格。"雕平绣"开创的"真丝绣衣"和"棉麻布台布"被国际商界称之为"东方瑰宝"而登上艺术大雅之堂,并以高品质名扬中外,绣花产品远销日本、美国、法国、意大利等 60 多个国家、地区。"真丝全雕叠袖旗袍"荣获保加利亚普罗·迪夫第六届国际博览会金奖,台布、被套荣获"轻工部优质产品"称号。台州成为中国绣衣和抽纱生产的主要基地。

(二)古韵悠悠话木雕

木雕是台州民间最为普遍的工艺,以平面浮雕为主,结合运用"深镂空雕""透空雕""透空双面雕"等,有浅浮雕、高浮雕、透雕、圆雕、多层镂雕等多种技法。髹漆采用中国生漆上漆砂磨,反复数遍,直到漆色润亮。台州木雕历史悠久,木雕工艺盛行于明清。

旧时百姓日常生活中的用品如床、椅、摆件、佛龛、衣架、穿箱和居民建筑上的饰件,如门档、花窗、枋柱、门板等无处不雕。木雕也是建筑装饰中所表现的一种审美艺术品,在生活中木雕装饰遍及城乡间。

台州木雕,六县市区流传艺术风格别具特色,以原临海地区流存的木雕作品和分布地区小芝和三门县中的原临海属地花桥、山场部分,木雕最为精美。其中以三门县保留清代的木雕为最精细,又称"小芝工""三门工"。保存至今的清乾隆漆金描彩的花眠床的床罩额花板精巧细致、线条流畅,人物比例匀称,故事情节生动,雕工细腻,精工细作,堪称木雕精品。台州木雕以三门窗、临海雕、天台门、仙居贴四大特色而著称。

台州木雕的主题内容很广泛,有人物、山水、花鸟、走兽、八宝博古、几何形体、吉语、书屏、联,"九子三都""五世其昌""九世同堂""麟趾其祥""玉燕投怀""鸾凤和鸣""琴瑟和鸣"等书额文字。人物以戏曲唱本、宗教神话、民俗风情、民间传说故事、社会生活等题材，描绘帝王将相、贵族生活、文人墨客的风雅画面、商贾远行的旅途生涯、学子伏案吟诵诗书；又有樵夫采樵，挑禾过岭；勤耕的农夫和牧童等劳动场景；也有孩童耍玩、游艺表演、耍灯、舞龙、舞狮等民间活动；也有欢庆场合如旌旗飞展、骑马兵戈相战、擂台比武的较多；也有表现仕女抚案弹琴、直立庭院张望。手拿执扇倚立，丫童服侍，山水农景等。情节生动，人物表现亦有个性。还有戏剧题材、神话传说、民间故事与民俗等方面。耕读渔樵、福禄寿等题材多样化，以动物、花卉、虫鸟为题材，象征吉祥物的图样如龙、凤、狮、鹤、牛、马、羊、鹿、猴、鳌、鱼、兔、雁等寓意比较突出。

在床罩上枋额框一幅或一组的情节通景图，内容题材更加丰富，有文武将相、骑马射箭、福禄寿三星等图案，床罩尤以前五块木板雕刻最具代表性。古建筑在厅堂的斗拱斜撑上的双狮及人物等比较细腻突出。

临海木雕，以人物、山水为主，线条粗细结合，人物以戏文故事为多，生活场景丰富，主题画面突出。线条流畅，漆层丰润，贴金墨描，彩绘饰地。人物浮雕形象逼真。尤以浅雕最突出，以博古、钟晶、彝器题材表现为多。花板、底屏以矿石颜料蓝、绿、红、白渲染五色，或洒螺钿、金粉等装饰，枢底着中国红朱漆点缀，墨描勾勒，底屏锦地加以几何花纹方形点缀装饰陪衬烘托木雕画面，人物图案更加绚丽多彩、引人注目。

黄岩木雕，以薄意浅阴雕和浅浮雕最为精美，漆绘、烙画近似墨笔线描，工致而精细。平底凸雕、浅浮雕立体感特强，近似工笔画，刻划传神，漆绘多以木纹本色不施油彩，以五老图、松下居士、文人雅儒闲居为主，以显文雅江南灵秀之意境。

台州木雕中的古建筑上窗和门也别具特色。天台木格子窗全部用软条榫卯组合构成，号称"一根藤"，无棱角，通体完美柔和，紧扣圆心图案。临海、三门两地的木格窗，三门木窗木雕相结合窗纹饰寓意吉祥，有夔龙、梅瓶、撑扇、八卦、回头鹿、衔剑狮、八角、喜字纹、冰裂纹、寿字纹、方格、斜拉等，中间点缀木雕花吉子相嵌。窗有立窗、偏窗、遮着窗、隔扇窗、小天窗等几种。

门以天台门最高大灵透，上格子饰，下木雕，有落地门、隔扇门、过堂门等。

天台木门中的雕花板，大多采用浅浮雕，并施以桐油清漆，露出木的本色。这对于工匠就有了更高的要求，因为浅，所以下刀也就需要格外的仔细，一旦下刀过重，就很难弥补。同样，因为施以清漆，一丝瑕疵都会暴露无遗。木床中的雕花板则以深浮雕为多,因为深,画面也就更富有层次,更具有真实感。木床多施以本山漆,暗红色的本山漆家具,会随着时光流逝越来越光彩夺目。木床中的雕花板按主题施以不同的色彩,红花绿叶,格外的艳丽,人物的衣冠都细描出相异色彩,五彩缤纷。

雕花板上大多是传统的图案。在晚清年间,天台妙山新花楼堂前木门的绦环板上,出现了极具地方特色的天台山八景雕花板,这是一种新颖的图案。桃源的春意、赤城的栖霞、琼台的秋月、断桥的积雪对于木匠来说,是首次的尝试,但是松弛有序的构图、圆润流畅的刀工,让人们在民居中,感受到了青山绿水的魅力。(图 6-1、图 6-2)

图 6-1 人物雕花板

图 6-2 喜上梅梢雕花板

台州的木雕流派各异,运用高、浅、透、半圆、薄意,高低起伏有度,雕刻作品空间层次深远繁复,与绘画艺术相结合,构图丰满,装饰性较强,琴棋书画被组织在花草回纹环绕中,琳琅满目,妙趣横生。

(二)一根藤:蔓延于门窗间的手艺

一根藤又称软藤拷条、天台软条,是天台民间一项独特的传统木作技艺,有"东阳雕,天台条"之誉。天台县是一个山区县,境内"八山半水分半田",层峦叠嶂,树木茂盛,林业资源丰富,涌现了众多的能工巧匠。"藤"是天台山里生命力极其张扬的植物,它坚忍不拔,以柔克刚,民间有"万年藤"之说,将"藤"作为民间木花窗的主要纹样,寓意着常青不老。一根藤制作技艺一般选用樟木、马胡木等比较有韧性的木材，由一块块长长短短的木条，以榫卯镶接，回环盘曲成不同图案，首尾相连，因形似古藤而得名一根藤。

清末民初，一根藤是当地最富有地方特色的产业，民间工匠不断摸索和潜心钻研，使该技艺不断改进和发展。一根藤制作有：方敲、外弯角、里外弯、软条。经过打样、取材、落墨、大锯剖料、烤料、取料刨条、捉样、划墨、除榫头、腰墨、分条、刨条、过墨、凿孔、腰夹角、分节、采里圆、锯榫头、凿夹角、依图拼条（从里到外）、锯外圆、修边角、修交接、条铲圆、条背面修平、兜框、刮磨、磨光等32道工序。一根藤其核心就是榫卯的加工方法，将一根根长长短短的木条拼接，一根藤的连接处均为榫卯连接，木条凸出部分叫榫（榫头），凹进部分叫卯（榫眼），榫卯的连接闭丝断缝，非常牢固。藤状弯曲的榫卯共用到夹角榫、平肩榫、燕尾榫、十字交叉榫、二条交叉榫、圆攒边打槽、楔钉榫等20多种，堪称中国榫卯"一绝"。

一根藤造型优美，线条流畅，委婉多姿，回环穿插，启承转合，其图案蕴含着圆满寓意。通常用在传统建筑的堂门、木扇窗、前檐、拔步床、屏风、羹橱、立柜、案桌等家具上，常用的图案有蝙蝠（福）、梅花鹿（禄）、寿龟、仙鹤（寿）、花瓶（平安）、戟（连升三级）、狮子（事事平安）、鱼（连年有余）、鸳鸯、凤凰、蝴蝶（爱情）等，它的价值在于民俗性、审美性与实用性的互相兼容，巧妙地将装饰与审美、抽象的图案与民间的精神追求融为一体，将大自然中的藤蔓再现在门窗等家具上，其图案蕴含着幸福延绵、圆满如意。一根藤构图巧妙多样，线条流畅美观，起承转合的线条图案，充满着灵性和机巧。运用借代、隐喻、比拟、谐音等传统手法，表达了对美满如意、吉祥平安的美好希冀。一根藤图案符合民族审美，又富有变化。一根藤间接的装饰称为"吉子"，是"结籽"的谐音，雕饰的花纹大都是花卉、石榴、葡萄、豆角等，蕴含着美好意愿。以一条藤状曲线的盘绕来构图，既达到形式上高度简洁的美，又十分鲜明地表达人们对于美满如意、圆满无尽的美好寄托，因而受到民间百姓的喜爱。同时这种以写意见长的艺术表现形式，在中国古代传统的绘画和造型艺术中，独树一帜，它是我国古代民间抽象艺术的代表，也是现代抽象艺术的渊源之一。

现存的天台一根藤代表作品有：明代书房扇门（现存张文郁故居），清代堂门六扇（现存天台县博物馆）、清代五关里古民居花窗（现存赤城街道五关里巷）、民国赵氏民居堂门（现存赤城街道赤巷5号）、民国郑氏古民居堂门（现存南屏乡山头郑村）、民国万年禅寺大雄宝殿堂门（现存万年寺）、清代一根藤千工床、清代一根藤摇杆窗、清代一根藤福禄寿花窗、清代一根藤书卷窗、清代一根藤花篮窗、民国一根藤"平升三戟"窗、民国一根藤"卍字"堂门、民国一根藤"双狮捧寿"门、民国一根藤"四季平安"门（均存于天台山一根藤艺术馆）、民国一根藤千工床（现存天台县博物馆）。（图6-3、图6-4）

图 6-3　一根藤木门

图 6-4　五关里民居一根藤

一根藤的图案，如蝙蝠、鹿、寿龟、花瓶、狮、鱼、鸳鸯等，均表达了中华民族追求的吉祥幸福的含意，为研究天台民间的图腾信仰，提供了生动的依据。一根藤还影响到当地的石窗艺术造型。

（三）漆金木雕：实用与艺术的融合

木雕是台州民间最为普遍的工艺，"黄岩漆金木雕"以平面浮雕为主，结合运用"深镂空雕""透空雕""透空双面雕"等十多种手法，依靠金箔和漆朱红进行装饰，贴金采用纯金制的金箔，经仔细粘贴，包裹于作品每一个部位，髹漆采用中国生漆上漆砂磨，反复数遍，直到漆色润亮。"仙居木窗艺术""三门家居木雕"也是风格独具，工艺精湛。

黄岩漆金木雕始于南朝时期。当时南朝陈代高僧智颢在天台山开创佛教天台宗后，台州各地寺院林立，贴金木雕佛像应运而生。盛于明清，此后，时兴时衰，至新中国成立前，艺人已鲜见。新中国成立后，黄岩漆金木雕取得长足发展。1964年，黄岩工艺木雕厂建立，培养了一批技术骨干，在技艺上有了进一步突破，产品销往海外。至90年代初期，现代建筑代替以前的木结构建筑，塑料、合金的家具代替了木家具，黄岩漆金木雕应用范围缩小，逐渐衰落。

漆金木雕的雕刻表现形式以浮雕为主，也有圆雕、线雕、透雕。浮雕大多采用深浮雕，有景为陆地，有船为江河。此外，表现手法夸张有度，神情生动。漆金木雕在建筑上雕刻比较粗犷，刀法简练，注重动态，并加以适当的夸张。人物大多注重神态和动作，使人一目了然。

黄岩漆金木雕内容广泛，涉及历史、人文、神话、戏剧、书法、文学等领域,有渔樵耕读、宗教神话、戏曲故事、吉祥题材等等,其内容是老百姓日常生活的教科书,其题材也为老百姓所津津乐道、喜闻乐见。为研究浙东民族风情和宗教历史提供了大量的实物资料。在构图上,把握虚实、聚散的对立统一关系。在宏观上把握主要人物与次要人物、主要场景与辅助场景的对立统一,在雕刻上把握主体与客体、前与后、表与里、浅与深的对立统一关系,做到层层递进。(图6-5)

图6-5 漆金木雕龙凤呈祥

(四)木窗民居的点睛制作

木窗又叫木花窗、木窗、窗格、格子窗。木窗作为古民居建筑的灵魂和点睛之作,在居住环境乃至建筑艺术中占据着极为重要的地位。漫步在古宅民居,面对着一扇扇朱漆剥落、玲珑剔透的雕花木窗,让人感叹古人的智慧和技艺。但是,时至今日,雕工精美的木花窗损坏的情况十分严重,保管完好的木窗已不多见。

从台州现存的木窗看,大都为明清时期制作,以清代为多见。明清时期是我国古代家具制造的鼎盛期,也是木窗文化的黄金时期。明式木花窗风格典雅、朴实大方、造型简练、线条流畅,窗子尺寸大小合乎审美要求,一般以多扇组成一组,以直格为主,少装饰,配以浅雕花板,风格古朴,注重实用。

台州的明清传统民居,一座座四合院,木构石雕灰塑的组构,正厅两厢的雕梁,顶脊上山墙灰塑,内廊梁枋斗拱,壁间木石雕刻,无处不在,处处是画,处处是景,构成一幅幅空间透视画廊。

台州四合院的木花窗是民俗生活中的场景,讲究的是一种典雅,雅气无处不在,殷富官宦人家,有主人的思维和匠人的匠心巧手,把祝福美好的想法表现在这些建筑上。木花窗在内院的建筑物上,一般堂前正间两边,东西厢两边,台门穿堂两边均安装木花窗。台州各地区木花窗均安装固定于壁上,唯独天台花窗可推可开,也算是一种灵活性的装置。精美的花窗细木条的组拼,形成一种透漏的视觉空间,成为一幅立体的画。

木花窗图案有简有繁,一般是吉祥的图案,人物、花鸟、鱼虫,也有软条的雕刻件组合;也有的全是线条缠绕,如一根藤,图案花饰一根线线型跟到底。木花窗图形丰富多彩,中心细木细构有花瓶状,有撑扇状,有鸭蛋形,有长方形,有正方形,配正方格线条、斜拉线条、锦地纹线条、冰裂纹线条、工字形线条,有喜字、福字、花瓶、画戟、阴阳鱼八卦、福寿组合吉祥字等图案。台州木花窗最优美的是祥瑞动物状组合,有狮子衔剑、跪鹿梅花等,令人赏心悦目,这种也最能体现匠心,在技法上也属技艺精和难度高的。传统合院中的花窗除建筑本身和木结构建筑的各个部位,如梁柱上的雀替圆雕、斗栱上的榫卯雕饰、额枋雕饰、月梁雕饰等,非常有特色的是木雕门窗的精工细作,宅院里的门窗样式最为丰富,也是最能展示匠人精湛手艺的地方。

正房,两厢的花门窗尤为好看,仙居、天台一般的门多为"隔扇"处理,也叫"步步锦"。隔扇上半部一般为小条构构的镂空花格、冰裂纹格,漏透光影烘托建筑空间。而这些花窗多为几何吉祥图案,也有同时在镂空花格之间镶嵌雕花饰板和结子予以装饰。落地门中的束腰板,圆雕、平雕、透雕和浅浮雕各种手法并用。图案雕刻往往带有故事情节,比如戏文人物、神仙人物,以及耕读渔樵等题材,雕刻手法也较为写实逼真,富有故事性。还有一类"暗八仙"是以传说的八仙过海,各显神通,手持的宝器的图案与翎毛禽兽、花卉草龙等相间,这些雕刻的特点是细腻入微,多作唯美的图案化处理。窗的样式和门相仿佛,只不过窗格更趋于图案化,并且图案作对称或四角对称处理。窗的上下沿用平板雕饰,且极为细腻。在宅院中,花门花窗最显眼,匠人各种雕刻手法都用上,浓缩了整座宅院的雕刻工艺的精华。

三、生活和智慧的双重组合的传统剪纸

在历史的长河中,台州的能工巧匠们创造了众多独特的手工技艺,它们不仅在农耕社会里发挥了积极的作用,在现代社会仍然有其实用价值。由于所处的环境、特产的不同,使台州的民间手工技艺五花八门、绚丽多彩,并打上山地、平原和海洋三种区域的文化烙印,尽显台州民间工匠的聪明才智。

民间剪纸是台州各地流传颇盛的传统美术。它题材丰富,形式多样,乡土气息浓郁。较有影响的有临海剪纸、路桥细纹剪纸、保安剪纸、温岭海洋

剪纸、黄岩剪纸、温岭石桥凿纸等,分布台州各地。临海剪纸在临海流传悠久,千百年来与劳动人民生活密切相连,它是一种传统的民间装饰艺术,分为喜庆、吉祥、和谐的喜花图剪纸和绣花、鞋帽花样剪纸,图案来源于生活,作品线条简练,乡土气息浓郁。剪纸使用的工具和材料简单,也极为普及,取材多为五谷丰登、六畜兴旺、鸟兽花草、传说故事、历史人物及吉祥图案等,并根据用途而命名,贴在窗户上称"窗花",贴在门楣上称"门贴",其他如帽花、枕花、伞花、鞋花、肚兜花、谷仓和菜柜上的"五代元宝花"等,并采用生动、夸张、变形等手法和简练的线条,剪出富有装饰性的艺术形象,剪纸艺术种类繁多,有分色剪纸、黑白剪纸、套色剪纸等形式,其突出的特点是精美雅致、构图完美、线条刚劲,注重线面结合,在严谨中见灵巧,在精细中见匠心。生动地体现了人民群众朴实、纯真的思想感情和审美情趣,有"一剪之巧夺神工,美在民间永不朽"之美誉。

保安剪纸。流传温黄平原一带的保安剪纸随着大型道教庙事活动而产生,是道场上应用的一种装饰性斗花、纸幡剪纸。这些剪纸在袅袅青烟与风中飘荡,人们借助它传达祈吉求祥、解难消灾的心愿。

保安剪纸通过寓言、象征、综合等手法来表现。如《福富双全》《连年有余》《双蝠拱寿》《双凤献瑞》等作品,以阳刻为主、阴阳结合,采用庄重平衡的对称式,构图丰满,装饰华丽,富有韵律。

细纹剪纸。路桥细纹剪纸是以"凝练概括,厚中见秀,玲珑剔透,含蓄华丽"为特色的剪纸艺术,蕴藏着深厚的民俗文化内涵,不断吸引世人关注,赢得了许多荣誉。从路桥细纹剪纸的题材内容看,可以分为戏曲故事剪纸、风俗人物剪纸、吉祥图案剪纸等,内容大多表现祈祷国泰民安、万事如意、生活富裕、大吉大利、社会和谐等,寄托人们对美好生活的追求。

路桥细纹剪纸在形式和表现手法上别具匠心,既吸收融合了传统剪纸艺术的表现手法,又融入现代生活的发展变化理念,可大可小,可分可合,形成系列化;既具有北方剪纸"凝练概括、粗犷笨拙、单纯明快"的特征,又体现了"厚中见秀,玲珑剔透,含蓄华丽"的江南风格,体现了中华民族最本质、最质朴的审美情趣。路桥细纹剪纸艺人继承了祖辈剪纸艺术精华,剪纸作品具有强烈的装饰性,从传统的民间剪纸艺术中汲取艺术养分,超越了实用性的局限,逐步提升为现代的装饰艺术,丰富了剪纸的语言。还将年画、版画、书法、拼贴等姐妹艺术元素有机结合,增强了视觉冲击力,极具装饰性。路桥细纹剪纸是江南特有的典型代表之一,有强烈的地方特色和浓厚的民间气息,体现出特有的秀气和灵气,突破传统,开拓创新,贴近生活,每一幅作品皆倾尽心血，力求完美，却又别具一格，作品线条流畅，人物、花鸟栩栩如生，美不胜收，其作品以独特的剪刻技法和表现形式，达到雅俗共赏的艺术效果。

台州傍海，洋溢着大海气息、充满浓郁海洋色彩的民间艺术随处可见。温岭海洋剪纸是流传于石塘和太平两个区域，以海洋文化为主要题材的民间剪纸艺术，在台州颇有影响。它们是渔民对生活的感恩和赞美，也是喜怒哀乐情绪的真实表达。

温岭海洋剪纸的基本特征：一是浓郁的海洋地域风情，具有强烈的海洋人文情怀；二是鲜明的创作风格，构图均衡饱满，对比强烈，刚柔相济；三是稳定的艺术形态和传承群体。温岭海洋剪纸追求明快、洗练、概括，注重强烈的装饰味和抒情性。风格上游走于传统和现代之间，不断求新求变，既吸收北方剪纸的粗犷豪放，又兼有南方的细腻纤秀。温岭过去逢年过节，人们要剪纸花贴在门、窗、墙壁和彩灯上。建房上桁，亲戚间送礼，婚丧嫁娶等，都要剪、贴纸花。如在婚礼中，大橱门、前开箱箱门、铜火炉盖、猪肉（送轿前肉）背、酒吊（坛）、玻璃镜等每一件嫁妆都要贴盖大红的剪纸花。

温岭有一个与众不同的剪纸艺术叫石桥头凿纸。石桥头凿纸是指分布在温岭市石桥头镇的度甲头和后林两个村，属于民间剪纸艺术的一种。凿纸虽属于剪纸，但又不同于剪纸，是用特制的刀具刻凿人物、花鸟、山水等，作品一次成型可达 30 至 50 幅，这是其他剪纸所不能及的。

黄岩剪纸源于海、山、平原兼备的自然环境以及民间习俗等多方面因素，深受农耕文化的影响，与人们的生产生活息息相关，尤其是和黄岩的"橘"文化联系紧密，剪纸作品反映橘乡风情民俗最为突出。黄岩剪纸按内容和题材大致可分为两类：一类是表现橘文化应用于日常生活用品和喜庆节日的民俗风情剪纸；一类是应用于祝福祈安的宗教剪纸。无论是风情剪纸，还是祈福剪纸，都寄托着人民对未来美好生活的祈愿，希望消灾解难，一生平安顺利。

从黄岩灵石寺塔出土的民间刺绣残片上看，早在五代，剪纸纹样已在黄岩民间绣品上应用。明代龚鲁言《草心楼笔记》载："台、温人病暑，巫者戴纸花高帽，执纸雕龙虎彩旗，以为驱邪。"足见当时盛行之风。

黄岩百姓在做佛事时要在庙宇廊檐下门楣上挂上剪纸门笺，古代称之为"门彩""斋牒""挂钱"，门笺的特点是形如锦旗，外轮廓较宽，整体比较简约，边缘比较规整。

四、花开灿烂的民间雕刻

台州的民间雕刻种类繁多,除了最为普遍的木雕工艺,还有竹雕、玻璃雕刻、灰雕和石雕较有影响。

(一)竹雕

黄岩翻簧竹雕因其雕刻在毛竹内壁的簧面上而得名,亦称"贴簧",黄岩翻簧竹雕其工艺是将毛竹锯成竹筒,去青取簧,仅仅保留最内层约1.5毫米厚的竹簧,经过煮、压、刨、晒等工序后,胶合或镶嵌在木胎、竹片上,然后磨光,再经过锯割、上胶、捆扎等工序做成所需的形状,配上红木等其他装饰材料,做成尊、壶、花瓶、盒子、台屏、笔筒、雅扇、如意等,再在上面雕刻山水、花鸟、人物、图案、文字等纹样,以阴线浅刻为主,浅浮雕和线雕是翻簧制品的主要装饰手法。产品色泽光润类似象牙,既有欣赏价值又有实用价值,民间广为收藏。

黄岩翻簧竹雕色泽光润,清淡优雅,被誉为竹象牙,器皿衔接紧密,接榫斗角毫无榫迹,称为"天衣无缝",再配上优美纹饰,宛若天成,精巧典雅。同时,能利用竹簧在特定条件下的延展性制成荷叶盘等作品,该项技术在同行业中领先;独创毛竹留节取簧技术,单片竹簧长度可达1米,这是竹簧工艺自诞生以来取得的工艺上新的突破,改写了竹簧工艺必须去节的定义。黄岩翻簧装饰手法可分为五大类:浮雕、高浮雕、镂层雕、线雕和彩绘。浮雕要在不到半毫米的簧面上施展,用力过大,则穿簧层,走刀如丝,只在毫厘之间运锋锷,层次分明,立体感强,体现婉约、秀丽、精致的特点。

(二)玻雕

玻雕即玻璃雕刻,它是用特殊的刀具在平板玻璃上进行富有创意的艺术加工,在坚硬的材料表面上进行雕刻,犹如春牛耕地,在雕刻中以刀法的变化来丰富层次,用透明、不透明或半透明来表现不同的肌理,最大可能地发挥玻璃材料对于光的反应,使不同的刻面产生不同的反射、折射、漫射、散射等效应,将二维转化为三维,即将平面的内涵转化为立体视觉效果,营造出晶莹剔透的艺术效果。玻雕的工艺流程是构思、设计、裁切、车边、拷贝、挖坯、粗刻、精雕、初抛、加保护层、切辖、蒙砂、上色镶嵌、多层叠装、黏合装配等20道工序,雕刻刀法上有磨、铲、挖、镟、挑、弹、拖、切等,变化无穷。

　　早在 1949 年,海门玻璃厂的前身"工友瓶社"就开始生产和制作玻璃制品,在玻璃杯上进行喷花,后来海门玻璃厂艺人传承创新,采用凹凸雕刻技巧在玻璃上雕刻名人名画、山水风光,令人拍案称奇。

　　台州玻璃雕刻技艺在传承过程中逐渐在椒江和天台形成影响。20 世纪 80 年代椒江创办吴子熊玻璃艺术实业公司,1998 年成立吴子熊玻璃艺术馆,集展示、交流、研究、传承于一身,是台州玻璃艺术文化的一扇窗口。台州玻璃雕刻另一重要流派则是天台山

图 6-6　天台玻璃雕刻

玻璃雕刻,1982 年,天台的金全才创立了天台山艺苑有限公司,他在传统雕刻的基础上,经过发掘、整理,总结出玻璃雕刻加工方法。金全才以创作大型玻璃雕刻见长,其作品汲取绘画、雕刻的艺术表现手法,磅礴大气,被誉为"透明的画,立体的诗",蜚声海内外。(图 6-6)

(三)灰雕与泥塑

　　灰雕就是用蛎灰作为材料加工而成的雕塑。台州地处东海,沿海地区人们利用海边贝壳资源,将各种蛎壳打捞运回,经高温加热,粉碎细筛制作而成蛎灰作为建筑材料,因此,带来了灰雕的兴盛,灰雕手工技艺传遍台州各地。据史料记载,在宋时,路桥人丁兴旺,手工业发达,经济相当繁荣,成为浙东沿海首屈一指的商埠。路桥灰雕最早起源于宋朝,有 800 余年的历史,乾隆年间最为兴旺。路桥十里长街现存的古代建筑,以晚清和民国多见,依附在古建筑上的灰雕,基本上都是这个时代的产物。

　　路桥当地的能工巧匠利用蛎灰这种沿海居民盖房砌墙的材料,结合就地取材的稻草筋或麻或竹,混拌而成,进行雕塑。它多用在建筑物上,如房屋的屋脊、翘角和胡同角、凉亭的檐下以及桥梁回廊等栏墙上。灰雕有浮雕、悬雕及阴雕等。房屋的屋脊有悬雕和浮雕,亭台楼阁的墙上和台沿一般用浮雕,门窗、花框等用悬雕。

　　路桥灰雕作品有人物、山水、花鸟、走兽及文字等种类,人物类分为帝王将相、才子佳人,内容反映忠孝节义以及古代文学作品中的故事情节。其代

表作有：百鸽围台、三雄战吕布、鲤鱼跳龙门、十里长街百檐图。

相比其他沿海地区，路桥的灰雕在数量和题材内容上有以下特色：一是灰雕多用于民居，不像其他地方的屋檐装饰一般都用于庙宇、祠堂；二是路桥灰雕的题材更为丰富，既有形象的题材，如人物、花草、山水、动物、文字或者古代文学作品中的故事情节等，也有造型抽象、几何的，极具现代感和设计学中形式美和构成感；三是灰雕与内陆地区的屋檐相比略有不同。路桥的民宅为抗台风，一般都比较低矮，屋檐样式简朴，屋顶的灰雕极尽丰富。

临海泥塑已有百余年传承历史，流传于临海杜桥镇一带。临海泥塑大多取材于民间传统的戏曲人物创作造型，或佛像、神仙人物等，也有近现代的人物。其选用的材料为沿海平原地表下深 1.5 米的无杂质青丝泥土。泥人制作采用特制的各种尖、细、圆、方斜、凸和多齿大小不同的竹、木质工具。泥土经锤炼，通过捏、捺、贴、揿和泥点、泥线的堆叠造型而成。按照人物造型比例，细腻地刻画神态，对泥人边塑边用毛笔蘸水润刷、压光。完工后上姓名戳记，晾干入窑烧制，出窑打磨、刷净、上色、彩绘。完成后的作品绚丽多彩、光彩夺目、华美动人，件件鲜活逼真，色彩对比强烈，散发着浓郁的民间气息。泥人的服饰和姿态因戏种人物而异，跟舞台上的人物一样传神。有的不上彩的素色人物还保留着泥土原有的色泽，自然无华而朴实淡雅，深受人们的喜爱，也受到收藏者们的青睐，启人遐想，令人赞叹。临海泥塑创作的作品来源于生活，采用传统写实手法，独树一帜，彩塑泥人以"三分塑，七分彩"，按照"远看颜色近看花"的彩塑要求，色彩上喜用全黄、正绿等原色，注重色彩搭配，对比强烈，色彩艳丽，雅俗共赏。

临海泥塑作品"十五贯"获得工艺美术专家们的交口称赞，被认为是浙江民间泥塑体系中的新属种，塑造的各种民间戏曲中的戏文人物形象丰富，线条流畅，千姿百态，地方特色鲜明。临海泥塑作品对人物的脸部表情刻画尤为细腻、精致，其造型淳朴、简练、灵气、滑稽、神情生动、淳朴可爱，具有较高的民间艺术价值和人文价值。

（四）石雕

台州石雕是历史悠久的民间工艺，早在隋代，国清寺大塔的七尊线条流畅的线刻菩萨造像，标志着雕刻艺术的成熟。台州石雕常见于民居建筑、墓葬构件、石狮雕刻，如石枕、门额、盘方、石阶、户对、石狮、石窗等，工艺精湛，题材广泛，构图蕴意，富有地方特色。

台州石窗是石雕工艺的重要组成部分，是一种融艺术性与实用性为一体的民间工艺，"碧沚风流人去后，石窗景物春深里"（宋吴潜《满江红》）。石窗制作流程需经过选材、罨墨、打磨、放样、绘图、粗雕、浅雕、剔空、细雕、精雕、磨光等。石窗的石材一般选纹理细致、软硬适中的，尤以青石为佳。石窗讲究美观实用，以长方形为多，也有方形、圆形、六角形等，图案题材广泛，纹样千变万化。每一种纹样，都有其特定的寓意。如铜钿窗中置内方外圆的铜钿，周边分布元宝，或长命金锁，或花卉，寓意着"长命富贵，合家发财"；双龙戏珠，四周是祥云朵朵，中间明镜照耀，两条首尾相连的龙共同戏珠，寓意着"乾龙在天，合家平安"。鹭鸟翱翔，莲花朵朵，谐音"一路连升"，莲花上衬托三支戟，寓意"连升三级"等。石窗的艺术价值在于形象与抽象的和谐统一，营造了视觉上的美感，富有生活情趣。

台州民谣："黄岩蜜橘雁荡松，太平石工天台钟。"提到"太平石工"，太平即现今的温岭。温岭被称为"中国四大石雕之乡"之一，就地取材，就地加工，就地安装，温岭石雕作品遍布大江南北。温岭石雕以花岗岩、青石为原材料，主要用于仿古建筑、大型建筑。大体有装饰石雕和建筑石雕之分。温岭石雕的风格以硬气著称，以立意见长，粗犷奔放，外观有凝重感，质朴浑厚，已经与仿古建筑、园林景观建设等紧密结合，成为城市建设不可或缺的部分。作为民间建筑工艺，温岭石雕具有较高的艺术欣赏价值、科学研究价值和经济价值。

天台多山，石材资料丰富，水南石溪、街头后岸、坦头岩下、三合朗树、雷峰大地林等地石材久负盛名。天台石窗的构建样式、艺术造型、具象意蕴，可称作浙东、江南石窗艺术的典范。天台石窗工匠充分运用浅浮雕、浮雕、深雕、圆雕、透雕等多种手法，再配以阴刻、阳刻、线刻等雕刻工艺，使艺术形象栩栩如生。天台石窗纹样大致可分为几何纹样、植物纹样、动物纹样、器物纹样、文字纹样、人物纹样等。细分为直棂纹、步步锦纹、风车纹、献礼纹、一根藤纹、灵芝纹、蔓草纹、海棠纹、柿蒂纹、牡丹纹、竹子纹、梅花纹、龙纹、凤鸟纹、鹤纹、猴纹、狮子纹、鹿纹、蝙蝠纹、暗八仙纹、如意纹、古钱纹、盘长纹、宝瓶纹、福纹、寿纹、田纹、双喜纹，以及神话传说人物、戏曲人物、历史人物等。

仙居县位于浙江省东南部，有"百工之乡"之称，石窗俗称石花窗、石镂窗，当地民居建筑中普遍使用的镂空雕花石窗，则是仙居石雕技艺的集中展示。唐宋时期，仙居石雕技艺运用于日常用具、民居建筑及古墓构件等，技艺日趋成熟。明清时期，此技艺更是被广泛运用。现存的建于明清时期的古村落、古建筑尚保存经典性石窗 80 余种。仙居石窗有铜钿窗、麒麟送子窗、石猴戏球窗、八卦窗、回字窗、玉佩窗、花鸟窗、花瓶窗、万字窗、寿字窗、喜字窗、福字窗、禄字窗、双龙戏珠窗、蝙蝠窗、元宝窗等。每一个大类的石窗又有众多的花色。如八卦窗有大小八卦，大八卦中间是太极两仪图，小八卦中间则是花鸟、书轴等。简单的铜钿窗中间是个大铜钿，四周与元宝相连。而复杂的铜钿窗中间是个小铜钿，四周相连的是花草或长命锁。

三门石窗取材于近陆蛇蟠岛，"蛇蟠石"呈粉红色，宜雕宜琢，为石窗制作的上好材料。三门石窗雕刻工艺始于南宋，外出的"细石工"足迹遍布周边各县市，以及福建、江西等地。三门石窗的制作有浅浮雕、浮雕、深雕、半悬雕、悬雕、透雕等多种石雕手法，并结合"蛇蟠石"的特性，形成了镂挖、起地、刻线、上样、雕刻、镂空、修光等工序。三门石窗造型多样、雕琢精致、图案丰富、寓意深远。石窗图案可分为文字纹、几何纹、铜钱纹、龙凤纹、人物纹、动物纹、花草纹、一根藤纹、八宝纹等，彰显了明、清以来沿海地区的建筑风貌，具有很高的艺术审美价值。

台州劳动人民创造众多独特的传统工艺，不仅在农耕社会时代发挥积极作用，在现代社会同样具有科学研究价值。许多能工巧匠的独特技艺、精美的工艺作品能流传到今天，说明其审美情趣和艺术创造力得到历史上不同时代人们的认可、使用和欣赏。因此，我们要充分认识它们所具有的科学价值、审美价值，合理开发其经济价值，发挥其现实功用。

五、美观实用的蓝印花布

蓝印花布是一种传统民间印染工艺品。蓝印花布又称靛蓝花布，古称"药斑布"，台州民间工艺蓝印花布在各地广为流传且普遍应用。到了明清各地民间蓝印花布普遍流行，用途很广泛。蓝印花布土法染布的植物染料，产地主要是涌泉的兰田（桐峙山）和乐清雁荡山附近的山区。系茶农在茶园中间作靛青（天然染料植物）的副产品（即地下根茎，土板兰，板蓝根植物上的兰草叶，《本草纲目》中学名为青黛，有清热毒、凉血消肿之功效），割兰草叶酿成的靛蓝汁为染料。

温岭吴慎因，民国时在新河街经营吴大成染坊，编著《染经》一书，对蓝印花布的制作技艺记载甚详。靛蓝以产自北岸章安桐峙山者为佳。诗所谓"素以为绚"，谚有"锦上添花"。台州各地染坊的蓝印花布，色彩蓝白相间。印花布分为蓝印和彩印两种，以蓝印流传最广。品种有帐料、毯、门帘、床围、枕头、帐舌、大小包袱、毛巾等。蓝印花布是以防染方法印刷而成的。印花板花样繁多,过去均采用油纸、棉纸,用柿汁遍刷纸板创作刻制,图案题材为反映劳动人民情趣、习俗的纹式。在自纺的土棉布上,用花板蒙在土布上,用砺灰、豆腐、明矾、酒糟、蛋清、豆酱调和的灰酱,透过印板漏刷在白布上刮印,灰酱漏过镂刻的纹版,点点凝结在坯布上,晒干后再用靛蓝进行煮染,漂浸,起出凉干,再去除粉浆颗粒,就制成蓝印花布。

　　蓝印花布又是点的世界,大小不同的点,不同排列的点,不同形状的点,组成丰富多彩的图案,简繁有序,疏密合理,气氛热烈,清奇秀逸,朴拙粗犷,给人以强烈的形式美感和装饰意趣,构图又别具风格。染出的布呈蓝底白花,朴实淡雅,古朴凝重,抗洗、抗晒,富有乡土地方特色,深受广大群众喜爱。蓝印被面,临海北岸有满堂花四张打、三张打,温岭、黄岩两县独张打,名龙凤被。温州、瑞安、平阳、乐清用树板夹紧浸染名状元花,乃真正夹板花。独张打花样有:云里龙、凤穿牡丹、鹤鹿同春、金杏禧桂、狮子抱瓶、猫蝶富贵、麒麟送子、孔雀开屏、喜鹊衔梅、鸳鸯宿荷、连环夔字、连环夔龙、松竹梅、金鱼、寿字、九结、双喜等。夹灰白地蓝花、单披双披花样从略。

　　民间印花布的图案构成,既具有一般图案结构程式,又具有自身特点。它多以圆点、短线和小画面组成,最常见的是以七个小圆点组成的图案,百姓称之为"猫蹄花"。民间印花布的形式简洁、明快、深厚,富有地域性、装饰趣味性。传统印花老艺人把不同形式、不同用途的印花板又分别称之为花布板、边板、角板和芯子板,印染时可根据需要变化大小,调节使用,刷、刮、印,印出各式各样的花布,或套色各种颜色的彩印花布,印出各式各样的花布,制作各种制品如衣裳、被面、蚊帐、枕套、帐沿、门帘、包袱布等。特别是农家姑娘出嫁的妆奁、婴儿满月或周岁的新衣,都少不了这些印花制品。

　　漏刻花样板的题材图案,多为反映劳动人民的生活情趣、习俗和美好向往的传统吉祥纹饰。多以花卉、动物、人物等传统图案为主,并带有明显的谐音和寓意。如"凤穿牡丹""喜鹊登梅""暗八仙""梅兰竹菊"以及"蝙蝠""蝴蝶""龙凤""仙鹤"等,象征"富贵绵长""福寿双全""连年有余"等,用隐喻和谐音来寄托并表达内心美好的愿望和对未来生活的向往,以表吉庆、平安、幸福。蓝印花布是民间直接制造和使用的乡土艺术,反映了民间生活的丰富内容,也表现了劳动者的审美情操和理想。在取材上大多取用吉祥、喜庆、热闹的主题,寓意鲜明、意境淳朴、绚丽多姿,洋溢着浓郁的乡土气息。

　　在台州清至民国时期结婚嫁娶都要用蓝印花被,在天台称之"清水荷花被",这是女人出嫁的必备之物。夹缬被,民间唤为"方夹被""双纱被""大花被",或以图案为名,称作"百子被""龙凤被",列为印染大宗,也属百姓最喜欢印染的图案。

帐类大多以白罗染制,色性稳定,随着使用中不断洗涤,愈洗愈明,颜色由浅转艳,非常悦目,青出于蓝而胜于蓝。品种有毛蓝、靛蓝、毛光、大蓝、墨绿、茄花等色。由于大量机印花布、西方化学染料进入中国市场,大部分染坊现已停业。由于传统惯例,某些农村婚娶中传统印花布仍为压箱之物,如龙凤被,但现已为洋靛浸染,颜色不如从前。直到今日,农村仍有使用传统的蓝印花被。

蓝印花布白蓝相映,色彩恬静素雅,给人以明快的美感。同时,蓝印花布的材料具有药物护理、杀菌护肤、清凉解毒之功效。它既有较普遍的使用价值,又有一定美学价值,蓝印花布曾经是生活自然而然的组成部分,在人人皆用的时代与人们朝夕相伴。蓝色是朴素的色彩,在现代化的今天,传统技艺中"手的温度"得到当代人的眷念与审美重视。现在蓝印花布被重新"包装",从内容到形式都被现代的审美观赋予全新的艺术美感,于拙朴中见大气,于平俗中见清丽;于繁复中见简洁。作为民间工艺美术品,它将在中国美学史和民俗史上都占有一席之地,作为服装面料,它亦将在中国服装印染史上留下光辉的一页。

台州旧时日常生活百姓用布材料以棉、麻、绢为主。养蚕取丝,种棉采絮,种苎取筋,男耕女织的劳作方式一直延续至今。

苎布,又名麻布,是以苎麻为原料织成的布。苎麻是特有的以纺织为主要用途的重要的纤维农作物,荨麻科苎麻属亚灌木或灌木植物,又称为"中国草"。苎麻是多年生宿根性作物,栽麻一次,可多年收益。也称白叶苎麻。其纤维长,强度大,吸湿和散湿快,热传导性能好,脱胶后洁白有丝光,可以纯纺,也可和棉、丝、毛、化纤等混纺。

在各种麻类纤维中,苎麻纤维最长最细。纤维长度比最高级的棉花还要长两倍到七倍。原麻脱胶精制后,纤维外观颜色洁白,有丝样光泽,苎麻纤维构造中的空隙大,透气性好,传热快,吸水多而散湿快,所以穿麻织品具有凉爽感。

苎麻。苎麻织成的布称夏布,炎热夏天穿着不粘身,过风清凉,台州各地都有,经纬编织,靛蓝染色,在晚清都在使用大襟宽袖的夏布装。苎布在台州尤以天台有名。天台,历来以出产优质苎麻著称。早在宋代,"南山苎麻"便以纤丝长、韧性好而闻名遐迩。用苎麻织成的成品有苎布帐、苎布口袋、苎布围裙,还有的在夏天做衣褂,称之为"夏衣"。苎布还是天台"干漆夹苎技艺"(一种用于柱梁等木制品髹饰、佛像髹饰的技艺)、"苎麻线渔网"的必备材料。天台民间的婚丧嫁娶，都要用到苎布，女人出嫁时，要用到苎布做的红口袋；送丧时，丧帽、丧服、丧裙，都用苎布缝制。

织苎布用到的苎麻，是农家自己种植，一年三季收割，产量高，成本低，取材容易。虽然手感粗糙，但经久耐用，透气性强，又耐磨，一直在百姓生活中占有相当的位置。拈苎布丝，一直是天台民间妇女必做的手工活。苎布制作主要由专业的"做布工匠"完成，共有 20 多道工序，而且每一道工序都有专门的器械与工具。其制作主要包括经布、营布、做布三大工序。

经布工序：一般都放在室内，将经架放在厅堂等开阔地点。根据长度在地上敲上一定数量的经桩。把准备好的绩一个个装在套绩环上，把苎麻细线的头穿过穿经眼（一根直竹穿眼三十左右），每眼 2 根，横挂在柱上，经过手指，一上一下隔根（中间用线分开），透过手掌，然后缠绕在经桩上，等到长度足够就割断，作为一把捆好。然后经第二把，直到经数足够为止，剩下来的细线做苎布的横纬。经布的目的是根据绩（即苎麻分搓成细线）的粗细，确定苎布直经的根数，再就是根据苎布的数量来确定苎布直经的长度。经布时，要把苎布直经隔根分成上下两半，要注意宽紧，免得苎布直经有长短有宽紧。苎布制作的数量称"目"，一目一丈二，二目二丈四，又称"一大丈"。四目可以做布，多则不限。苎布经与纬的比例为 6∶4，即 10 斤绩，6 斤做经，4 斤做纬。

营布工序：天气晴朗时，把营机放在太阳底下，把经好的几把苎麻细线的一头全部穿到箬眼上。把箬装在轴头上，轴头装在营机上。苎布箬的粗细称"帖"，分 9 到 18 帖，每帖 40 眼。如 9 帖为 360 眼，9 帖半为 380 眼，12 帖为 480 眼。一般的苎布经在 720 到 960 根之间。蚊帐的苎布经一般采用 440 根。营机用桩固定，再把苎麻细线拉直，另一头固定在桩上，或用大石头压住。根据天气和苎麻细线的质量，确定每次要营苎布经的长度，把箬拉过来，也要分上下根，苎布经不平直时，用细竹竿弹一下。用准备好的小麦粉浆糊把拉在营机上的苎布经刷遍刷匀，待刷上的浆糊干燥后，把箬拉过来，一节一节把苎布经卷起来，把苎布经全部过糊晒干后卷完为一轴。如数量多，接下去再营第二轴。

做布工序：一般在室内，把已营好的苎布经整轴装到布机上，将绕好苎麻细线的纬放到梭上，随着苎布经上下道交替变换，纬随梭一道一道来回地穿着，苎布成品也就完成了。

苎布制作的主要工具有套绩环、穿经眼、经桩等。营布工具有营布机、浆糊刷、布箬、穿箬添、竹竿、轴头、布机、死杖、活杖、布箬、轴头、综线杆、梭子等。苎布制作技艺依靠师傅对徒弟的言传身教,学徒除有一定的悟性外,还需长期实践体会才能掌握。每一道工序甚至每一个制作工具都凝聚着劳动人民的聪明才智,也承载了中国古老的手工制作的历史。

20世纪20年代,南屏的苎麻年产量达7000担。1959年,当时的南屏公社生产的苎麻还被送往北京全国农业展览馆展出。随着人民物质生活水平的提高,绸布、涤纶布、纯棉布等纺织品广泛应用,苎布的市场逐渐萎缩,用苎布制作衣裤基本匿迹;白纱帐和尼龙帐细软、美观,导致苎布蚊帐受到冷落;苎布口袋也被其他包装袋替代,苎布制作技艺已处于濒危状态。现在苎布生产作为非物质文化遗产留在生活的记忆中。

拷绢。又称路桥拷绢,或称殿前绢。主要流行于路桥洋屿殿附近的下梁、新桥一带,以生丝和蚕丝为原料,是用深山野林采集来的茜莨为染料而拷成布匹的一种传统技艺。茜莨为产于大山里的一种藤状植物,其根块形同薯药,呈暗红色,浆汁有黏性。拷绢坚润胜于纺绸,绢面光滑,质硬挺刮,为夏暑避热之上品。穿在身上,既不沾汗,又能透风,十分凉快,而且牢固耐穿,不易损坏。

拷绢有史料可查的历史可追溯到清代中叶,据下梁《罗氏宗谱》记载及罗氏后人传说,罗氏先祖罗宝书从杭州、绍兴等地学来拷绢技术,觉得比传统织布强,于是向附近妇女传授该技术,改传统织布为织绢,凡学习拷绢技艺的,他都随时上门亲自指导,买不到丝的,他就先垫钱,等对方卖了绢再结算。经过七八年努力,织绢大盛。道光年间,每逢横街、洋屿殿集市,街上人头攒动,摩肩接踵,行贩们沿街看货收购,将购来的白绢、拷绢、土布成批运往各地。织户们卖掉绢后,再去购买生丝或蚕茧编织成绢。

这个时期,黄岩县东南乡(路桥下梁、新桥)一带数十里,妇女均会纺丝织绢,家家绢机轧轧,年产三四十万丈(约6000匹)。清光绪年间迎来拷绢鼎盛时期。至清末,洋布大量进口,东南乡人民的拷绢、土布制作逐渐衰落。民国中期,织绢数量有所回升。1933年,横街、洋屿、新桥、下梁有一万余户织绢,年产五万匹。

拷绢制作从原料加工到成品有几十道工序,全由手工完成。具体工艺流程为:煮茧、抽丝、调丝、纺虚、穿扣、进绢、上机、织绢、软化、染绢、拷绢、拷绢衫。调丝、织绢一般由家庭妇女完成,然后由商贩们收买白绢,送到拷场拷染。

拷染前先配制好染料,以100斤茜莨和500斤水的比例把染料放置于大水缸中,拷染时先把白绢浸泡在天青色的染料中,染成宝蓝色拷底。再浸于已煎成的浓莽莨汁中,放入大锅里煎熬 90 分钟左右,呈浆糊状,成青黑色。然后把变成青黑色的染料水放在大木桶中,再将宝蓝色的绢放在其中伴染,伴染多次后,挂晒于离地一尺高的木桩上,晒燥后再涂以少量菜油,上甑炊好即成拷绢。

拷绢的生产工艺流程复杂,每道工序的细腻程度和要求都很高,难以为现代技术所替代。它蕴涵着丰富的科学技术基因,是一份极其宝贵的历史遗产。20 世纪 80 年代后,由于布料加工的日新月异,传统手工拷绢面临断层。罗宝书第八代孙罗华荣出生于拷绢世家,他从小就帮着母亲纺丝织绢,长时间的耳濡目染使得他既懂得缫丝、织绢的窍门,也熟悉养蚕的常识,同时还摸透了茧行、丝行的行规。1994 年,罗华荣萌生了保存拷绢生产工艺的念头,他自费前往当年制作拷绢的人家,与其共同恢复制作生产拷绢的一系列设备和工艺流程。2000 年,罗华荣重新恢复技艺并制出了第一匹拷绢,中断了近半个世纪的拷绢手工技艺重新焕发出光彩。2008 年,拷绢这一濒临失传的手工技艺,得到了中国丝绸博物馆专家的赞赏。

第三节　纹饰民风的六朝甓砖[①]

章安自汉昭帝始元二年(前 85),始设回浦县。一直是汉晋至隋时郡县旧治,政治文化中心。章安地区至今保留有大量的汉晋古墓葬群,深埋在黄土层中,层层叠叠,墓砖繁多,纹饰不一。有汉、东吴、两晋、南北朝不同时期的墓葬,年代跨度长,营葬结构有鸡笼顶墓、直穴拱券顶墓、刀形墓等,大小不一,年代形制不同,这些墓葬大量用砖,为当年富户所营造。华美的模印墓砖,成为台州人这一时期受中原文化影响,崇尚入土为安厚葬民风的体现,而章安遗址及周边的众多的古墓葬群,依然照映着昔日的底色与荣光。

六朝时期,台州处于临海郡中心区域,北人南迁,人口滋繁,土地开发,经济繁荣,社会发展达到较高水平。而临海郡城——章安,汉六朝时期为回浦县、章安县、临海郡治所,历时七百余年。是当时东南沿海的政治、经济、文化中心,这里人口密集,风景佳胜,富庶繁盛,堪称海疆都会。隋唐时期,州城移至现临海市,并改名台州。章安逐渐降格,成为一个普通村镇。章安古城也埋没于房舍、田野之下,不复往日的繁华。如今这些出土的古砖的纹

[①]　此节由周建灿、彭连生撰写。

饰及众多所见的当时台州住民中的一小部分达官显贵、殷富之人的姓氏和名字,丰富了章安古郡的历史遗存。

一、台州文献中的金石学

台州汉六朝古砖最早见于典籍是在南宋,陈耆卿在《嘉定赤城志·卷三十八·冢墓门》有载:"晋王氏墓在县南楼崎山,墓砖蟏形鱼纹,贯以柳,或为钱状,旁有文云:'晋永和十二年岁次丙辰八月壬午琅琊国',或云'八月壬午作方壁二千楼崎洽典作',或云'太元十五年',余皆漫不可识。"当然,这仅是零星的记述,不成规模。入清以后,受乾嘉学派影响,金石学兴盛。风气所及,台州也涌现出了一批金石学家或金石爱好者。汉六朝古砖大都铭刻有文字与画像,属于金石范畴,又容易获取,便成了他们广为搜求的对象。他们搜集古砖,研究古砖,形成了一个规模较为可观的"玩砖"团体。这些金石"发烧友"或流连于断垣残壁,或涉足于深山穷谷,遍加搜索,偶有所得,如获至宝,日积月累,竟蔚为大观。洪颐煊在《浙江砖录·书砖录后》有此描述:"台州府城西墅下许氏井中剔出古砖甚多,皆晋宋间物,盖当时聚旧砖甃之。好事家又复深山穷谷遍加搜访,故近时所出古砖,台州为最。余亦藏有五十余方。"由于台州古砖所出甚多,还引起了外地金石学家的关注,如冯登府、吴廷康、僧六舟等。他们将搜求而来的古砖制拓题字,琢砚刻铭,编订砖录,遂成一时风雅。其中王咏霓摹录《古砖所见录》不分卷,宋经畬《砖文考略》四卷,陈半亭摹《日运百甓斋砖文》不分卷,清咸丰元年陈春晖《运甓录》一卷,黄瑞《台州砖录》《台州金石目》《古砖识》,冯登府《浙江砖录》四卷,吴廷康《慕陶轩古砖图录》,章安子勋氏摹《摹砖文钟鼎文簿》不分卷,宋经畬撰《砖文考略》四卷等,颇具影响,至今为古砖收藏与研究的重要参考资料。这些砖录都著录有台州汉六朝古砖,且数量较多,成为金石考据学的载体。

黄瑞更是在《台州金石录》里辑录古砖,编订《台州砖录》,当今《丹丘甓萃——台州六朝古砖图录》为近世著录台州古砖较为翔实的文献资料之一。揭开历史的画面,章安出土纪年砖所涉年号从东汉以讫南朝,涵盖了整个六朝时期,可以作为研究台州六朝史事的重要文献材料,从而对台州的六朝历史得到进一步印证。

二、考古视野中的民俗

随着晚清、民国及 20 世纪 50 年代的农业扩种,零星出土大量古砖外,

1990 年出土了许多模印六朝古砖,这些文字、画像砖为我们了解章安古代风俗提供了实物资料。2021 年在椒江区章安镇回浦村以西长嘉屿前的一片田野中发现汉三国吴时期的章安古城遗址,经浙江省文物考古研究所的考古挖掘,章安古城遗址出土了大量生活中的建筑用材,其建筑构件有砖、板瓦、筒瓦、瓦当等,建筑构件砖包括长条砖、楔形砖、榫卯砖等。这些砖铭刻有文字、图案,内涵丰富,反映了汉六朝时期台州人生产生活的场景。同时章安周边曾出土云雷纹大型殿宇瓦当。其中最为突出的是神面纹瓦当,它是历代瓦当大家族中的珍稀门类,具有强烈的时代特征与地域特色。在考古界及收藏界引起了较广泛的关注。瓦当作为建筑檐头装饰,除了装饰美化与保护檐头外,还有辟邪消灾、祈求安康等功能。在东吴到两晋时期在江淮以南流行的神面纹瓦当,就具有强烈的巫祝性质。其继承商周以来青铜器上的饕餮纹,又糅合吴越巫术、道教等要素,从而塑造出了人面(兽面)兽身形象,如水神、吞口等等,这些形象既可体现官家、贵族权威,又有防水、辟邪、长寿等寓意和功能。考古不断地深入,对古郡城章安乃至台州金石文化的研究进一步提供例证。

秦汉六朝时,章安是临海郡郡治所在,当时台州的政治、经济、文化中心在章安,当年最有条件兴建城墙、高楼,修筑豪华坟墓的,也应该是"章安人"。目前大量出土的章安古砖,反过来呈现了古代章安的诸多细节,揭示了古代章安的繁华。"许多章安墓砖制作讲究,砖质细腻,技术精湛,烧成度高,反映了当时人视死如生,重视死后世界的营建。"古砖材质普通,砸碎了就是一抔泥土,它的价值全在于刻画在其上的丰富的图文信息。"地名砖、官名砖的不断发现,是中央政权对台州不断加强管理,宣示其统治的有力物证。""不同时期的北地砖,构成了一条北人大量南来,进而开发台州的证据链。"古代墓砖和纹饰大多为民间匠人所作,稚拙天真是古代砖纹艺术和民间工艺美术的一大特色。东汉时条砖成为造墓的主要材料。汉代墓葬中的地铺砖,以模印花纹纹饰砖为特色,有针点纹、米字格纹、斜拉纹、钱币方格纹、弦纹、条纹等数种。条砖以钱币纹、几何纹为最多,年号铭文砖较少。至西晋时期,年号砖和吉语砖等渐多。纹饰模印砖有云雷纹、瓦楞纹、刺剔纹、羽状地纹、菱形纹、太阳纹、建筑纹、人面纹、狩猎、舞蹈、陶葬、圆涡纹、饕餮纹、玄武纹、朱雀、白虎、龙、螭龙、雁、鱼、波浪纹、螺纹等,尤其是人面纹、狩猎、舞蹈等花砖,形态各异,图案纹饰精美。而其中的图案纹饰古朴稚拙、异趣横生。纵观章安六朝的模印墓砖,古砖纹饰在汉代已经形成了民间工艺美术的一种表现形式,表现各种艺术风格。六朝时期章安的墓砖文和图案,体现了不同的书法风貌和装饰风格，不少砖文纹饰在艺术上融合运用各种表现手法，具线条韵味，表现了极为丰富的审美内涵。同时也反映了台州六朝时期的繁华，以及淳朴、活泼、丰富多彩的民风习俗。

三、章安六朝墓砖表现形式

2020 年出版发行的《丹丘甓萃——台州六朝古砖图录》，从成千上万块古砖中，精挑细选出 240 多块图文砖，拓印成册，大致勾勒出六朝时期台州的丧葬、风俗民情等面貌。历史的信息，在地上，主要保存在文献资料里；在地下，主要从考古中得来。近几十年来，学界对地下出土的信息，越来越关注——出土文物成为历史研究的重要信息来源。

汉六朝古砖一般在侧面模印有文字、画像，以一侧文字另一侧画像这种形式为主，有的甚至在上下两端及大面也模印或刻画文字与画像。砖上文字又以铭刻年号为主，有了年号即有了明确的纪年，墓葬或建筑遗址的年代从而得以确定，这从历史研究层面上看，意义重大。而砖作为最基本的建筑材料之一，与人们的居住形式、墓葬形制、风俗习惯乃至文化信仰等紧密相连。透过古砖这一层面，以还原古时人们的生产生活、所思所想，确可补一二典籍文献之不逮。古砖铭刻的年号有汉"永初"，三国"神凤""甘露""天纪"，西晋"太康""元康""永熙""永宁""永嘉"，东晋"咸康""永和""升平""太元"，南朝"元嘉""永明""大同""普通"等等。此外，有些古砖除年号外还附有地名、人名、官职、吉语、造砖事由等等，再加上与之相应的图像信息，从而构成了一个翔实而连贯的文献资料库。这为我们研究台州汉六朝史事提供可靠的文字及实物证据，进而拓展我们对当时社会经济文化习俗等的侧面认知，如通过北地砖（模印有北方地名），可以从中了解北人南迁，定居开发台州的情况；地名砖（模印台州地名）、官名砖，则是研究中央政权对台州宣示统治，进行有效管辖的重要证据；吉语砖、画像砖，又是了解当时社会风俗以及宗教信仰演变不可或缺的资料；另外，文字砖、画像砖，书法古朴精湛，绘画丰富灵动，既是精美的艺术品，又是研究汉六朝书法绘画史的珍贵蓝本。

魏晋南北朝，汉隶之破体隶变发展出楷、行、草诸体，并趋于完善。但从砖文来看，呈现出了与"二王"书风截然不同的面貌。"二王"以行书、草书名世，台州砖文则以篆书、隶书为主，且不拘一格，富于变化。台州文字砖中的篆书较典型的有"永安元年砖""晋太康七年砖""元康三年六月癸未造砖"

"永和六年砖"等。"晋太康七年砖"书法线条圆润规整,属于小篆,但又笔画粗重,雄浑而不生动,超出了秦篆的范畴。"永安元年砖"书法亦篆亦隶,下笔呈方棱,收笔作尖形,字体极似三国名碑"天发神谶碑"。"天发神谶碑"书法若篆若隶,形象奇异瑰丽,独树一帜,在书法史上一向被认为是前无先例,后无继者。但在台州诸砖中除"永安元年砖"外,尚有"圣明之年砖""张氏万砖"等,参考绍兴一带如此书法之砖,也不在少数,说明"天发神谶碑"书法并非孤例,而是有着较为普遍的社会基础。"元康三年六月癸未造砖"笔画与字形奇崛多变,虽似"永安元年砖",却又打破平衡,线条一波三折,体势闪转腾挪,穿插有度。"永和六年砖",此砖《台州金石录》有载,临海庠生黄瑞称其书法"方劲古穆",洪颐煊评价其"笔法瘦劲可宝也"。台州砖中书体以隶书为最多,变化亦是最为丰富,大略而言,既有雄浑古朴的,如"永初元年砖";也有清秀典雅的,如"咸和元年砖",还有的介于隶楷之间,如"天纪二年砖""永和元年砖"等,奔放又不失法度。(图6-7)

图 6-7　古砖示例

　　另外,台州古砖还发现了大量湿刻文字,湿刻是在未干的泥坯上用锥形的杆棒之类的硬物刻画,或者用手直接刻画,这些文字应为制砖工匠在休憩或等待之时的涂鸦之作,字体以行书为主,由于书写状态无拘无束,笔势连贯,线条飞动自然。由此可见,每一块文字砖都是一个或多个书法家和制砖工匠的杰作,如此之多的文字砖是无数书法家、制砖工匠书法艺术成就的结晶。台州文字砖杰出的书法艺术成就,体现了台州六朝时期的书法艺术水平,乃至台州的文明发展程度。

　　地名砖、官名砖。六朝文字砖中有一部分铭刻有古地名,且以"临海""章安"居多。有的除了铭刻州、郡、县等直辖于中央的行政机构,还记有县以下的乡、里、亭等基层组织。是当时中央政权在台州设置地方行政机构,将临海郡所辖区域纳入统治版图的重要实物资料。有的砖上还特意铭刻郡县守、令、尉等官职姓名,故称之为"官名砖"。在所筑墓室之内纪以行政长官,且为较普遍的现象,其缘由若"以事死如生"之原则推论,既然生前受其管辖与统治,那么死后也要得其守护与庇佑。这种现象也说明了台地居民对中央政权的接纳及对其统治的敬服。台州汉六朝文字砖中有一部分铭刻有古地名,且以"临海""章安"居多。如"扬州临海郡章安都青乡中里居召"

"母冢樟太岁乙酉甲戌天监四年""永宁二年九月临海章安胡山里舍人卫居所作""咸康七年八月十日富□□□""临海郡太守载令魏"等,地名砖、官名砖的不断发现,是中央政权对台州不断加强管理,宣示其统治的有力物证。

地名砖所揭示的台州在六朝时期所属之州、郡、县,可与历代文献记载相印证,是当时中央政权在台州设置地方行政机构,将临海郡所辖区域纳入统治版图的重要实物资料。其中不乏新发现之材料,如"永宁二年九月临海章安砖"等,不但记有州、郡、县等直辖于中央的机构,还铭刻上了县以下的乡、里等基层行政机构。可见,中央政权权力的触角已伸向基层各个角落,台州社会经济、文化习俗的嬗变成为势之必然,从而产生深远的影响。

三国孙吴、东晋等南方政权的建立,以及中原人口源源南来造成中原文化的侵入与传播。迁入者与原住民及相应的中原文化与土著文化势必冲突不断,同时又交融不止。迁入者逐渐认同了迁居地,原住民慢慢接纳了外来者及新的管理模式,临海郡地区的社会文化面貌,甚至自然地理形势皆有了大变化。长期交融促使新的乡土观念产生并日趋增强,与郡县设置相关的地理名词(如临海、章安等)在古砖上的大量出现便是这种变化的突出表现。

北地砖。台州地处浙江东南部,三面环山,一面靠海,其偏处边陲的地理位置与相对封闭的自然环境,让台州早期文明的发展呈现出了相对封闭与滞后的特性,故而对外来先进文明(以中原文明为主)的吸纳与融合,成为台州值得关注的历史现象。外来文明的传入,除了对周边地区的学习交流外,外来人口持续不断徙居于此带来先进的文化与生产生活方式,亦是不可或缺的重要途径,且作用突出、影响深远。汉末六朝时期,由于中原社会动荡,北方中原人口大量南迁,其中一部分迁居台州。这些台州的新居民,身在他乡,不忘故土,在其死后,也不忘在墓砖之上铭刻原籍地名,这些砖上因铭有北方地名,故称北地砖。北地砖在台州发现并非孤例,如"梁国弓氏砖""伊君庙砖""晋乐安令砖"等。这些砖构成了一条充实的证据链,说明北人南迁台州并非涓涓细流,而是一江洪流,一浪推一浪,奔涌而来。

北地砖烧造的时间多集中在三国到西晋初年以及东晋永和年间前后,而这些砖多为墓主人第二代或第三代为其所筑墓庐之用砖,故迁入时期可前推一二十年或更久,从而大略指向东汉末年到三国与两晋交替时期。由此我们甚至可以推断,北人迁入台州或存在上述两个高峰期。从北地砖所铭地名看,北人迁出地各不相同,如彭城(徐州)、冀州(河北)等,足见东汉六朝时期北人南迁范围之广、规模之大。而且,南迁至台州定居者,不乏世家大族与官宦之家,如琅琊王氏、梁国弓氏以及钜鹿程氏(故乐安令)等。东汉六朝时期,北人南迁台州应是一个持续的过程,源源不断,未曾停歇,这不仅体现了台州较大的包容性与强大的吸纳能力,同时也让台州的社会结构及文明形态发生深刻改变,推动了台州社会发展的进程。

画像砖。画像砖呈现的纹饰丰富,既反映了中原文化对台州的辐射,又体现了台州浓郁的地域特色。三国两晋,随着北人大量南迁并定居台州,汉人与土著越人在征服与被征服中,逐渐实现了民族间的融合,民族大融合又促进了文化大融合,各地民风民俗大荟萃,北地文化与本地风俗交融,促进了台州文化的大发展。这反映在台州画像砖上,呈现出了丰富多彩的面貌。这一时期,国内其他画像砖主产区画像艺术日渐衰微,浙江画像砖艺术却异彩纷呈,其数量众多、制作精美、形制丰富多变。台州是浙江画像砖的主要产区,其画像艺术及蕴含的文化内涵,不输于浙江任何一个画像砖产区。(图 6-8 至图 6-10)

台州画像砖中表现最为丰富的题材是四神及其他灵异瑞兽,瑞兽是三国两晋时期台州最为流行的图案砖。以青龙、白虎、朱雀居多,也有一部分砖上铭刻凤凰、玄武、麒麟、九尾狐等,这些瑞兽寓意丰富,如青龙、白虎、朱雀、玄武被称为四神,加麒麟则称为五瑞,它们具有辟邪、禳灾、祈福等功能,又可作祥瑞的化身,给人带来吉祥、幸福、安宁、长寿等。

神面瑞兽图案往往装饰于楔形砖的一端,类人面或兽面,故而统称神面纹。其源于早期的饕餮纹,功能或与瓦当之上的神面类似。这些神面纹形貌各异,千变万化,或威严、凶悍,或轻松、诙谐,给人以神秘、诡异之感,真切地反映了六朝时期台州人的习俗信仰与审美趣味。而西王母及其配戴的胜、羽人等,在台州画像砖中也有所表现。带有祈福寓意的画像、图案在台州画像砖中也非常丰富。

另外,章安还出现了庄园生活场景图砖。此系列砖上铭刻图案式样繁多,精美绝伦。除了青龙、白虎、朱雀、镇墓兽等题材外,尤为珍贵的是其上模印的农耕、放牧、宴乐、车马出行等纹饰,生动再现了豪族庄园生产、生活等方面的社会场景。从一个侧面反映了庄园地主在精神上的追求,以及将北方庄园经济与生活习俗带入台州的这一史实。

佛像人物砖。台州六朝古砖上除了人面纹外,还出现了较多的人物画像,包括西王母、仙人、羽人、佛像及官宦、仕女、胡人等,内涵非常丰富。特别是官宦、仕女、胡人等画像服饰,如穿戴的帽子、衣衫罗裙,更形象地勾勒出六朝时台州人的着装和风情,也从中可以窥见当时人们的社会风俗以及精美妆容与服饰等。男子着装多宽大的圆领外套;贵族文士交领大袖飘飘袍服,头戴幞头;女子头梳高髻,上插步摇首饰。着装款式多为上俭下丰,衣身部分紧身合体,袖口肥大,裙长曳地,下摆宽松,给人以俊俏潇洒之感,加上丰富的首饰,反映出奢华靡丽之风。

鱼钱纹砖。鱼纹图案在砖上非常普遍,数量众多,形态各异。台州滨海临江,水道纵横,水产资源丰富,鱼类自然成为人们日常生活的必需品,且鱼纹也寓意吉庆有余、多子多福,形象地反映了当时台州人民的生产生活。鱼纹,数量众多,形态各异。台州滨海临江,水道纵横,水产资源丰富,鱼类自然成为人们日常生活的必需品,而且鱼纹也寓意吉庆有余、多子多福,形象地反映了当时台州人民的生产生活。钱纹,极为普遍,几乎无砖不带钱,而且常常与鱼纹、梳子纹、网纹、树纹组合起来,寓意

图 6-8　古砖示例

图 6-9　古砖示例

图 6-10　古砖示例

余钱、数钱、网钱、摇钱树等,六朝台州人的金钱观坦诚而热烈。西王母所佩戴的胜和胜的衍生纹样,亦较为多见,在古砖画像中胜代表着西王母,而在当人们的观念中西王母主生死,代表长生不老。有胜即长生,表示灵魂不

灭。将钱纹与胜纹组合,则表示既有钱又可长生。

古砖瓦虽然仅是普通的建筑材料或构件,但其材质上的差异及丰富多样的形制规格,一定程度上反映了我国古代建筑技术的发展。而六朝古砖瓦上往往铭刻有年号、姓名、吉语、制作事由等,这为六朝时期文献资料相对缺乏的台州提供了大量文字信息。同时台州六朝古砖瓦上附有大量精美的图像,包括瑞兽、神仙、佛像、花卉、虫鱼及几何图案,这些图像纹饰绚丽、神秘玄幻,寓意丰富,又具有极强的艺术感染力。

总之,台州汉六朝古砖无论是出土的数量种类,还是制作工艺,以及承载着的历史信息,都不亚于浙江其他地区,对研究台州汉六朝时期的社会风貌、宗教习俗及文学艺术等方面的状况意义重大。此书的出版,其目的便在于说明这一点,并将一定程度上丰富台州金石学的内涵,拓展台州历史研究的视野,进而改变学术界对台州历史文化的一些认识与看法,提升台州历史文化的厚度与底蕴。

第四节　扑朔迷离的台州岩画

岩画是史前的人类祖先刻划在岩石上的图文画饰,是古代先民记录在石头上的史书。描绘、记录了远古的人们生产和生活的一种方式,成为历史文化的载体。这种原生态的刻划,是人类社会的早期文化现象。早在9000多年前的新石器时代早期仙居下汤,就有人类生活的遗址。据文献记载,仙居东晋时期就已发现蝌蚪纹岩画。2002年,浙江省第二次历史文化遗产普查,仙居县朱溪乡小方岩发现岩画后,台州各地近年来不断发现一些岩画,出现了不同以往的图纹,陡峭山岩布满图纹如同天书,村民大都称这些岩画是藏宝图,记录了那时的宝藏所在地,也有人称只是普通的古人图腾崇拜。据台州岩画爱好者们调查统计,台州岩画的图形主要有太阳形、人形、鸟头形、蛇头形、凹穴形、鱼刺形、梯形、房屋形,田字格、钉耙形、星点纹、月亮、帆船、人物、钺形等。这些图像有的像"天书"、有的像"星空图"……于不同的时间出现在台州的不同地方。每个地点的岩画图腾各有特色,符号图案各不相同。这些岩画,汇集了台州农耕文明的印迹。

一、台州岩画的分布

台州岩画分布极广,从已有的发现情况看,它是浙江省范围内种类最多、分布范围最广的集群之一,很多层面填补了浙江省岩画考古的空白。

(一)临海岩画

临海目前发现的岩画,西部 1 处,东部 5 处,共计 6 处。

桐坑盘龙岙岩画。1985 年 3 月,临海县文物普查发现桐峙区广营乡下周坑(今牛头山水库区内),属地为东塍镇桐坑村盘龙岙,岩画由多个"田"字格形、人物形、鱼骨形等符号组成。岩画线条流畅,图案仍有 1 厘米粗、0.3 厘米深。因为多年来这里无人问津,岩石大部分岩体都掩盖在泥土底下。经过清理,这块长约 2 米、宽约 1.5 米的刻有图案的岩石露了出来。在历经长期的风雨侵蚀和阳光暴晒后,有一小处岩体已经分化剥落,余下的岩石虽然表面被附着物遮挡,但其刻画图案清晰可辨。岩石上的图案多样,岩画周围曾有古村落和古寺庙,山地上可找到宋明时期的砖、瓦、瓷器等残片。与距今约 8500 年的小芝新石器峙山头遗址相距不到 5 千米。广城寺,俗称下周坑寺,旧址西北边一椭圆图案,民国间屈映光曾到此考察,破译无果。后被李华荣得知,清理出来。

东峙岩画。在杜桥镇东峙村后山上一石坡上,2018 年 5 月 29 日,被杜桥文保员潘昌来发现。岩画就刻在山顶一块裸露的岩石上,面积为 1 平方米左右。岩画主要由两部分组成:左边是一个半圆,半圆里有一个大的"田"字格,"田"字格里有 4 个"米"字形图案——有人形容这种图案为棋盘形;右边是 10 多条长短不一的线段,如梳齿状。由于长期的风吹雨淋,导致岩石有些风化,目前这些岩画的线条仍有 1 厘米左右宽、0.2 厘米左右深。这些岩画图案跟仙居、路桥等地岩画风格相似,应该是属于同一时期的,约商周至春秋战国时期。据村民言山脚下一岩上也有刻划,今已毁。

阳屏岩画。在杜桥镇洋平村村后一平岩坡,因村民长期踩踏行走,部分岩画线条模糊,为米字棋格和鱼刺纹。

西山岩画。在桃渚镇浦后村西山巅南头,山脊空旷,岩石裸露,刻划方形、圆形、点状、棋盘格形等图案。80 年代由郑馥娟发现,2021 年 4 月 4 日经人考察确知是岩画。

绵羊坑岩画。在杜桥镇西坑村果山向西之绵羊坑和马宅山坑北侧巨石岩上,溪水岩下流淌,岩坡刻划,宽 175 厘米、高 112 厘米,似字非字,年代无考。

黄石坦岩画。在括苍镇黄石坦村后溪尾一巨石上,今部分残存。1999年临海市博物馆考察并摄影。

(二)仙居岩画

仙居文管办将所拍仙居岩画的照片寄给了浙江省文物局,经美术史论家王伯敏等专家实地考察、鉴定后,证实其为岩画,仙居岩画自此揭开了神秘的面纱。仙居陆续发现 13 处岩画,共有大小符号 500 个,总面积约为3000 平方米,总体保存完好。陡峭的山岩上布满了大小不一的图纹,线条流畅、笔画粗犷、风格古朴。典型图纹有蛇形、鸟形、鸟头鱼身形、马形、太阳形、人像形、柴刀形、锄耙形、棋盘形等 220 多个,其中 9 条形态各异的蛇形图纹甚是少见,但某些岩画不识其意。据有关专家初步考证,这些岩画为商周至春秋战国时期古越族先民所刻,是中国东南沿海地区面积最大的岩画群落。仙居岩画比较集中的图像分布有上张乡西塘村岩画点、广渡乡送龙山岩画点、朱溪镇小方岩岩画点,其中由送龙山岩画、小方岩岩画、中央坑崖刻、西塘岩画组成的仙居古越族岩画群,已于 2013 年成为第七批全国重点文物保护单位。

小方岩岩画。2002 年 4 月,仙居朱溪中学美术教师丁雨亮辅导学生野外写生活动中,在小方岩一块岩石上意外发现了几个图案,后来被考古专家证实是春秋战国时期古越族留下的岩画,从此填补了浙江省岩画考古的空白。朱溪镇东北角的小方岩山,目前发现较大的有两处,一处在山顶,俗称"狮子耳朵"处,海拔约 400 米;一处在岩前村东南,俗称"小方岩下"处,酷似九齿的大钯形。狮子耳朵处之岩画,刻有似鸟、似鱼、似人、似马像 20 余种,风格古朴,线条粗细不等。从岩壁上,隐约可以看出女性巫师在占卜或者舞蹈,周围还分布着多种多样的不同岩画形体。

送龙山岩画。在福应街道送龙山脚一块梯形岩壁上。整块岩壁石质较坚硬,共 12 层,各层岩面和周围的崖壁上,刻凿着人物形、蛇头形、房屋形、太阳形、米字格形符号约 50 个,按照一定顺序排列,还有一个像太阳的圆形,圆形线条从中心点向外辐射。

中央坑岩画。在广度乡中央坑摩崖石刻两处,面积约 7.6 平方米,有阴刻酷似象形文字的图纹 10 个。

西塘岩画。在上张乡西塘村岩画有 3 处,5 个分布点,分别为高山塘岩画 1 处,面向西方,图像为龙图腾。大岩塔岗岩画 1 处 2 个点,面向西方,图像为星象、兵器。冷水湾头岩画 1 处 2 个点,图像为女性生殖。西塘岩画主要为蛇龙图腾、星辰图,还有房子、原始兵器、田字格等。2015 年由岩画爱好者郑昌来发现。

汤坎头岩画。在蟠滩乡汤坎头村 2014 年初发现,人像图案的岩画,南面更抽象一些,年代可能会更晚一些。

溪头岗岩画。在横溪镇溪头村,2020 年 9 月,在该村海拔 400 多米的自留山溪头岗上,村民发现 5 处岩画。图纹形似太阳、乌龟、锄耙、鱼骨等,大小不等。

马头崖岩画。在田市镇垟塸马头崖,面积约 10 平方米,主要图像为星象形、田字形。2015 年由岩画爱好者郑昌来发现。

东平岩画。在广度乡东平村岩画,面向东,面积约为 2 平方米,主要图像表现立杆测影,是史前人类最原始的计时方式。

央弄岩画。在上张乡央弄岩画,面向西方和西南方。面积约为 3 平方米,图案复杂、内容丰富,有兽面、星辰、古器物等图像,最有代表性的是貌似蝌蚪形状的几十个字母符号。

对山冈岩画。在淡竹乡阴坑村山上,面向南,面积约为 80 平方米,主要图像有人物、动物、生活器具等。

余领岩画。在大战乡余领岩画,面向南方,面积约为 2 平方米,图案为弯刀形、花形。

长老坪头岩画。在大战乡大战村林加山自然村一处俗名"长老坪头"的岩石上,山上岩画面向北,面积约 20 平方米,图案有人物、器具等。2021 年 2 月 7 日,朱炳火、杨总灯考察林加山村的茶油基地,路过长老坪头,发现长老坪头岩画。有人形、耙形图像。

石盟崖岩画。在淡竹乡石盟崖村,岩画面向南方,岩石面积约 20 平方米,岩画面积约 1 平方米,主要图案为梯形。

古人在不同时期用不一样的手法来完成岩画刻制,据仙居陈昌来研究分析,仙居岩画分早、中、晚三个时期刻制。早期岩画线条是磨出来的,中期岩画线条留有多点钻孔痕迹,以钻为主,晚期岩画线条以打刻为主。他说:"我们浙东南地区 50000 年前就有智人在活动,后来发展为小流域稻人,就是我们仙居下汤人类型的,小流域稻人万年前开始种植水稻,我们知道搞农业离不开气象学、天文学,所以仙居岩画图腾多与天文学有关系,主要表现有立杆测影、观象授时、拜日祭日、祖规祖法等内容。仙居岩画年代久远,文化传播断层,发现时间至今不久,我们从未见过、想到过的图腾一下子出现在我们面前,当然是无法解释清楚的。"

(三)三门岩画

小岭下岩画。浦坝港镇小岭下村后,2018年6月发现。岩画分布体量广,分布比较集中,这座山是火山岩,山脊上成片的岩石裸露在外。岩画就分布在山脊两侧,岩画成分复杂,形式多样。有三个棋盘形图案,有一个蛛网状图案,有一个鱼刺图案,有一个弯月(镰刀)图案,有一个八卦图案,有两匹马图案,有十多艘帆船图案等,这些岩画线条纤细古拙,凿痕不深,部分图形风格与仙居岩画相似,可初步判断为春秋战国时期的岩画。此处岩画图形风格多样,出现多个船形图案,具有明显的海洋文化特征。非刻于一时,时间跨度较大,延至宋代。

笔架山岩画。在沿江村笔架山路侧,与小岭下村比较近,岩坡上有方形棋盘格、十字方格等图案。

银山村岩画。在临海和三门交界处,三门县花桥镇银山村厂下,2018年6月2日,由杜桥朱旭伟发现。岩画刻在朝东南方向倾斜的平坦岩石上,一平面崖坡三个圆环并列排列,每个圆环边上都有若干圆点环绕,犹如卫星环绕行星。此处岩画刻着3个大小基本相同的圆环和10多个大小不一的圆点;其中两个圆环明显是一个组合,每个圆环中心有一

图 6-11 三门县花桥镇银山村岩画

个圆点,下方连着8个圆点。另一个圆环相对独立,中心也有一个圆点,下方连着一个圆点。3个圆环直径约10厘米,圆弧线条约1厘米宽,其他连接线稍微窄一些;圆弧和连接线刻痕都较深,最深的超过1厘米。10多个圆点刻得更深,最深的约2厘米。岩画研究者认为其为星象图。(图6-11)

(四)黄岩岩画

朱砂堆岩画。在江口镇山下郎村砾砂堆隐居寺观音玉佛殿后岩壁,镌刻半身交领戴冠半身像一个,两个仅有头部的人物像,20世纪80年代发现。

谷耙岩岩画。在平田乡山头下村钉耙图形岩画,2002 年村民造路建房填埋房基下。头陀溪上村溪头划岩山谷耙岩头的石崖上,岩画有右横放、左竖放的长方形七齿和九齿弧背谷耙图形。

棋盘岩岩画。在北镇前蒋村下爿坦牛蹄山,有 10 多种不同种类的方格、田字格、棋盘格形式的图案。

(五)路桥岩画

茅山岩画。在路桥区桐屿共和村茅山,岩画刻划在茅山头村居后矮山上石壁。2002 年 12 月发现,岩画分东西两大部分,其中西北处部分被村民开岩毁了。2003 年据浙江省文物考古研究所朱伯谦、汪济英等初步考证,为秦汉时期所刻画。这些散落山坡岩壁上的岩画,高 2 米、宽 4.8 米,保存基本完整,刻有似"王"字、太阳、斧钺形、人形、飞禽走兽、八卦纹……岩画上的鸟,有专家认为就是象征着太阳的金乌。岩画上刻着的"双鸟朝阳"图案,在河姆渡遗址中也曾发现,区别仅在于河姆渡的图案为"双鸟相背",而此处岩画上则是"双鸟相对"。据推测,这片区域的岩画最晚不过秦汉至南朝时期。(图 6-12、图 6-13)

图 6-12　茅山岩画之一　　　　图 6-13　茅山岩画之二

(六)椒江岩画

蟹壳岩岩画。在章安镇古桥村后东北蟹壳岩橘场上蟹壳岩一坡上,有如同一条浅的沟壑和天梯状。

二、凝固在岩石上的图文

岩画始于新石器时代,是以自然界的动物,远古的星象,祭祀,建筑,人物,神符以及人们生活、劳作为题材,在岩壁上刻画的图形,为后世留下了极其珍贵的文化遗存。

岩画是人类原始时代自我表达的一种艺术形式。在台州各地的丘壑之间、山崖之上,缓坡平坦,遗留下来的岩画,都是他们以视觉形象表达感情、交流思想观念之产物,也是远古人类自身的生命活动。台州的岩画图案大致分圆点星象形、方格米字田字形、人物舞蹈形、动物行走形、人类生殖崇拜形、生产工具形、祭坛符号、田字形、尾形、文字形、蛇形、点状形、点线连接形等,图像有人物、房子、动物等。在古代中国以"天"为核心的信仰体系中,"通天"乃是最主要的精神实践活动内容之一,人物、动物图案,以及生殖符号、星象的表现,都是中国古代文化核心的信仰体系。原始岩画中的方形、十字形、角形等几何形纹样,以及一些令人费解的符号、手印、脚印等等,都是传达某种神秘力量的图案。图案更加抽象化、线条化,又有高度的变形。

岩画艺术具备稚拙、简朴的审美特点,这种稚拙本身就是一种象征美,是一种简化、洗练的表达方式,又暗含着某种只可意会而不可言喻的神秘色彩。岩画在选择地点上就具有极强的象征性,画面上许多夸张变形的动物、人面像本身就很抽象,再加上粗糙的线条、纹理丰富的岩石,具有极强的表现力。

台州岩画基本上都有一些相似甚至完全相同的图像,如凹穴型岩画、锄耙型、棋盘格、田字形等图像在诸多岩画点上都存在,且刻凿的深浅度大体相等,线条粗细也差别不大,说明台州新发现诸多岩画属于同一时代的作品。研究者张峋认为台州岩画大部分当在春秋战国时期,个别的属于早期,可上溯至新石器时代晚期。个别的岩画属于晚期,有可能晚至秦汉时期。

三、岩画内容独具民俗特征

岩画是一门古老的艺术。由于岩画刻绘的时间绵延万年之久,又大都没有文字记载,加上考古学领域的树轮校正、地磁学、热释光等测定年代的科学方法很难运用,因此对岩画的断代一直是困扰研究者的难题。有鉴于此,学术界进行了多方面的艰难探索。总的方法是从岩画的内容、线条、颜色、技法和风格出发,运用历史、考古、民族和人类学的方法进行比较分析,再根据地质、气象、生物学所提供的科学资料和研究成果来深入推断。

岩画一般具有以下几个特征:岩画大都分布在崇山峻岭、河谷沿岸的悬崖峭壁。岩画分布相对集中,画面巨大,图像密集。中国古代岩画所具备的分布的广泛性、内容的丰富性和技法的多样性,使其在世界岩画的艺术宝库占有了独特而重要的艺术地位。多为赤褐色矿粉和动物血作颜料画成。图案为日月山川、飞禽走兽和各种人物,但成画年代及含义尚无定论。据学者们推测,此画属史前的原始绘画艺术,具有珍贵的历史价值和艺术价值。

原始岩画的象征性多是晦暗的,岩画的创造者并不注重那些直观的联系,往往通过一种直观表象去领悟或暗示另外的意义。新石器时代,象征性岩画应运而生,这些岩画有的是用坚硬的器具刻在岩石上,表现内容丰富,涉及原始人的各种活动,还有许多令人无法理解的图形。生殖符号,象征意义比较明确,象征人类早期对生殖的崇拜,在生活条件恶劣的原始社会中,受野兽袭击、疫病、战争、自然灾害的影响,原始人渴望族群繁衍壮大,于是在岩石上刻划与生殖相关的图画。有些人物画面很稚拙,仅有头部,头颅被古人认为是灵魂的象征,这种岩画的象征性很强,希望繁衍旺盛。象征性岩画还有一些祈祷和祭祀场面,反映原始先民的宗教崇拜,如日月崇拜、天神崇拜。

台州岩画也不例外,其反映春秋战国时期古越先民为发展农业经济而奋斗的"农事意识"十分明显。而田字格这种物象,是维系人的生命或者说是使人赖以生存的根本之需。他们将其刻凿于经常活动的岩壁上,强烈地体现了他们热爱田地的农事意识。崇拜图腾是人类早期的一种宗教信仰,杯状坑一类题材的岩画,应该是古代先民生殖崇拜意识留给今人的文化史迹。由此可见古越先民在选择崖刻地点时,不是随意乱来的,而是择善而作的,也就是说,他们在刻制岩画之前心中存有某种意识或理念,那么,这是一种怎样的意识或理念呢?古越先民具有强烈的自然崇拜意识,即崇尚大山、崇尚高天。这一崇高的原始宗教意识,与古越人的天体崇拜现象相关联,在生产生活中,古越人早就将目光投向了广漠天宇之上瑰丽多彩的星象变化。他们将在生产生活中累积的关于天象的知识经验和气候的变化、农作物的生长联系起来,由此产生了对太阳、星象的崇拜,并把它们刻制在岩画上。

在创作这些图腾时,一些研究者认为,所出现的大量的"耙"形图案,与先民崇拜农业有关。当时,先民正从狩猎走向农业社会金属冶炼时代。耙锄作为农业生产工具在中国已有 1500 年以上的历史,虽种类较多,但基本为锐齿状,用于表层土壤的耕作,研究者认为在岩画中出现耙锄类工具的图腾,反映了当时的农耕祭祀思想。越族先民是以鸟为图腾的部落,岩画中的鸟图腾,透露的是鸟图腾崇拜。从民俗学角度看文献资料、考古发掘报告和民俗学资料,表明古代越人有鸟、蛇等图腾崇拜现象,如仙居岩画中这些鸟、蛇图腾崇拜都是古越人鸟、蛇图腾崇拜的一种体现等等。

中国目前已发现的岩画共有四大文化区域，分别是内蒙古、新疆等地的中国北方岩画区域，广西左江花山岩画所在的西南岩画文化区域，中原岩画文化区域和包括浙江、福建在内的东南沿海岩画文化区域。北方岩画多表现狩猎、游牧，西南岩画以红色涂画为主，沿海岩画一般是渔猎岩画的样式，仙居岩画地处沿海，却完全没有渔猎痕迹，而是集中展现了农耕图纹，可以说是独树一帜的。就目前所了解而言，"如此集中反映农耕文明的岩画在世界上也是少有的"。至于目前已发现岩画的年代判定，在考古界还是一大难题，在 900 处世界文化遗产中有 36 处岩画遗产，其中只有 5 处搞清楚了年代，岩刻类岩画至今未有准确的断代。台州仙居岩画的具体年代判定，还需要在未来借助于科学实验和考古学、文化人类学的结合。而这些隐藏在大山深处的台州岩画，"填补了农耕文明类型的空白"。台州岩画反映了古越族先民的生活形态、农事意识、民俗信仰、宗教礼仪，为深度研究古越族先民提供了宝贵的资料。这些鲜明特征对研究江浙一带族群文化和当地文化的融合有较高的学术价值。

民俗是一种独特的生活文化，它的生活性决定了文化的复杂性、复合性和多样性。物质文化和非物质文化融合在一起，是民俗生活性的最主要的呈现方式，体现出文学性、技巧性、娱乐性，赋予民俗诗意和审美价值。大众风情与审美相结合的民俗文化深受人民喜爱，千古流风，永贯大地。

第七章　与绿壳相生的和合生活

　　"绍兴师爷、宁波商帮、台州绿壳",组成清代至民国时浙江最有特色的三大文化现象。台州多"绿壳",民间滋生内在的和合需求,产生了绿壳与和合共生的奇特社会现象。一种典型文化现象出现后,会催生出新的民俗现象。在绿壳与和合共生的区域里,国家意志的强制推行、外来文化的传入再本土化和为适应社会变化发展而内生新的习俗等,最终影响地方民俗文化的稳定和发展。而文化融合又是另一番景象,在社会讲和合的环境下,逃难到台州的南北难民,更容易融入台州这块大地。历史上东晋和南宋两次大规模南迁,带来了新的民俗。南北文化在台州适应、同化(或异化)、交融,经台州人民的创造性发挥形成新的文化。内生的习俗也不断出现,天台山文化之所以产生在台州,其核心因素是台州有一方沃土,孕育和滋养了和合文化。

　　三面临山、一面环海的封闭式环境,形成极强的自适性环境和社会结构,涵育了富有活力的台州民俗,虽然我们没有史料证明绿壳与和合之间的必然联系,但二者共生却是典型的社会存在。也可以这么说,在这样一个相对闭塞的环境里,百姓在生活和生产中自觉接受两者同时存在,"绿壳"与"和合"相反相成,产生着情感对冲。不相容的"匪"、民在台州安然相容,不能不说这是意外。不过,在近2000年的历史发展中,"绿壳"最终消亡了,和合文化却发扬光大,形成较为稳定而又不断创新发展的民俗文化。

第一节　台州绿壳的前世今生

　　台州地理位置独特,明代谢铎认为台州"滨海薄山,鱼龙所腥,豺狼所穴"。入海为盗、进山为匪,这就有了明末的沿海盗匪、盘踞在三门蛇蟠岛的海盗、地方割据的方国珍、山大王金满等。山民不好惹,渔民更生猛,可见台州一带的绿壳很出名。"绿壳"的滋生繁衍，与一个时代的政治、社会有密切的关系。南宋时黄岩称"小邹鲁"，元兵入境，"起义抗拒，虽杀身破产，村落为虚，然前仆后继至死不悔"。《赤城新志》称赞曰："忠节孝义史不绝书，天下称文献者莫之先焉。""以礼义廉耻为先，以行俭名节为重。"《万历黄岩志》则曰："民静而安，俗朴而俭。"这些记载虽有粉饰太平之嫌，但亦反映了那时较好的社会风尚和人民的道德水准。

社会风气之坏始于清代道光初年。由于鸦片的传入，黄岩"种花法行，烟祸尤烈，而士风颓靡，细民失业，多由于此。浮惰之民多，则血气之急盛；礼义之教衰，则武健之风长"（《黄岩同治志稿》）。因而浙江巡抚刘韵珂上书直隶总督纳尔经额说："黄岩一县贫富吸烟。呆呆日出，瘁无其闻人。月白灯红，乃成鬼市。"鸦片为"绿壳"提供了滋生之地。

一、绿壳：词与词义的民间化

"你个绿壳"就是台州人指对人不客气或乱抢东西的泛称，也成为一句口头禅。台州绿壳一词由来已久，跟台州的近海靠山之环境有关。

何谓绿壳，旧时，人们称海盗、土匪为绿壳。有海就有盗，有山就有匪。对土匪的叫法，全国通行当然是强盗，而宁波、台州、温州及舟山则称作绿壳，这是浙江省沿海对强盗的代名词。"绿壳"中以台州绿壳知名度最高。

台州绿壳人多势众，劫掠最频繁。据《临海县志稿》载："咸丰元年九月，海寇布良带入海门，郡城筹防。布良带领巨舰数十艘入关，定、黄、温三镇兵不能敌，退入黄林港，贼登岸大掠。驶至涌泉搁浅，反据海门十余日，焚民居，官署千余间。恐大兵至，遂扬帆去。"据《临海志稿》载："……因盗船形似蚱蜢，船壳涂绿色，滨海民众呼为绿壳。""绿壳"本是台州人对广东海盗船的贬称，"绿壳"横行，下海的渔民、商人和沿海居民生命、财产受到严重威胁。

台州人历来桀骜不驯，有许多人下海是盗，在陆为匪。盗匪横行台州，和绿壳无异，老百姓一听"绿壳来了"，不管是广东海盗还是本土盗匪，立即奔逃。久而久之，老百姓把海盗和土匪都称之为绿壳，绿壳逐渐演变成台州盗匪的代名词，也就有了清末民初在全国都有广泛影响的"台州绿壳"说法。

汪度①《记海寇事》："咸丰元年十月二十四日，夹板船海寇入海门关。先是道光二十一年，英吉利夷匪寇广东香港，两广制军林少穆（则徐）令造夹

① 汪度，字蓉塘，廪生，城关人，著有《蓉塘诗稿》一卷。

板船，招募水勇，与英夷战。英夷惮之，遂移寇浙江宁波，陷定海，入镇海、鄞县，又寇乍浦、松江、镇江等处，且诉称林公启衅。当事者误中其计，劾林公谪塞外，专以议和为事。而备夷之夹板船不复收回，任其闲游海上，剽掠为食，日夕渐盛，有大战艇五及小艇十八艘。元年春，曾至天津及登莱。又至定海，掠象山、石浦及宁海。是日在海上追逐木客及诸商船。时舟山镇总兵池建功、温州镇总兵周士法、黄岩镇总兵汤伦巡海，兵船皆在海中，诸商船走傍官船，三镇兵船避入海门关内，匪艇遂尾追入关下碇。廿五日，黄岩镇潜至郡城，遂潜回黄岩。廿六日焚海门卫，贼上岸抢夺猪牛，掳掠妇女，乡民拒之，杀贼数人，贼遂发火箭烧卫城官民屋舍殆尽。连日闻长田、石村、管峃诸乡村皆有匪徒乘机抢掠。廿九日，府尊张英伟往黄岩。郡城招募乡勇。闻家子招募乡勇，三港口挑筑土城。连日沿江南北乡村妇女迁避入城者甚多。十一月初三日前临海县仲孙樊自宁波至。时仲在宁波，府尊张公以书招之台，商防守事。"

《金商海门镇志稿》也有同样记载："咸丰元年辛亥十月二十四日丙午，广艇（形如蚱蜢，故曰蚱蜢船）二十余艘，驶近川礁。三镇（定海周、黄岩汤、温州池）部兵船五十余只，与战不利，退泊三江口，冀保临黄而舍海门。匪船满布江上，我军各鸟兽散。贼登岸放火，火趁风威，风借火势，不半日，城厢内外，遭灰烬者千余间。咸怨三镇按兵不动，扶老携幼，蜂拥黄岩，索请赔偿。省派仲孙樊诣地勘验，三镇始醵钱七千余串、谷八百余石，移自太平县义仓，以作赈恤（不论茅棚楼屋，每间钱三千，以三间为率。每丁谷八斗，共谷八百余石，移自太平县义仓）。其钱七千余串，汤镇独承钱四千串，其余池、周、叶三家分承，民间得以草草重建。"

虽然地方史料上把"绿壳"指向广东海盗，但非常有意思的是，在历史演变中，"绿壳"在民间慢慢地有了更为丰富的内容。因此，"绿壳"这个词在台州民间产生了不同说法：一是"绿壳"写成"乐客"。即快乐的客人，意为做土匪逍遥自在，是离家的快乐人。民国大"绿壳"——山大王金满的老巢临海东塍·洞树坑遗址的标志性文字即"乐客"。二是"绿壳"写成"落壳"。老百姓认为盗匪是反政府的，提着头颅过日子，随时可能会被砍头，"落壳"意为落下的骷髅头壳。三是"绿壳"写成"绿客"，即绿林好汉，这是受戏文梁山好汉影响，寓意有轻有重。但无论何种理解，都与土匪、海盗有关。"台州绿壳"在清末民初影响颇大，至今"绿壳"仍为骂人的名词。

台州"绿壳"之所以人多势众是有其原因的。清康熙收复台湾后，东南海疆安定，但到乾隆末期，出现严重海盗匪患。安南（今越南）乌艚艇匪是由安南封建集团内战中战败失意军官和疏散兵丁为骨干所组成,类似明代的日本倭寇,匪帮火炮洋枪装备精良,以福建、浙江、广东一带土匪为向导,深入我国内海,所到之处杀人放火,奸淫妇女,绑架勒索,无恶不作。海盗横行,致使闽、浙、粤沿海动荡,老百姓生灵涂炭。清嘉庆五年(1800),海盗"萃浙洋",沿海戒严。定海镇水师和舟山义勇南驰台州会剿。夏六月,安南艇匪纠集浙盗凤尾帮、闽匪水澳帮,共百余舰进泊海门(椒江)口外,企图登陆劫掠台州。定海镇总兵李长庚率水师于太平县(温岭)松门全歼海匪主力。击毙安南匪金、南、光三总兵和水澳帮头子林亚孙几百人,活捉艇匪差艚队大统兵伦贵利和浙江省盗凤尾帮匪首庄有美等八百余人。松门一战后,安南艇匪再不敢成股来掠劫东南沿海,却将其武器主要是法兰西、葡萄牙火炮洋枪和乌艚快艇留给闽浙粤海盗,使匪焰复燃。海盗承袭安南乌艚修造船技艺,惯以绿色漆涂船壳。台州各县乡村民团兵丁设瞭望哨,望见洋面上出现绿色的船,就点燃烽火报警,敲锣传呼,喊绿壳来了,意思就是海上来了强盗海匪。

咸丰元年(1851),清廷为镇压太平军,诏令各地组织团练,于是台州各县豪绅为维护自身安全大办团练,一批无赖纷纷加入民团。同治元年(1862)四月,太平军撤离台州,原来加入民团的没有了谋生的去处,便流落乡间,这些人手中存有武器且经过一定训练,在乡间横行不法,无恶不作,成了台州"绿壳中的中坚分子"。加之那时台州苛捐杂税繁重,咸丰三年(1853),清廷因镇压太平军而军饷不足,创办"厘局"。实行抽厘助饷制度,在原来抽取税契的基础上又多了一项"抽厘"的税。设局、卡在水陆交通要道向行商征收商品通过税——就是买路钱,又向坐商收取交易税,统称"厘金",又称"抽厘"。在同治元年(1862)设局十八处,分卡三十八所征收厘金,同治五年(1866)又设局征收盐税。从同治元年(1862)至光绪七年(1881),征收厘金的名目不断增加,浙江巡抚谭钟麟在奏议中说,台州"二里一分卡,五里一分局。民之肩挑贸易,例子所不捐者,概行需索,局卡并不给捐票,明明局员局丁分肥","纵令差役四役穷搜,任令虎狼肆噬。民或卖妻鬻子以偿,甚至投水悬梁而死"。台州有的百姓"由于捐厘重征税契苛索,受累已深,思俗泄愤,起而为匪"。

光绪十八年(1892),台州再一次遭受自然灾害,"夏旱冬大雪,十一月大雪深尺余,咳吐成冰,江河冻合,冻解随流,下触浮桥为断;花木尽萎,南方百年所未有也"。时黄岩人杨晨任御史,上疏赈恤,发放台州常平仓谷万石救灾。他说:"受灾地方饥民夺食,匪徒乘机抢夺。""米价一昂,民不聊生,恐盗风日炽矣。"吏治腐败是最大的腐败,州府里的一群贪官才是"台州绿壳",正是他们残暴的统治,造成了匪盗纵横的动乱局面。

清朝时期,海盗极其猖獗,台州一带的老百姓经常遭遇土匪,百姓们对他们十分痛恨。嘉庆年间,海盗特别多,他们的老窝在浙江、福建和广东的岛屿。很多海盗本来也是普通老百姓,社会动荡,官逼民反,只好落草为寇。这些"绿壳"奸淫掳掠、行凶杀人,做尽坏事,让老百姓吃尽了苦头。在台州绿壳占山为土匪,占海岛、游弋海上为海匪。

民国初期政局动荡,社会秩序混乱。"虽政制改为民主,而民间经济迄无转机,山陋海隅萎民不绝,匪风颇炽。"(《黄岩民国志稿》)民国时期,渔民头上"四把刀":鱼行秤杆、船主算盘、绿壳片子、水警派捐,最难防的是绿壳,何时何地会有强盗出没,防不胜防。"绿壳"的祸害使广大民众深感忧愤。一些社会贤达呼吁政府采取措施加强海上治安,肃清匪患,确保人民生命财产安全。

1949 年后,台州"绿壳"失去生存环境,纷纷改邪归正,从事海洋捕捞、农业生产活动。1955 年一江山岛登陆战后,台州全部解放,土匪失去巢穴,百年"绿壳"匪患终于肃清。

二、绿壳:生活中的代名词

绿壳是台州一带人对海盗船的习惯称呼,以前海盗船的船身涂上绿色,形状又像蚱蜢,海边的老百姓们就叫它们"绿壳"。后来,人们逐渐把土匪也叫绿壳,如今就演变成骂人的代名词。

其实绿壳一词真正出现在史书中,是清代的《临海县志稿》,但事实上,绿壳大行其道始于明代。台州海盗因参与倭寇对浙东沿海的抢掠而使朝廷、百姓深受其害。明代抗倭名将戚继光的足迹从广东到山东,但其抗倭主战场在台州,他在台州抗倭中曾取得九战九捷的辉煌战绩,令倭寇闻风丧胆,戚继光成为名动天下的英雄。戚继光在东南沿海(台州)抗击倭战争期间,总结练兵和治军经验,形成著名的军事著作《纪效新书》,是明代海防的一大亮点。明代倭寇有真假之分,真倭寇是"髡头跣足"的日本浪人,假倭寇是中国海边流贼,台州叫"绿壳"。①《明史》称:"大抵真倭十之三,从者十之七。"当然这不一定符合当时真实情况,倭寇团伙中混入"沿海奸民"的情况

---

① 王浩:《五十三个暴走族引发的战争——中日关系特别史》,南方出版社 2011 年版,第 55 页。

是存在的，但没有那么严重，文人和官员在强调某个观点时会过度描述，宋烜在《明代浙江海防研究》里就提出这一点。

海盗中最多的是广东海盗，有红、黄、蓝、黑、白、青六大帮派。海盗们的武器装备比浙江水军还先进，这也是水军那么多年都没办法消灭海盗的原因之一。"台州绿壳"在清末民初影响比较大，毕竟那是一个土匪横生的年代。到后来土匪打完了，这个词又以另一种形式流传了下来，至今"绿壳"在台州地区仍然是骂人的名词。

过去台州人骂人时，如果称其为"绿壳"或"绿壳坯"，那语气可算是相当严重了，当然，台州外的人则不知其含义。

"绿壳"的产生，与台州的地理环境有密切联系。古代台州，负山枕海，位于瓯越万山之中，东濒于海，为僻左之地。邻县之间，道路崎岖，舟楫不通，商贾不行。台州府志、临海方志有云："吾台古称荒域，僻处海滨。三代之时，人物无闻。""风俗不通上国，盖夷俗也。"①蛮荒之地是滋生"绿壳"的温床，台州三面环山、一面临海，是"绿壳"海上冒险的乐园。海上剿匪，"绿壳"逃窜山间，陆上剿匪，"绿壳"逃至海上。历史上朝廷剿匪大多以失败告终。明清时，台州两次海禁，玉环岛两次清岛，②三门蛇盘岛成为著名的海盗岛，这就是历史留下的印记。台州"绿壳"从有明确史籍记载起可以追溯到东晋孙恩农民起义，临海的周胄起而响应，"绿壳"在1949年前连绵不绝。到明代，台州"绿壳"因参与倭寇活动而臭名远扬。清、民国时因时局动荡，绿壳遍地，出现山大王金满等。"绿壳"还曾作为生活用语用来吓唬和教育孩子。每每碰到小孩子不听话，就说"绿壳来了"，这是台州哄孩子听话代代相传不变的话语。

台州人剽悍、性格急躁火爆，极易冲动。本来台州地处南蛮之地，土著就是山越人，因战争逃窜或迁徙往江淮，后来从中原或北地迁移而来的人大量涌入，骨子里面流淌着强悍的基因。王士性曾评价台州人："人重节义，节操刚烈，勇往直前，风气所致，至今犹然。"杨晨归纳台州人三个特点：一是好讼；二是好斗；三是轻生死。

"靠山吃山、靠海吃海"，自古以来的台州人只能依赖大山大海讨生活。但明清之际实行闭关锁国的政策，尤其是清朝初年的禁海令、迁界令，台州沿海居民被迫内迁三十里，清廷将房屋焚弃，不准百姓复界，并且再次申明"片板不许下海"。这种天怒人怨的政策，使得当时大量的台州百姓加入抗

---

① 郑瑛中：《略论郑虔与台州唐代文化》，《台州师专学报》2001年第2期。

② 明初和清初同样遭遇两次严厉海禁，玉环岛到雍正五年（1727）才获准开禁。

清的义军,台州府志记录为"海贼"。有清一代,众多的台州渔民被迫走上了"非法出海"的道路。

"绿壳"者,换个词就是"海贼王"。在明清,很多"绿壳"无非是生活困顿被迫下海讨生活的平头百姓。从某个角度看,他们往往具有勇猛拼搏、团结协作的气质,具有不畏强权、敢于造反的精神。

三、绿壳一词对后世之影响

新中国成立前,台州土匪活动猖獗,这些"绿壳"经常深夜入民宅抢东西、骚扰,让老百姓苦不堪言。

因为海盗船多是绿色,也有写作"落壳","绿"和"落",方言念起来是一样的。舟山一带,为什么说"台州绿壳,比狗还恶"?据可推测的原因,是台州人与舟山人在海上捕鱼,发生争执时,舟山人总打不过台州人。也就是说台州人打架时十分狠与猛。现在全国有不少经济学家、社会学家开始关注"台州现象"。然而,也有不少人开始用另一种眼光审视这块土地。有的人说,台州是一块谜一样的土地,谁也无法完全解读。有的人说,这是"绿壳"文化与"海盗"文化的滥觞。台州绿壳,成了一种"文化现象",也成为台州方言中的"绿壳"名词。后来,人们逐渐把土匪也叫绿壳,如今就演变成骂人的名词。清朝中后期,绿壳一直是盗贼的代名词,到了民国后期,这个词语的性质发生了比较大的变化,那时候"绿壳"可以分为四种类型,其实本质上就是四种不同意义上的土匪。

新中国成立以后,土匪打完了,"绿壳"们要么弃暗投明,要么被解放军肃清,自此之后就不再用"绿壳"来形容土匪了,而是逐渐演变成骂人的专用名词,比如在平时遇到一些坏人,其他地方会说"土匪、强盗",而台州当地人则称其为"绿壳"。这个词又以另一种形式流传了下来,直到今天,台州人在台州方言中还叫"台州绿壳",有时吵架骂人就说:"吾搭一副绿壳相!""眼乌珠突出,吃相像绿壳!"一个新的词语出现,往往与当时的经济、社会有密切联系。

第二节　泽润万家的和合盛事

民俗源于百姓生活的需要,在特定的区域形成、扩大和演变。民俗包含劳动生产民俗、日常生活民俗、传统节日民俗、人生礼仪民俗、民间信仰民俗等等，总之，它是民间长期积淀的一种群体意识和群体活动。它是当地历史和地理环境的背景下，形成的一种潜在的规则，一种地域性的生存意识和生存方式。它来自民众，传承于民众，规范民众，又深藏在民众的行为、语言和心理中，它陶冶了一个地域的精神和文化，也铸造了一方百姓的品德和胸襟。

台州的和合文化由来已久，最早可追溯到唐代的"万回"。据唐郑棨《开天传信记》记载，贞观年间，有一个神僧，名叫万回，俗姓张，哥哥在安西戍边。一日，突然听到哥哥战死，父母非常伤心，家人准备祭奠哥哥，万回却说："哥哥没死，我送食物去给哥哥。"说罢，万回拿起食物就飞身出门，白天出发，当天晚上就带着哥哥"缄封犹湿"的亲笔书信回到家里，家人都十分惊异。"弘农抵安西万余里，以其万里而回，故谓之万回也。"民间虔诚奉祀万回，称他为和合之神。明田汝成《西湖游览志余》云："宋时，杭城以腊月祀万回哥哥，其像蓬头笑面，身着绿衣，左手擎鼓，右手执棒，云是和合之神。"

唐贞观年间，在天台山出现了两位奇人，一位是隐士寒山子，一位是国清寺寺僧拾得，这两人衣衫不整，举止怪异，言语蕴含禅理，性情快乐，民间奉二人为"和合二仙"。到了清代，"和合二仙"寒山、拾得被朝廷认可，被清雍正皇帝敕封为"和合二圣"，从民间信奉上升到国家层面的倡导，寒山、拾得成了和合的形象大使，和合文化也融入乡风民俗。

和合，就是不同事物在矛盾、差异的前提下，彼此统一于相互依存的和合之中，和谐共存，吸取其长，而克其短，从而促进事物更好地发展。和合文化，是一种融入多种文化而产生的包容性、亲和性的思想和活动。和合主要表现为三个方面：即人与自然的和合、人与社会的和合、人的自身个体的和合。和合也成为当地百姓世代相传的生活方式和文化崇尚，是台州传统文化的标志。而寒山、拾得也成为台州和合文化鲜活的代表，天台山成为和合文化的重要发祥地，台州为"中国和合文化之乡"。

千百年来，"和合"文化扎根于台州这一方水土，深深地印在百姓的心里，渗透到丰富的乡风民俗之中，在世代的传承中，不断地丰富和发展。丰富多彩而又古老纯朴的台州民俗，其内核就是"和合"。从台州民间建筑的石窗、牛腿以及传统家具的插屏、千工床、堂门的图案中，可以明显地看出有许多荷花、宝盒的印迹，隐含着平安吉祥之意，寄托对幸福久久的希冀。

一、传说中的"和合"元素

从古至今，在台州这一方水土留下许多民间传说，最著名的要数济公传说、刘阮传说、寒山拾得传说。在这些传说中，就蕴含着许多"和合"的元素。

"济公传说"是以真实的历史人物济公（道济）生平经历为主线，以惩恶扬善为中心。济公头戴破帽，手拿破扇，脚穿破鞋，身着垢衲衣，嗜好酒肉，举止似痴若狂，人称"济癫"。可就是这样一位衣着破旧、相貌奇特、云游四方的僧人，却处处行善积德、为百姓救苦救难、好打不平、伸张正义、惩罚恶霸，而且又是如此的睿智、诙谐。因此，八百多年来，在传说中，深得百姓的敬仰和爱戴。济公传说表达民众对体恤百姓疾苦而又神通广大、解忧帮困的奇侠的期待与向往，济公身上表现出的慈善为怀、彰善惩恶，也是寄托了民众对社会和合的希冀。

"刘阮传说"流传于天台山，是关于刘晨、阮肇采药遇仙，并与仙女双双结为姻缘的神话爱情故事。它以人仙的爱情为主线，突出故事的神奇和浪漫，表达人们对于超脱现实的向往，歌颂美好的爱情，颂扬善良和正义，寄托了人们的美好愿望，使之成为中国文学作品中经常引用的经典之一。透过这一人仙爱情传说，我们看到的是凡人神仙和合相处的浪漫情怀。传说中的仙女也赋予了人间女子的美好，而其中表现刘阮与仙女悬壶济世、为百姓解除痛苦的传说，更是融入了百姓社会和合的向往。

"和合"元素体现最为直接的是"寒山、拾得（和合二仙）传说"。该传说以唐代隐逸诗人寒山与国清寺寺僧拾得的故事发展演变而来。寒山隐居天台寒岩七十余年，常去国清寺看望丰干、拾得，寒山与拾得相见如故，情同手足，视为知己。二人游览山水，言语藏锋，讥讽时态，举止怪异，劝人和善，劝世和合，被民间尊称"和合二仙"，名扬天下。"寒山、拾得（和合二仙）传说"孕育出内涵丰富的"和合文化"。寒山拾得结为异姓兄弟的故事，体现了休戚与共的朋友"和合"；寒拾二人送荷赠盒，也表达了对世间姻缘"和合"的期望；寒山、拾得与丰干三人结为知己的故事，更加体现了人际的"和合"。

二、居住习俗彰显"和合"之本

"和合"文化包含两层意思。一是人与自然的和合，二是人与人的和合。台州民间从村址选择到民居的建造，人与自然的"和合"显得尤为突出。无论是在山区、平原还是沿海,村址一般都是选在背山面水,有山有水,或是有山脉延伸、水脉相通之地。而且,村口(也就是水口)一般都长有一株或数株古樟树。台州山区的村落大都氏族聚居而成,村中最为重要之地就是宗祠,它也是一个宗族"和合"的象征。

台州民宅在营造上,也是尽显"和合"之意。最典型的是三台九名堂,它以前堂—中堂—后堂为中轴线,两边的厢房和抱屋均衡对称,显得严谨而大气。在大院的实用性上讲究主次分明,公用的、私用的、大事用的、一般时节用的,都规约得很明朗。在整个宅院的营造中,也是聚集各种"和合"之本,儒家的、道家的、佛家的,尽我所用,相互融合、浑然天成。比如可在中堂、边堂的排门、厢房的木花窗就刻有琴棋书画、文房四宝的图案,是儒家的追求;在内屋的木花窗、外墙的石窗、梁上的雀替甚至人们睡觉的床檐、床框等上面都雕刻有"和"(荷花图案)"合"(宝盒图案)图,有的干脆就雕刻寒山、拾得的"和合二仙"图,希冀宅院里的人们如"和合二仙"那样和和美美。居住在这样的宅院里,哪家夫妻吵闹了,会有人去相劝;哪个儿媳不孝敬公婆,会有人出来谴责;哪家孩子读书好了,会有人来称赞;哪家有难,会一同去想办法帮助……总之,在不经意的生活流程中,有一种无形的力量,会时时地会修补着每个家庭的过失,时时消除着人与人之间的隔阂,使人时时感到一种和合的氛围。这种在居住习俗中表现出来的苦心经营、无所不在的"和合",充分地表明台州百姓对自然、对社会"和合"的渴望,也是对"和合"境界的憧憬和追求。

三、祭祀中的天人和合

台州背山面海,俗话说:靠山吃山,靠海吃海。在台州的民俗中,有许多是与山、海相关的。

椒江葭沚渔民每年都要举行"送大暑船"习俗活动。据《椒江续志》记载,在清代,椒江的海门东门岭上就建有五圣庙。五圣,相传为张元伯、刘元达、赵公明、史文业、钟仕贵等五位,均系凶神。当地渔民每年都要举行"送大暑船"活动。农历大暑节这一天,二三十位年轻力壮的渔民,从五圣庙中将预先制好的一艘"彩绘大暑船"抬出来。随后,浩浩荡荡的送暑队伍将船送往江边滩涂。游行队伍用彩轿抬着"五圣"神位和送"五圣"的地方神神位,并沿路表演民间娱神节目,如舞龙、舞狮、腰鼓、铜管乐、荡湖船、踏地戏等,各路赶来的信众香客则沿路祈祷"送暑平安"。之后。由几位老人在大暑船边设坛祭拜,将五圣神位一一供奉到大暑船上的神龛中,待一切就绪,大暑船就在鞭炮声中被一艘渔轮用缆绳拖往椒江出海口,然后任由退潮的潮水将其送往远洋。大暑船出海时,江边鞭炮齐鸣,欢声雷动。许多人口中连连念着"送暑平安"。"送大暑船"通过祭祀、出海的仪式,保佑人们平安幸福,寄寓了当地百姓齐心协力将众凶神送出海,祛灾除恶、企盼天地人和合的美好愿望。

天台县街头镇古称"窦湖镇",是天台西部的商贸重镇。自清末开始,该镇元宵节每年都要举办"迎财神"。正月十四日,凌晨时分,人们将"财神爷"抬出来,沿着古街缓缓地行进着,迎会队伍先有清道旗、黄龙旗、锣鼓队、宫女队、铜锣、香案、财神轿,后有打集锦、莲子行、舞马、舞狮、舞龙等,参加人数上百人。沿途各家各户开门等候,备好祭礼,依次放炮仗,烧香跪拜,古街鞭炮声此起彼伏。中午时分,"财神爷"停在古街西头茶亭,坐西向东,面前的八仙桌摆上全猪、全羊、水果、干果等,四方百姓涌来祭拜。子夜时分,"财神爷"回庙。这一日,是"财神爷"走下神位,与百姓同喜同乐的日子,也是"财神爷"享受人间喜庆的日子。"财神爷"走进古街,走进人家,与百姓和合相敬,给百姓带来新的企盼和幸福。

温岭市石塘是浙东沿海一个古老的小镇,随着渔民从于福建迁入,也将当时在闽南盛行的七夕供奉玩偶的习俗带到这里。每年农历七月七日是石塘镇的"七夕小人节",七夕就是七娘妈的生日,闽南民间称织女为"七娘妈",视其为小孩的保护神。家家户户为未满16岁的孩子去买或自己扎制彩亭、彩轿(男童用彩亭,女童用彩轿)向七娘妈为孩子祈愿。小人节祭祀仪式从每年农历七月初一持续到七月初七,每天清晨,点香祭拜。七月初七清晨,人们在自家门口郑重地摆设香台供桌进行祭拜,祭拜由孩子长辈主祭,燃香点烛,求拜心愿。香点尽时分全家再次揖拜,放鞭炮,最后把"纸亭"连同戏文人物一块焚化——献给七女神。乡邻共设彩亭彩轿,摆上一壶老酒,7只酒盅,托盘上是各色水果、长寿面、面食糖龟、鲜肉,祭拜七娘妈,祈愿孩子平安、健康成长。

四、传统节日中的人际"和合"

传统节日是当地民俗中的一个重要组成部分,拥有其独特的道德教化的力量。譬如春节,就表现出敬奉祖先、家庭和睦、邻里和谐的"和合"精神。节日是日常生活的亮点,传统节日及其相关活动是传统文化的重要载体之一。从节庆活动中感受到欢乐、温馨和幸福,增添社会、家庭、宗族的和合,传统节庆为整个社会的和合提供了强大的保障。

在台州,传统节日主要有春节、元宵节、二月二、清明、立夏、端午、六月六、七月半、中秋节、重阳、冬至、除夕等。台州百姓过节,每家都在这一日要吃相同的食品。如十四夜的糟羹(天台人叫"糊辣沸"),二月二的"火煨粽",清明的"青饼""青饺",立夏的"煮蛋""糯米酒酿",端午的"粽子",八月十六的"月饼",重阳节的"糕楠",冬至的"冬至圆",人人都吃着一样的食品过节。

台州人的元宵节是正月十四,故有"正月十四是元宵,家家糟羹蛤蜊调"之民谣。以台州府"正月十四元宵灯会"为代表,临海古城是千年台州府所在地,据《康熙临海县志》载:"自正月十三至十八日,府城及各县城的各家门前架灯棚,悬灯于上,以兆丰年。"《台州府志》载,吴越国钱镠时,张灯为五日,宋初张灯为三日,"俗以十四为重,室内皆燃灯,妇女行百步以去病"。《民国临海县志》卷七《岁时记》云:"各保庙宇均有财神乙座,自十三起至十八止,分夜迎赛。人家及街市蓺爆仗,放流星花筒,或设鳌山,赛巧炫奇,喧乐彻夜。"挂灯笼、观灯、吃糟羹、猜灯谜成了人们节庆的主要活动。强大的民众共识和社会认同价值,促进了代代民众和合相处。

冬至节,三门县亭旁杨家村都要举行拜冬祭祖活动。杨家祭冬由取长流水、祷告祈天、祭祖、演祝寿戏、行敬老礼、设老人宴及与之伴生的相关仪式组成。冬至子时,地保敲锣巡村,催醒参祭人员。寅时祭冬开始,众人整冠束带,净手拭巾。主祭者插香点烛,乐队奏乐鸣炮,执事就位。祭祀时设主祭一人,陪祭四人。执事八人,读祝、喝礼及童男童女各一人。主祭、陪祭三叩九拜,三献茶果佳肴,千张锡箔及冬至圆等祭品。赞礼者朗诵祝文。长辈、名人、来宾及子孙,听从喝礼指令,左昭右穆,雁序跪拜。祭拜仪式结束后,举行庆寿仪式,上演吉利戏文。而后,连演传统大戏六昼夜。旧时看戏男女席位不得混杂,正堂是长辈、名人和来宾,天井是男丁,两厢是妇女。最后一夜戏演结束时,要举行关老爷扫棚仪式,以驱除闲神野鬼。通过祭冬人们深切地表达了对天地自然与祖先的感恩之情,传达尊祖聚族的人伦大义,凸显崇尚祖德、尊老爱老的道德理念,实现聚族睦亲和合相处的根本目的。

每年清明后的第三日,洪畴镇东安隐村的各家各户,会将祭馔的豆面、豆腐、猪肉、鸡蛋、鱼、芹菜等斋品,端到村中河塘边,摆好酒盅、筷子,焚香燃蜡,呼道:"无人所爱,无人所盖(管)老太公都来吃斋饭……"后烧纸钱,将每一碗斋食撮上一点,抛撒四周。这就是"义祭",又称"祭故"。义祭即为祭祀那些逝去而又没有后代的孤魂。"义祭"天台民间一项传统祭祀仪式,表达了对已故的鳏寡孤独先人的尊重和怀念,它蕴含了村民的纯朴与和善良,表现出一种亲情大义,体现了纯朴而古老的民风。对于增进村民互助互爱,倡导团结和睦的和合之风,是无形的滋养和培育。

六、传统游艺中的人与动物"和合"

"鹰击长空,鱼翔浅底,万类霜天竞自由",天地间的动物无论大小,都是生命的个体,爱惜动物的生命,就是爱惜我们自己。

每年的大暑至中秋,天台民间都会兴盛一种游艺活动,叫作"打油奏"。天台人称"蟋蟀"叫"油奏","打油奏"即"斗蟋蟀"。"打油奏"的大部分时间是在捉油奏、养油奏,一年中的这三个多月,也是人们与油奏最为亲密的时候,人们彻夜地在河滩捕捉油奏,在家里喂养油奏,听油奏动听的鸣叫声。早先在天台的西桥头,还有专门的油奏交易市场。中山路老街两旁的商家门口都要摆有养油奏的麦饼桶,供人观赏。油奏给人们带来无穷的乐趣。油奏的生长周期不到三个月。中秋过后,天气转凉,热闹一时的"打油奏"活动也结束了,油奏爱好者也会怀着不舍,趁着夜色,将陪伴了数月的油奏放回溪滩草地里,以便油奏入洞过冬,繁衍后代,来年再来捕捉。"放油奏"不仅反映了一种淡然的生活态度和乐观精神,也表现了人与自然的和谐相处。民间除了"打油奏",还有农历六月六的"狗节",四月初八的"耕牛节"。"耕牛节"是在每年农忙时节,而人们却在这一日,让耕牛在家休养,喂给精良饲料,犒劳终年辛苦的耕牛,体现了人与动物之间的一种温馨、一种体贴、一种和谐。

七、红白喜事贯穿"和合"之情

在台州的红白喜事中,"和合"之意,体现得淋漓尽致。它几乎贯穿于一个人从生到死的全过程。

在天台,一个孩子出生,有"落地笑"之俗(头胎生男孩要宴请亲友)。满月时有"分菜干豆"之俗(外婆家煮好"菜干豆"分给各家各户)。如果头年生下男孩,在次年的大年初一要置"果子酒"宴请村里亲戚朋友,俗称喝"果子酒"。当人们喝着酒、咀嚼着菜干豆时,既分享这家孩子的降临于世所带来的快乐,又有关爱这个孩子成长的义务。种种的习俗,就是希望这孩子在和合的氛围中健康成长,得到更多的亲情与关爱。

　　和合，在婚俗中更显重要。台州乡间一般男女相亲有"合八字"之俗，就是将男女双方的年庚八字放在一起看看，是"冲"还是"合"。如果男女相中，定亲时，男方的聘礼无论是糯米、小麦还是猪肉、订钱均为双数，如猪肉一百二十斤，聘金一千二……女方回礼也是双数，意取"双双和合"。

　　如是新女婿第一次去女方家。女方村子里的叔伯们，每家都要有所表示，民间称之"拔厨"。新女婿从那日的上午吃到傍晚，这家吃罢，又去另一家；这家未了，那家又来邀请。桂圆茶、鸡子茶、荔枝茶、麦饼、扁食、麻糍，等等。因为每一户人家都要做每一种食物给这个头回见面的新女婿尝尝，新女婿往往是吃得肚子滚圆。"拔厨"除体现女方家族的热情好客之外，更多的是体现团结和合、分享喜悦的过程。这不仅是一户人家的喜事，也是一个家族的喜事、一个村子的喜事。

　　再就是嫁妆，嫁妆里有两样东西不可少。一是有一床"清水荷花被"，也就是蓝印土布做的被套，给它起这么清丽、动听的名字，除了因为在靛蓝染成的布上印有荷花的花形外，它还包含了一个美好的祝愿，那就是"和合"。清水的"清"字是"亲"的谐音，而荷花的"荷"字是"和"的谐音。娘家的嫁妆送上这么一床"清水荷花被"，也就送上了一个永久的祝愿。二是有一对"合桶"（一种有盖的扁圆的桶），也是取其"合"意（后来成了"合仙"拾得手中捧着的圆盒），无论是"清水荷花被"还是"合桶"，都包含着祝福小夫妻能百年"和合"，祝福这对小夫妻与兄辈、长辈之间能"和合"相处，祝福这个新家庭与整个村子乃至整个社会之间能"和合"相处，同时，也希望将这种"和合"传承到下一代。

　　新娘子进门，一般要行一个仪式，叫喝"和气汤"。新娘、新郎、公公、婆婆、姑姑、叔子等都要轮流喝上一口红糖茶，祈盼今后一家人和睦。

　　许多乡村都有在新婚之夜"敲红鸡子"的习俗。晚宴过后，一群后生来到新房将床上的被褥一"抢"而空。等到子夜时分，才开始与新娘、新郎"讨价还价"，用香烟和红鸡蛋来换取抢去的被褥；还有"媒人旋"、给伴姑"打夯"、把新娘"上大橱背"……其实，这一系列近乎打闹游戏一般的举止，其目的是使这个新组合的小家庭能很快地"和合"到整个村的大家庭中。

　　"和合"不仅表现在喜事上，办丧事也是如此。如遇村里年纪长的、辈分高的、德高望重的人去世，如果是一座不大的村庄，干脆就全村总动员，家家都停火了，一日三餐老老少少都拥到这家"蹲饭"。而这家在院子打"地灶"，支上大锅。女人忙着烧烧洗洗，男人们则忙着丧葬的事。一个村就如同一个大家庭，都在忙着同一件事。其实，这就是乡俗中的影响力。它以一种风俗,来达到乡村邻里的和睦。若是两家不和或是冤家对头的,红白喜事就是一次极好的化解矛盾的机会。一家主动去打声招呼,另一家如果不去,就显得没有道理,礼仪上也说不过去。这时村里人也会上门相劝,碍于全村人的面子,这家人去帮帮忙,融入这和合的气氛之中。许多矛盾纠葛,也就在这一叫一来、一来一往中,渐渐烟消云散。

在天台民间有一种很特别的习俗,叫"分伴手"。如是新媳妇嫁到、新女婿入赘,或有外姓人要入村常住,都要"分伴手"。也就是将一些水果、麻糍、糖糕之类的,分给村里每家每户。分"伴手"的意思就是向全村人招呼一声:我做村里的新人了,日后大家多多照应!貌似简单的"分伴手",却有着不寻常的内涵,它使陌生人一下子变得熟悉起来、亲热起来,种种尴尬和隔阂也仿佛消失了。"分伴手"就是"和合"的开始,是一种"和合"的手段。

"和合"在人生礼仪习俗中的无形渗透,体现了台州人的生存意识、精神追求以及人生价值。每个人的一生都充满着"和合",无论是听的、说的,还是看的、做的,无论是出生、成人还是结婚、生子,直至去世,"和合"始终质朴而温馨地伴随着他走完自己的一生。

台州民间有一种习俗,叫喝"消气酒",是指两人结下了怨恨,在讲事人的劝说下,知错的一方会请对方来吃餐饭,喝几盅酒,请对方谅解,消除怨气,重修友好。"消气酒"包含了百姓的一种"化干戈为玉帛"的宽广胸怀,以及"和为贵""和为重"的信念。

在日常的生活习俗中,造桥是最能体现"和合"之举的。造一座桥是民间一项庞大的工程。造桥的募资,是很艰辛的事,俗称"写疏"。"写疏"也就是派人去四方游说,博得人们的慷慨解囊,同时将募捐的人名字记下来,日后在桥头竖一块"功德牌"。修桥铺路历来是台州民间一项修行积德的善举,是为来世的幸福修行最好的举措。因此,我们看到许多人尽管平时自己节衣缩食,尽管那座将要架起的桥,自己或许很少会走到,可是对造桥"写疏"却从不小气。实际上从"写疏"开始,也就踏上了一条"和合"之路,那张皱巴巴的"写疏"纸、功德碑,就是"和合"的见证。而那座展现在人们面前的新桥,既是"和合"的结晶,又是一个村"和合"的象征。

庄子曰:"与人和者,谓之人乐;与天和者,谓之天乐。"(《庄子·外篇·天道》)台州民俗,在千百年的历史流程中能得以传承,也充分印证了它的"和合"之本,它作为一种无形的精神力量和活力资源,构成了台州人民历尽艰难困苦而永不退缩的重要条件。和合,是台州民俗的生命力所在。而台州民俗蕴含的"和合",也充分展现了台州人民乐观向上的精神追求和"大象无形"的胸襟和气概。

第三节　口口相传的民间传说

民间传说体现一方百姓的信仰、审美以及风土人情，可分为人物传说、历史事件传说和地方风物传说。在农耕社会，传说与戏文是民间学德识理的最形象、生动的载体，百姓所受到中国古代传统的"忠、孝、仁、义、礼、智、信"等美德教育，大都是在传说与戏曲中得到体现。

一、民间传说的独特性

台州的民间传说除了具备民间文学的口头性、集体性、传承变异性等共性之外，极具地域的独特性。台州传说的独特性主要体现在以下方面。

1. 传说中的台州硬气和侠气

台州地处浙江东部，山海相连，民风强悍，台州人的硬气和侠气也远近闻名。在当地传说中，关于硬气和侠气的传说也占据较大的比重。它依附于真实的历史人物，并赋予人物一种超凡的神奇力量，突出神秘的超自然力，寄托了人们对正义战胜邪恶的理想。它以惩恶扬善、扶危济困为主题，常以智慧人物为主角，他们往往是正义的化身。

最为典型的是天台的"济公传说"。济公，俗名李修缘，法号叫"道济"，字"湖隐"，号"方圆叟"，公元 1148 年生于天台。李家是名门望族，世代仕宦。靖康之难，宋室南迁，李氏家族流寓到天台县的永宁村。李修缘 18 岁去国清寺做沙弥，后赴杭州灵隐寺受具足戒，在净慈寺做书记僧。他慈悲为怀，扶危济困，惩恶扬善，伸张正义，深得百姓的敬仰和爱戴，被尊为"济公活佛"。清初，随着《麹头陀新本济公全传》《评演济公传》《济公传》相继刊刻。神通广大、法力无边的济公形象，深入人心。济公传说内容有的涉及济公出世，如《济公出世》《拜佛求子》《降龙罗汉转世》等，有的是少年济公传说，如《济公对课》《祸出东门庵》《撒菜叶水救火》等，有的是济公癫狂济世、惩恶扬善、扶危济困、戏侮降魔的传说，如《游走》《巧计戏恶棍》《调花轿济公救民女》《济公西桥斗蟋蟀》等，以及与济公有关的民俗风物传说，如《饺饼筒的来历》《五味粥》《施安桥》等。绝大部分传说都是表现济公如何惩恶扬善、除暴安良，为老百姓解困救难，而济公大都是一个行侠仗义的奇僧形象。

方国珍是元末台州起义军领袖,黄岩石曲(今路桥方林)人,出身佃户盐民,曾与朱元璋、张士诚、元朝军队鼎力抗衡,称雄一方,在当地颇有影响。方国珍有兄弟五人,相传他出生的时候,民间出现"洋屿清,出海精"的歌谣。所谓的洋屿,是一座近海的小山包,当地人叫做童山。方国珍出生那年,因风调雨顺,春暖得早,洋屿山忽然草木郁然,又有附近的渔民捕得海怪,无人能识,才有了这样一说,于是方国珍的父亲方伯奇把儿子取名为珍。方国珍去世后,其家乡开始流传着他的传说。方国珍的传说可分为出生、洋屿起义、攻克三郡、实行保境安民政策、归降朱元璋几大部分,其中尤以起义最为精彩。

"蔡缸爿的故事"以黄岩真实历史人物为原型。蔡缸爿原名蔡荣名,字去疾,号簸凡(《黄岩志》记载为路桥人,当时路桥属黄岩县)。生于明嘉靖三十八年(1559),出身于书香门第,17 岁时中头名秀才,学识渊博,人称"东越才子"。蔡缸爿玩世不恭,放浪形骸,蔑视权贵,嫉恶如仇,嬉笑怒骂皆寓深意,颇为平民所尊崇,被赞为"台州的阿凡提"。作为一个民间的智慧人物,他才华横溢,聪明过人;作为一个蔑视权贵的典型,他英勇无畏,敢于斗争。"蔡缸爿的故事"包括《蔡缸爿》《上阶沿走到下阶沿》《芙蓉嫂》《抬粪修桥》等20 多个故事。蔡缸爿是百姓口头创造的一位布衣英雄,代表正义、智慧和幽默。

谢祭酒的故事,是流传于温岭一带的民间口头文学。谢祭酒,名铎,号鸣治,1435 年出生于太平县(今温岭市)大溪桃夏。明朝天顺八年(1464)进士。他是明代成化、弘治年间著名的教育家、思想家,又是"茶陵诗派"的重要作家。因为他曾经任国子监祭酒,家乡的人都尊称他"谢祭酒"。谢祭酒的家乡大溪,唐朝为台温驿道,是台州南部水陆交通的枢纽。谢祭酒的故事在台州各地都有传说,温岭、黄岩的乡村,更是家喻户晓。谢祭酒在朝做官时十分清正,且诗才横溢,好与权贵作斗争,得到百姓的拥护和爱戴。"谢祭酒的故事"包括《桃夏谢祭酒出世》《咏半月》《捉弄打坑人》《大溪的中秋节为何在八月十六》《代写卖田契》《花灯题词》《珠镯奇缘》《红粉肉故事》《炭箪灯》《一双龙头靴》等故事。这些故事,有同情弱者、为民做主的;有藐视权贵、打击邪恶势力的;有表现文思敏捷、博学多才的;也有为官清正、淡泊名利、崇尚简朴生活的,有着深厚的群众基础和浓厚的地方色彩。从思想内容上看,谢祭酒的故事具有关心国家和百姓的命运,盼望为国出力;关心民生疾苦,为百姓的痛苦呼号;对官宦专权,当地权贵者予以强烈的讽刺与抨击等特点。

2. 传说展示的台州独特的地理风貌

奇特的自然景观和独特的地理标志,往往都伴随着优美的传说,在以自然景观为叙事主体的山水传说中,自然山水已是一个赋予人的情感和故事生命体,寄托了人们对自然景观的丰富的想象,并在传承过程中不断积累延伸,使传说更加丰富、更加生动,表现着人们对美好情感的追求。

台州有大山、平原、沿海,多样的地理风貌也为民间的传说提供了丰厚的基础,几乎每个区域都有生动的山水传说,最有代表性的有温岭市的石夫人传说、三门县的琴江传说、黄岩区的鉴洋湖传说、椒江区的大陈岛传说。

石夫人峰耸立于温岭市的五龙山上。五龙山南北走向,高约数百米,北端是百丈岩,中段主峰亭亭玉立,宛如一位风姿绰约的夫人。"巍巍独立向江滨,田畔无人水作邻。绿鬓懒梳千载髻,朱颜不改万年春。雪为腻粉凭风敷,霞作胭脂仗日匀。莫道面前无宝镜,一轮明月照夫人"(南宋詹会龙《咏石夫人》)。石夫人峰就成为温岭象征性的自然景观与独特的地理标志,夫人峰也会随人们视角的改变而变换形状,正面、侧面、背面神态各异。据明《嘉靖太平县志》记载:"五龙山脊有石耸立,大可百围,上有丛木,如妇人危坐,俗号俏夫人……众人率呼石夫人。""父老云:昔人渔于海滨不返,其妻携子登此望焉,感而成石。"

最为流行的是石夫人与石陀人的故事。传说中的石夫人是海边一个穷寡妇,她在赶集时认识澄江边来的石陀人,彼此相爱。为了摆脱有歹心的族长,在雨夜中背着女儿去找石陀人。路过五龙山时,鸡鸣天亮,无法隐身,一气之下化为石头。石陀人闻讯,悲愤地久久痴望,也化为石头,两座奇峰隔山隔水长相思……传说将人民群众向往婚姻自主的美好愿望融入自然景观中。

石夫人传说在五龙山下的乡村间传播,还传播到黄岩澄江流域石陀人峰所在的黄岩西乡,正因为有了石夫人的传说,才延伸出黄岩区澄江的"石陀人的故事"。两处山峰遥遥相对,两地的传说也深入人心。

琴江地处三门县,原名健跳江,古称浮门江,西起县境漱水山麓,东至三门湾口入东海,全长 17 千米,主要江段在健跳镇内。据传,南宋康王赵构逃至浮门,投琴入江,遂更名为琴江。琴江传说是围绕琴江两岸的历史人物、历史事件、地方古迹、自然风物及社会习俗等而展开的口头文学。具体可分为两大块内容:风土传说和人物传说。风土传说又分为地名传说、民俗传说、神话传说等。地名传说主要围绕琴江两岸的地名延伸的传说,有《琴江的传说》《螺狮山与昌鱼山》《猫儿屿、老鼠屿与鸡公屿》《平岩》《浮门传说》

等；民俗传说也是江畔的民间习俗，有《林姓不做十月半》《孟姜女遇难大宅山》《华山娘娘》《三门月饼夺第一》《乾隆与青燕》等等；神话传说有《对牛弹琴》《金蛙望月》《仙人箱》《琴江水族比武会》《浪花与礁石》《玉帝赐名隐龙山》等等。这些传说、故事无不烙有三门湾海洋渔俗文化印记。琴江传说人物传说大都涉及历史上真实存在过的人物。如唐代高僧怀玉禅师、南宋皇帝宋高宗、南宋丞相文天祥、明代开国元勋汤和、明代抗倭名将戚继光、南明王朝鲁王朱以海、明末清初浙东名儒黄宗羲等人。其中最早的一篇是起源于唐代的《怀玉僧募筑健阳塘》。讲述的是唐代著名高僧怀玉禅师如何募资修建健阳塘的故事。与南宋时期相关的传说均带有"山河破碎风飘絮"的国难悲情色彩，如涉及皇帝宋高宗有关的传说有《宋高宗投琴》和《沙木渡传说》，与文天祥有关的有《文丞相祈梦四顾基》。明代出现的传说故事均跟抗倭有关。还有南明王朝流亡到健跳所城时期的故事，清代开始流传的故事均与乾隆皇帝有关。内容涵盖了琴江两岸的人物、地名、物产、民俗风情、人文环境等诸多方面。

鉴洋湖又叫鉴湖，位于黄岩区院桥镇东南五千米的鸡笼山下，它是由古海湾演变而成的潟湖。是黄岩最大的内湖，也是台州市区唯一的内河湿地。鉴洋湖传说中，《镇锁桥的故事》是比较典型的传说。说的是善良的小白龙和好友千年河蚌在玉皇大帝的帮助下勇斗黑龙，终于使老百姓过上太平生活的故事。鉴洋湖传说既有当地独特山水风光的传说，也有与当地关系密切的历史人物的故事传说。这些传说与当地的风景名胜和历史遗迹紧紧相关，具有鲜明的地方特色。从主题上看，主要表达了颂扬正义、声讨罪恶、追求美好的理想和愿望，既具有浪漫的神话色彩，又有宣扬积极的忠孝思想。

大陈岛古称东镇山或洞正山，位于椒江区东南 52 千米的东海海上。由上大陈岛和下大陈岛组成，同属台州列岛。公元 5 世纪中叶始闻。古代台州往朝鲜、日本的商贸船只皆取道该岛，并习惯以高梨头礁为航海标志。明代 16 世纪中叶，大陈岛为海上抗倭战场之一。大陈岛民间传说的内容大多反映海岛岩礁来历、渔民习俗来由、海洋生物来历等等。如反映岩礁来历的有"甲午岩的来历""望夫礁的来历""鸡笼头的来历""猫头礁的来历"等等；反映渔民习俗的有"摇浪大与渔师庙"等等；反映海洋生物的有"虾狗弹和水潺的传说""裳鱼望虾做眼子""黄鱼、鳓鱼的来历"等等。这些民间故事展现了海岛居民特有的想象力和审美情趣，也是他们在特定的自然环境中求生存时内心愿望的表达，大陈岛的民间传说是海岛文化的一个重要组成部分。

3.传说的独特的生产习俗

人们在长期的生产生活中,创造并流传相关的传说,表达了对自然的一种崇敬之情。最典型的是"黄岩蜜橘传说"。三国东吴沈莹《临海水土异物志》记载"鸡橘子,如指头大,味甘,永宁(按,旧黄岩县名)界中有之",黄岩蜜橘传说大致可以分为两大类:一是关于蜜橘由来的神话、传说,关于蜜橘的由来就有多个不同传说版本,有的说是观音菩萨身边通了灵性的一块顽石点化成人,从天上带来金果种在澄江两岸。在这些口头流传的民间传说中,蜜橘不只是美味的水果,更是上苍赐予的吉祥之物。例如《石陀人与黄岩蜜橘》《石大人守橘》《老药农与柑橘》《橘郎》《柑橘的由来》等。二是关于蜜橘的相关历史传说,例如《宋高宗放橘灯》。黄岩蜜橘传说作为黄岩橘文化的组成部分,反映出劳动人民的勤劳智慧和他们对蜜橘的喜爱和赞美。它是宝贵的民间文学遗产,广泛而深刻地反映了橘乡的历史风情,折射出璀璨的历史光辉。

二、台州传说的文化影响

作为一个区域的民间文学,台州民间传说与其他区域的民间口头文学一样,具有浓厚的民众基础,在传承过程中,人们不断加工,使之成为极具影响力的文化现象。台州民间传说,在千百年的传承中,逐渐塑造了中国民间文学中的典型形象,如戚继光、方国珍、济公、寒山、拾得、刘晨、阮肇、仙女、石夫人、蔡缸爿、谢祭酒等。主要文化价值主要体现在以下几个方面。

1.传说反映了台州不同时期的历史风貌

石夫人传说反映了当地的社会现状,历史上温黄地区市场经济比较发达,集市贸易活跃,演绎了传奇故事。石夫人的各类传说在温岭当地群众口耳相传,温岭人民对她有着特殊的感情,激发着人们对家乡故土的思念和钟爱之情。石夫人传说中敢于冲破封建礼教和恶势力的禁锢与命运抗争的受压迫受欺压的中国女性形象,对于反对封建礼教,特别是广大妇女摆脱封建礼教的压迫和束缚、争取婚姻自主具有积极的教育意义。而戚继光传说与台州许多民间文化形态相附丽、与正史并行互参,对于研究明代抗倭历史、台州地域特定历史时期军事与其他社会形态风貌方面有着重要意义。

2.民间传说传播形式多样

传说分散存在于民谣、传说,谜语等民间文学门类中,还渗透于道情、乱弹、莲花落、田间民歌小调等民间表演形式。

戏曲、曲艺是民间喜闻乐见的表演形式,同时,传说也成为民间美术、民间工艺的主要题材,如"和合二仙""刘阮遇仙"等。以"刘阮传说"为题材创作的绘画作品,较为著名的有元代赵苍云纸本水墨《刘晨阮肇入天台山图》,明代丁云鹏的《天台刘阮图》,清代沈宗骞的《天台采药图》、改琦的《刘阮天台图》、黄山寿《刘阮采药》、近代沈燧《天台仙境》、叶曼叔《天台春晓》,当代李耕的《天台采芝图》等。

以戚继光抗倭为题材的戏剧久演不衰,京剧、乱弹、平调等不同剧种表现戚继光抗倭传说,进一步增强了戚继光的文学艺术形象的丰满度和感召力。口耳相传的"济公传说",早在明代就以说书的表演形式出现在市井,妙趣横生而不失睿智,神奇迭现又体现平民思想,口头文学与真实的风物紧密相连,鲜活生动,亲切自然。

缠绵悱恻的人仙爱情传说,历来是戏曲表现最多的题材。在台州的民间传说中,"刘阮传说"也是历代的戏曲改编最多的传说。元、明是中国杂剧的黄金期,"刘阮传说"的爱情故事也成为杂剧家热衷的题材,他们创作出许多以刘、阮入山采药为题材的杂剧。较为著名的有马致远《刘阮误入桃源洞》、汪元亨《桃源洞》、陈伯将《晋刘阮误入桃源》、王子一《刘晨阮肇误入桃源》,明传奇有吴麟《天台梦》,明末清初戏曲作家袁晋《长生乐》、张匀的《长生乐》等。新中国成立以后,天台当地以刘阮传说为题材创编的戏剧有《天台遇仙记》《天台遇仙》《二度桃源》《桃源遇仙记》《桃源梦》《仙子情》《瑶池姻缘》《琼台情缘》等。

歌谣、民谚是传说的另一种表现形式,短小精炼、生动活泼。台州民间有关传说的歌谣很多,以戚继光抗倭传说、刘阮传说为多,歌谣《神仙眷属》以十二月为主线,叙述了刘、阮与仙女的爱情。

> 正月梅花斗雪开,
> 桃源洞中仙女美,
> 千年修炼未婚配,
> 难怪其要下凡来。
> 二月杏花满山开,
> 刘晨阮肇采药来,
> 喜鹊枝头喳喳叫,
> 仙女想郎勿敢爱。
> 三月桃花朵朵红,
> 想叫刘阮进洞中,

只是说话难出口，
眼看桃花两爿开。
四月蔷薇开得齐，
情越深来越有义，
放阵白雾将郎迷，
要其自家进洞里。
五月石榴半丫开，
勿怪郎像呆蒲虫，
美满姻缘摆眼前，
还是一懂也勿懂。
六月荷花水上升，
仙女胆量涨三分，
溪坑漂去胡麻饭，
引得刘阮来洞厅。
七月凤仙花儿盛，
神仙情侣恩爱深，
女唱神曲男弹琴，
似胶似膝两相亲。
八月桂花黄又黄，
刘郎染病心着慌，
亏得洞中有草药，
百病消散一茶汤。
九月菊花闪金光，
床头情话讲得爽，
只嫌相见时太迟，
神仙勿生小儿郎。
十月红叶夹头飞，
步门勿出坐洞里，
只怕刘阮想归去，
好菜好饭宽待其。
十一月里北风起，
两只雁儿并头飞，
一鸣一叫相响应，

好像刘阮共仙妻。

十二月里想家里,

仙妻送郎惆怅溪,

明年正月一十七,

望郎重到相思地。

3.传说形成一种独特的地域文化

传说在传承过程中,渐渐形成了一种文化现象,并产生巨大的影响,如民间称寒山拾得为“和合二仙”,仅建庙奉祀。清雍正年间,皇帝敕封寒山为“和圣”、拾得为“合圣”,“和合二圣”名扬天下。寒山拾得传说孕育出内涵丰富的“寒山文化”“和合文化”,同样,济公传说的“济公文化”,刘阮传说的“桃源文化”“围棋文化”,等等。

济公传说孕育了“济公文化”,作为“济公传说”的发源地天台,早在1993年就成立了济公文化研究会,每年举办天台山国际济公文化节,建立中国济公网,挖掘民间传说,占地17亩的“济公故居”修复落成,从故居的布置到内件的摆设,也尽显“济公传说”的元素。央视根据“济公传说”拍摄动画电视连续剧《小济公》。(图7-1)

图 7-1　济公故居

刘阮传说也孕育了“桃源文化”“围棋文化”。刘阮传说使“桃源”成为美好人间的代名词。在天台当地,以桃源命名的地名、道路、商店、小区等,“松风流水声瑟瑟,桃花玉洞春漫漫。刘阮幸遇两仙子,月上对弈犹未残”。显然,诗中的“月上对弈”是刘阮与仙女爱情生活的一必不可少的场景。1988年,天台县被国家体育委员会命名为全国第一个“围棋之乡”,并成功举办了中国第一个围棋节,其源头就出自刘晨、阮肇入天台遇仙的传说。(图7-2)

图 7-2　油画《桃园遇仙》

4. 传说与民俗相互交织

台州的风俗大都与传说有关，因而它不仅在文学、美学方面，也在地方史学和民俗学等方面都具有独特的价值。如来自戚继光抗倭传说的"正月十四吃糟羹""正月十五间间亮"形成了台州的元宵习俗，椒江区民间流传的正月十五"放橘灯"习俗，来源于康王南渡传说。在济公的故乡天台县，许多民间习俗，如家家户户节庆食品"饺饼筒"，每年大暑至中秋民间进行的"打油奏"游艺活动等，都与"济公传说"有关。而"刘阮传说"中的仙女、刘阮为民造福，其善良而博爱的美好品德，受到百姓的爱戴，民间把他们奉为"神医""药仙"，纷纷造庙供奉。每年农历八月十八、十九、二十，刘阮庙都要举办传统庙会。相传农历八月十八，是刘晨的生日，又有一说是刘晨、阮肇归乡的日子。人们从四面八方过来祭拜刘晨、阮肇和仙女，因祈求灵验，香火十分旺盛，戏台连演三天戏文。在民间的庙宇中，都有"问答""求签"的习俗。它是民间占卜的特殊形式，求子、求婚姻、求事业、求学业、求生意、求健康，等等。其签诗中也常用到"刘阮传说"，如天台琼台庙的签诗"误入桃源"："误入桃源洞里中，烟霞云水游前红。刘郎未识正仙景，一出溪头路不通。"签诗"刘阮遇仙"："山中快乐无穷尽，脱却凡尘总不知。刘阮采药遇仙妓，桃园洞里结夫妻。"

5. 传说促进当地产业发展

作为当地一种特殊的文化现象、文化品牌，传说也渐渐融入当地产业之中，如温岭市的"石夫人的传说"而带来的"石夫人"啤酒、"石夫人"鞋业等，由"济公传说"带来的文化产业也方兴未艾，济公故居的旅游人次逐年提升。同时，"济公家酿"系列、"济公缘"铁皮枫斗、"修缘蒸糕"等走销市场。"天台乌药"是天台山的一种名贵的"道地药材"。相传,刘晨、阮肇二人入天台山采药,采的就是"天台乌药";二位仙女赠送刘阮的"仙药"也就是"天台乌药"。在民间它被誉为"仙药""长生不老药"。2005年,天台乌药被批准实施国家原产地域产品保护(现国家地理标志产品保护)。2006年天台县被命名为"中国乌药之乡"。刘阮传说中的乌药,已经成为天台一项重要的产业资源。

6.传说的保护与传承

改革开放以来,中国文学艺术创作百花齐放、百家争鸣,迎来了绚烂、崭新的时代大发展、大繁荣,一大批民间文学爱好者走进田野采风,整理,并陆续在报刊上发表。20世纪80年代,开展民间文学三套集成整理工作,多数已收入中国民间文学三套集成的相关县市故事卷中,陆续出版了《天台山遇仙记》《小济公》《济公传说》。天台县的"济公传说""刘阮传说"列入国家级非物质文化遗产代表性项目名录,临海市、椒江区的"戚继光抗倭传说"、天台县的"寒山拾得传说"被列入浙江省非物质文化遗产代表性项目名录,温岭市的"石夫人传说",三门县的"琴江的传说""湫水山龙传说",路桥区的"方国珍故事",椒江区的"大陈岛的传说""赵康王南渡传说",黄岩区的"蔡缸爿故事""黄岩蜜橘的传说""鉴洋湖的传说""九峰民间故事""松岩山民间故事"等,分别列入台州市级非遗代表性项目名录。

家庭是中国传统社会中最基本的单位,人们生活在各种由自己编织的网络之中。绿壳也好,抗倭也好,讲和合也好,都是在特定历史阶段所产生的文化现象,绿壳、倭寇都消失了,与之伴生的民俗也随之消失,和合文化却历久弥坚,显示出强大的生命力,印证了民俗文化的兴衰及其存在的现实和可能。

第八章 芸芸众生编织的世态百相

民俗好就好在讲生活，讲真实，即"真人、真事、真说"，芸芸众生编织的多为"各个不同"的社会生活之"相"。生活的丰富多彩构成物质民俗、精神民俗的千姿百态。无论是民间的风俗习惯、民间信仰和民间文艺，都呈现出地方性、时代性、承继性。9 个县市区、47 个民族聚合，使得台州节日习俗、民居饮食、生活方式等各具形态，充分展示村落日常生活的话语和实践，散发着独特魅力。我们有意识地择取这些生活面相的几个画面加以凸显，试图通过透视有限的事象彰显出了一幅传统民间"世态百相"图，追求民间叙事的完整性和个性，并通过田野考察展示对农村习俗"改革"的现代性思考。

第一节 "做会"：地方独有的融资模式

做会，民间俗称"摇会""纠会""拼会""请会""摇会"，为一种临时性经济互助组织，称"兜会"。有些人家因遭遇意外变故，或家有婚丧嫁娶，或建造渔船、房屋，或偿还债务等，需要一大笔资金支撑，向亲朋好友求助而被认可的一种民间集资的形式，这是一种民间互助的较为普遍的筹资方式。旧时，"做会"在台州各县民间都非常盛行，在很难得到钱庄资金周转的情况下，做会成为民间经济互助最为流行的一种传统方式。台州的城镇、农村，无论大家小户，做会习俗一直流布，至今绵绵不绝。不过，近年来，非法融资侵袭了大众的口袋，加上会头、会脚不断出现仙人跳，做会频率大为减弱，由旧时的高频到现在的低频，不再是民间融资的主要方法之一了。

一、约定俗成的民间融资模式

"做会"这种民间借贷形式，是民众在生产生活中互通有无，解决资金短缺的一种方法,有学者认为:"民间合会正是源于古代的民间互助习俗。"①
乡村一些家庭参加"做会"活动,来缓解临时用钱需求,应一时之急,有的人
家同时与人拼凑几个会。其原因有三:一是由于建造房屋、集体购置新船、
招股、婚丧嫁娶等活动需要一笔资金,故而通过招会筹集,既可分期还款,化
整为零,又比借高利贷利率低;二是作为零存整取的一种储蓄形式,平时节
省一点,届时有一笔可用资金,对于经济困难者而言平时挤一挤也可熬过
去,对于经济富裕者而言拼会也就节省了钱,否则平时花掉也看不见;三是
拼了会后,若有急用时便可及时收取会钱以应急,既避免了借高利贷,又可
化整为零地还款。有的人经济窘迫,则邀请亲友纠会以解决困难。根据本
息支付的情况,有"纠会"和"洋钱会"的区别。

邀请亲戚朋友,聚会集资。恰如借贷手续,除亲戚挚友可一言为定之
外,有的则需立文书字据,央人担保,个别甚至要出具物品抵押。有些"会"
虽有利率,但利率都较低,并根据市场物价稳定与否而上下浮动。民国期
间,一般利率2分左右。20世纪50年代中期,社会安定,利率曾降至1—
1.5分左右。做会形式也在不断翻新,如"楼梯会""标会""轮会"等,这些会
性质相同,但会钱数额较大时,荫"重会"者必附加利息,相当于一种互助信
贷。如"楼梯会",头会会金由会首收用,从二会起,谁得会将以抽签决定。

发起会者叫"会头(首)",亦叫"会东",被纠者称"会脚",也叫"会友",即
先向至亲、好友、邻居们串联集会,然后办酒席宴请会友,俗称"吃会酒",会
首与会友一般凑足十人及以上,集资数目一般为银圆100元或200元之数,
每人平均分摊,按摇骰子的方式确定收取会款次序。由会头和会友事先商
定四件事情:一是会员(如10人、15人);二是会佃(钱)数(每份多少钱,如
每人100元);三是会利(每次举会利息多少,一般在1分利左右);四是时间
(每次举会的间隔时间,月度、季度或半年度等)。第一次会钱全部交给会头
收取;第二次举会,每人缴纳会钱,通过摇骰子的方式决定收会者,谁摇的点
数最多,谁得会,依次类推,每摇一次,还一次,到还完为止。纯属互助的形
式亦称"干会",没有利息;有利息的称"计息会",其收款次序越靠后,所得利
息就越高,且逐月等额递增。不急着用钱的会友宁愿迟些收会,得益会更多
些。现在纠会规模越来越大,不但人多,钱也多,一次五千至一万元、三万,
有的甚至十万以上。人数从10人到30人不等,多的有几百人,规模超大的
纠会融资已经失去本来面目,有些成为非法集资了,失去诚信,害苦了一批

---

① 郑启福:《中国合会起源之考辨》,《湖北经济学院学报》2011年第9卷第2期。

人，很多家庭甚至家破人亡。

每次会期都要举行一次摇会，所以，就产生了会头、会友和会证 3 个角色。会证一般由会头兼任，也可以是会友中的一人，少数举会者请会友之外的人担当。会证做好收钱、记账、交钱等手续，还作为中间人。《黄岩文史资料》记载："会脚的会佃各不相同，故设'会证'，即记账员；同时建立'会簿'，即账册。"[①] 20 世纪 90 年代后，兴起一种人情会。中国是讲人情的社会，亲朋好友有困难，各人各出一分子会钱，由参与做会者各人自己挑选第几期，来排定会钱收回时间，会头按照约定时间还给会脚者会钱（本金），此类会不收会利的。

建造房屋、经商、婚丧喜事等，如遇资金周转困难，"纠会"进行集资筹款，以渡难关。会友们类似现在把钱存在银行、储蓄所拿利息，合情合理。

基本做法是：一般由会头发起邀请亲朋好友若干人参加，自愿约定每月、每季、半年或年度摇会一次，会头不参加摇，不过要自始至终负责组织每次摇会的催人、收款等事务。会友每次各交纳同等数量的会款（得会者在以后举会时按照约定加交利金），在聚会当日或早几日交齐会钱，交给得会者，会头先收第一次会款，会头作为"会"的发起人，是求援者也是操办者，所以他从始至终都不需要出利息，也没有得利息。以后依排序或摇骰子、抓阄（俗称摸文）等不同方式，决定参会者（会友）收款次序。按照民间说法：组织者为会头（首），一般以暂遇经济困难者聚头会。入会者一般 8 至 12 人为宜，称会脚或会友。每个份额叫做"脚"，"几人"即为"几脚"，成立钱会叫做"树会"，结束则说"会满"，会款称为"会佃"（即现在的会钱），每期交会佃叫做"荫会"，通过摇骰子决定轮流次序，且每月、季、半年或一年摇一次，因此叫"摇会"。首期会即"头会"。已经得会佃的称为"重会"，没有摇到的称"轻会"。重会从他得会的下一期开始就要加利息，称为"荫重会"；反之，轻会者每期还是叫"荫轻会"，不需加利息。实际上用利息平衡了收会的时间差，最先得会的占了时间优势，而最后得会者则收取了前面会友的利息，弥补了得会时间上的延迟。旧时，每期摇会会头都要摆一桌丰盛的酒宴表示答谢，也算作象征性的利息。做会者太少或太多难成会，人少融资难达到，太多人应会时间长，也无必要。做会系自愿参加，大都是亲朋好友，每会脚出资额看需要而定，定时定额凑钱。

聚会者首期会头不办会酒宴请诸会脚，就以会酒金额回礼。会期以大

---

① 《黄岩文史资料》1987 年第 10 期。

家商议为定,会期 1 月 1 期,叫做"月月红",亦有 1 季度 1 期,也有半年 1 期。金额有大有小,最多不超过 20 人。大约 90 年代后,一部分用抓阄(摸纸卷)确定收会者,摸得几号即收第几期会钱。算好每期会钱(连会利),由会头打印成单,会员各执一纸,每期进出会钱都由会头经办。

摇会这一天,一张八仙桌(或其他方桌)中间放一个特制小竹罩,顶上有个圆洞,将 6 颗骰子放在小碗(或小竹筒)里盖上碟子,用手举起摇来摇去,摇数下后将骰子从洞口倒入罩子,然后揭开,看看 6 颗骰子共几点。会员轮流摇,由记录者当众逐个记下。摇得点数最多者为该次的得主。会还可以买卖,得会之人如果碰到不急用,可以把会钱卖给没有得会之人,既可以卖得一笔钱,又可以把双方位置循序对换,每期继续受利金,坐收渔利。但一般得了头会(除会头所得的首次)就不会卖的,老话讲"生儿生头个,摇会摇头会",摇到头会就是好运气,摇中者就像中了彩票。

黄岩人还有个摇会习俗:捺桌脚。即摇得 30 点以上的,认为大有希望,有利可图了,就按"精明者"的指点,用手将一个桌脚(自己所在位置)捺住,防止下面的人摇的点数更多而被夺走。

"做会"习俗传承至今,特别是在改革开放初期,台州的很多私营企业单位采取了群众集资的形式,有的以入股形式分配股息,有的定期拿取利息。这种为现代经济服务的集资方式,是在"做会"这一传统民俗的基础上,经过改革、完善、变异而发展起来的。

台州的做会习俗对于股份制的发展功不可没,它的存在,生动地诠释了什么叫众人拾柴火焰高。台州民间融资的土壤丰厚,它起源于隋唐的"呈会""抬会""标会"等,从来就没有中断过。台州人擅长做"会",20 世纪八九十年代,很多台州人创业时的第一笔资金就来自做会。做会把民间资本有效地集聚起来,而且这种基于血缘、地缘及熟人、亲人之间的信用度,使资金的运行成本变得很低很低,因为重然诺的台州人,一向把自己的脸面和信用当回事,失信于人,欠债不还,在台州是件相当"倒牌子"的事,会让他们在左邻右舍中抬不起头,无法挺起腰杆做人。一家如果出了个老赖,子女的婚嫁都成问题,一个赖皮的人家,媒人是不愿牵线做媒的,好人家也不愿跟他们结亲。台州人古时被称为穷山恶水之地,都说穷山恶水出刁民,但台州这个地方,自古以来出的多是莽夫和勇士,而少刁民。

传统的摇会(钱会)是劳动人民在长期人际交往中创造的一种约定俗成的融资模式,是人们通过互助互惠的组织形式来对抗临时风险的共同行为,受到普遍认同和欢迎。这其中所包含乡土社会中的邻里关系、契约精神、道义情谊、信任、持家等传统价值观，充分体现了民间的智慧和坚韧的精神。

二、形形色色的聚会模式

除了以现金出资的做会模式，台州还产生了许多其他聚会模式。

互工会，指的是人力互助、工具互借的生产力的调配。新中国成立初期，生产关系变革，农业合作化，在 1951 年下半年，少数农村开始组织临时性、季节性互助组，"自愿互利，等价交换"。各乡相继组织帮工组，亲友近邻间互用农具、互帮劳力以工还工。1952 年，台州各县实行推广临时互助组和常年互助组，自找对象，自愿结合，生产计划自订，劳动统一使用，各户出资，统一实施，收获归自。

稻谷会，谁家遇到缺粮或困难之时，特别是稻黄之时还早，青黄不接之际，便纠集亲朋好友、邻舍村友来做谷会。纠会之日，农民们遂以新鲜稻谷作为纠会资本。每位会友桌 1 担（即 100 斤）稻谷到会头家中，如若 10 人，便是 10 担（1000 斤），60 年代以后逐渐消失。

父母会，指专为父母治丧聚集的做会，倘若与会者中谁的父母逝世，那么每个聚会者支付固定款数，并帮助操办丧事。

玉成会是一种既体现互助，又合理收取低利息的形式。

月月红一月一次，这种会，俗称"月月红"。月月红的性质是互助的，参加者都是亲朋好友，大家凑在一起，一般以 10 人为准，也有 20 人、30 人的。这种"轮流做会"在民间很流行。

据《台州民俗大观》《台州风俗》二书介绍，台州旧时做会，还有多种形式。

慈善互助会。临海设立众多慈善机构和民间组织，清同治七年（1868）设立的育婴堂收养弃婴或寄养贫者婴儿，设立救助供养孤老孤儿的养济院。当时还有官办的励节堂，为赴考乡试资助路费的宾兴局、培元局，储谷以备凶荒的常平仓等。清至民国期间，为极贫死后领葬的寿方屋、太平厂、应氏长生会和城内聚丰园老板潘绎如，把酒营郭和霖等人倡领筹募经费建寄柩停棺之所城东山宫"梦蝶山庄""白鸥殡舍""模烈山庄"等二排五十余间厝舍。凡死后无钱丧葬的贫寒人家，均送棺材一口入殓。东门街两湖会馆专门为湖南湖北籍的亡者建停棺寄柩之所"楚湘义园"。各地还为婴儿夭折、残弃死婴营建普同塔，海乡杜下桥街外，大石下湾、东塍街外等地均有建造。如民国 22 年东塍屈映光为夭折小孩建六角十二米高普同塔，委周伯通、杜大才主办,1925年塔身完工,至1928年完成顶,耸立在紫方溪边子方堂前。1935年,杜桥东岳庙设立长生会,道人出资在庙后搭建8间太平厂(茅棚),收留穷人和乞丐集中居住,死后由长生会料理。极贫者亡后可向长生会申请施舍木棺票,到杜桥街内任何一家棺木店,领取最低廉的松木棺材安葬。

还有临海城中乡绅商会组织"城隍庙耆(祈)会""九老会""昭义会""同善会""同善社""同信社""长生会""同众会"等为社会公益首领倡捐,组织实施公益事务。清嘉庆十年(1805),东乡杜桥独木堂筹办"公正会"。光绪十年(1884),穿山设立"同信社"等民间慈善组织,修建童岩和三石浦等地义冢。建造凉亭、义渡、造桥、铺路,均系慈善人士集资或独资建造,方便地方百姓。

第二节 "花(画)押":纸上民生的契约见证

花押起源于古代文献中的"花书"一词,明朝李诩引《石林燕语》曰:"唐人初未有押字,但草书其名,以为私记,故号花书……今人押字,或多押名,犹是此意。"①起初画押一般以草书押名,风格独特,让人有"艺"有"花"之感。程大昌也认为唐代以草书书写名字作为标记,并在公文上广为应用,他在《演繁露·代名》云:"花书云者,自书其名而走笔成妍,状如花葩也。中书舍人六员,凡书敕,杂列其名,浓淡相间,故名为六花判事。花书之起,其必始此矣。"《康熙字典》释义:"押,说文,署也。"也就是说,花押是旧时书画、公文契约上的签名或者是用以替代签名的特定符号,南宋前一般用草书,南宋以后形式多样,有字、号、吉语、特定符号等。花押发于唐兴于宋盛于元,也称元押。

许多艺术家开发自己的花押字或艺术家标记,以识别他们的作品。这些独特的花押字已经被证明对艺术史学家是有用的,他们可以用它们来帮助判断一件艺术品是否是真的花押字,也可以用来识别个人财产或通信。古时中国社会花押具有法律效力。

下文的"花(画)押"主要阐述民间契约上的签字,是民间常用的一种方式。

---

① 陈雍:《中国传统公文制度中的"押"与"花押"》,《湖北大学成人教育学院学报》2010年第3期。

一、独一无二的凭证

签字画押，就是旧时人们以文字、印章、符号、指纹在书画、公文、契约上面留下凭证。又称"押字""花押""草押"等，因为画的押极富个性化，所以是独一无二的。

"押字"大约起源于三国时期。唐韦续《墨薮·五十六钟书》记述："行书，正小之谓也，钟繇谓之'行押书'。"钟繇用行书做"押字"，他自己称之为"行押书"。

明代学者郎瑛在《七修类稿·卷二十五辩证类·押字》中道："古人花押所以代名，故以名字而花之。""花"即花哨，"花押印"，是通过草书的形式很花哨地签上自己的名字。[1] 历史上，很多人都使用花押字，特别是文人和书画家使用花押字来相互识别。很有意思的是，古代大多数君主都有自己的花押字，既用于官方出版物，也用于私人物品，君主的花押字在历史上一直是一种合法的签名。花押就是个人化的署名，通常是一个紧凑的形状花押字，也曾用于签署文件和艺术品，有时用作密码来象征各种人或概念。

"花押印"是个人的行草书，个性独特，别人很难临摹，签名属私记凭证，具有极强的防伪性，非常可信。

草书在唐朝时期开始流行，用草书签名很花哨，故亦称"花押""画押"，文人墨客为了显示狂放、书生意气，很多时候有意在文章的末尾或字画的留白处签上龙飞凤舞的草书名字，和今天的艺术签名很相似，极具个性化。唐代韦陟的花押使用草书的创作手法，称作"五朵云"，具有艺术美感与创新性。（图7-3）

图 7-3　唐李隆基的画押，一笔三字

宋代，承继唐代的风格，但形式有所创新，签署的不单是姓名，有时还有字、号，或者独特的文字、符号等。在个性张扬和文化兴盛的宋代，文人、官员以此彰显个性魅力，所以不再称"花押"

---

[1] 　郎瑛：《七修类稿》，转引自《续修四库全书》，上海古籍出版社 2002 年版，第 173 页。

而称"押字"。画"押字"在官场中逐渐形成风气，如宋徽宗的"绝押"。从朝廷流传自民间，民间契约和官府公文一样兴起"押字"。官方的文书必须有"押字"，代表官府的权威，否则是无效的。好似官印，代表的是身份。民间契约"押字"代表诚信守诺。（图7-4）

图 7-4　宋赵佶《听琴图》局部。宋徽宗赵佶的"花押"以三笔写出"天下一人"四字，被誉为"绝押"

明清，"押字"更能表现出社会风尚和个性魅力，上自皇帝，下至百姓都乐于接受，渐渐成为广为采用的契约及签字画押方式。

民间也流行画押，通常以名字和特殊标记为花字押。临海严永东房屋卖契，立契人严大榜、子郎，代笔严抱琴都签有自己名字画押，其中严抱琴画押最有代表性。（图7-5）

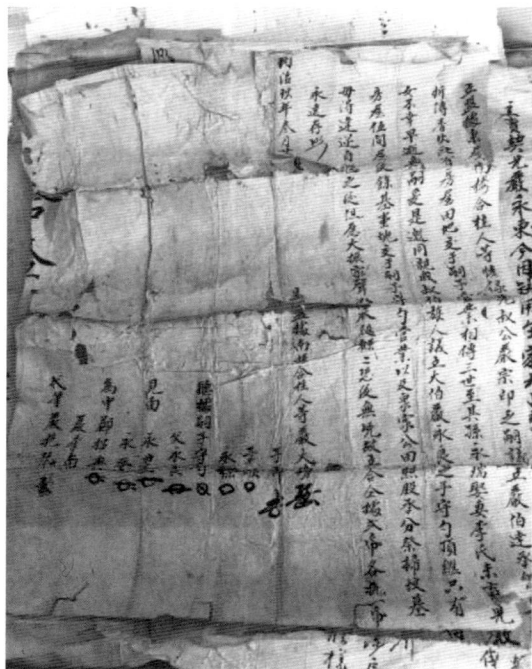

图 7-5　同治九年三月，代笔严抱琴花押就是其本人的花字押

民间传统要讲究信用，一旦画押后形成"契约"，那就一定得遵守。但

"契约""契"有时候有所不同,在古代,并非所有"契"都有契约的意义,如"书契",它就不具有契约的效力,《书序》中记载:"古者伏羲氏之王天下也,始话八卦,造书契。"这里的"书契"指文字而不是契约,《周礼》记载:"六曰听取予以书契。"这里的"书契"指书写的官府凭证。同样,唐代以前,也并非所有契约都以"契约"二字命名,据《周礼》记载,当时主要"有借贷契约和买卖契约两种。其中借贷契约又称为傅别,傅别的形式是在券书中间写一个大'中'字,再从中一分为二,收执契约的双方当事人各执一半内容和半个'中'字"①。

不管有没有"契约"二字,唐代前有些不以契约命名的和唐代以后以"契约"为名的,其具有的记录事实并且作为解决争议的凭据之功用是延续至今的,这从未变化过。当契约涉及双方当事人时,契约由双方各执一半,任何一方不得擅自修改变更约定内容,双方依约享有权利履行义务,如确因意外事故,必须改动契约内容的,须双方当事人协商,并取得一致意见,才可以订立补充条款。这是中国社会诚实信用的体现。在民间,一般有当事人双方签订的契约,或有中人参与的,都被视为必须执行的。这一方式对定约人而言又是相对公平的,所以得到广泛认可与适用。

古代,契约也叫契票。旧时买卖房地产或互相调换等都要立契约为凭,俗称写票,即现在的民事协议书。立契约一般要有卖主、受主(买方)、中人、代笔四者在场。中人就是中证人,一般由地方头儿(保长)或有名望的士绅担任。代笔也可由卖者亲自执笔或请人代劳,但买者不可执笔。

立契约要注意几个要点:一是要按一定格式用毛笔写在宣纸或绵纸上(防止蛀蚀);二是写明房地产坐落地理位置和前后左右四至界线;三是要"三面六同"签字、"画押"、按手指印。"画押"也叫"着押",作为凭信,没有画押的契约被认为无效,俗称"千年文书好个押"。(图7-6)

譬如写房契,先写明房产坐落地点、面积大小、议定的价钱及付款方法等,文末一般写上"上述房产卖给×××,听凭开粮过户,永远管业,与任何亲戚人等无涉,恐口无凭,立此存照"。在场除买卖双方和中人签字按手指印(一般用食指,俗称"箩箕印",因指纹有"箩纹""箕纹")外,也可另加"见契人"作为中证。一式两份,各执一纸。契约写好后,由买方付给中人和代笔以酬金。这个计酬有个不成文的俗规,叫"田三地四屋加元"。即田契付占出售金3％的酬金,地契4％,房契10％,由中人和代笔协商分取。

① 夏婷婷:《中国古代契约制度、观念的比较——以借贷契约为中心》,吉林大学硕士论文2003年。

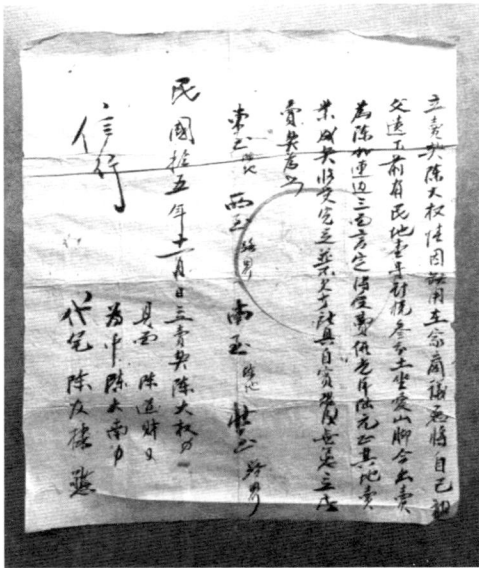

图 7-6　民国临海陈大权土地卖契,代笔陈友棣"花押"是"孙子心"

写契约之日,买方要办一桌酒招待写契在场人等,由代笔宣读契约文书,双方无异议后即行画押、按印,契约生效。

二、一笔花字押诚信

"㧅鬼着花字",台州民间方言释意是贬义词,指讲话不靠谱;从民俗签证讲,画押过,是讲信用。民间花押,文字不论多少,必须一笔连串构成,形成花状,笔画可以重叠勾连,字的构件可以若分若合,字形可以大小不一,但没有多余的笔画。但民间花押若加以核验,就可见出是非明白。如民国临海陈大权土地卖契,卖契人徐志仁、见证人陈大男、代笔陈友棣在卖契上画上"花押"。

民间以土地买卖立契为多。土地是人们赖以生存的基础,有了田宅,便有了安身立命之所,也是一个人、一个家庭生命相关之所系。追至明清,土地买卖、租佃等地权频繁转移,土地买卖形式多样,土地契约文书也更加完备周全。土地契约文以田契为主,其他还有山、地、塘、坟地、宅基、荡田等契约,统称为田契。从法律效力的角度划分,田契包括红契(赤契,官契)、白契(私契)、契尾(契税单),将三者黏合在一起存照,才最具有法律效力。从土地买卖和地权转移的情况划分,田契的种类大体包括:绝卖契、活卖契、批契

等。买卖中间人、经手人,在签名下画花押,成为凭证和信用的象征。各种
契约,为了表示订约的公正性,必须有中间人,或称凭中、凭中人、中人、见
人、代笔或凭笔。中人过去一般是村里保正、声望高且年龄大者受邀参与,
现在一般是村干部,或亲戚中的长者。书写人,负责书写契约,也叫代笔、书
契人,一般由村里有学识者如秀才或者是公认书法佳者担任。卖主称立契
人、卖契人、契人。上述人员都需一一签字画押。其中红契,即赤契,指经县
政府收取契税之后加盖政府官印、登记入册的原始契约文书,亦称官契。白
契,是指民间买卖土地时,为了避免缴纳契税而双方自愿订立的,未经官方
认可的契约文书,其内容、格式均与红契相近,只是没有铃盖政府官印,缺契
尾。(图 7-7 至图 7-11)

图 7-7　咸丰四年(1854)的田契

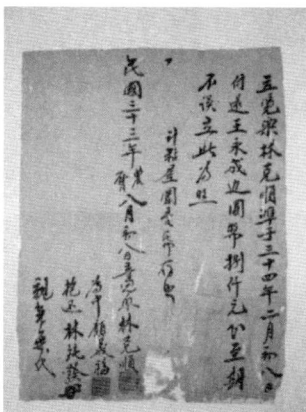

图 7-8　光绪十五年(1889)的屋契

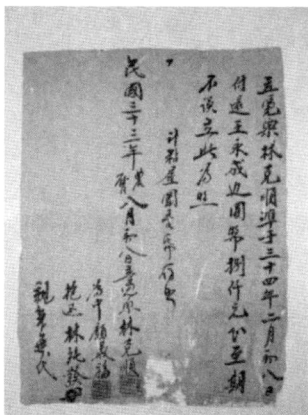

图 7-9　民国三十三年(1944)契约

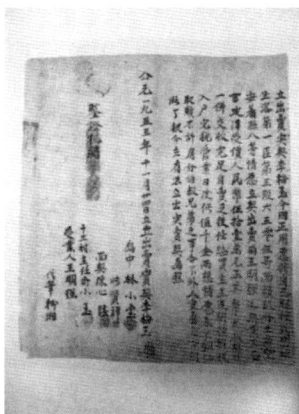

图 7-10　光绪三十三年(1907)的分书

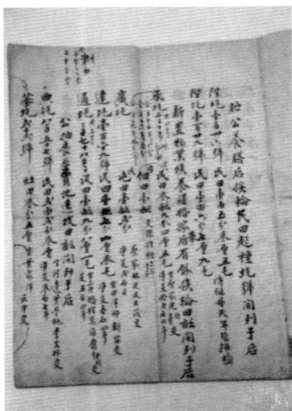

图 7-11　1953 年田契

（这 5 份温岭契约均由吴茂云提供）

订立分家文书，分家立继析产，当房卖屋，订立宗族祠规，合议公议规约等。普通家庭遇到重大事件（婚丧嫁娶、造房等），面临紧急的资金缺口，主要采取的应对方式有典当、借贷，此外，邀会也是当时民间常见的经济互助方式之一。至民国后期部分以私章盖戳钤章为证。

私有财产买卖、商业贸易兴盛，其双方签订的契约繁多，"押字"变得丰富多彩。在这个过程中，"押字"时需要当事人亲自画押或有其他物证、人证来证实是其本人，主要是确保画押的法律效力。尤其是南宋台州成为浙左股肱的王畿辅郡之后，从"海邦僻左"迅速发展成为社会安定的"浙中乐郊"。经济开始发达，田产买卖、商品贸易等非常普遍，在田产买卖、贸易中花押使用频繁，效率也随之提高。因有画押具有契约效力，所以，每个人的押字独具机枢，显示个性风格，无可仿造。例如取自己姓名花押的，合写或单字变形，也有利用古字、篆书与自己的书写习惯进行结合，创作具有个性的花押。现在个体贸易合同，须签上名字，有时加按手指印，单位贸易，法人代表或授权代表人签字后盖上单位公章。

画押是时代的产物，延续千年，至今依然存在，"以契证史"虽没有提到学科范围，但逐渐为经济学、社会学、民俗学、文化学、人类学研究者所关注。后继者在形式上有所创新。其中当代书画家们的画押是盖上作者自己的专门印章，不再手写。民间借贷，借条上亲笔书写名字和日期，如遇纠纷，法院等部门也以签名和日期判断；房屋买卖一般通过中介（居中人），签字按上手指印。而政府公文需盖上单位印章才能生效。民间和官方的很多事宜要到公证处公证，方可生效。

三、多种形态共存的画押

已画押的契约蕴含民间生活、婚姻家庭、财产和继承、社会关系、地方风俗习惯等问题的大量信息，不同时代，契约有不同的样式种类。如宋代土地交易其形式和内容就有买卖、典当、倚当、抵当、租佃等。（图 7-12）

1. 旧契有"红契"也有"白契"

中国传统契约的种类十分丰富，调整的对象也极为广泛，几乎涉及民事和经济活动的方方面面，可以按照不同的标准对它进行分类。按照调整对象的不同，中国传统契约可以分为调整财产关系的契约、人身关系的契约等。若按照调整对象为财产关系来看，可分为买卖、典当（抵押）、借贷、租赁、合伙、赠送、赔偿、摇会、合股、

图 7-12　清乾隆二十九年 (1764)的"归户执业清单"（吴茂云提供）

阄书或分书等种类。现在保存藏有民国以前的契约（"红契""白契"），具有一定的收藏和研究价值。

旧契既有"红契"也有"白契"。如 1953 年 11 月 24 日立的买卖民田契约，就经"温岭县城关镇人民政府"盖章确认，1953 年 11 月 19 日订立的出卖田契，就经温岭县人民政府盖印，缴纳契税，契税为壹万陆千捌百元。（图 7-13）

所谓"白契"，就是"民间契约""民间私约"，民间契约在签订过程中，并未经过官方公开认证。通常只是由当事人在买卖、典当或阄分田产之际，聘请中介人士或代书拟订合约，经过签字画押的手续，即算完成契约行为。譬如"分书"，家庭在分割财产时，财产所得者各自画押签字，再由中间人画押签字，就具有相当于法律效力的文书。而 1953 年 8 月 12 日李梅玉出典田地的这份契约等，就是"白契"。（图 7-14 至图 7-16）

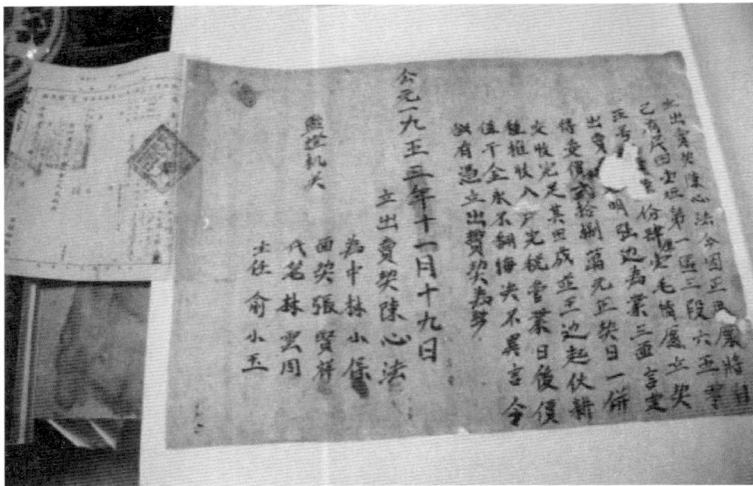

图 7-13　1953 年民田买卖契约（吴茂云提供）

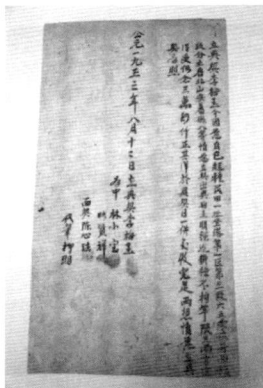

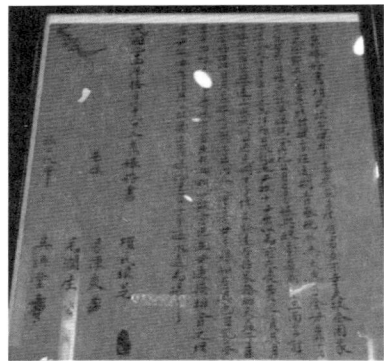

图 7-14　1953 年李梅玉典卖田契（吴茂云提供）　　图 7-15　民国二十四年天台项氏根芝嫁婚书

图 7-16　民国三十六年天台谷夏香招夫带子书

2.画押的多种形态

在台州,民间花押是一种参与见证的符号。花押形式也是应人的文化知识结构来画押,知识高可画花押,而缺文化者或不识字以画圈为证,用简单符号"O""∨""—""十""△"等。因每人所画的压都是独一无二的,所以很多契约上的押字,目前一般难以辨认。

台州民间花押如同吉语字,如"黄金万两、日进斗金、家和万事兴、五谷丰登、招财进宝、和凤鸾鸣、恭喜发财"等等,它是一种吉祥用语合体字,俗称吉祥字,也是中国民俗文化中的一种。这种花押巧妙地利用了汉字的结构特点,把两个字或者多个字组合成一个花字,即多字一笔构成花饰,是一些人为防止仿造,专门加以设计的。不一定是文字,也有名字叠写的。一般都包含着祝福的意思,如"一生好用心""生好用心""福寿双全""福禄寿""和凤鸾鸣""恭喜发财""龙虎""福禄""好心""无私心""凭心""初心""明心""清心""福心""孔子心""敬忠""福寿心"等多字。单字如"龙""结""忠""福"等草书体,也有用"押"字符号,一般以吉语为主。花押花字是民间公正为证的文书凭证的象征,是一种艺术的签名防伪装饰,同时也是一种民间艺术,反映百姓审美和美好的期许。

春节吉祥用语经常会使用合体字,它巧妙地利用汉字的结构特点,把两个字或多个字组合成一个字,这个字称作吉祥字,和画押有异曲同工之妙。对联也常常使用这种合体吉祥字。(图 7-17)

龙虎双字花押　　　　　一生好用心　　　　　　　清心

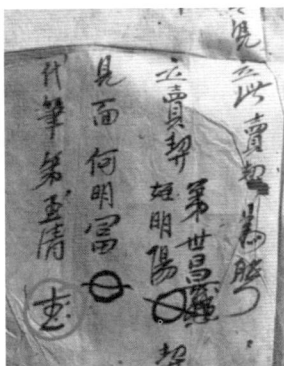

押字的符号

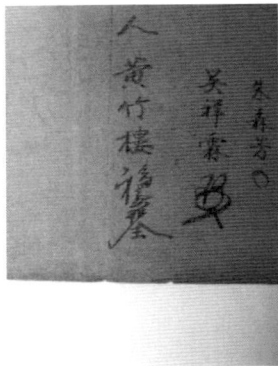

福寿双全

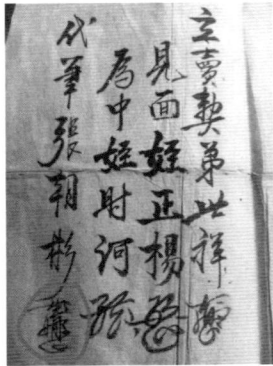

一生好用心

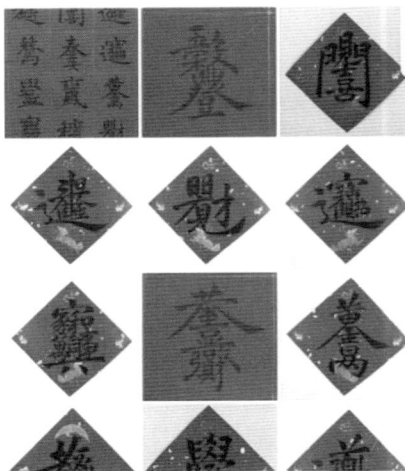

春季吉祥字
（冯圣科书法）

春节吉祥字

对联吉祥字

图 7-17　吉祥字示例

第三节　"杀甲"：硬气而灵动的台州方言

方言承载着悠久的历史文化，承载着地方文化的传统，代表着一方文化特色，是地域文化的交流工具。从年轻人的眼光来看，方言似乎已经过时，但从文化角度看，方言实际上是民间文化中最为鲜活的部分，是民俗生活的集中表达方式之一。即便在普通话流行的当下，乡村、社区的日常生活、老一辈的话语、影视剧中方言、音乐中方言、文学作品中方言、地方戏曲中的方言等依然风光十足。

方言是人们了解区域特色文化的一个重要的窗口,是交流时最亲切的语言,如在他乡遇到乡音,倍感亲切,满含乡愁,满载乡情,是台州历史文化、民俗民风的见证和载体,最具地域特征。台州方言极富地方特色,具有硬气和灵动的特点。在普通话大行其道和现代化生活方式的影响下,青年人已经逐渐不适应方言的交流方式,有越来越多的年轻人能听家乡方言但不能熟练发出乡音。保护方言不仅是保护家乡语言,更是传承台州丰富多元的历史文化。

一、半官话的乡音

方言根植于民间,凝聚了一个地区的风俗特色和文化韵味,是研究地区人文特色的“活化石”。台州方言作为吴语的子方言,硬朗、生动活泼、趣味无穷,蕴含了丰富多彩的歇后语、谚语、俗语和老话。

根据王力先生“五大方言”说,中国方言分为:官话、吴语、闽语、粤语及客家话。吴语又分四系:苏沪系、杭绍系、金衢系、温台系。台州属吴语系中的一种温台系。但王力的说法在后人的研究中遭到挑战,不是说台州话不属于吴语系,而是说其最后的归类。1982 年复旦大学中国语言文字研究所和中文系举办的吴语研究学术会议,把台州方言归为南部吴语。游汝杰《上海话在吴语分区上的地位》中认为:“从语音特点来看,台州地区可属北片……吴语区分为五片:太湖片、台州片、温州片、婺州片、丽衢片。”① 傅国通在《浙江方言概述》中认为浙江吴语可以分为“两区九片”,台州片仍归南区。② 曹志耘在《南部吴语语音研究》中将台州方言归入太湖片。③ 阮咏梅在《台州方言在吴语中的内外关系》中认为吴语南北界线不明显,如果硬划出南北,那台州方言应归为南部吴语。④ 最终各方没有形成统一意见。

我们认为,从区域和语音区分,台州方言应属南片吴语。台州市内 9 个县市区和宁波的宁海、温州的乐清县清江以北地区都使用台州话,以临海话为代表。

①　游汝杰:《上海话在吴语分区上的地位——兼论上海话的混合方言性质》,《方言》2006 年,第 72—78 页。

②　傅国通:《浙江方言概述》,人民音乐出版社 1993 年版。

③　曹志耘:《南部吴语的小称》,《语言研究》2001 年第 3 期。

④　阮咏梅:《台州方言在吴语中的内外关系》,《宁波大学学报(人文科学版)》2010 年第 1 期。

　　台州秦汉时属百越,吴越方言语系,由于台州对外交流偏少,故较多地保留了古越及吴语音。台州虽然三面环山一面临海,交通闭塞,其地理位置独特,但南北朝以来受到外来文化影响还是较为明显,历史上"永嘉之乱""安史之乱""靖康之难",使北方中原人口南迁,特别是南宋"靖康之难"后,定都临安,台州成为辅郡,中原士人大量迁移至台州,文化昌明,台州人中举入仕的人数剧增,带来了诸多中原话。中原话融入南片吴语,形成独特的"台州官话";加上由于福建人反向迁移北上,海上渔民避难到浙南,台州的温岭、玉环沿海等地接受了大量闽南人移居,致使这些地方的吴语带有很多闽语的成分。因此台州方言不很地道,语言学称之为半官话,且县市区的方言存在差异。

　　台州方言在发音和用词、语法等方面有自己特色,和普通话差别很大。保留着吴语中使用"弗"字代替"不"字的传统,"弗"字作为文言副词延续至今,在吴语方言中使用极广。如:我台州话港弗来(我台州话讲不来);葛件衣桑"弗好盲"跟"弗好气"都是说"这件衣裳不好看"。

　　人称用法上,称呼也别有味道:媳妇叫成新妇;女婿叫成囡儿婿;岳母叫成老丈母。临海方言的下乡腔和玉环方言中对妈妈的称呼均为"阿姨"。双宾语句中,经常把直接宾语提前。例如:男孩叫法,仙居话叫"小细佬",玉环话叫"细佬头",临海话叫"细佬人",三者都保留着"细佬"。晚上吃什么啊?临海方言说:晚头吃界唔? 仙居话:晚头阿式吃? 此外,各地都保存了相当数量的俚俗语言。方言语调上,仙居靠丽水衢州,方言还吸收了丽衢片吴语语音,发音高亮快节奏,爽、脆、快,温岭石塘、松门和玉环方言深受闽南话影响,说话偏于温柔细腻,有江南水乡特色。

　　有些方言特有意思。别人送你礼物时,可以说:"消阿! 踢客(3 声)气脏嘎(4 声)母!"("不要,这么客气干什么!"其中"踢"是"这么"的意思)

　　台州俚语:黄岩歪葭汊斜,台州府人死白蟹(歪,黄岩人聪明、调皮;伢,我的土音,硬而倔的性格)。

　　八九十年代特别时兴的夜里小酌——螺蛳酒,有人笑称:"炒螺蛳就老酒,阎王来了不肯走。"

　　台州使用的语言依然是半官方的形态,大致能听懂,说明中原文化对台州的巨大影响,但台州语言还有一个显著特点是讲话偏直、偏脆、偏刚,但又灵动,假如说得快一点,外地人很难听得懂,需要讲得慢一点。著名方言"杀甲得猛"形容某人非常厉害,语气硬朗;方言"泼落欣消"意为晦气、倒霉、潇洒自在。除此台州话还有一个较为明显的特征是用一个较为形象的物件来

表达某种思想,充满灵气。如:

有人想捞便宜,就说"鼻头发落面桶里奥",意为:鼻孔毛或头发落在面盆里,很容易看得见,拿走。

"你人细细个,水桶格满担得动担弗动?"意为:你人这么小,这桶水这么满担得动担不动,等等。

"哑佬(哑巴)啜(吃)苦瓜。"

"过头酒好吃,过头话难讲。"

"自己肚饱,弗晓得他人镬漏。"

"啜功本地早(橘),讲功饭店嫂。"

"啜弗穷着弗穷,弗会划算一世穷。"

都具有台州地域文化特征,9个县市区使用多达近10种方言,硬气、灵气合而为一,有典型的台州性。

一方水土养一方人,一方水土育一方言语。

秦汉以来,浙江各郡县行政相对稳定,宋元后,中原官话不断南移,台州方言带有明显的中原官话成分,官话化倾向明显。由于吴语中次方言片划分和行政区域划分关系密切,郡、府、州中心是政治、经济的中心,其使用的语言往往会成为地方"官话",辖区内的方言受之影响,逐渐向中心靠拢。所以,台州方言是以临海为中心的官话、土话的融合体。但各县市依然保留其个性,以区域界定,三门方言把豆面烧肉称为"番薯豆面烧油猪肉,吃了油诺诺番番动,死难过"。临海人讽刺一个人善于伪装,就叫"格人黄步鳝假死"。天台人如果找人没有找到,叫"昨夜一夜捕来捕开捕你捕勿着"。一个人外向且不着调,叫"抖乱舍舍"。啰嗦、纠缠不清称为"桥死接骨",等等。黄岩人早年外出拨浪鼓敲白糖,满世界叫唤"头发、鞋爿、鸡肫皮、牙膏壳、换糖啰",早于改革开放就开始做生意,故有"黄岩人头发空心"和"滑头"之称,说黄岩人既聪明又"狡猾"。三门人本分守规矩,在海边生活却醉心务农守业。玉环有闽南、太平、温州、台州四种方言。温岭有闽南、太平、台州三种方言。

二、硬气而灵动

台州方言以灵江为界分南北二片,南片包含椒江、黄岩、路桥、温岭、玉环,北片包含临海、三门天台、仙居,但界线不是像小葱拌豆腐样一清二楚,如临海在中心点,临海方言,既属南片,又属北片,台州基本上都听得懂,且很多是同质的。如讲你们:黄岩叫"你台"、天台叫"你啦"、三门叫"你帮人";

讲我们：黄岩叫"我台"、临海叫"偶得人"、天台叫"哦啦"、三门叫"哦帮人"。总体而言，两大区域内大同小异，说得慢些都能听懂。即便是一个县里，方言也有所同有所不同，如黄岩东西区域方言略有差异，西部山区口音叫"两乡腔"或"山头腔"，腔调较为高硬；东部口音称"路桥腔"或"下乡腔"，腔调较为温软。

总体而言，方言往往与民俗关系密切，在生活中产生了生动活泼、语义明了、多彩多姿、饶有趣味的土话、谚语、俗语、老话等，充满民间智慧。其中，走海又产生诸多渔谚，形象而生动。

台州方言特色明显，风格各异，和其他地区相比，硬气而灵动。

硬气，指的是台州拥山海之地，民风古朴，南宋以来，稻种渔猎，人重节义、性情刚烈，勇往直前，传承至今。王士性说："浙中惟台一郡连山，围在海外，另一乾坤。……舟楫不通，商贾不行，其地止农与渔，眼不习上国之奢华，故其俗尤朴茂近古。"历来，台州人剽悍、敢闯敢为，富有"台州式的硬气"，又是豪爽、然诺、勤奋、讲义气，不缺智慧、不乏精明，有深厚的文化底蕴。进而反映在语言上，形成一种硬气式的表达。

其特点是发音短促、直抒胸臆、刚健硬朗，如：杀甲，那是台州夸赞人常用的一个词语，也是典型的有代表性的话语。常用于多个方面，"格人杀甲""做事杀甲""讲话杀甲"……认为这人"厉害得紧""干事很厉害""说话很厉害"。很多人也说，"杀甲得猛！"如"黄岩摩托哥，双放手，杀甲得猛！"都念去声，直白、简洁。

杀甲的近义词"生劲"，是另一方言词，也是厉害的意思，和杀甲差不多，但使用频率不及杀甲。

气力，普通语叫力气，但台州方言叫"气力"，顺序与普通话正相反。如："格人气力大""格人气力大得弗得了。"

天诛绝灭，意为天地诛罚灭绝，对人和事的判断决绝果断，天诛来自书面语，绝灭相当于普通话的"灭绝"，表达一种"完全消失"的状态。台州人把这个词作为发泄仇恨的骂人话语。

"柴古唐斯括苍越野赛"，现在成为中国著名的越野赛事，这是一场饱含汗水和激情的户外越野跑赛事。"柴古唐斯"起源于台州本土方言——"柴给你吃"（揍你一顿），寓意为柴古括苍越野赛强度大、难度高，跑完全程后的感觉就犹如被狠揍了一顿。

"格电影拍得蛮勿错，还算有点望功（头）"，称赞这部电影还可以；"忖付相，格事做得对勿对？"意思是，你自个想想，这件事做得不咋样。台州人还把师傅叫成"老师头","早晨"叫"库星",中午叫"日昼"……不一而足。

旧时,台州水域分布广阔,东濒大海,海岸线漫长,水构成生活、生产的核心要素之一。江南水乡加大海特有的灵动、细腻、粗犷、浩大,融会在语言中,构成方言中的恒温色调。

灵动指的是台州性格:豪爽果断的作风和水乡人特有的睿智和灵气,有水则灵,个性张扬,豪放粗犷,曲径通幽,还带点"匪气",这大概就是台州人的灵性和灵气。

黄步鳝假死。如果想说某个人善于伪装,就说"黄步鳝假死"(黄鳝很喜欢假装死,欺骗人,因为死了,价值丧失容易被人类随意丢掉,从而获得重生)。具有很强的讽刺意味。

如果一个人讲话做事纠缠不干脆叫"乔死脚骨";一个人性格外向风风火火叫骚立立;如果被人称为木卵,那就是很愚蠢。形象、生动、富含意蕴。

在商场试穿衣服后,询问价格,不想要会说"消消消！它举哦！"("算了,太贵了！")

温岭、路桥拼命赚钱,临海人悠然休闲,老百姓口头说:"温岭路桥机器烘烘声,临海街头麻将咯咯声。"

针砭人事的,临海人会说:"穷人买有佬(有钱人家),一世勿讨好;有佬买穷人,张嘴笑吟吟。"

临海《指纹谣》:"一胹穷,二胹富,三胹磨豆腐,四胹造酒醋,五胹劳碌,六胹啜猪肉;七胹七,讨饭胚;八胹八,做菩萨;九胹九,独只手;满手胹,有得拖;满手箕,有得嬉。"胹,圆形指纹,也叫斗。箕指呈簸箕形状的指纹。

目前,三句半、对口白搭、快板白搭等都是讲白搭的表现形式,具有幽默、诙谐、夸张等特点。"讲白搭"即为"聊天",也作"卖白搭"。"白搭"作为台州方言中的高频词语,具有难得的语用价值。台州电视台推出方言节目《阿福讲白搭》片头曲:"讲大的天文地理,讲细的鸡毛蒜皮,本地早的吃功,饭店嫂的讲功,阿福白搭喷松。"片尾曲:"椒江黄岩路桥话,阿福白搭讲大大,临海古城紫阳街,天台佛教传海外,仙居花灯呒骨头,温岭石头有文化,生成呒娘玉环柚,横行天下三门蟹,天亮晚头十点钟,白搭喷松听调泰,白搭喷松听调泰。"是典型的老黄岩土话。在大力推进地域文化传承与发展的今天,方言传承和发展备受重视。"讲白搭"不仅是人们日常交流的一种方式,也有利于追崇和弘扬台州地域文化。

三、海味十足

台州居海边，常年走海讨生活，由此产生了大量渔俗方面的方言。方言俚语也天然地带有海风渔韵，海味十足，形象又有哲理。

潮谚："初三潮、十八水，初三十八来西西，小水摇着小船鬼。"其中以初三、十八的大水潮来时不出海，"西西"即戏戏，意为休闲，小水潮时摇着小船出海捕捞，"小船鬼"即小船，意为讨小海。海上渔业生产方式借助特色方言得以充分地体现。

临海"海货谣"："打渔船，风里走来浪里钻，讨海人，见过慨海货讲弗完，黄鱼黄澄澄，请客有名声，鳓鱼像把刀，清蒸味道好。带鱼两头尖尖白如银，过年过节上洋盆。马鲛鱼，像纺锤，鱼丸落镬爆油珠。鲳鱼刺软张嘴细，小氓（小孩）过饭顶中意。"详细介绍海鲜及相关知识。

"条浪打先锋，大风后面跟。海水哈哈声，风势必定强。海潮声音大，天气要变坏。强人先下手，鳌鱼拦上游。南风北水浪，腰骨两头撞。港里防走锚，山边防走缭。乙卯东南风，鳌得骨头痛。"向我们推送讨海的经验。

在海鲜中，还有一种最不起眼的东西叫虾虮，虾虮是海洋浮游生物，虾籽般大小。"虾虮作勿起大浪"，指不可改变的事，"虾虮作大浪"，指的是不自量力。

临海旧时是千年台州府，文化底蕴深厚，俚语"台州府人死白蟹"是说生活在台州府（临海）的人，虽然头顶"满街文化人头"的名衔，其实是银样镴枪头没啥大的花头。一个人如果做事无主见，人云亦云，散性随意，就叫"大水蟹"，大水蟹是随水漂流之蟹。外强中干之人就称他为"空壳蟹"，胆小怕死之人，称他为"软壳蟹"，打劫、抢夺他人财物的就叫"倒壳蟹"。"沙蟹爬进盐缸里"，意谓自寻死路。

台州人说人嘴小，特别是姑娘，不说她是樱桃小嘴，而叫她"鲳鱼嘴"，内含褒义；说人眼小，就说是"虾皮眼"，那就有揶揄之意；一个人性格绵软，或者精神委顿，有气无力，就形容为"软潺"，温岭人称为"嫩潺"，那就是贬义了。

小孩子爱撒娇，温岭人说她"鲜鲻鱼鲜辣辣"，以鲜鲻鱼之光鲜来描摹小孩撒娇之情态。喜从天降，笑得很开心，临海杜桥人说他"嘴笑来花蚶样"，因花蚶烧熟后扇形般张开，酷肖人嘴。如果昨晚未睡好，晨起乏力，精神不振，则说"浮头鱼"，鱼浮在水面，状其有气无力。

到了台州,听听台州土话,别有一番滋味。

人生活在社会当中,社会是由人、家庭、家族、乡里、行人和各种行会集团组成,人生活在各种由自己编织而成的网络之中,必须遵守人们自己创造的行为规范,这便是我们的社会习俗。社会习俗是整个社会生产、生活的缩影,对家庭、话语、行为及地方职业民俗文化产生直接和巨大影响。

第九章　重商重义铸就的处世方式

台州文明历史悠久，在万年前的仙居下汤文化时期，我们的祖先稻作鱼耕，与大自然搏斗。三千多年的玉环三合潭文化、小人尖文化时期，台州人濒海而居，开始制作独木舟，捡拾滩涂贝壳，捕食鱼蚌、海虾。商周瓯越人生活、捕鱼、海上贸易已经开启，进行原始的航海活动。秦汉以后，随着造船技术进步，陆海贸易得以兴盛。南宋以来，海门港成为台州对外贸易的重要港口，健跳港、金清港等都赫赫有名。叱咤商海几千年的台州商贸有着深厚的文化根源和惊人的建树，十里长街的繁华就是台州贸易发达的历史见证。在几千年历史长河的陶冶与积淀中，其贸易民俗内容丰富多彩，铸就利义并举、和气生财的处世风骨，形成竞逐向上的"台州斜"现象，极具地方特色，理应成为台州人深厚、宝贵的财富。

第一节　"和商"：重商重义的商贸习俗

台商有义利并重、以贾服儒习俗。司马迁一句"天下熙熙，皆为利来；天下攘攘，皆为利往"，虽然利字当头，揭示了商人的共同本质。然台州商人却能把利与义结合起来，他们认为，商人"职虽为利，非义不可取也"[①]，经商的目的既在于求利又在于谋生，谋生之意出自仁心，强调以义致利、利义相生，从而实现义、利之间的良性循环。

一、义利并重的商贸民俗

独特的地理位置，地处南北文化的交汇点，使得台州文化具有多重的文

---

① 汪镂：《汪氏统宗谱》，明嘉靖刻本，卷三。

化源头。而多元文化视角下的台州民俗所体现的历史脉络及其在不同历史时期中所体现的伦理秩序、社会变迁、民俗生活及审美特点，又具有多源多流，相互交融的形态，在长期的贸易发展进程中，形成了独具一格的商贸文化。

宋室南迁至杭州，作为辅都的台州迎来了历史性的发展机遇，社会经济和文化发展发生巨变。当时府城临海的商贸也颇发达，市集活跃。陈耆卿《嘉定赤城志》记当时府城内外坊市者城南有大街头市、小街头市、民巷口市、税务前西市、报恩寺西市、朝天门内市、朝天门外市、括苍门外市、镇宁门外市、镇宁门内市、兴善门外市等十一个市集。临海还有柘溪市、路口市、大田镇市、绚珠市、东塍市、章安镇市、杜渎镇市等 7 个市集。① 南宋永嘉学派的叶适曾到台州路桥，在现在的螺洋讲学，他的"工商皆本"的思想得到较为全面的阐释，使台州民间重商风气得到进一步强化。台州地区历来重视商贸，区域内商贾云集，士农工商并举，重商之风可以比肩宁波、温州。温台模式的产生有着深厚的文化土壤。

"讲究实效，注重功利"的功利主义价值取向是台州传统文化精神的一个显著特点。叶适在他的"功利之学"中认为"既无功利，则道义者乃无用之虚语"，"以利和义，不以义抑利"。主张"通商惠工，以国家之力扶持商贾，流通货币"，倡导士、农、工、商四民相互为用，缺一不可。陈耆卿、丁希亮、吴子良等都接受他的影响。叶适的财富观和价值观对于塑造台州商人和企业家的求富品格具有重要意义。

台州商人的特点之一，就是抱团打天下，以理财而闻名。表现之一就是民间借贷活跃。无论在外或在内，台州人都讲信用，借贷很多时候是一句话、一个承诺或一个商业关系等就完成，没有人刻意追求凭证。在外地创业，资金来源大都是亲戚朋友、台州商会等，亲帮亲，台州人帮台州人。表现之二，台州人不仇富，对待富人，不是仇视，而是"羡"，正是这种羡慕心态的支撑，台州人比任何地方人有着更为强烈的求富心理，人人想当老板的愿景刺激台州人，使台州人热衷于做生意。

台州重商的功利主义价值观一脉相承。早在唐时，台州青瓷产品就远销朝鲜、日本、菲律宾等地，北宋时，青瓷生产遍及全市。临海的绸、绢被列为贡品，《嘉定赤城志》称："绢出黄奢（今临海白水洋）者佳。"青瓷、酿酒、石雕、木雕、制盐、造纸、金银首饰等手工业发展迅速，促进了商业的进一步繁

① 陈耆卿：《嘉定赤城志》卷二《坊市》，上海古籍出版社 2016 年版，第 67—69 页。

荣。沿海盐业高度发达,制盐由唐时的分散生产到宋时成建制(盐场)规模生产。有浙江五大盐监之一,盐场南至北有 140 里,制作的盐堆积如山。海盐贸易极为繁荣,私盐贩卖之风也随之盛行。五代吴越王钱镠开凿南官河,南官河上的潮济古街至今古风韵然。南宋以来,"百货麇集,远通数州",商业发展速度加快,路桥十里长街崛起。明清时,仙居皤滩古镇是连接金华、衢州、安徽的商贸重镇,临海紫阳街作为台州府城商业第一街风采焕然。

海外贸易更是颇具特色。南北朝时,台州青瓷已远销至日本、韩国、东南亚。唐僖宗乾符四年(877),崔铎带着 63 人的台州商队从临海沿海路出发,驾船到达日本的筑前。出发地叫高丽山头,《嘉定赤城志》记载:"高丽头山,在(临海)县东二百八十里,自此山下分路入高丽国。"①临海和黄岩在唐宋时还有港口"新罗屿""新罗坊",《黄岩县志》云:"新罗坊,五代时以新罗人居此,故名。"北宋天圣九年(1031),台州商人陈惟忠等 64 人出明州至高丽,宝元元年(1038),台州商人陈惟积和明州商人陈亮等 140 人至高丽(见倪士毅《浙江古代史》)。元末方国珍拥有台州、庆元(宁波)、温州三路,拥军十万、舰船千余艘,这样的地方军阀,虽然有传统的"保境安民"思想,但长在台州的他具有商业意识,积极开展对外贸易,《高丽史》等记载方国珍派使者赴高丽贡献方物的事件,显示当时与朝鲜贸易的热闹情况。与日本的贸易更是络绎不绝,重商主义思潮滋蔓。台州沿海地区从事商品生产与流通活动成为一种风尚,屡禁不止。"利厚,故人冒死以往,不能禁也。"

明清以来,台州工商业更趋活跃,源于南宋、鼎盛于明清的十里长街是台州历史与商贸经济的缩影。太平县(今温岭市)商业也不逊色,商贾云集。

"清光绪二十年,宁波商人创办海门轮船(公司),往来宁台,建设码头,海门商业萌芽始苗。后台绅杨晨等集股购'永宁'轮船,往来甬椒,继又采购'永利'轮船来往椒申,每次出入,货物填溢,旅客拥挤……此外,内港小轮往来临海、黄岩各县,亦络绎不绝。"②此时,台州的沿海和内河码头遍立,台州依航运业而生的港口贸易盛极一时:"观今日海门埠头及市面,商务之兴隆,有如潮涌。"③以海门港为集散地的海外贸易兴旺发达,崇山峻岭间也是商道纵横,如仙黄古道、仙缙商路等;商埠繁荣,如仙居皤滩古镇、黄岩潮济古街、临海紫阳街等。形成物产丰富、税赋充盈的东南商埠。出现了一些巨商大贾,如葭沚黄崇威、陶祝华等。

---

① 陈耆卿:《嘉定赤城志》卷十九《山水门》,上海古籍出版社 2016 年版,第 591 页。
② 叶哲明:《台州海运海港发展史》,上海古籍出版社 2018 年版,第 184 页。
③ 项士元:《民国海门镇志》卷六《船舶》。

近代，商业领域逐渐开拓，经营范围不断扩大，台州的邮运业、银行业、航运业等发展加快。

台州人特喜欢抱团做生意。1978—1994 年台州各类专业市场最多时有 800 多个，占全省五分之一，促进了民营经济大发展。最有代表性的是 1982 年台州路桥诞生中国最早的"小商品市场"，并成为中国三大小商品市场之一。第一家股份合作制工业企业就是 1971 年创办的台州卷桥综合厂卫生香加工场，后来发展壮大成为三友集团。

然而，台州的商贸传统由来已久，角色混杂，士、农、工、商四者皆具商业意识。海洋文明、农业文明的诸多元素融入商贸传统，既为利而义，又以利为本，体现出重商重义的"和商"品质。

二、和商是台州商人的显著特点

一方面，台州商民素以敏锐、灵活著称，善抓市场机会，有灵气又有刚性，具有刚灵相济的特点。另一方面，靠山吃山、靠海吃海，在和大山大海相依存时，仅有"刚"性是不够的，必须随机应变。特别是与大海搏斗时，更强调勇敢、冒险、智慧，吃别人吃不下的苦，赚别人看不上眼的钱。台州人很会思变，极少满足生存现状，他们走出去，走南闯北，并擅长通过不同区域之间各自具有比较优势的产品间的贸易来获得价值。统计数据显示，截至 2019 年，台州异地商会遍布全国 130 个市县级城市，台州人形象地将这种域外经济现象比喻为"青藤经济"——扎根台州、辐射全国乃至全世界。无论是在传统的农业社会，还是在工商业发展时期，台州人顺时达变，以求生存，不断结出商贸硕果。

经济理性、个人利益为先的思维方式是台州商人经商的原点。传统文化继承与现实的自然地理环境共同养成了台州人经济理性优先的思维方式。多数情况下，对成本与收益的权衡是决策中所考虑的最重要因素。久远的商贸传统使台州人在利的追求上相对其他地方的人显得更直接，更少顾忌。少从理义出发做规范性地判断与决策，更多地从事物过程和结局可能有的实际经济效果进行估量分析，这一因素往往是在综合了对错、善恶、正邪、亲疏等道义因素后的最终决定性因素。经济理性的思维方式在企业运作方面表现得非常明显，对研发、生产、销售等环节的经济理性思考使台州人更乐于学习模仿、博采众长，这对于当时特定环境下的台州企业无疑又是最适宜的，因为改革开放之时台州的工业、科技水平远落后于我国的平均水平,更不用说与西方发达国家相比。因此,根据成本效益原则(研发成本大于引进或改进),企业采用直接引进学习或改进方式参与满足顾客需求的市场竞争,对企业的原始积累而言是效率最高的。如吉利李书福带领他的团队在最初造车时就是将其他品牌的汽车买回拆解后研究模仿学习,其生产的第一款经济型6360小轿车的外形设计理念就是"奔驰头夏利尾"。韦伯·扬的名言:"创新就是旧元素的新组合。"可能就是台州人创业内在的写照。

几代企业家共同铸就的和商形象,在新时期赋予更加鲜明的时代特色。而千百年历史沉淀下来的和合文化,使台州人成为"敢冒险、有硬气、善创造、能包容"的坚韧群体。这种和合经营精神,可以概括为和谐发展、公平竞争、现代管理、和合公关与和爱共赢五个方面,也是当代最具活力、创造力、开发潜力的精神力量,是值得我们全力激发与保护的。台州和商具有商业性、功利性、协作性、家族性、传承性、时代性、战略性、内生性、稳定性、资源性等特点,离不开台州历史文化的滋养。

和商,根植于复杂的自然地理环境和由自然人文催生的生产生活方式中,在这里,山海一体的农耕文明和海洋文明交汇融合,工商传统和农业传统相得益彰。形成了融诸多文化要素于一体的商贸传统,最终铸就了台州商民的大气、灵气、和气、硬气之特质。

三、商贸行业、帮会习俗

旧时工商行业可在较大范围内凝聚力量,形成行业的习俗惯制。同时,行业、帮会习俗又受到家族、村落及里社民俗的深刻影响。

(一)讲生意

所谓"讲生意"即老板决定员工去留。讲生意这天,老板要摆一桌丰盛的酒筵(有的用四水果、四冷盘、四热炒,称为六大六小),称为"讲生意酒",员工则叫它"杀头酒"。辞退员工有两种方式。一种暗示法,即筵席上有一盘"金鱼",由店里老板亲自捧上桌来,盘里的鱼头对准谁,谁就要被辞退,对准鱼头的人心里明白,即到账房算账结工钱,算好账后卷铺盖就走。所以,在"上鱼"时,吃酒的职工个个都双眼盯住鱼头,心中七上八下。如果鱼头对准老板自己,说明一个都不辞退,那么皆大欢喜,大家都会松一口气。另一种是"个别谈话",即酒席吃毕,老板坐在账房里,一个个叫来谈话,对留的人，老板会讲一些表扬鼓励的话，并提出意见和新的要求；对要辞退的，即讲一些店里生意不景气，经营上有困难，人员过多之类的话，讲好后，拿出一张预先写好的"某某先生，另请高就"的"红帖"，递给被辞退的人，员工拿到这个红帖，即到账房结账，临走时，还要把自己的铺盖、箱子之类，拿到店堂里打开，请老板过目，以示"清白"。一般老板是不会来看的，或差账房，或差学徒来看一下，以示面子，员工如不愿在这家店里工作，也可以在这"三节"（春节、端午、中秋）时写一张"某某先生，另请高明"的红帖给老板，即可到账房结账。

（二）学徒拜师

各地各行业的收徒拜师，大多有各自的俗规。在台州的许多地方，通常要先找保人，或称"荐头""搭桥人"，由此人领着学徒上门去见师傅。上门要送一份见面礼。师傅面试，看来人是否合适，或者问几个问题，以便对其有个基本评估。如果有意收徒，就收下这份见面礼，改日再议有关收学徒的具体事宜；如果不想收，就婉言谢绝，退回礼物。招收学徒，各帮差不多，一般只收本乡人，不收异乡人，特殊者除外。进店后，要择个吉日拜老板为师。拜师时，要备"糕包"四个，香烛纸马一副，由师兄弟带领，先拜"香火""财神""灶司"，后拜"业师"，再拜"账房"师兄，有的还要去拜同行业的老板或经理。与此同时，请同行业的人到现场作证，书写"师徒契约"，契约一般都会写明一些约定俗成的规矩，诸如学徒三年期间不给工钱，倘若发生意外事故，师傅也概不负责，等等。有的地方，还要由徒弟向所在的行会交纳若干入会金，表示他已经加入行帮。

拜师仪式之后，学徒的家长出面设酒筵，宴请师傅、师母，以及师祖、师伯、师叔、师兄等，俗称"拜师酒"或"敬师酒"。学徒期限，通常是三年。三年内，由师傅负责提供食宿，不发工钱。有的行业，师傅也会按月给点零用钱，用来理发、买肥皂等。刚进门的小学徒一般不会立即教给他技艺，而只是差遣他干些杂活，除了做那些行业劳务杂活之外，还得给师傅做家务活。诸如挑水劈柴、买菜做饭、扫地抹桌、抱孩子、洗衣服、端夜壶、倒马桶之类的杂活，统统都得干，干杂活的时间有长有短，有的一干两三年，什么都没学到。聪明的孩子就全靠自己在一旁观察，俗称"偷艺"。也有的师傅好心，学徒干了一两年之后，觉得这个学徒还不错，也挺顺心的，就开始让他在自己的指导下接触本行技艺，先是做助手，慢慢地就放手让学徒自己干，自己则不时在边上指点一二。有的学徒手脚勤快，肯动脑子，又有悟性，进步也就很快，通常经过三年的苦熬,大多也能独当一面,学徒就可以出师了,学徒期满出了师,通常还要跟着师傅再做四年,这时候师傅要付给他半个熟练工的工钱,俗称"半作",或称"伙计",也有的"半作"可以脱离师傅单独去揽活,但不得抢师傅的活计,否则就会遭到同行的谴责。

学徒称"业师"先生,俗称老司头,不能带姓,称呼其他"客师"也叫先生,但要带姓叫,如"程先生""方先生"。拜师后,先生对自己的"学生"负有教诲、培养的责任,学生也忠心耿耿为先生工作,如得到先生信任,到先生年老时,得意门生往往是他的"接班人"。拜师收徒不一定就结成行帮,却又是行帮的基础。由于生活的艰难和同行间竞争的激烈,使得历来各种行业的师承大都有着一系列极其严格的俗规。无论是商店和手工业工匠,选徒、拜师、传艺和出师,都伴有一定的仪式,构成了一种相对稳固的人际关系,这种师徒关系的进一步扩大,便形成行帮。这在手工业工匠中间,表现尤其突出。手工业工匠的师承,旧时有一定的系谱性,所收艺徒,大都是该工匠的直系亲属、族中亲戚,或是同乡。业缘的基础是血缘、姻缘和地缘,以保证技艺不外流。

许多名工匠,也包括商人在内,往往立有"传男不传女""传媳妇不传姑娘"的规矩,这无疑是受到了家族民俗传统的影响,为的是怕外姓人学得手艺而侵吞自己的生意,即使在传授艺徒时,师傅也总要"留一手",对于关键性工序上的操作要领往往严加封锁,生怕徒弟变心,抢了自己的饭碗,有的甚至至死不传。这种师承的系谱性和封锁性,在一定程度上保证了某些手工业技艺的精益求精,有的还因此创出该领域的名牌,出现技艺的高峰,但在另一方面,又必然阻碍技艺的交流和生产规模的进一步扩大,甚至导致某些绝技的最终失传。学徒期满出师,俗规要求学徒办"满师酒"谢师。届时,学徒要向师傅送大礼,通常是四件礼品并伴有一定的仪式,即先祭祀行业祖师神,再叩头谢师,然后设酒筵,宴请师傅师母、行业中来往特别密切的工匠和至亲好友。师徒向师傅送礼后,师傅通常会回赠几件劳动工具,以示鼓励。

传统礼仪中,历来有"一日为师,终身为父"的说法,虽然这是在读书人中间首先实行起来的,但实际上手工业工匠在这方面遵循得比读书人更认真。传统工匠、商人中的师徒关系,更像父子关系。旧时的师傅管教徒弟,常常就把他们当作自己的子侄辈来对待。而一些工匠、商人的子女,有时候也是他们的徒弟。久而久之,他们就完全成了一家人。平时吃饭,徒弟要先替师傅和在场的长辈一一盛饭,等师傅动了筷子,徒弟们才能吃。中途添饭,徒弟还必须放下自己的饭碗,去给师傅和长辈们添。一旦师傅先吃好,他一放筷子,徒弟们也就必须紧跟着放筷子,不能再吃了。徒弟一放下饭碗,还得马上去干活。俗谚有"学徒盛饭靠锅边,夹菜靠前面"之说,意为学徒只盛锅边饭和夹靠近座位的菜,不敢挑三拣四。拜师:招收学徒,各帮差不多,一般只收本乡人,不收异乡人,特殊者除外,招收时,要"一荐(介绍人)一保(保证人)"才能进店,进店后,要择个"吉日"拜老板为师,拜师时,要备"糕包"四个,香烛纸马一副,由师兄弟带领,先拜"香火""财神""灶司",后拜"业师",再拜"账房"和师兄,有的还要去拜同行业的老板或经理。拜师结束,厨房要加菜,大家吃一餐酒,叫"拜师酒"。

(三)接"财神"

接"财神"也叫接福:过去每家商店,都设有"财神堂",里面供着一位头戴元帅盔、身穿战袍、满脸胡子、手拿钢鞭、骑着老虎的赵公元帅,财神堂两边有对联"手执金鞭常进宝,身骑黑虎广招财",横批是"赵玄坛"三字,俗传他曾被封为正一龙虎坛真君,正月初五,早上就要摆好香案,俗传宜早不宜迟,迟了要落空,张开大门,供"三牲礼酒"、香烛纸马,店主着长袍马褂,严肃虔诚,手拿神香,先拜天地,后拜财神,焚烧纸马奠酒,并轻轻地向财神报告:新年正月,敬请财神,降临本店,祈神护佑,生意兴隆、财源滚滚、利市十倍、平安吉祥、万事如意等吉利话。礼毕,店主会与全店职工吃一顿点心,称为"散福"。

(四)吃六肉

旧时商店职工,一日三餐饭都由老板供给,八人一桌,菜肴少荤多素,每月有三次吃肉加餐,每人每次四两(16两制),吃的日期为逢六(即初六、十六、二十六),所以称为"吃六肉"。但也不尽相同,有的店每月初二、十六吃两次肉;有的店生产较好,每天都有荤菜;有的店人员少,便与老板同桌吃饭,这个制度就没有了,还有一个习俗每年从立夏之日起,到中秋日止,每天要加一餐点心,也由店内开支。

(五)升工

过去商店职工没有周末和节假日,一年365天,天天上班,但到年终,老板要另加发1—3个月的工资,称为"升工"。如要回家乡探亲,就要看假的长短情况扣发升工。

（六）柜串、公记、圈儿、红利

旧时商店职工工资不高，一般来讲，老板每月银圆15元，账房10—12元，职工5—8元，学徒每月1元买鞋袜、理发费，没有工资（抗战期间，物价日涨，工资论大米不论货币），另外以下四种，为除职工工资外得到老板公认的合理收入。（1）柜串：这是徽帮绸布店鼓励职工积极性的一种办法，即做一元钱生意，职工可得七厘钱的奖励，称为"柜串"，也叫"七厘头"。凡是上柜做生意的职工，每人一个营业额收入账户，由收款分户记录，收一笔记一笔，一月结算一次，按比例奖励职工，体现多劳多得的经营理念，有时为了一桩生意，本店职工都会自动展开竞争，并改善服务态度，争取把生意做下来。（2）公记：所谓"公记"，就是店里的包装品以及店里职工兼做的"小伙"生意，如盐店职工卖盐卤水（做豆腐用）、西药店卖人参及燕窝等补品、棉布店卖斜纹布（做鞋用）等，用一本簿子记起来，称为公记，一年分配一次，按职工人数平分，不论职务高低，学徒则减半。（3）圈儿：即店里的滞销商品，由负责人看过后，在商品上画个圈圈做记号，谁把商品推销出去，谁就能得到按比例的奖励，这些商品，职工都叫它"圈儿"。职工除了做好正常的营业外，都会积极向顾客推销"圈儿"商品，这样职工可增加收入，店里的资金周转也加快了。（4）红利：中药店每年年终，经盘存结算后，如有盈余，除老板得大头外，要拿出20％的红利，平均分给全店职工。

（七）起金折、计债

商店为了扩大销售，有些大店也做赊销业务，但直接赊销风险性大，于是就有起金折销售。如农村顾客，一时没有现金买东西，可找个保人（老板信任的地方绅士或殷实富户），向商店要一个有商店印章的账折，称为金折，顾客可凭折到商店赊货，一年三期还款，即端午节（春花、茶叶上市）、中秋（新谷登场）、春节（桐、柏子、豆类都收获了）结清。如起折人遇到天灾人祸，到期还不出钱，则应由保人偿还。但有些情况，欠账人还一部分欠一部分，商店则要派学徒上门去讨。讨债有个规矩，最迟要在除夕夜亥时前结束。所以，每到年三十夜，街上总有一些人手提写有商店字号的灯笼，来往于欠债人家中逼债，如一过亥时（即现今半夜12点），欠账人家门口插上"封门香"，讨债人就不能叫门了。只有等到来年过元宵节再讨了。

（八）送礼品（称为送风）

商店对常年来店交易的顾客，在年终办年货时，要向顾客送一些小礼品。如布鞋店送鞋面布、斜条之类；南货店送蜡烛、什锦糕饼、有本店广告的年画；药店送茴香、桂皮、胡椒、玫瑰花；茶叶店送茶叶；百货店送牙粉、肥皂等等。

（九）节日活动

各商店，每年会有以下几个节日活动。元宵：一般情况，商店要在门口摆1—2盏灯以庆元宵，若要"接龙头"，商店就要准备香烛、纸马、红绿彩布等物，龙头到店门口，商店要给龙头点香、插烛、烧纸马、挂彩布，倘若迎灯人讲了一些利市话，商店还要向他们送"糕包"。如果商会有什么庆典，那么各商店都要扎灯，并派人参加迎灯。清明节：各帮商店要到各自的会馆，去祭扫停在会馆里的同乡职工灵柩。各商店在立夏这天，要请职工吃苋菜尝鲜，如没有苋菜，要盛一碗铜圆，摆在桌上给职工分用，以代苋菜。端午，要请职工吃"五黄"（黄瓜、黄鱼、黄酒、雄黄、蛋黄）。七月十五日是中元节，各商店门口要摆一点素菜、水果、酒饭，以祭祀孤魂野鬼，保佑商店平安吉庆。中秋：店里要备酒菜宴请职工，酒饭毕，每人分月饼四只、茶一杯，在天井或后院赏月，以庆中秋。除夕夜：全店职工聚集吃"团圆饭"，饭毕，11—12点钟时，要在天井里，用一张桌，摆上"三牲福礼"、"五祀"（香炉、烛台等）、茶叶、酒饭、香烛纸马以及常年用的12双筷子、12个杯子，闰年则加一，由老板进行"谢年"活动。

四、商民禁忌

旧时商店禁忌繁多，主要可以分为如下几类。

行为禁忌。店堂为营业场所，忌打呵欠，伸懒腰；忌双脚停在地栿（门槛）上，或两脚半进半出停在地栿两边，也不能坐地栿和背脊朝外，手托门枋，俗信认为这样会把财气挡住。店堂扫地忌由内到外，而应由外到内，俗信认为这样可把金银财宝扫进来。还有布店忌敲尺，酒店忌晃瓶，米店忌坐斗桶，药店忌嗅药味，倘若违反了就要招致破财。吃财神酒时，不能吃鱼头和鱼尾，以表示有头有尾、连年有余。卖布匹忌敲量具。在酒店，娘舅在席忌毛蟹（河蟹）上桌（有贬称娘舅为毛蟹之意），女婿在桌忌上甲鱼。学徒进店，先拣万金枝、金银花和金斗（取黄金、银子之意）。

语言禁忌。商家从祈求吉利的心态出发，讲话非常注意忌讳，如忌说"关"，每天营业结束，不说"关门"，而说"打烊"；忌说"蚀"，因"舌"与"蚀"同

音,改称猪舌头为"赚头";忌说"饿",因"鹅"与"饿"同音,改称"鹅头颈"为
"香炉柄";忌说"死",改称鱼死了为"鱼文了",人死了为"人老了""人没了"
"人走了";忌说"完",改称完了为"好了",等等。有的还利用谐音转换成口
彩语,如忌说"碎",春节期间万一失手打碎茶杯、碗盏,要说"岁岁平安",因
"碎"与"岁"谐音,谓化灾为吉。

营业禁忌。商人忌"月忌日"(初三、十四、二十三)出行,忌开门第一笔
生意"触霉头",尤其正月初五开市时,对第一位上门顾客特别客气,称为"发
利市",甚至敬奉"元宝茶"(杯内泡有两枚青果或金橘),并在价格上给予优
惠,以求"开门顺,全年顺"。正月初五财神日出门忌遇见僧尼,如途中遇见
僧尼,便要悄悄将其夹在中间走过去,俗信认为这样可把财气兜进来,称为
"兜财神"。

动物禁忌。旧时视乌鸦为不祥之物,俗话说:"乌鸦当头叫,祸水免勿
掉。"倘若遇见乌鸦得赶紧吐一口唾沫,并念念有词:"乌老鸦,白头颈。叫两
声,不要紧。"谓这样可以禳灾祛祸。老鼠被作为子神,如夜深人静时听到老
鼠发出有节奏的"嚓嚓"声,俗信认为是老鼠在数铜钿,这时要连续念"一万、
二万、三万、四万、五万……"直到老鼠停止发出声响,谓这样就不会让老鼠
把钱财偷出去。

随着时代进步和科学发展,许多旧俗已经废弃,也有的被赋予新的含
义,仍在传承。

台州人民在长期的历史过程中,根据自己的生存环境和生活需要,营造
与这一地区相应的文化形态,如与民俗生活密不可分的商贸文化,和商贸文
化并生的商贸信仰禁忌等。促进台商走出台州、浙江,走向世界。

附录1:黄岩牛市

温州、台州、金华等地牛市盛行,其中以台州的黄岩牛市最为著名。
旧时,黄岩全县有六个牛市,其中的横街镇牛市,每年最多可成交五六
万头耕牛,"牛多如蟹"是当地人对过去牛市之盛的形象描绘。黄岩的
牛市是全省闻名的。旧时,一般都是农历二月初二日开市,到立夏以
后,牛市最旺盛。开市前,山亭街的牛户做馒头、方糕,上盖喜子红印,
送给这一天前来牛市的客户。同时还要祭祀土地爷,供品是鱼、肉、豆
腐、点心。当天晚上,山亭牛户设粗八碗会宴。

四月八日是牛生日,这一天山亭街牛户要设肉肴到九峰山樟树下
禹王庙祭祀四保老爷,四保老爷是祠山庙张大帝第四子,原在祠庙落

座,塑像似凶神恶煞。后由乡人移至禹王庙,奉为牛神,每逢四月八日牛生日或腊月谢年,都要以肉肴供之。

牛生日这天街市上多卖乌饭麻糍,这是一种用乌饭、树叶和糯米做成的蓝黑色食品,也可喂牛,据说牛吃了可以防止牛虻叮咬。这一天还要在牛栏前挂一把稻草扎成的稻秆刷,据说是牛的蚊帐,可以避蚊子。牛市一般设在广场上,也有例外,头陀镇牛市设在 30 米高的山坪上,稀疏的松树既可拴牛,也可遮阴。牛市一般占地三四亩,大牛市还有分场。

从晚清到民国初年的牛市,据说须经省里批准发照营业。那时牛场主也是牛贩,如山亭街牛市就是由姓林的 15 户人家所承包。市日前,买牛的客户都到有生意交情的牛户膳宿,甚至把买牛款也交由东家验点保存,每头牛成交,牛场主要收过堂税,一头牛收两角税金,后来曾涨至四角,收过税之后便由场主发给税票,税票巴掌大,木板刻印在红纸上,上署月、日、牛数等信息。也有的场主在牛角上给已交税金的牛涂“镶红”,以示识别。

牛贩称牛行贩,他们大多文化程度低,但是都有立足牛市的看家本领。一是能识牛优劣,讲七十二嫌贬(知识性熟语);二是熟悉牛市切口手势;三是懂牛市行情;四是知道一些牛病医疗知识;五是熟悉牛路,能牵牛闯县过府等等。上述五点当中,前三点是最重要的,早期大多父传子或亲教亲。据说曾有牛书,却只有洪家场的一个牛贩见过,十六开本大,采用木板印刷,并绘有许多牛图,惜已无传,牛贩大多能说会道,当地流传着许多谚语,如“上面看张皮,下面要看四副蹄”“三奶六牙头,贼偷摇摇头”“前脚如弓,后脚如箭,得(图)个好看”等等。

牛贩收入,任何时期都比同等劳力高。俗谚:“犁莜一甩,有酒有饭。”早期牛贩兼收过堂税,每市都有收入一百多元银圆的。牛贩虽然后期竞争激烈,但是收入仍然可观。他们在牛市中的收入,有以下几方面。一、两边仲(佣),即买卖双方的佣金。二、暗收高佣,即遇到较大买主就压低卖价收高额佣金。三、远途贩卖。早期,外地与本地牛贩联合搞远途贩运。1949 年以后,国家为了抑制牛市暴利,禁止牛贩在牛市活动,有些牛贩就转到宁波、奉化贩运牛到安徽广德、芜湖、无为、肥东、肥西,江苏宝应等地,甚至有附近各县牛贩集结贩运牛只的。四、转手贩卖。有当场转手也有经过饲养才转手的。五、盯“老口”,惜价不售的牛为“老口”,牛贩就盯梢,“倒嘴弄死鬼”,并多方捣蛋,令其不能按值售牛。六、上门收购、贩卖。这类牛贩被山乡僻壤的人们称为调牛客。

牛市上买卖成交之后便是运输,运输牛分水路和陆道两途。黄岩《志略稿本》载:"出平湖的用海轮专放,年必十三四次,平均每次五百头。平均每年出天台的千余头。"据从事过海船运牛的人说,船一般能装三百多头,陆路运输则不止千头。牵牛上路,大抵于午后;否则,牛是开口货,要栏关,要料喂,便不胜其烦。牵牛实为拦牛,牛在前,人在后。倘若只牵五头牛,那么其中一头便牵在身后,拦牛时,慢牛在前,快牛在后,牛有牛路,这是历史上形成的路线,一般六十里为一站,每站均设饭铺接待牵牛的人。牵牛的人所得的报酬较高,倘若牵四条牛从黄岩到杭州,那么报酬相当于黄岩牛市上的一头牛价,大家视其为美差。

附录2:市语

市语又称秘密语、行业语、行话、隐语,是传统社会里各行各业为了保守内部秘密而创造出来的语言民俗。这种语言自成体系,并得到行业同仁公认,在该行业内部流通,世代相传,而行业外的人则无法明了,会不会说市语,又成为行业认同的一种重要标志。

米行:一为子,二为力,三为削,四为类,五为香,六为竹,七为才,八为发,九为丁,十为足。

丝行:一为岳,二为卓,三为南,四为长,五为人,六为龙,七为青,八为豁,九为底。

绸缎行:一为叉,二为计,三为沙,四为子,五为固,六为羽,七为落,八为米,九为各,十为汤。

钱行:一为田,二为伊,三为寸,四为水,五为丁,六为木,七为才,八为戈,九为成,等等。

市语原为一行一业同行间的秘密用语,后来因为流传久远,有的逐渐变为民间惯用语,如民间常将钞票称为"铜钿",娶媳妇叫"娶新乌娘",墨鱼叫"乌贼"等。

旧时生意场上有用隐语行话来洽谈业务、交流信息的做法。俗话说:"隔行如隔山。"隐语行话只有业内人士熟悉,不为外人所知,这有利于保守商业机密。特别是在讨价还价时,常用隐语以一个字(词)代表一个数,如用"天、地、光、时、音、律、政、宝、畿、重"这十个字分别代表一、二、三、四、五、六、七、八、九、十。天最大,为一;地次之,则为二;光指日、月、星三光,故为三;时指春、夏、秋、冬四时,故为四;音指宫、商、角、徵、羽五个音阶,故为五;律,古代称黄钟、太簇、姑洗、蕤宾、夷则、无射为十二律中的六个"阳律",故为六;政指日、月、水、火、木、金、土七政(七曜),故为七;宝指景天科、蝎子草等八种多年生肉质草木,通称"八宝",故为八;畿指先秦时将行政区域划分为侯、甸、男、采、卫、蛮、夷、镇、藩九畿,故为九;重指一的重复数,九加一为十。也有以"桃园"代表三、"一只手"代表五、"眉毛"代表八的行业隐语。

第二节　"头发空心":精明活络的生活意识

台州人勤、明、新、和,"勤"指勤劳,台州人吃苦耐劳、不怕困难、艰苦创业,表现出台州人的"硬气";"明"指聪明,俗话说,台州人头发空心,锐意进取,表现出台州人的"灵气";"新"指创新,具有极强的市场观念、经营意识,敢闯敢干,具有奋发图强、开拓创新精神;"和"指和合,台州人都讲和合,追求和谐,表现出台州人的"和气"。这些都是台州人民所具有的优秀品质。台州人把自己的性格概括为"四气":"山的硬气""水的灵气""海的大气""人的和气",很契合"艰苦创业、奋发图强、无私奉献、开拓创新"的大陈岛垦荒精神。"头发空心"以垦荒、开拓为核心,充分体现台州人的文化品格。

一、生意路上的精明

"头发空心"这句俗语在台州各县村落流行,究其源头,大概都以黄岩人为源,旧时很少讲"台州人头发空心",一般民间称"黄岩人头发空心"。一听"头发空心"大概就指黄岩人。

"黄岩人头发空心",是基于路桥清末的商业繁荣时期而形成的一种文化现象。路桥旧属黄岩,精明的黄岩人一直以头发空心自傲,现在台州人也喜欢以"头发空心"来形容头脑灵光、聪明又活络的人。无独有偶,邻近的温州,也以这四字赞美蕴含着商业智慧的温州人。但其他地方的人可能不明白什么叫"头发空心"。其实这四个字背后有两层意思:一是指那些挖空心思想着如何赚钱的人,日思夜想,思虑过度,绞尽脑汁,头发都变"空"了。二是指其人灵巧善变,心思活络,聪明绝顶。一句话,这些人聪明至极。大凡外地来的人到台州,都喜欢用这句话评价聪明的台州人,因为这些人中有绝顶聪明之人,有变废为宝、点石成金的本领。

台州从章安郡设立起,章安港是台州对外贸易的主要港口,逐步发展对日本、高丽（朝鲜）、大食（今阿拉伯地区）等地区的民间贸易。到宋代，海门港逐渐取代章安港，对内成为漕运的出发地，对外成为贸易口岸，和宁波、温州一起构成浙东对外贸易的主要港口。宋元时期，海外贸易非常兴盛。清康熙二十四年（1685），清朝设浙海关台州分关于葭芷，随后分关迁海门靖波门吊桥外，俗称"台大关"。光绪二十二年（1896），台大关改为杭州关税务司署台州办事处，清末民初台州海门"小上海"繁华出现。比邻港口的路桥也因为港口的兴盛带来了贸易的迅速发展，路桥的商业在这块土地上自由自在地繁衍着。

黄岩有着浓郁的人文历史和广袤的平原农田，集镇商业经济发达，90年代初期的集镇代表路桥，商品货物应有尽有，超过东阳义乌，后义乌参照路桥发展而成世界小商品城，享誉世界。路桥人不管怎样只要有一分钱可攒都要攒，而不是等别人掂量掂量后再决定。他们绝大多数都是做小生意起家，最后把生意做到全国各地。早些年，他们背井离乡，走南闯北，补鞋子、卖豆腐、做家具、弹棉花、卖眼镜。"要想富，出门补鞋卖豆腐。"这是台州人最初的赚钱方式，他们的手指被尖利的鞋锥刺出血，走街串巷入户磨出泡，靠做小生意、办小作坊发家。其实台州人做生意老小齐上阵，家家户户都念生意经，从早忙到晚，追求生意兴隆。在台州人眼里，再少的钱都是钱，但是在赚钱上，体现了南方人的精细和精明，也体现了台州人"头发空心"。

而路桥人好像做什么生意都能赚钱，他们卖针头线能赚钱，他们卖地方产吉利车和二手车能赚钱，他们就是卖废铜烂铁也能赚来大把大把的票子，不管卖什么都有得赚，也正是因为这样才让大家都刮目相看，同行竖大拇指，齐称他们为"头发空心"。

路桥的商品经济发展始终走在中国的前列，早在20世纪70年代末，路桥就出现"拨浪鼓"敲白糖换"破烂"，足迹遍布浙江省及周边省市，比义乌"拨浪鼓"还要早，继而搭起简易棚，棚中以水泥五孔板做铺面平台，开始把在全国各地敲白糖换来的"破烂"进行交易，形成路桥小商品市场的最初情形。台州这些草根底层的小人物，在中国大地全面改革开放后，他们首先感受到了天地开阔、大有可为的时代就要到来。计划经济体制如一块坚冰在春风暖阳下融化瓦解，来自草根的他们率先走在时代的前沿，搞起小品牌市场，掘到第一桶金，带领大家致富，这也是"头发空心"的一种超前的现象。

二、惯会无中生有

台州人的头发空心，除了在生意场上表现出来，生活中也处处可见。头发空心喻义脑袋瓜灵活,商机无处不在。台州地域文化一直认同做生意这个行当(俗话叫"做行贩"),在台州,做生意从来就不是一件丢脸的事,靠本事吃饭,靠手致富,没有什么可笑的。他们在生活中拼搏,在商界中摸爬,争归争,抢归抢,但还是头发空心的人占上风,占商机。

头发空心的台州人看看电视就能找到赚钱的康庄大道。某年,南方下了几天几夜的大雪,一家生产铲雪机的台州企业,原先生产的铲雪机都是销往冰天雪地的北国,看到电视上的南方雪灾,老板的脑袋像高速运转的计算机一样,又转开了:不管南方北方,只要是雪灾,一定需要铲雪机,他赶紧让自己的企业加班加点生产铲雪机,连夜运往南方,果然打开了南方的市场。一看到电视上说北方干旱打井,台州人又开足马力生产水泵,既支持了北方抗旱,又赚回了大把钞票。

台州人确实会无中生有。从农业走向工业,从山海走向都市,台州创造了一个又一个创新奇迹。

在割资本主义尾巴年代,"中国汽车第一人"李书福在小时候就曾多次看到家里摊位连货带车被没收后,家人一脸愁苦神情。李书福19岁时拿着从父亲那里借来的钱买的虎丘相机,做出了他的第一个梦想,要开一个照相馆,要像照相机的虎丘山一样,屹立雄视,伟岸不群,干出一番"彪炳"的事业。这在当时很多人看来是不可思议的。一台虎丘照相机要80元,而一台照相馆专用的座式照相机,需要3000元。1982年,浙江省省内平均年工资是720元,很多人想都不敢想用几年的工资买一台照相机。但是李书福不仅敢想,还敢做。没有钱买相机,他就自己做。李书福身上有着台州人的一身胆气。这种渗透在当地人骨子里的"台州式的硬气",使台州人天生便有敢冒险、有胆气、善创造等特点,这些特点在李书福身上体现得淋漓尽致。买不来昂贵的摄影设备,李书福就自己做。一个铁盒子加上自制的齿轮、快门、暗箱室、皮老虎和镜头组,组成一个相机,开始经营照相馆了。李书福就凭这种"灵气",又造起摩托车。在国内轿车还是奢侈品的时候,凭借他的天才想象,"汽车就是一台发动机加四个轮子",造起了汽车,现在,吉利汽车成为全国国产汽车的翘楚。

"龙楼凤阙不肯住,飞腾直欲天台去。"山之硬、海之气、水之灵、人之和,山海水城中的台州人,有着承担风险的勇气、有着创新的底气和魄力,创造出一个又一个的辉煌。

如果从文化的角度来看"头发空心",这是一种聪明人的代名词,不同的性格演绎着不同的人生,亦决定着不同的命运,也影响着一方的经济现象和经济特点,同时也是一种地域文化的象征。

在台州九个县市区中,性格各具特色,有激进、冒险的,也有悠闲、雅致的。最具特色的要数黄岩人,每有事情"黄岩人半夜行动,临海人三日勿到",比一些人早准备,不管做工作和经营运行上比别人更快,抢先一步,更有冲劲。

到 21 世纪,台州各地涌现出更多的聪明人,争抢跑道先行,反观黄岩人一如既往,其先发的"空心"似乎后劲不足,开始不能抢跑道先行了。

三、善于垦荒

台州人聪明契合垦荒精神这个时代主题。大陈岛垦荒精神十六字中,艰苦创业是勤劳奋进、创造业绩的写照;奋发图强是坚毅奋斗、砥砺前行的印记;开拓创新是聪明智慧、个体进步的标识;无私奉献是祖露心怀、乐于付出的标杆。台州人"头发空心"是"开拓创新"的外化,是勇于创业的表现,构成另一种时代主题。

台州人喜欢搓麻将。全国各地喜欢麻将的人很多,但别的地方的人只管搓,很少想到这其中蕴含的商机。可台州人就不同了,有喜欢搓麻将的台州人,自然有挖空心思生产麻将机的台州人。从模仿生产出第一台麻将机,到形成今天的麻将机产业,当初的星星之火变成今天的燎原之势。现在,全国麻将机行业排名前十的企业,台州就占其三,用麻将机老板的话来说,他们是以"倡导产业报国、娱乐民生为理念",生产出了一台又一台的麻将机,台州也由此成了全国麻将机生产基地之一。搓搓麻将,搓出一个产业。

"头发空心"的台州人喜欢从废物中提炼金银。一个"头发空心"的仙居农民,有一天晒着太阳,忽然想起中学化学课,老师讲过照相馆里的废液中可以提取白银,于是他就在家里偷偷摸摸提炼起银子,没想到引发了大火,差点烧毁了自家的祖屋,不过他不气馁,继续捣鼓,好不容易炼出一点银子。这一点银子让他看到了希望,他越炼兴致越高,银子也越炼越多。他到处找原料,从胶片中炼银,从航空照片底片中炼银,他不知从哪里弄来废鱼雷发射用电瓶,一节就炼出七斤多白银。聪明的他还义务给暖水瓶厂清淤泥,一次就从淤泥中炼出上百斤银子,把暖水瓶厂的厂长惊呆了,卖一只暖水瓶才赚块把钱,而这个台州人清清淤泥,就能清出那么多白花花的银子。①

---

① 以上材料引自王寒:《台州人头发空心》,节选自《大话台州人》,浙江工商大学出版社 2016 年版。

因为私自炼银，他没少被报纸、广播点名批评，没想到每批评一次，就等于为他做一次免费广告，越批仙居的炼银就越有名，引来全国各地的买银人跑到仙居来，银价天天上涨，乐得他合不拢嘴，乡里乡亲看到这个叫吴金火的家伙炼银发了财，也跟着干上了，最后有一万多人跟在他后面炼银。提炼出纯度高达 99.999％的白银，现在全国各大旅游景点卖的银圆宝、银手镯、银项链等白银饰品，很多是来自仙居。当然，仙居的白银市场也水到渠成办起来了。

当李书福当年口出狂言，说汽车无非是一个发动机外加四个轮子时，于是，有人就封李书福为"台州第一牛皮客"。河东与河西的风水轮换，有时并不需要三十年，当初无人看好、鲜有人问津的吉利汽车，现在成了市场宠儿，它被博物馆收藏，在世界级车展出风头，这个出生台州的"小土鳖"还迎娶了"豪门女"沃尔沃。18 亿美元收购，现在市值已经超过 180 亿美元，当初嘲笑李书福的人，现在对这个"头发空心"的草莽英雄也竖起大拇指。

民俗传承与创新，很多时候是摸着石子过河，在垦荒精神引领下，以"直挂云帆济沧海"的广阔胸怀，投身传承和创新行动，勇立潮头、敢为人先，用新思路、新办法、新举措打开了新局面，使乡村民俗文化到处生机勃勃。

加强垦荒精神的民俗阐释，传承文脉，重振乡土文化，重建乡愁，引领文化创造性发展。

这一切因为台州人的头发里充满了智慧。在他们中间，目光游离者不多，形容倦怠者不多，无所事事者不多。他们精力旺盛，活力四射，脚步坚定且节奏快。

无论你走遍天涯海角，只要有中国人的地方，就一定会有台州人。他们饱受磨难，浪迹天涯，培育了他们不安分、不守旧、"敢为天下先"的闯荡精神。民营经济、小微金融、新经济不断绽放华彩。

都说吃鱼的海边人脑袋瓜灵，所以"头发空心"，吃笋的山里人胆子很大，所以啥都敢干。有"头发空心"和敢想敢干的山海之民，才造就了台州这座长三角富裕之城。

四、"台州斜"的生活追求

台州人非常聪明，喜欢"跟风""赶热闹"，一种新潮的东西出来，包括新事物、新观念、新产品、新行为方式等，会迅速被台州人接受进而被大规模地模仿。形成一种文化现象，在台州，被称为"台州斜"。

"台州斜"发祥地是黄岩,黄岩人称之为"黄岩斜"。台州名人章甫秋就写过一篇文章叫《"黄岩斜"的由来》。为什么黄岩会首先出现"黄岩斜"? 主要是黄岩先人就已经认识其精神之可贵,掌握其特性,利用其发挥更大的经济效应。这是黄岩社会文化意识形态的显性表现,是思想观念和心理状态凝结的活态文化现象。黄岩人特别聪明,历史上商品意识的萌生早于台州其他地方。什么商品会赚钱,黄岩人就热衷做什么,这种旺盛的商品意识在柑橘贸易上得到充分展示。自唐、宋、元都把黄岩柑橘列为朝廷贡品以来,黄岩柑橘已经成为贸易对象,在不断的对外贸易中,黄岩人赚了很多很多。到明、清尤其是鸦片战争以后,柑橘大量销往外地并迅速扩展销售市场,黄岩人收获更多,显示出强烈的商品意识。民国初期,黄岩当地商绅们刮起柑橘新品种引进风,大量引进后,柑橘品质得到提升,新中国成立后,引进新品而种植的蜜橘"本地早"形成"黄岩蜜橘"品牌而享誉中国,成为"中国柑橘之乡"。柑橘引进新品之风在短时期内很快形成,体现了黄岩人的"黄岩斜",并给黄岩带来良好的经济效益。

而"黄岩斜"演变成"台州斜",说是台州其他县市也跟风黄岩,一哄而起,形成风气。"台州斜"是台州人喜欢"跟风"的一种文化现象。在现实世界里,一旦听说新样式、新模式、新产品等非常有利可图,便会蜂拥而起,全力挤进去,以求分得一杯羹。有些时候过量了,就积压着,也就有了"黄岩板坑"的说法。但台州人唯恐失去先机、良机,争着参与,要捷足先登,显示了这种群体势力的形成。所以"台州斜"具有一种竞争劲头和冒险精神,敢于冒天下之大不韪,在思想、观念、目标、传统上走在前头,难能可贵。

在台州,这种跟风与模仿的能力或规模要大大超过其他地方。从消极意义上说,如果这种风气变为那种没有主见、没有想法、盲目跟随大众的行为,就值得否定。"斜"了,一边倒了,接近于"邪乎",比如消费攀比成风等。从积极意义上说,这种现象可以充分发挥台州人的聪明才智,于经济发展而言,区域块状经济、产业集群和某一单一产业发展就会得到文化基因的支撑。

县市之间在这几十年来为了促进经济发展,提高知名度和美誉度,经常很聪明地跟风一下,"争名夺利"无伤大体。

在世纪之交时,21世纪中国大陆第一缕曙光到底先照在台州哪里? 这关乎旅游市场的先机问题。温岭有最靠近东海的陆地——石塘镇,临海有台州最高峰——括苍山,哪一个争得21世纪第一缕照耀地,哪一个地方就会夺得旅游发展的先手和亮点。所以,温岭找了北京天文台天文学专家论证,认为石塘镇是东海海边最凸处,海上太阳一出海肯定第一时间照到。临海不服气,也找了南京紫金山天文台天文学专家论证,得出结论是,括苍山是台州第一高峰,太阳从海平面上升,第一时间照到最高处。为了旅游经济,两市政府"争"个不停。但最后,天文台出了新闻公报说:临海市括苍山是 21 世纪中国大陆第一缕阳光的最佳观测地,温岭石塘是 21 世纪中国大陆第一缕阳光照射经纬点,此事才告一段落。然后两地各办曙光节,结束后,各获丰厚收益。

中国长城号称世界第八大奇迹,以北京八达岭最为著名,是极负盛名的旅游胜地。临海人很聪明,要跟北京"争长城",蹭下热度,提升台州府城古城墙的知名度。他们请中国长城修复的设计师设计临海台州府古城墙,因为该设计师后来为北京设计修缮了八达岭长城,所以临海人很自豪,自称"江南八达岭",并说八达岭长城是临海长城设计的翻版。所以,台州府古城墙又称"江南八达岭"或"江南长城"。无论如何,古城城墙成为临海的著名景区,吸引中外游客纷纷驻足,为千年台州府增添一抹亮色。

第三节　"死要面子":注重自我与人格独立

面子是吸引人的表达方式,是极妙的感情回声,同时又是真实可感的、谨慎的和至关重要的。于人类而言,面子如一个人外壳的一部分,与它们所覆盖的实体不一样,不是自然的组成部分,不过更适于感觉、更易于体会和满足罢了,所以翟学伟认为:"面子是重视脸面的个体(或群体)在做出这一系列符合他人期待的形象后,判断他人的评价与自我期待是否一致的心理过程,其基本目的是获得自己在他人心目中的序列地位的提升,其外在效果在于社会赞许的程度。"[①]

一、硬撑下的面子文化

"面子"是任何一个在中国生活过的人或接触过中国人的人都能感受到的一种文化心理现象。《礼记》中说:"凡人之所以为人者,礼义也。礼义之始,在于正容体,齐颜色、顺辞令。容体正,颜色齐,辞令顺,而后礼义备。"显

---

① 翟学伟:《中国人行动的逻辑》,生活·读书·新知三联书店 2017 年版,第 64—65 页。

然传统中国人对礼的重视,并不只注重内在的德行修养,而且非常注重人的面部表现。鲁迅认为中国人的"重要的国民性所成的复合关键,便是'体面'"①。林语堂《吾国与吾民》认为:"'面子'是统治中国人的三位女神中最有力量的一个,中国人正是为它而活着……"②事实上,"在控制中国社会的五种力量(扩大家庭、政府职能、孝、脸面和道)中,脸面规定了中国人的社会及人际行为"③。在这样文化的大熔炉中,台州人的面子观表现毫不逊色,甚至可以说是有过之而无不及,其"死要面子"已经渗透到生活的细胞中了。

面子在台州人嘴里,常常说成"牌子"。

"死要面子",是台州人的本性。跟爱撑牌子是一样,也同跟风一个道理。觉得自己无论有多少能力都需死要面子硬撑一下。

台州人死要面子和爱撑牌子的个性,也让他们喜欢把"牌子"两字挂在嘴边。在台州,"撑牌子"的另一种说法就是"撑门面"。可见,台州人的"牌子"等同于"面子"。"面子"问题是台州人的大问题,钱财可识破,面子丢不起,也是所谓的死要面子。

撑牌子的事,台州每个人弄得很清楚,因为倒牌子是见不得人的事,这会让邻里家人看不起,是一种对人的鞭策。所以一定死要面子,哪怕富人铺张浪费,穷人硬撑,要对得起自己的颜面,不让人作为茶余饭后的笑谈对象。

大凡台州人都知道,这"牌子"事关形象,当然小觑不得,马虎不得。"牌子"撑不牢的话就会倒掉,台州人谓之"倒牌子","倒牌子"就等同于丢脸和丢牌子(脸面)。再者,"牌子"一旦倒掉,重新竖起来就困难多了,所以要死死地把"牌子"撑住,谓之"硬撑"和"死要面子"。台州有句俚语,"蛤蟆垫桌脚——硬撑"和俗语"外面摆架落,户里烧破锅",说得委实形象不过。

林语堂对涉及"面子"问题的状元及第有过这样的描述:

"社会对'状元'——科举考试第一名——的拥戴和欢呼,使每一个母亲都动心。你看他骑着高头大马,由皇帝亲自装饰,……他每次外出,都有人为之鸣锣,宣告他驾到,衙役们在前面开道,将过路人逐向两边,像推垃圾一样。这些衙役们也总是分享着王子的权力与荣耀。"④

短短一段描写,描画出一幅脸面的众生相:科举第一名有智慧、才学、权

---

① 鲁迅:《马上支日记》《鲁迅全集》第 3 卷。
② 林语堂:《中国人》,学林出版社 1994 年版,第 192 页。
③ (美)多米诺语,转引自翟学伟:《中国人行动的逻辑》,生活·读书·新知三联书店 2017 年版,第 64 页。
④ 林语堂:《中国人》,学林出版社 1994 年版,第 192 页。

威、地位、荣耀，还和皇室有了关系等，自然有了大脸面；路上行人围观、看热闹，又表示羡慕、敬佩；母亲动心是所有儿子欲图获得面子的动力；衙役是已经沾上面子的光的人。这时的状元除了他的天生资源，如辈分、血缘（家世）或年龄不一定够得上外，其他的资源都可能因为他一举成名而一夜之间纷至沓来，而这关键的关键就是读书。

二、台州人"面子"面面观

台州人请客，争着上。三天两头不泡下酒店就觉得不舒服，对待朋友真的没话说。台州人不分你是哪里人，只要讲得来就跟你交往，出手很大方，而且喜欢抢着买单，客到属地，尽地主之谊，如客人抢先买了，就不高兴，即便已收了钱的也要返回，因为他们觉得自己不买单就会没面子。

在饮食上，满桌高档菜，三人吃，点五份的量，以示客气，吃剩更好，有吃有剩，如打包回去，讲你小气，眼睁睁浪费倒掉。与当前提倡的光盘计划格格不入，这是一种不良风气，需要修正。

婚丧嫁娶也不例外，讲排场，要面子，硬撑，因为要面子没办法。

台州的婚嫁习俗中，聘礼和嫁妆是密不可分的。男方家要牌子，女方家同样也要撑门面的，要同等互对。结婚门当户对，也是检验男方牌子和大度的时候，有的家庭就因为门面等琐事闹得不和。

在丧事或称白事上，出殡讲排场，纸人、纸屋、纸扎花圈改成鲜花圈，大号小号鼓乐队，一班不够二班，甚至三班，再加丝竹清音，有的出丧队伍甚至几百米长，浩浩荡荡。出殡完毕后要请人来做佛事，祭奠亡灵，几天几夜，诵声鼓乐声喧天，越响越好，以示儿女忠孝。贫穷丧户，孝子咬咬牙，死要面子也要体面为养育父母送完最后一程，以示儿女安心。如今政府提倡简办，千年风俗，有些还照旧，从简有之。

家庭生活中，也少不得"撑牌子"和"死要面子"，夫妻在家吵不息，出门一起顾脸面，家丑不外扬。在台州人眼里，"牌子"虽然算不上安身之本，但"牌子"几乎等同于身价。为了"撑牌子"，有时候难免打肿脸皮充胖子，尽管力不从心，但也只能勉为其难地硬撑着，谁让面子比天大。

台州人有些不太愿做那些"低下"的工作，虽然有些人发迹前几乎都是从底层打拼出来的，什么活都得干，只要挣钱。改革开放初补鞋的补鞋，卖豆腐的卖豆腐，但这些补鞋摊绝不会放在本地，如放在本地补鞋摆摊那是"倒牌子"，放在外地补便是"打天下"，一直到现在都是这样。除了补鞋，还有洗浴房搓背的,足浴房修脚的,蹬三轮车的,餐饮服务的,甚至开出租车的,都很少见到本地人。因为本地人自喻"倒不起那个牌子",不愿干。

台州人很爱面子,往好的说是有上进心,注重自我与人格独立,是台州人的一种现象,也是具有两面性的人生折射。台州人生活快节奏,一天到晚拼命挣钱。在中国几千年的历史上,台州一直远离国家的政治、经济、文化中心,偏居一隅,仅仅是一处蛮荒穷地,是一个不起眼的东南沿海小渔乡。台州的发展需要机遇,当改革开放的春风吹拂着台州大地,台州人怎能不快马加鞭,拼命往前跑。短短几十年,台州旧貌换新颜,成为一个繁荣、文明、优美的现代化港口城市。以吉利、新世纪、苏泊尔、星星、中捷为代表的台州企业在中国民企中崭露头角。

三、有"面子"和更要有"里子"

台州人的重心落在关系上,所以台州人的脸面观也相应地落在面子上,往往把面子和人情相提并论,而不把脸和人情相联系。说起台州文化来,大多头头是道,但言谈举止之间,常常不由自主带出一些夸夸其谈,跟谁谁谁有点沾亲带故的,至少也拐弯抹角地认识谁谁谁,总而言之,是想方设法往自己脸上"贴金",说到底,还是"要面子"。台州人要想真正有"面子",就必须努力传承、构建、发扬台州文化的"里子"。台州人杰地灵,人才辈出,《民国台州府志》称:"晦翁传道江南而台特盛,世称小邹鲁。"此后历代社会发展对于人物盛衰影响明显。在台州历史上,方孝孺的硬气、戚继光的英武、朱伯贤的学识,都是台州人值得骄傲的"面子"。但它们更需要的是,必须内化成全体台州人的"里子"。不仅仅是个人的,而是作为一个群体的形象,由"面子"深化到"里子"。让我们再由"里子"折射出"面子"。事实上,在社会意义上,在文明意义上,我们的"面子观"同样需要与时俱进。放在古老的从前,你背回一头羚羊就能让自己很有"面子",而现在,背再多的羚羊也不过是力夫一个,就算你背回一袋又一袋的金子,你就有"面子"了吗?现代社会,谁没本事赚钱,会赚钱的早就满天飞。但,你做慈善了吗?你懂得艺术收藏吗?你知道如何正确搭配服饰吗?你的企业环保吗?你是最佳雇主吗?你是最有社会责任感人士吗?当中国社会越来越开放,当世界文化越来越融合,当我们对个人、对城市的评定标准越来越多元化,何谓"面子"?何谓"里子"?这两者相互参照,相互渗透,相互推进。最后,归结到一点,"面子"也好,"里子"也好,不是别人给的,要靠自己挣。这一点,对任何人,应该没有什么差别。

对自己"面子"的过度重视，对他人态度的过分敏感，恰恰是缺乏"里子"、缺乏自信的体现。一个人的"里子"，就是一个人的学识、风度、思想、智慧。一个城市的"里子"，就是一个城市的文化积淀，淡定、从容、优雅、大度，是一个城市的文化底气和内涵。

无论如何，重商重义、头发空心、讲面子依然维护了传统的威信，把台州文化从一批时髦的现代词语中拉了出来，重回儒家文化的范围。无论是"耕读世家"的祖训还是刻在祠堂墙上的"乡约"，人们立即会察觉到一种久违的熟悉。文化传统铸就的处世方式，既表明台州人与土地的关系，也表明台州的文化传统逐渐被现代性话语包围、肢解、重组。由此带来诸多消极因素、积极意义，会相继体现出在未来生活中的新面貌。

第十章　古风余韵与民俗创新

在现代性 100 多年的进程中,消费文化的生产方式对人们的生活和思维产生了广泛的影响,民俗渐次被重视和发掘,文化遗产保护和利用成为当今国家层面热闹的话题。在此语境下,民俗文化显示出强大的生命力,一方面有价值有意义的民俗要被保护、弘扬,另一方面陋俗、恶俗逐渐被民众抛弃。当然,这其中包括许多被民众逐渐遗忘,成为绝响的民俗;仍保留传统样式,留存在生活中的民俗;一些存世价值不大,传承前景黯淡,濒临消亡的民俗等。但从文化角度、生活角度审视,民俗以其丰富的内容与多样的表现形式,展示了民族精神文化与物质文化的高度成就,它给人们带来的影响不仅体现在文化认同、爱国主义、审美观、道德观、心理意识等,更能透过这些层面进而扩展到民族的影响、社会的进步、国家的发展。民俗文化传承保护的意义是巨大的,郑晓在《风俗论》中说:"夫世之所谓风俗者,施于朝廷,通于天下,贯于人心,关乎气运,不可一旦而无焉者。"民俗和天下、人心、气运密切相关,不可一日失去,在现代社会的发展过程中,民俗文化潜在的原动力增强,"是社会文化中的核心内容,也是推动社会发展的重要动力"[1]。民俗就在我们身边,维系着和谐、快乐、尊重,推动着社会的文明和进步。保护、发扬那些优秀的民俗文化,加强交流,不断创新传承方法,使优秀民俗永葆青春是我们的责任。

第一节　交流合作,培植气度神韵

台州民俗在饱受挫折中生生不息绵延发展,不断浴火重生。虽然当代很多人对一些传统民俗不理解,或许是因为它有很多的不合理性,或许是因

---

① 王海龙:《民俗文化的当代价值》,《山西青年》2013 年 1 月。

为没有亲身经历过。但民俗表面的不合理性可以通过运用理性思维来理解这种民俗而获得解释，因为在传统或生活中它是可以理解的。如果理解到这点，我们对于一些传统民俗的纠结就会释然。中华文化独一无二的理念、智慧、气度、神韵，赋予台州人内心深处的文化自信和自豪。

一、乡土是民俗的根

台州的地域文化是越、汉民族长期交融的产物，既接受了中原文化的洗礼，又不失其自身的乡土特色。先秦时期，在中国东南沿海生活着与中原汉人不同的古越人，活动在台州、温州一带的瓯人，就是今天台州人的祖先。在相当长的时期内，瓯越文化是台州文化传统的唯一来源。后来北方人口不断南迁，古越人的世界随着汉人与越人的融合逐渐消失。但是，瓯越文化的影响还是在历史的长河里不断绵延沉淀下来。这首先体现在一些历史陈迹上。距今万年的下汤文化，三千年前的三合潭文化，仙居、临海、路桥等地的岩画等。远的不说，单说路桥桐屿街道共和村的峭壁上，有一处古越人刻画的岩画，岩壁上隐约可见戉形、人形、飞禽走兽、钱纹、太阳或八卦纹等图案。"戉"形图案正是古代的越字，是古越先民的标志。与中原汉人相比，古越人更强调现实的生存与发展。当中原人将珍贵的青铜制作大型礼器时，越人则用来铸造兵器与农具。越人素有"处危争死""轻死易发"的传统，台州人强悍、刚硬的个性特质和轻生死、重抗争的精神，都能在古越人那里找到源头。

乡土的全部含义，都落实在地域和它生动具体的内容上，费孝通在《乡土中国》说："从基层上看去，中国社会是乡土性的。"[①]台州这个地方是台州人活动最重要、最基本的发生地，地域性就是乡土性。当一位长辈说自己是台州人时，或许在他乡满怀思乡情绪时，脑海里浮动的一定是由台州式硬气、绿壳、食饼筒、糟羹、小海鲜……组合成的整套的文化记忆，是这些文化记忆织成浓浓的乡愁，让台州人迸发出无穷的创造力，创造出一个又一个经济和文化奇迹。或者说，是台州文化哺育出充满活力的生活体系和健康向上的价值观。

许多学者很早就发现中国有"南人北人"之分，如"中原文化""海派文化""齐鲁文化""百越文化""巴蜀文化""岭南文化"等等，但南北文化和而不

---

① 费孝通：《乡土中国》，人民出版社 2008 年版，第 1 页。

同。中国不同民族的民俗文化更是千姿百态,有共性更有差异。《晏子春秋·问上》:"百里而异习,千里而殊俗。"说明古人很早就认识到,由于地理、气候、族群的差异以及人们生存环境(地域)的不同,各地的风俗也极具鲜明的个性。

台州人生长在南北交会之地,南北文化孕育出的台州人既有中原的刚毅、豪迈和桀骜不驯,又兼备江南的隽永清秀、温柔活泼和灵秀颖慧的性格,是台州人文精神和台州自然和社会的"遗传基因"共同孕育而成,如山一样的沉稳,如水一般的灵动,如海一般的豪放,以和合天下的胸怀,创造出丰富多彩的民俗文化,决定了台州人不畏艰险,敢闯敢冒,富有开拓创新精神,延绵了民俗文化传统。

经过社会化筛选与改良的传统民俗是人民群众在长期生产生活实践中所形成的产物,与人们的日常生活息息相关,具有鲜明的地域特征。民俗在空间上所表现出的特征,就是地域文化特征。民俗的地域性与自然资源、生产与生活方式及文化传统的独特性有关。传统社会相对封闭的传播环境,使各地的民俗文化也保留了浓郁的地方特征;不同的水土根性、不同的生产生活方式孕育出不同的民俗文化,其中也包括方言、地方戏曲和工艺物件等。

民俗文化具有浓厚的地方性含量,也就是审美语言的方言化、地域化。各地不同的方言,孕育出审美风格迥异的民歌、戏曲与曲艺等。如台州话是吴语方言之一,但经南北融合后,台州方言不仅保留了"吴侬软语"儒雅倜傥、温婉柔美等特点,还吸收了中原语言的刚健和硬朗,形成自己独特的风格,那就是说话"硬"。台州话硬气,原因是它直白、粗犷、形象,其说话语调、语速、发音以及词汇等,别具特色。越语儿歌、临海词调、台州乱弹等就流淌着浓郁的吴语越韵,富有审美风味。特别是地方戏曲,展示的是地方文明的辉煌和灿烂。临海词调原本是流行于临海一带的民间小调,台州乱弹本是黄岩地方戏曲,清代极盛一时,它们代表的是台州地方文化的精华。

民俗文化还具有鲜明的地域风情。人们谈及某个地方,都会概括出地域背后的风俗人情,其实就浓缩着一个地方独特的风土"印象"。如台州民歌《杜鹃鸟》唱道:

> 杜鹃鸟,叫落垟,
> 看牛小弟哭亲娘。
> 自己亲娘多少好,
> 讨个晚娘硬心肠。

　　杜鹃鸟,叫落垟,

　　看牛小弟问后娘。

　　哪株毛竹好做箩,

　　哪株毛竹万年长。

　　……

　　这首民歌,具有典型的地域风情。民歌《杜鹃鸟》唱出了看牛小哥心底的愤懑和哀怨,失去亲娘,不容于后娘,在生活中遭遇不公。民歌鞭挞了世间贪婪、自私的丑恶现象,寄托了对未来生活的向往,所以才能通过一代代牧童和农人口耳相传的形式,流传至今。

　　民俗文化还有地方性格。随着现代人交往范围的扩大,越发看出"地方性格"具有很强的"标识性"。地方性格可以看作是自然、人文双重作用下形成的地域性的"整体性格"。人们所言"一方水土一方人"之逻辑,即追溯那些重要的生命特征和精神基因之来源和出处。它是一种具有文化象征意义的地方体征,且特别显现于民间审美文化的各个层面。如上述民歌《杜鹃鸟》唱道:

　　……

　　杜鹃鸟,尾巴长,

　　问爹为何心两样?

　　前娘儿子去看牛,

　　后娘儿子读书郎。

　　山茶开花满山红,

　　看牛小弟想不通。

　　哥哥身上芦花衣,

　　弟弟身上白棉绒。

　　山茶开花闹丛丛,

　　哥哥弟弟不相同。

　　哥咬糠饼硬崩崩,

　　弟吃肉饼软松松。

　　柴爿开花白丛丛,

　　要与爹娘说清通。

　　《杜鹃鸟》的内容也反映了古代婚姻的一种普遍现象——男子续娶,后娘无情,孩童申告无门,这是这首山歌产生的根本原因。

在看戏时,会被大团圆、善有善报恶有恶报的情节所感染,成为一种全民氛围,戏曲演出市场全国第一。所以,在这不太长的歌词里,积淀着丰富的民间审美内容,充分反映出台州特有的地方文化性格。

民俗文化孕育出的传统工艺是典型的乡土艺术。其"乡土性"特征,还较为集中地体现在物质性审美上。由于各地物产的差异、制作材质的不同、生活取向的不一,各地的工艺物品也呈现出鲜明的地方特色。如传统的台州工艺,人称"台作",它贯通着深厚的"工匠精神",是台州地方精湛技艺物品的总称。其中的代表如"针刺无骨花灯""台绣""章氏骨伤疗法""翻簧竹雕""干漆夹苎"等名冠全国。针刺无骨花灯因灯面图案由刀凿针刺成孔、灯身无骨而得名,融绘画、刺绣、建筑艺术于一体,整个花灯由无数个形状各异的纸质灯片折拼粘接而成。单灯风姿绰约,组灯气势恢宏,造型独特有风姿,立面富有色彩变幻莫测,号称"中华第一灯"。章氏骨伤疗法始创于清道光年间,治疗风湿、痹痛等骨伤疾病方面保留传统的手法复位技艺,采用中药内服、药膏外敷的方法,形成骨伤疗法的理论体系,独树一帜,开设多家章氏骨伤科专科医院,创建我国骨伤科的一大流派。

台绣为中国名绣之一,其起源地在椒江一带。将本土"彩平绣"与西方"雕绣"相融,形成"雕平绣"的独特绣法。它历史悠久,技艺精湛,形成了独具个性的抽象艺术语言和艺术风格。因此,从台州刺绣的图案构成中,不仅可以解读到传统谐音、象征、寓意的本土民俗审美,又能领略到欧洲文艺复兴时期的巴洛克遗风。台绣讲究的是"慢工出细活",民间称为"神针",其"雕平绣"更是传誉中外。根据年龄的大小,台州妇女服饰有着不同的要求,青年妇女以花哨为主,突出水乡妇女的人体美和装饰美,而中老年妇女则以深色调为主,较为朴素、持重。凡此种种,集中反映了以台州为中心的越地工艺所达到的高度。南宋赵伯澐墓出土的许多服饰,包括衣、裤、袜、鞋、靴、饰品等,纹饰题材多样,品种齐全,有绢、罗、纱、縠、绫、绵绸、刺绣等多个品种,这批丝绸被誉为"宋服之冠"。

二、创新交流传播形式,拓宽传承胸怀

民俗研究不会停滞不前,总要在不断扬弃中整装出发。新的材料、新的视角、新的观点、新的学说体系总会不断涌现。在当下,我们要不断地将国内外研究者的新成果纳入视野,作为学术建设的参照。所以,以学术研究作为民俗文化交流和推广的路径有着相当广阔的前景。

今日民俗文化研究的领域已经有了相当规模的拓展,几乎涉及社会生产和生活的各个方面。新时期中国民俗文化的发展,一直存在这样的悖论,即一方面,民俗学者和思想家都强调民俗要变,要移风易俗、整齐风俗。另一方面,每当一种新的社会思潮传播、一种新的民俗文化事象风行时,总是有人痛心疾首,为世风日下、道德颓丧而忧虑。变与不变成了中国民俗文化学者胸中长久的纠葛。处理这一矛盾的根本方法就是,于不变中求变,在复古中创新。

在这种情况下,我们更要不断地把握学术的脉搏,不断追踪学术发展的进程,以利于我们对自己民俗文化的认识和研究,作出新的学术建树,使自己的声音变得越来越响亮。从而使我们的保护和弘扬民俗文化有更坚实的基础。

所以,不是为了研究而研究,而是为了让民俗有一个更为光明灿烂的明天。在此,我们还要不断创新方法,以宽阔的胸怀迎接时代的民俗文化。

继承和弘扬民俗文化,实际上更多的是关爱、保护我们当下所处的生存环境,崇尚和推广适时而上进的生活方式。这种关爱、保护、崇尚、推广当然是在充分认识民俗文化的事象、内涵、功能、审美价值、文化符号、历史和未来等的基础之上,逐渐深入民俗的本质,升华我们对民俗的情感。从这个角度讲,民俗保护是学术研究的题中应有之义。台州民俗文化不仅具有鲜明的地域特点,而且内容极为丰富,是越文化中少见的。

继承和弘扬民俗文化,要创新发展。文化作为软实力,是当今经济社会发展具有最高层次竞争力的战略资源。台州要进一步发展,必须着眼于文化发展,挖掘文化资源,把地方文化的精神融入经济发展中,发挥文化影响力,用文化提升台州的品位,提高发展的竞争力。譬如台州草编,这种传统工艺非常普遍,纯手工制作,不能形成大规模的产业,但通过创新,引入机编技术,迅速扩大产能,再通过创意设计,制造出符合现代生活需求、符合现代审美观念的文创产品,适应市场,实现生产性保护。其结果是,一方面传统手工制作得到保护,另一方面借助非遗技艺实现经济的快速发展。这样,这种传统工艺就得到根本性保护,并且发扬光大。

继承和弘扬民俗文化,要变与不变相融通。民俗文化和传统一脉相承,是不可能摈弃的,学者楼钥在其《论风俗纪纲》中说:"国家元气,全在风俗;风俗之本,实系纪纲。"民俗关乎国家的风气,是道德、社会治理的根本。但民俗又不是一成不变的,随着历史前进,在承继中有所创新。《周易》云:"化而裁之谓之变,推而行之谓之通。"变是流通的,通是在变化的万物中包含的永恒、相对不变的因素。我们要不断拓宽传承胸怀,兼容并蓄,在看待传统民俗时,采取辩证法,抱紧取其精华、去其糟粕的态度,剔除、改造消极落后的民俗,使其符合时代的发展,弘扬为生活、民众所认同的民俗,为传统民俗赋予时代意义!

保护和弘扬民间文化优良传统,以往我们更多的是从本国民众福祉以及民族文化发展前景的角度出发,在今天,世界变成了不是修辞意义上的而是确有实际所指的"地球村"的时候,光有民族的视角就不够了。世界经济一体化可能会影响到人类文化发展的单一化,文化多样性发展不仅是世界各民族的需求,而且是人类社会全面和可持续发展的前提条件。为了给文化多样性发展创造更多更有利的条件,我们不仅要加强本民族特别是区域民间文化的研究,而且要广泛地吸纳其他国家的研究成果,扩大交流,不断展开国际学术对话。

新的时期,新媒体、AR 和 VR 的普及应用,使民俗文化交流传播载体呈现出丰富性。

用多媒体促进民俗交流传播的能级。"在网络环境下,更应转变思维,将受众置于中心地位,进一步丰富民俗文化网络交流与传播的符号;打破单一内容传播形式,发展成集旅游服务、新闻资讯、广告插播、在线购物为一体的新形式。"①使民俗文化网络交流与传播形式具备多元化,使民俗文化网络交流与传播载体形成聚合化。

用 AR、VR 场景增强民俗传承的活度。活态保护的有效方式就是对民俗项目在其生存与发展的环境中进行保护。可民俗受地域所限,更受地方文化的左右,要扩大传播和活态传承的范围,首先要复制其赖以生存的环境和地方文化,这往往是困难重重的。比如玉环的渔工号子,如果离开了海上捕鱼,离开了渔民们下网、起网的劳动场景,单纯记录其曲调和唱词,这样的传播传承又有多大意义呢?可现实的情况是,我们不可能要求所有想听、想学、想研究、想体验渔工号子的人都来到玉环,更不可能让他们都参与到玉环渔民的劳动生产中去。

AR、VR 技术为这些问题的解决提供了一条途径——将这些民俗生活的生存环境融入虚拟现实中。如果说高度还原民俗往日的时光是打破了时间的限制,那这一方式打破的就是空间的限制。与 AR、VR 技术结合后可以让人足不出户便能体验大江南北、各个民族的风土民情。一个地域、一个

---

① 冯晓青:《网络环境下的著作权保护、限制及其利益平衡》,《社会科学》2006 年第 11 期。

民族的非遗项目也不再只流传于小范围的文化圈里,而是走向全国乃至全世界,并且不仅是以传统的文字、图片形式平面、静态地走出去,而是以立体、活态的方式传播到世界各地。这对于非遗项目的活态保护和传播大有裨益。

活态保护的另一个要点是让民俗进入人们的生活。随着智能手机的普及,AR、VR技术早已进入人们的生活,如现在流行的给照片贴图、加特效的软件就是AR技术的应用。那么如果把民俗元素融入带有VR、AR技术的手机软件中,势必会让诸多民俗项目更轻松地走入人们的生活。可以构想这样的画面,过节时人们用手机对着窗户来挑选传统剪纸做窗花,对着亲朋在手机屏幕上为他们换上带有刺绣的服装,在手机屏幕里为餐桌摆上各种传统节日食品、为孩子挑选传统玩具和饰品。不要觉得这些是虚拟的,将它们和网络购物结合起来,不到半天时间就都可以转换为现实。这样不仅使民俗更好地走进了人们的生活,还可以取得可观的经济利益,促进民俗的传承和发展。

第二节　文旅融合,民俗的新活力

基于文旅融合的大环境,实现民俗文化与旅游产业的融合,能在丰富旅游内容的基础上充实旅游文化内涵,展示出民俗的新活力。这二者的结合,一直被学者、政府孜孜不倦地探讨和实践着。要充分挖掘传统民俗内涵,让民俗构成群众文化生活的重要一极,助推乡村振兴,建设乡村旅游的田园风光,丰富乡村旅游的文化元素,使乡村成为观光、度假、体验、休闲的目的地,让民俗文化在文旅融合中焕发生机和活力。并要多点开花,处处绽放,形成"登高云集""百家争鸣"的效果。

"玉环花龙"源头虽属闽南移民风俗,但在坎门扎根后,通过与渔民世代的相随相伴,已然形成族群生活中强大的精神力量并被广泛弘扬。借助于花龙在沙滩上"绕柱串阵",表达人民祈求神龙庇佑他们出海时平安丰收的强烈愿望。作为渔猎生活的象征符号——花龙精神,通过世代口传沿袭和学校教育传承,形成了当地人生活、事业中不畏艰险、克难攻坚的美德和精神,吸引无数游人瞩目。

黄岩宁溪二月二灯会,是台州著名的民俗活动,它集民间歌舞、民间音乐、民间戏曲、民间杂耍、民间游戏等活动于一体,呈现乡村艺术的经典,可看、可观、可体验,让游人重温传统民俗活动,感受民俗文化,体验黄岩橘乡风情。

路桥十里长街在晚清民国时期,有盐业、屠宰、轿夫、民船、粮食、南北货、国药、棉花、纱布、油商、水作、铁商、铜商、纸商、木器、鞋业、袜商、丝线、水果、制糖、菜馆、竹木、油酱等 24 个行业。当年大街小巷有各种商店 820 余家,集市日摊位达 2100 多家,是一条集聚效应极强的商业街,是台州商贸文化的缩影。近年来,十里长街正在吸引越来越多人的眼光,未来的十里长街将成为集文化体验、休闲旅游、时尚创意、绿色居住于一体的"居业游复合型"特色街区。到了路桥,不去感受一下十里长街的风采就好像未到过路桥。

进一步发展传统民俗,不能"孤立无援",要多管齐下。近年来,传统工艺品展览让游客耳目一新,仙居作为中国工艺品之乡,建成工艺品城,形成了木制、铁制、布制、竹制、蜡制、塑料、纸制、陶瓷、玻璃、彩石镶嵌、金银制品等 11 个大类,产品品种达一万多个。仙居被誉为"工艺品王国",2003 年,被命名为"中国工艺礼品城"。其中,仙居在历史上素有彩石镶嵌"百工之乡"的美誉,以徐喜天、王银华为代表的艺人在继承传统技艺和造型风格的基础上,突出彩石镶嵌艺术的复兴和再创造,制作了以再现重大历史事件和图叙古典文学名著为主要内容的《韩熙载夜宴图》《清明上河图》等多幅巨作,多次在国内外获奖。

在旅游区域合作不断加深的大背景下,全面加强红色旅游合作是大势所趋。浙东十八潭红色走廊位于黄岩区西部平田乡桐树坑村,是抗战时期中共台属特委机关旧址所在地,是浙东游击队和浙南游击队的联络走廊。挖掘革命人物的生命亮色、成长环境、生活足迹,打造红色文化场景,将山水景观与红色旅游文化有机糅合成红色走廊。通过民俗资源、红色文化的整合,强化产品设计、营销包装,在浙江省的红色旅游中独树一帜。

仙居是革命老根据地。新民主主义革命时期,仙居人为民族独立解放和新中国成立作出了巨大牺牲和贡献。土地革命战争时期,红十三军仙居游击队是浙东南地区坚持时间长、斗争艰苦卓绝的一支革命队伍。抗日战争时期,仙居凭借有利的地理环境,吸纳着台属、处属和浙南等革命志士,在仙居开展如火如荼的革命斗争和抗日救亡运动。解放战争时期,仙居的上张、淡竹、横溪、安岭、溪港、湫山等地区,是浙南特委和处属特委领导下的重要革命根据地。新中国成立初期仙居进行艰苦卓绝的剿匪斗争。台州革命文化遗产十分丰富,具纪念意义的革命文化遗迹遗址有 30 多处。

开展红色旅游,在弘扬传统文化的同时,让思想政治教育落到实处,有利于地方民俗的花开灿烂,也有利于旅游的快速发展。

不仅如此,我们还可依托丰富的文化旅游资源,积极开展乡村民俗活动,充分展现台州独特的文化风采。

仙居下汤遗址是江南地区远古时代村落形态的"活化石",下汤遗址距今约 10000 年,其文化层级包括上山文化、湖桥文化、河姆渡文化和好川文化四种文化形态,历史文化积淀极其深厚;为研究仙居远古的生活和生产方式、仙居历史、台州历史、浙江历史,乃至江南文化历史,提供了大量的实物资料。故有专家称之为江南地区远古村落的"活化石","万年浙江的文明缩影"。集中反映了远古仙居人的艰苦创业精神、开拓进取品格,是"万年仙居"的文化标识,对于研究仙居区域民俗文化形态具有典型性意义,现已发展成为旅游景点,对于仙居振兴乡村和社会主义现代化建设具有传承和借鉴意义。

自唐宋以来,临海就是台州府治所在地,紫阳街是台州府城第一街,浓缩了千年古城的发展。北端为悟真坊,南头为揽秀楼,其间有紫阳宫、一洞天、奉仙坊、迎仙坊、大街头、白塔桥头、牌门周、腊巷口、炭行街等 50 多处地名。在紫阳街,"坊"是最有特色的,坊墙随处可见,相隔百丈就有一堵,概由大块青砖砌成,高三余丈,宽五六丈,拱门高丈余。有迎仙坊、清河坊、悟真坊、永靖坊、奉仙坊 5 座坊,既是地名,又是"防火墙",是临海古城的一抹亮色,游人到临海没有不到紫阳街的。与江南长城合为一体,构成临海一道最亮丽的风景线,成为台州府城旅游第一目的地。

温岭大奏鼓是凝聚人气、精神的艺术,几百年来,石塘在古韵悠悠中敲着大奏鼓、迈着潇洒舞步走向现代化。温岭大奏鼓被定名为"中国渔村第一舞",与"玉环花龙""黄沙狮子"并称台州三大舞种,位列国家级非物质文化遗产代表性名录。温岭、临海、玉环举办文化旅游节,呈现在游客面前的都缺不了这三个民族舞蹈。传统舞蹈以此得到更好的发掘、保护和传承,该民俗活动已成为台州推进文旅融合的经典节目,不可或缺。

到台州,游客体验到了原生的民俗风情。年年举办的农民文化节、乡村大舞台,也成为展示民俗文化活动的重要平台,体验民俗文化的盛会。

民俗古村,浓浓乡愁,引人思绪万千。随着台州文旅深度融合,在民俗古村的开发建设中融入传统文化元素,留下浓浓的乡愁。台州古民居三台九名堂,传统村落保存较好,洋溢着浓郁的民俗气息,很多地点成为游客网红打卡点。在保护、开发传统村落、古民居时,注重复古,修复民俗文化元素,注重活态传承,打造民俗文化遗址、遗物的原生态。

民俗旅游节活动更是一抹亮色,如"二月二""三月三""妈祖祭祖""非遗节"等民俗文化活动年年举办,各擅胜场,游客在欣赏美景的同时,还能观看传统舞蹈、聆听山歌、体验乡土风情、参与体育竞技。

随着台州传统文化保护的深入,民俗文化得到弘扬。民俗文化丰富了旅游的内容,充实了旅游文化的内涵,带动区域经济发展。与山水风光旅游、文物古迹旅游相比,民俗文化旅游的参与性更强,旅游者不仅能够欣赏到异域的民俗文化风情,还可直接参与其中,体会深厚、独特的地方文化内涵。民俗文化的呈现形式,不仅使精品文艺节目融入了山水、乡村的每个角落,还停留在人们的味蕾上,成为挥之不去的记忆。

第三节　数字化,民俗保护的新形态

民俗,包括了一切民间、民众和民族的习俗、生活方式和文化活动,是在大众生活中逐步形成的物质文化遗产。因为中国大部分民俗靠民间代际相传或靠人有限的口述、图文资料传承,且缺乏实物佐证,所以很多传统民俗项目保存和传播都是个难点。但伴随着信息化时代的来临,特别是近年来虚拟现实、人工智能等新技术的日益增强,给中国民俗的数字化保存带来了更多的可能性。

各地民俗多种多样,但都具有鲜明的地域特点。因为民俗来自群众日常生活,部分民俗的产生时代相对久远,没有具体的文字和图片记载,导致民俗的保存与传播形势不容乐观。此外,伴随着城市化大潮,由于人口的迅速聚集,社会流动性大,外来文化冲击,导致中国传统民俗继续遭受挑战,其生存空间也遭到了挤压。尽管如此,继承中国传统民俗文化仍是主流意识,我国利用历史街区、传统村落、重要文化遗产项目,对民俗实施过生产性保护、保护性生产或抢救性保护等措施,但仍有相当大量的传统民俗尚处于保留范畴之外,甚至存在着传统后继无人或正濒临消失的现象。

当然,民俗的消失一直以来伴随着社会发展的进程而发生。传承、改造、创新,使得大批优秀民俗得到保护并发扬光大,落后、反动、糟粕的民俗逐渐远离民众的生活,被淘汰并消亡。

近几十年来,我国的媒体生态经历了颠覆性变化。从"两报一刊"到"两微一端",旧有大众传播体系告别黄金时代表象的背后,是技术和社会因素交织中,信息的供给、流通、消费从原有的中心化组织机构的逻辑,到网络化的数字媒介支持下以人的连接为代表的社交媒体逻辑,以及人与非人(特别是算法)连接的智能媒体逻辑。构建和发展现代传播体系,立足本土新闻服务、融入社会治理的平台集群已初具雏形。但目前建成的融媒移动终端距离更好地"适应群众的信息传播需要,扩展主流社会价值社会影响版图"的长远目标,还有较大差距;APP下载量、日均活跃用户量、发布图文的点击与转发量等数据的不均衡,说明传播力不如预期。

运用当下热门的大数据分析等现代与信息化技术手段,形成数字化的中国民俗地图,能更有效地推动中国民俗的大发展、大繁荣,并促进中国民俗的发扬与传播。通过技术手段实现数字化转型,以增强本地年轻人对本地民俗文化的自豪感,同时也提高外来游客对本地民俗文化的认知度,让更多的当地居民和外来旅客参与进来,打破本地民俗文化参与人数不足的困境。

一、加大对民俗文化数字化信息的采集力度

民俗的保护和传播不是特定机关的特殊任务,需要人民群众共同努力。在民俗的数字化保护和传播过程中,信息的收集十分重要,缺乏一定的信息基础,无法使民俗的数字化保存成为可能。此外,因为大部分的民俗都是产生在人类的生产、生活历程中,收集难度很大,加上手机等移动技术不具有很大的影像收集力量,所以需要激发民众的主动性。尤其是让一些基层组织,利用三维激光扫描仪、数字照相装置等对所管辖范围内的民俗资料进行拍照、扫描和存档,并经由互联网提交至服务平台,向职业人士展示资料。

二、民俗文化数据的可视化

民俗地图,作为对民俗文化研究成果的可视化展示方法与技术手段,在民俗学的研究中有着较好的应用。通过民俗文化知识图谱的综合平台,利用分布式信息处理系统使海量的传统文化资料数字化、结构化和知识化,为实现数字文化产业发展提供了技术与平台的支撑。另外,为了实现大数据资源共享和提升系统可靠性,该系统将以信息提取层为核心、以信息保存层为基础、以信息监控层为保障、以查询处理层为主要功能,研究民俗文化中的地名与地理信息关系和GIS网络中的地理信息关系。它完成了信息收

集、管理以及传统民俗地理信息与现代 GIS 技术之间的双向连接，进而实现了传统民俗资料的可视化呈现和应用，为台州民俗的传播和保存创造了全新的手段，为中国其他民俗与非物质文化遗产的保存和传播提供了参考。在民间习俗数据可视化方面，我们将以民间习俗数据分析的图谱与 GIS 模型为依据，通过深入研究民间习俗地域数据分析与 GIS 地域数据分析之间的集成关系，以示意图的方法把各种地域性质的民俗活动展现于地域信息系统上。同样，把各个时期各种民间习俗事情的发生时间记录到有关数据项中，为现代民俗工作人员判断民间习俗事情的发展传承变化规律，提供第一手资料，以此推动民间习俗的大发展和大繁荣。

三、加快民俗文化数字体验平台的建设步伐

数字展示馆展示体验平台是将民俗文化的优势产品、核心技术、重点项目、案例成果进行数字化展示，展示内容为信息大数据化、可视化。通过开发互动墙产品体验系统，其内容浏览、分享进行实时网络化更新。

数字化展示内容平台全屏以展品图片搭配构成整体画面，矩阵式不间断地进行画面动态更新，吸引观众注意；矩阵变动形式具有多样性，视觉效果更具冲击力；具有进行数字展示体验，云计算后台管理，平台管理维护、数据更新及用户偏好管理融媒体功能。观众可在矩阵式变动的画面中随时进行互动操作：在操作过程中支持多人同步操作；观众点击图片，图片放大形成独立互动区域，在该区域中可查看展品、技术、案例、项目基本信息，进行图片放大缩小、点赞、二维码扫描、三维展品或核心技术互动。对某些传统的建筑施工技术和设计技巧，也能够将其转化为三 D 投影模式，以便于后人的掌握与观摩。当然，民俗数字馆建立的最大优势就是能够改变民俗的流传范围，使那些感兴趣的参观者可以足不出户也可以感受到传播民俗的乐趣，可拓宽对民俗传播人的筛选范围，也便于一些珍稀非物质文化遗产的传播。

所以，构建中国民俗文化数字化保存和传播的服务平台就成为很好的载体。

近年来，不少国有、非国有博物馆均以博物馆的民俗实物资料为基础材料，大力研制了虚拟现实民俗体验系统，并达到了较好的宣传效果。但各博物馆、非遗馆（非遗保护中心）之间的民俗文化体验系统尚未打通，不少资源均需要通过博物馆、非遗馆（非遗保护中心）的内网才能参观，严重制约着民

俗的宣传与发展。在各大博物馆、非遗博物馆（非遗保护中心）及其自身的数字化服务平台上，要形成一个全球性的民俗数字化保护与传播网络平台，借助各个地方政府部门和各个企业单位的支持，收集更多的民俗数字化信息上传，从而建立全球性的民俗数字化保护和传播的信息库，使对各种民俗感兴趣的人，都可以在网络平台上查询相关的数字化资源，从而进行对民俗数字化资源的数据共享和快速检索。

四、推动沉浸式消费需求

伴随科技的进步和经济的发展，人们的精神消费需求也得以提升，呈现出重内容、重体验的特征。特别是 AR、VR 等新科技的诞生，由此使人们更向往沉浸式的活动体验。

尼采就在其著作中指出，如果人所获得的感官融合了视觉、听觉、触觉等，沉浸于特殊的体验中，其刺激强度大大超过人在日常生活中获得的程度，就会形成个性化的长久记忆。认为消费会与情感体验、感官体验产生密切联系，同时还应当重视消费的美学标准和享乐反应。民俗文化及产品的本质就是体验，通过与科技结合，能使消费者的文化体验得以加强，增加文化产品的互动性和真实性，为文化产品的创新提供新思路。文化消费既具备稳定性又兼具灵活性，是一种非定时性的消费方式，在未来伴随虚拟科技的提升，会朝着沉浸式、虚拟式的方向发展。

民俗文化和旅游两者存在的紧密联系，可以引发文化旅游新模式的思考。这就有了创意旅游的新模式，难忘的旅游经历能够强化游客对旅游目的地的忠诚度，旅游经历又与目的地的民俗文化有着直接正相关，从而凸显出文化互动对于旅游经历的重要性。

开始探讨文旅融合的主题，并逐步衍生出探讨政府职能对于文旅融合的作用。文旅融合作为我国特有的概念，国内有着浓厚的研究氛围、多元的研究主题和富有创新的研究成果。

对于"沉浸式体验"作为文旅产业的新要素，其发展有着现实的意义，符合当前消费者的需求。但是，目前民俗文化与沉浸式体验还是存在较为明显的割裂，产业融合维度不够，学界对于沉浸式民俗文化体验的重视程度还有待提升。

所以，加大数字化技术对民俗文化保护和传承的研究力度就成为一种方向。

尽管现阶段不少的数字化技术手段和软件都已经成熟地运用到了民俗文化的保存与传播等应用领域中,但我们还是应当清醒地意识到这还远远不够。数字化保存的第一步数据收集过程往往索然无味,这又是一个重复性很大的工作,在人工智能科技蓬勃发展的今天,人们应该更多地探索怎样利用人工智能技术手段,提高数字化保存和传播的效率。此外大数据分析技术的普及率也在日益增强,它对民俗传统分类保存的影响也不言而喻,必须精准研究其应用场景,使其为进一步提升民俗传统资源的检索效率起到更大的作用。

五、拓展民俗文化相关的数字化文创产品

许多博物馆也纷纷在民俗传统的文创产品设计上做文章,并根据自己的民俗元素,打造出了独特的现代数字化科技设计类商品,以促进民俗传统的保存与传播。而近年来"口袋民俗商品"也慢慢普及了起来,运用现代数字化科技设计制作的一系列数码手办、有声书、科普漫画等也受到了大家欢迎。此外,部分博物馆还运用现代数字化的艺术素材,创造了微电影、短影片等满足当代文化碎片化传播需要的艺术产品,使民俗传统的保存和传播形式获得了跨越式的发展。特别是通过在全国各类节日和地方民俗传统节庆,进行线上互动,不但让民俗活动寓教于乐,还把民俗传统的特殊教育价值重新开发起来,让人们更能知道民俗传统的前世今生,从而进行真实的溯源。

数字信息技术的范畴相当宽泛,包括了图像的编码与变换技术,又包括了最新的多维空间仿真建模、人工智能,以及虚拟现实等信息技术。将大数据信息技术运用到民俗的保存与传播流程中,皆在提高对民俗传承信息的还原率与准确度。当然,民俗的数字化在保存前期仍然有较为烦琐的工作量,除了最核心的图片、文本、图形等收集工作之外,还必须对所收集的大数据加以细分并寻找其共性特点,从而进行数字化特征模式的建立。数字化保护并不能单纯地把纸面的材料,或是将民俗文化中的真实东西转换为电子版的文本、照片或是影像资源,但是要寻求一个模拟流程。VR(虚拟现实)、AR(强化虚拟现实)和 AI(新型人工智能)科技,为民俗文化的数字化保存和传播,提供了有力的科技保障。当然,民俗的数字化保护和传承也同样离不开现代硬件设施的支撑,目前大数据储存与互联网传播技术的瓶颈问题已经逐步解决,而全息摄影、高速动态拍摄等新技术手段也越来越完善

且应用成本在持续下降，这都为民俗数字化保护和传播的实际应用打下了扎实的技术基础。数据收集完毕后，再利用大数据分析和人工智能技术的后期加工，便可使资料的检索、定位更为简单。

综上所述，民俗文化承载着中华民族文明传播的重担，是研究中华民族文明发展的重要展示窗口。而现代科技正在改变着人类的生存方式，同时也彻底改变了中国民俗文化的保存方式与传播方式。各项数字化信息技术的发展大大变革了传统民俗的保护和传承方法，使其更能够顺应时代的变化。通过采用数字化的保护和传承方法，就可以较为真切地回归民俗的本真，从而切实地使各种民俗回归社会大众的视线，给人类文明史留下了宝贵财富，让传统民俗得以更全面地保存与传播。

台州的民俗文化，既形态各异、特色多样，又彼此交流、和睦与共，同时不断地创新与发展。在民俗发展进程中，现代民俗是传统民俗的继承与延续，也是一种创新。民俗文化不会全部成为新文化，必然消亡的一些民俗，它定会走向故纸堆，具有生命力的民俗是在不断的革陈除旧中形成，不断地打破传统走向现代化。台州如此，世界也如此。要想让民俗文化发扬光大，一是民俗文化能够将地方的精神特质充分展示出来；二是能够真实反映人民的生产与生活状况，体现其发展的先进性；三是通过现代文化的运行，让生活方式以新的姿态出现，进而认同当代民俗文化。只有这样，地方民俗才会青春永驻，才会走出区域，甚至跨出国门。

后　记

　　终于完稿了,近 3 年的辛苦努力,迎来了丰收时节,看着书稿,就像看着亲生的孩儿一样,幸福之情油然而生。

　　我们按照既定方案,在写作过程中有丰富和完善,像史又不像史,说概论,理论还欠丰满,但我们做到新、全、高、正。说新,是说很多内容是全新的;说全,是说我们力求更加全面地展示台州民俗;说高,是说我们不拘泥于民俗的俗,力求站位高;说正,是说我们考证了许多民俗事象,力求正确把握。我们为此付出了许多。当然,该书的最终形成,还离不开热心的专家帮忙,他们也为之付出了心血。如浙江省民俗文化促进会会长、著名学者陈华文教授亲自为本书作序,陈学诚、吴茂云为本书提供珍藏的巉头文化的图文、多张清代和民国时期的契约文书图片。马曙明、王康艺为本书提出宝贵意见,本书出版得到台州市文史研究馆的资助。在此,我们表示真诚的感谢。

　　我们的分工是:

第三节　数字化，民俗保护的新形态　　（周仲强）

这是以台州民俗文化为研究对象的研究著作，我们尝试以民俗文化研究的另一种进入模式和视角，以开拓的姿态，用地方史料和活态资料去表现民俗丰富的生活形态、复杂的外部生态、剧烈的发展变动，乃至与政治、经济、制度、社会密切的关系。对于台州的区域生活，我们不仅从整体和区域出发进行独特视角的观察和叙述整理，而且也使台州民俗文化研究进入了一个微观观察和整理的时代。

通过台州民俗文化的研究，使我们更深切地体会到台州区域民俗与汉民族其他地方民俗和文化的对话、互动、交融和相互影响，使我们更为全面也更深刻地了解和认识台州民众在区域中的生存方式和根据自己的环境所创造的独特文化形态。挖掘台州民俗文化传导的民俗习惯、文化功能和审美价值，显示多元文化视角下的台州民俗在不同历史时期所体现的伦理秩序、社会变迁、日常生活及审美价值等，组合成台州民俗文化发展的整体风貌。